S0-DUT-870

STUDIES ON VOLTAIRE
AND THE EIGHTEENTH CENTURY

221

ELISABETH CARAYOL

Thémiseul de Saint-Hyacinthe 1684-1746

THE VOLTAIRE FOUNDATION
AT THE TAYLOR INSTITUTION, OXFORD
1984

ISSN 0435-2866

ISBN 0 7294 0308 4

Typeset by Cheney & Sons Ltd, Banbury, Oxon OX16 8EY

Printed in England at The Alden Press, Oxford OX2 0EF

A la mémoire de mes parents

Table des matières

Avant-propos

Saint-Hyacinthe a représenté pour moi un itinéraire dont le point de départ était simplement une période, 1684-1746: du siècle de Louis xiv à la veille de la révocation de l'Edit de Nantes, encore dans tout l'éclat de sa construction politique et intellectuelle, jusqu'au milieu du dix-huitième siècle, à l'époque où la plupart des idées audacieuses ont été élaborées. Dans cette optique, Saint-Hyacinthe apportait l'exemple recherché d'une évolution entre deux attitudes d'esprit et de sensibilité extrêmement différentes, presque entre deux archétypes...

L'étape suivante, le bilan de l'état des travaux sur Saint-Hyacinthe, a révélé un grand vide entre deux pôles: d'une part le récit, répété par une série de chroniqueurs, d'une vie aventureuse constitue une espèce de 'tradition' qui n'avait, semble-t-il, pas été remise en question. A l'autre extrémité, des études sérieuses mais ponctuelles ont été faites sur des thèmes traités par Saint-Hyacinthe dans la mesure où ceux-ci recoupaient pour des chercheurs le sujet de leur enquête. Cette approche discontinue prouvait déjà que la réflexion de Saint-Hyacinthe présentait dans le contexte de son temps un intérêt certain, sinon de tout premier plan.

A partir de là, il y a eu les aléas, les déceptions, les enthousiasmes de la recherche, en France, en Angleterre et aux Pays-Bas, qui ont permis de cerner trois sources de renseignements: documents d'archives, correspondances, œuvres de Saint-Hyacinthe.

Pour laisser une trace dans des archives, il faut – c'est le moyen le plus fréquent – avoir des possessions matérielles. Un double hasard, celui de l'héritage d'un oncle de mme de Saint-Hyacinthe, appuyé sur la survie inespérée de papiers dans un dépôt en Zélande largement détruit pendant la dernière guerre, a permis, avec quelques autres éléments parcellaires, de reconstituer une trame de fond de la vie du personnage.

Les correspondances ont aussi bénéficié de ce facteur 'chance' que connaissent bien les chercheurs puisque, petit à petit, soixante-trois lettres ont été rassemblées, extrêmement éclairantes, notamment les séries: lettres au père Quesnel et à son acolyte Nicolas Petitpied, lettres à Pierre Desmaizeaux, au libraire hollandais Le Vier et surtout les quatorze lettres à Lévesque de Burigny, l'ami fidèle auquel on ne cache rien. Mais ces éléments positifs font encore plus ressortir les manques, notamment la jeunesse et une des périodes hollandaises, la plus mystérieuse, de 1720 à 1722 – et surtout le deuxième volet des correspondances: nous avons fort peu de lettres adressées à Saint-Hyacinthe, perdues probablement dans sa vie errante ou après sa mort dans la misère. L'absence de ce revers fausse l'appréciation de ce que nous connaissons.

Enfin les œuvres: presque toutes les œuvres majeures ont pu être attribuées, mais que d'incertitudes demeurent! Quand il n'y a pas de critères externes, il est souvent difficile de reconnaître ce qui vient d'une individualité de second plan à travers des thèmes familiers à toute une génération.

A partir de ces trois sources, et surtout de la fructueuse navette d'une catégorie à l'autre, a peu à peu émergé pour moi un Saint-Hyacinthe caractérisé par trois éléments: un cadre de vie que l'on peut saisir dans ses grandes lignes, des contacts avec des milieux – un des éléments les plus intéressants de Saint-Hyacinthe, malgré la frustration que créent des personnages à peine entrevus, des indications suggestives mais bien fugitives – et enfin une courbe de pensée originale, partant d'un épicurisme mondain, passant par une période de presque athéisme avant de se fixer dans un déisme dont l'aspect positif, religieux, presque mystique n'a cessé de s'étoffer.

C'est ce Saint-Hyacinthe auquel j'ai cru découvrir une cohésion intellectuelle et quelque épaisseur humaine que l'on trouvera ici.

1. Les origines

Alors que la vie de Saint-Hyacinthe est de contour particulièrement flou, que l'on a beaucoup de peine à fixer par endroits une date ou un lieu, on possède un document précis comme point de départ: l'acte de baptême de Saint-Hyacinthe. Cette pièce, dont l'existence et l'essentiel étaient déjà connus des commentateurs anciens, a été redécouverte et publiée au début du vingtième siècle[1]; elle figure dans les registres de la Paroisse Saint-Victor d'Orléans, paroisse désaffectée dès la fin du dix-huitième siècle:

Ce Mardy vingt six yesme de Septembre mil six cent quatre vingt quatre Hyasinte, né du dimanche dernier 24 du dit mois, fils de Jean Jacques cordonnier sieur de Bellair[2] et damoiselle Anne Mathée sa femme a esté baptisé par moi Pierre Fraisy, prêtre soubsigné, a eu pour Parrain Anthoine de Rouët, fils de deffunt Anthoine derouet et damoiselle Anthoinette Cordonnier paroisse de Saint Liphard et pour marraine Marie Cordonnier fille maieure de ceste paroisse

Antoine de Roït, Marie Cordonnier
de Belair P. Fraizy[3]

Les parents de Saint-Hyacinthe devaient être assez âgés au moment de sa naissance. Sa mère avait quarante ans;[4] nous ne savons pas l'âge de son père; il était probablement presqu'un vieillard suivant les critères de l'époque; il mourra quelques années après, avant 1701 d'après la tradition.[5] Fils de parents âgés, Saint-Hyacinthe ne semble pas avoir eu de frères, ni de sœurs, et les cousins Cordonnier et de Rouët qui apparaissent dans l'acte de naissance ne jouent plus aucun rôle dans sa vie ultérieure.

Le père de Saint-Hyacinthe avait fait une carrière d'officier dans la clientèle de la famille d'Orléans; les deux titres différents qu'on lui prête – et qu'il a peut-être d'ailleurs portés successivement – sont dans la même ligne: le 'Mercure' d'octobre 1722 veut qu'il ait été lieutenant-colonel du Régiment d'Orléans, tandis que la tradition plus générale reprise par Leschevin en fait un écuyer-porte-manteau de Monsieur, duc d'Orléans (Leschevin, p.xv et note G de l'introduction).

Sa mère, d'une bonne famille champenoise, les Mathé seigneurs de Dommartin[6] serait de tradition analogue. Elle aurait fréquenté le Palais-Royal avant son mariage, y ayant probablement quelque charge dans la musique de

[1] *Intermédiaire des chercheurs et des curieux*, 43e année, 58e volume (30 octobre 1908), p.639, et *Bulletin de la Société d'Histoire du Protestantisme français* (1912), p.273.

[2] L'auteur de l'article de l'*Intermédiaire des chercheurs et des curieux* précise que Belair est un petit fief situé aux portes d'Orléans, à l'extrémité du faubourg Bannier.

[3] Archives communales d'Orléans, – Etat Civil, – Paroisse St Victor – Registre no 1989 (de 1683 à 1685), f.37.

[4] Elle est morte à soixante-dix ans en octobre 1714. Elle a été inhumée le 7 octobre. Registres de l'église Saint-Nizier, de Troyes. Depuis le 3 juillet 1714, jusqu'au 20 février 1716, f.9.

[5] P. X. Leschevin, 'Notice sur la vie et les ouvrages de M. de Saint-Hyacinthe', en tête de son édition du *Chef d'œuvre d'un inconnu* (Paris 1807), p.xvii.

[6] Archives départementales de l'Aube à Troyes, Fichier Chandon.

Monsieur, prétend Grosley.[7] Elle aura, croit-on, une pension sur l'état de la maison de Monsieur, qui constituera l'essentiel de ses ressources après son veuvage (Leschevin, p.xvii).

Tout ceci forme un arrière-plan familial qui, s'il n'est pas assuré dans tous ses détails, repose sur quelques points précis, et, dans son ensemble, reste vraisemblable et cohérent. C'est cependant là qu'intervient une légende, une de ces légendes où le romanesque le dispute au sensationnel qui auréolent la figure de Saint-Hyacinthe: un bruit, qui a couru au dix-huitième siècle, et a été repris et discuté par tous ceux qui se sont occupés de Saint-Hyacinthe, fait de celui-ci le fils de Bossuet! Ce n'est pas ici le lieu de discuter d'un possible mariage entre Bossuet et mlle Desvieux de Mauléon. En se limitant à Saint-Hyacinthe, et à la réalité des faits, cette paternité ne paraît pas concevable, sous aucune des deux formes qu'on lui a cherchées[8] en face de l'existence incontestable d'un acte de baptême rassemblant une famille – et particulièrement des membres de la branche paternelle – autour d'un nouveau-né de la manière la plus normale et la plus légitime.

Il est cependant certain que ce bruit a eu cours, mais on n'en saisit pas l'origine ni la raison. Voltaire qui s'en était fait l'écho dans le *Siècle de Louis XIV*,[9] et l'a popularisé a été accusé par le *Journal de Verdun* d'avril 1758[10] de l'avoir inventé. Mais cette rumeur circulait déjà auparavant. Mathieu Marais, qui était en rapports avec Saint-Hyacinthe, en fait état en 1735, sans lui accorder d'ailleurs aucun crédit.[11]

Il paraît impossible de localiser les incidents ou les circonstances qui auraient donné naissance à ce curieux rapprochement. On a essayé de les voir dans l'installation à Troyes de Saint-Hyacinthe et de sa mère, après la mort du chef de famille. Mgr Bossuet, évêque de Troyes, neveu du grand prélat, aurait fait montre envers le jeune homme et sa mère d'une bienveillance dont les mauvaises langues d'une ville de province auraient cherché ainsi l'explication. Grosley (p.128), Leschevin (p.xvii), Emile Georges,[12] brodent sur ce thème en y apportant parfois tout un luxe de détails. C'est adroit. Malheureusement mgr Bossuet n'a été nommé au siège épiscopal de Troyes qu'en mars 1716, mme Cordonnier de Belair était morte en octobre 1714, et tout le monde est d'accord pour affirmer

[7] Grosley, *Mémoires historiques et critiques par M. G*** de Troyes sur plusieurs de ses illustres concitoyens*, in *Journal encyclopédique* (1er avril 1780), p.124.

[8] On a voulu voir en Saint-Hyacinthe soit un fils de Bossuet et de mlle de Mauléon, soit, plus rarement, un fils de Bossuet et de mme Cordonnier de Belair (Leschevin, pp.xv et xvi et notes i et j de l'introduction).

[9] *Liste raisonnée des Enfants de Louis XIV ... de la plupart des écrivains et artistes qui ont fleuri dans ce siècle* à l'article 'Bossuet' – Voltaire, *Œuvres complètes*, éd. L. Moland (Paris 1877-1885) [ci-après M.] xiv.43.

[10] *Journal historique sur les matières du tems*, dit *Journal de Verdun* (avril 1758), p.299.

[11] Lettre de Mathieu Marais au président Bouhier, Paris 8 avril 1735: 'Mlle de Moléon était une vieille fille, et mesme laide, demeurant rue Thomas du Louvre, chez qui le Prélat allait dire son Bréviaire. Les Anglais disent que M. de Saint-Hyacinthe est son fils. Calomnie. Pure calomnie' (Bibliothèque nationale, f.fr. 24.414 f.380, cité par Raymond Schmittlein: *L'Aspect politique du différend Bossuet-Fénelon*, Bade 1954, p.278).

[12] Emile Georges, 'Thémiseul de Saint-Hyacinthe "fils de Bossuet"', *Mercure de France* (novembre 1920), pp.807, 808.

que, dès avant cette date, Saint-Hyacinthe avait quitté Troyes définitivement. L'autre raison qui aurait pu expliquer cette paternité supposée se rattache plus étroitement à Saint-Hyacinthe: c'est lui-même qui se serait créé cette légende pour les facilités matérielles ou morales qu'elle aurait pu lui rapporter. Grosley l'a formellement affirmé: 'Il n'a pas tenu à Belair qu'à la faveur de trois ou quatre noms d'emprunt qui masquent son véritable nom il n'ait été regardé comme né du commerce du grand Bossuet avec mlle de Desvieux de Mauléon' et Grosley continue en insistant sur 'cette chimère dont [Saint-Hyacinthe] se prévalait dans les pays étrangers' (pp.127-28). Mais Grosley, crédule et mauvaise langue et qui écrit de nombreuses années après les faits, n'est pas très digne de créance. En l'occurrence ses affirmations se détruisent par elles-mêmes car il les appuie sur les rapports de mme de Belair avec mgr Bossuet, dont l'inexistence est un fait. Lévesque de Burigny, plus digne de foi mais dont l'amitié est peut-être complaisante, assure dans sa *Vie de Bossuet*[13] que Saint-Hyacinthe ne connut la filiation qu'on lui attribuait que vers la fin de sa vie et qu'il en fut très surpris. Le seul fait certain est qu'on n'a trouvé nulle part dans la correspondance de Saint-Hyacinthe, dans les lettres ou les passages de mémoires le concernant, d'indication dans ce sens. Il n'existe naturellement pas d'affirmation massive: c'est autrement qu'un tel bruit procède. Mais on ne trouve pas non plus la moindre allusion, pas un de ces rapprochements rapides et suggestifs qui auraient pu être l'écho d'une telle prétention. Ce n'est peut-être pas suffisant pour décharger complètement Saint-Hyacinthe de toute responsabilité, mais il n'y a au moins aucune raison positive de l'accuser d'avoir créé lui-même ce mythe autour de lui.

M. de Belair est mort quand son fils était encore enfant, et sa veuve, tout naturellement, songea à retourner dans sa province d'origine. Dès octobre 1695 elle est installée à Troyes avec son fils,[14] donc la mort de m. de Belair doit être antérieure à cette époque.[15] Celui-ci avait laissé, semble-t-il, des affaires d'argent en très mauvais état et sa famille n'avait à compter que sur la pension de 600 livres sur la cassette de Monsieur que la tradition lui attribue. La mère de Saint-Hyacinthe aurait donné des leçons de musique pour augmenter ses revenus (E. Georges, p.807). Des protections l'aidèrent dans doute, et d'abord celle, qu'elle avait peut-être escomptée, en venant à Troyes, de l'évêque François Bouthillier de Chavigny, et celle de son neveu, vicaire général – et successeur à partir de mai 1697 – Denis François Bouthillier de Chavigny. Ces deux prélats avaient été des familiers du Palais-Royal, où ils sont censés avoir connu mme de Belair avant son mariage.[16]

[13] *Vie de m. Bossuet évêque de Meaux* par m. de Burigny de l'Ac. royale des inscriptions et belles-lettres (Bruxelles, Paris 1761), pp.101, 102.

[14] Pour l'année scolaire 1695-1696, commençant normalement à la Saint Luc (18 octobre), Saint-Hyacinthe est inscrit, sous le nom de Hyacinthe de Belair, dans la classe de 5e à Troyes. (Troyes, Bibliothèque municipale, Mss 357, Catalogue des élèves de l'Oratoire, tome ii).

[15] Le père de Saint-Hyacinthe a bien dû mourir, comme l'indique la tradition, avant l'installation à Troyes, car les archives, très complètes, des paroisses de Troyes, ne mentionnent pas son décès.

[16] Leschevin, p.xvii et note 'l' des pièces préliminaires, reprenant Grosley, p.128.

La tradition fait ici intervenir aussi un chanoine de Saint-Etienne, nommé Chevalier, qui se serait intéressé à l'enfant à l'intelligence éveillée (Leschevin, pp.xvii et xviii), et surtout, insinue Grosley toujours ami des commérages, à la veuve 'qui avait été très belle femme, avec un esprit romanesque et un luth dont elle touchait très agréablement' (p.124). Même si mme de Belair avait été tout cela, elle avait alors cinquante ans bien passés, avec tout ce que cet âge représentait au dix-huitième siècle. Quant au chanoine Chevalier, il est tout simplement inexistant à l'époque et dans le rôle qu'on a voulu lui faire jouer. C'est beaucoup plus tard qu'apparaîtra, dans des rapports d'amitié clairs et normaux, un chanoine Chevalier de Morsan, beaucoup plus jeune, contemporain, camarade de collège et cousin de Saint-Hyacinthe. Ce processus de glissement à partir d'un détail réel, de mise en forme à pointe de scandale, est caractéristique de la manière dont s'est constitué le mythe de Saint-Hyacinthe.

Un des premiers soucis de mme de Belair, une fois installée, a dû être l'éducation de son fils. Troyes offrait des possibilités intellectuelles avec un collège réputé dirigé par les Oratoriens. Le catalogue des élèves, conservé à la bibliothèque municipale de Troyes,[17] fournit pour l'éducation de Saint-Hyacinthe des repères chronologiques précis et, grâce aux notations latines des professeurs, de rapides images, éclairantes dans leur brièveté, sur les études de Saint-Hyacinthe, le cycle de travail du collège, les professeurs et les élèves.

C'est pour l'année scolaire 1695-96 que Hyacinthe de Belair paraît pour la première fois parmi les élèves du collège, en classe de cinquième. Le cycle normal des études s'engage, non sans succès. Saint-Hyacinthe a eu certainement des qualités de vivacité, de brillant, qui en ont fait un élève qu'on remarque dans une classe, même dans celles, très nombreuses (souvent plus de cinquante élèves) du collège de Troyes à l'époque.[18] En cinquième son professeur le déclare 'ingeniosus'. Cette appréciation s'est développée l'année suivante, en quatrième, en 'eleganti ingenio adulescens'. Mais, quand on franchit encore un échelon pour atteindre la classe de troisième, son professeur, toujours le même cependant, s'inquiète des tendances à la facilité du jeune garçon: 'Diligentior, uberes fructus percepisset.'

Puis brusquement, les choses se gâtent tout à fait en atteignant la seconde, l'importante classe d'humanités: les quelques mots inscrits en face du nom d'Hyacinthe de Belair notent, pour cette année 1698-1699, un fait, sans commentaires ni explications: 'Sex ab hebdomadis, scholam deseruit'. Pourquoi donc Saint-Hyacinthe a-t-il quitté le collège un mois et demi après la rentrée? Il semble qu'il se soit agi de heurts entre un nouveau professeur, peut-être maladroit, et le très jeune homme assez imbu de lui-même et impatient de toute autorité. C'est du moins l'interprétation que suggère le ton (car les faits là aussi sont absents) d'une lettre, de cette époque, mais publiée ultérieurement, de Saint-Hyacinthe à un de ses camarades restés au collège:

[17] Mss 357, 3 volumes. Le tome ii (1676-1735) couvre la période considérée.

[18] Alors que peu d'élèves (à peu près un sur quatre ou cinq) ont suscité une annotation en face de leur nom, il y en a une qui s'applique à Saint-Hyacinthe pour chacune de ses années d'études – (Mss 357, t.ii, années 1695-96 à 1701-1702).

Que je vous plains, mon cher ami, d'aller deux fois par jour vous enfermer avec une troupe d'enfants maussades et d'essuyer les caprices

De ce Régent si ridicule
Dont le sceptre est une férule.[19]

Et le jeune coq, qui a été recueilli par des amis indulgents à la campagne, continue en prenant les choses de très haut, peut-être pour cacher un certain embarras, et en jouant à l'homme fait: 'Je respire ici le meilleur air du monde, et j'en étudie d'autant mieux que mes études ne sont point forcées; je n'y ai point à traduire un nombre déterminé de vers ou de pages; je remplis mon temps, et non une tâche; je me suis imposé de lire Virgile, Cicéron et Ovide.' Et il terminera, voulant jusqu'au bout, mettre dans leur tort ses maîtres et leur poudreux latin, en plaçant Fontenelle au-dessus de Virgile (*Variétés*, pp.293-94).

Après quelques mois passés dans ces sentiments de contentement de soi – et aussi dans le travail, car il a dû étudier seul au moins le programme de la classe d'humanités – il faut bien se rendre à l'évidence de l'utilité d'un cadre pour les études classiques. On a dû intervenir d'autre part auprès de la direction du collège et obtenir une amnistie pour le jeune présomptueux: deux ans plus tard, pour l'année scolaire 1700-1701, en classe de rhétorique cette fois-ci, le nom de Hyacinthe de Belair reparaît dans le registre. Désormais, ses maîtres, soit mauvais souvenirs, soit à cause de la conduite présente du jeune homme, sont réticents envers lui. Les dernières annotations qui le concernent sont 'levi ingenio discipulus' en rhétorique et, plus nettement encore, avec un adjectif à saveur familière, quoique cicéronien 'versutus adulescens' en logique.[20]

Pendant ces années d'études, à l'exception de la coupure 1698-1700, Saint-Hyacinthe a suivi le rythme des études du collège, depuis la Saint-Luc, le 18 octobre, jusqu'aux grandes vacances qui commencent pendant l'été, à des dates différentes selon les classes. Un certain nombre d'événements, relatés dans le calendrier latin du collège pour chaque année viennent rompre la monotonie du travail.[21] L'année scolaire s'ouvre toujours par la messe du Saint-Esprit, suivie du discours du professeur de la classe d'humanités. Puis les exercices de thèse des élèves de logique, ceux, oratoires ou poétiques des rhétoriciens et humanistes, parfois la représentation d'une tragédie[22] ponctuent l'année dont l'événement majeur reste le discours latin du professeur de rhétorique.

Les thèmes proposés à ces travaux sont d'actualité, ou, s'ils sont plus généraux, se rapportent à l'actualité. En octobre 1697 le professeur d'humanités prononce l'éloge du duc de Vendôme, à propos de ses victoires de Catalogne. En février 1698, il s'agit, plus académiquement, d'un parallèle entre la guerre et la paix, avec conclusion de rigueur – mais c'est peu après la paix de Ryswick. On

[19] *Variétés ou divers écrits par Mr D* S* H*** (Amsterdam 1744). *A Monsieur B.* p.293.

[20] Troyes, Bibliothèque municipale, Mss 357, tome ii: Année 1700-1701 Rhetorum nomina et Année 1701-1702 Logicorum nomina: 'L'élève à l'esprit léger' est devenu 'un jeune homme astucieux'!

[21] Troyes, Bibliothèque municipale, Mss 357, tome ii. Cf. aussi: Gustave Carré, *L'Enseignement secondaire à Troyes du Moyen Age à la Révolution* (Paris 1888).

[22] Troyes, Bibliothèque, Mss cité; G. Carré, et Albert Babeau, 'Le théâtre du Collège de Troyes' in *Annuaire administratif. statistique et commercial du département de l'Aube* pour 1881 (Troyes, 2e partie pp.111ss.).

célèbrera aussi le nouvel évêque de Troyes (mai 1698) ou Philippe v d'Espagne (février 1700), on évoquera en 'elegantissima carmina' la récente crue de la Seine à Troyes (janvier 1700)

De ce même souci très oratorien d'actualiser les études procède un des grands problèmes de l'enseignement à l'époque, qui n'est pas ici directement évoqué mais que l'on découvre en filigrane dans les brèves notations du calendrier, celui des places respectives à donner au français et au latin. Les pères de l'Oratoire, modernistes, se préoccupent dans l'interdiction générale de jouer la tragédie en français, de savoir si l'on pourrait mêler des passages français à ce noble déploiement latin (Année 1699-1700).

Les professeurs avec qui le jeune Saint-Hyacinthe ne s'est pas toujours entendu lui ont cependant donné une bonne culture sous le signe des préoccupations dominantes de l'Oratoire:[23] intérêt pour les sciences, l'histoire, les langues vivantes, solidité de la formation latine mais peu de souci du grec,[24] initiation philosophique de sens certainement cartésien, malgré les interdictions, les crises et les prudences – et appuyée sur Platon et Saint-Augustin. Cet esprit a marqué profondément l'évolution intellectuelle de Saint-Hyacinthe

Considéré dans son ensemble, le corps professoral se caractérise certainement par sa compétence, à cette époque où l'Oratoire n'a que le souci de ses propres collèges et n'est pas encore dépassé, comme il le sera à la fin du siècle, par la soudaine charge supplémentaire des collèges de jésuites, vidés de leurs maîtres par la décision royale.[25] On est frappé, à examiner les dossiers les concernant,[26] de la jeunesse de ces professeurs, guère plus âgés parfois que leurs élèves et d'autant plus proches d'eux et plus sensibles aux mêmes courants de pensée, aux mêmes désirs de renouvellement. L'âge moyen des supérieurs ou préfets des études que Saint-Hyacinthe a connus est inférieur à quarante ans, celui des professeurs à trente ans. Enfin la dernière impression que donnent les carrières de ces religieux est celle de mouvement. Généralement ils ne restent que quelques années dans une maison et sont transférés, pour peu d'années également, dans une région tout à fait différente. Boulogne ou La Rochelle, Aix ou Clermont-Ferrand, Dieppe ou Lyon apparaissent constamment et dans n'importe quel ordre dans les dossiers. A Troyes le père Le Chappelain vient du célèbre Juilly où vont partir les pères Pastel et Malguiche.[27] Dans une France où la personnalité

[23] P. Barrière, *Un grand provincial: Montesquieu* (Bordeaux 1946), pp.13ss, et P. Costabel, 'L'Oratoire de France et ses collèges' in *Enseignement et diffusion des sciences en France au XVIIIe siècle* (Paris 1964), pp.88-100.

[24] Saint-Hyacinthe déclarera même ne pas savoir le grec (*Lettre à mme Dacier sur son livre: Des causes de la corruption du goust*, 1715, p.1). Cette protestation d'ignorance est peut-être un peu forcée par souci polémique car de nombreux passages d'autres œuvres décèlent une connaissance au moins superficielle du grec et il paraît peu concevable que cette discipline ait été absolument ignorée au collège de Troyes.

[25] Les dernières années du règne de Louis xiv sont cependant une période de crise pour le collège de Troyes, mais qui ne semble pas avoir atteint le corps professoral; cf. Carré, pp.101ss.

[26] Archives de l'Oratoire, Dossiers Bonnardet, concernant les pères Malguiche, Martin et Merindol (supérieurs et préfets), Blondel, Le Chappelain, Pastel et Rollard (professeurs).

[27] Archives de l'Oratoire. Le père Le Chappelain a été le professeur de logique de

des provinces était marquée et assez fermée, ces va-et-vient d'hommes cultivés devaient ouvrir des fenêtres, créer des courants.

Quant au petit monde des élèves parmi lesquels Saint-Hyacinthe a vécu, on y trouve la classique répartition d'un collège provincial d'ancien-régime: quelques représentants de l'aristocratie locale, des jeunes gens de familles bourgeoises connues, et de tout le reste de l'échelle sociale.[28] Il est parfois difficile de savoir qui Saint-Hyacinthe a particulièrement fréquenté. Mais on connaît l'amitié qui a lié Saint-Hyacinthe à un de ses camarades des classes de rhétorique et de logique: Louis Chevalier. Ils sont d'ailleurs probablement cousins,[29] ne se sont trouvés dans la même classe qu'à partir du retard d'un an pris par Saint-Hyacinthe à cause de sa frasque de l'année d'humanités. Louis Chevalier de Morsan, plus âgé d'un an que Saint-Hyacinthe[30] semble avoir été l'élève modèle dont rêvent tous les professeurs, unissant à l'intelligence le sérieux et les qualités de caractère. Les bons pères ne tarissent pas d'éloges sur lui: 'Sibi in omnibus constat', 'In omnibus laudandus'.[31] Et de plus il avait, sans doute, le don d'empêcher tant de perfection d'être insupportable pour ses condisciples, car Saint-Hyacinthe, assez frondeur certes, lie avec lui une profonde amitié dont les études en commun au collège ne marquent que le début.

A l'issue de ces années d'enfance, quand Saint-Hyacinthe, qui s'appelle encore Belair, débouche sur la vie d'adulte, comment peut-on se le représenter? Le premier trait frappant est certainement la vivacité de l'intelligence. Aucun de ses maîtres ne l'a mise en doute, même dans les moments de mauvaise humeur. Le jeune homme en est d'ailleurs, lui-même, assez conscient. La *Lettre à M. B...* (*Variétés*, p.292) respire un certain contentement de soi. Il n'a d'ailleurs pas tout à fait tort car ces dons sont encore appuyés sur une formation intellectuelle à la fois sérieuse et brillante: celle que donnait un bon collège de l'ancien régime, à base solide d'humanités, accompagnée de talents à valeur sociale: aisance de la versification et culture nécessaire à une conversation raffinée.

Saint-Hyacinthe saura faire valoir ces avantages, car la finesse est une des dominantes de son caractère, finesse assortie d'un certain manque de scrupules qui a choqué ses maîtres, mais qu'il ne faut probablement pas exagérer, où doit

Saint-Hyacinthe, le père Pastel, son professeur en classe de rhétorique, puis préfet des études, le père Malguiche a été préfet des études (Troyes, Bibliothèque municipale, Mss 357, tome ii).

[28] Le P. Martin, qui a été préfet des études, puis supérieur du Collège de Troyes du temps où Saint-Hyacinthe y faisait ses études, aidait beaucoup, de sa fortune personnelle, les jeunes paysans élèves du Collège (Archives de l'Oratoire, Dossiers Bonnardet (Pierre-Claude Martin). Sur les classes sociales au collège de Troyes cf. Gustave Carré, pp.173ss.

[29] Marie Chevalier, grand-tante de Louis, avait épousé François Mathé, seigneur de Dommartin, de la famille de la mère de Saint-Hyacinthe (La Chesnaye-Des Bois et Badier, *Dictionnaire de la noblesse*, 3e éd., Paris 1863-1876, article 'Chevallier').

[30] Troyes, Archives départementales de l'Aube, Fichier Chandon et G 1307 Délibérations capitulaires du Chapitre de la Cathédrale Saint-Pierre de Troyes, f.106, Mercredi 5 octobre 1712: 'Lecture a été faite des lettres d'extrait baptistaire présentées par Mons. Chevallier, en l'église Saint-Eustache de Paris, du 19 Mai 1683.'

[31] Troyes, Bibliothèque municipale, Mss 357, tome ii, années scolaires 1700-1701 Rhetorum nomina, et 1701-1702 Logicorum nomina.

entrer une bonne part de gaminerie d'un adolescent précoce en révolte contre les cadres imposés. La tradition insiste sur une certaine tendance romanesque, due à l'influence de mme de Belair. Dans le domaine restreint des faits connus, le nom de Thémiseul, qu'il va bientôt prendre, avec son parfum de roman feuilleton, en constitue l'unique indice.

Ce jeune homme, à qui quelques traits de caractère isolés restituent une esquisse de personnalité, est marqué par trois traditions qu'il a recueillies dans sa jeunesse, et dont les traces se retrouvent dans le reste de sa vie: par sa famille il s'insère naturellement dans la tradition militaire de son père, ancien officier – dans une tradition, aussi, de fidélité à la famille d'Orléans, en échange d'un patronage, selon la coutume d'origine féodale encore si vivante dans le contexte social de l'ancien régime. La troisième tradition, il la doit à sa formation oratorienne qui l'a marqué plus qu'il n'en a alors conscience, dans sa réaction passagère de très jeune homme, impatient de s'affirmer. Libéralisme, désir de développer l'individu, souci pédagogique, et la direction cartésienne et platonicienne donnée à sa recherche philosophique par l'Oratoire, se retrouveront tout au long du développement de sa pensée. De plus, l'Oratoire implique, sinon une appartenance formelle, au moins des sympathies dans la grande crise qui déchire plus d'un demi-siècle de conscience religieuse française autour du jansénisme.

Enfin l'implantation sociale qui contribue à dessiner la silhouette du jeune Saint-Hyacinthe se complète par un précieux premier ensemble de relations, déjà constitué au collège ou dans la région champenoise, et qui semble avoir marqué une grande partie de son existence.

Ainsi armé, désireux d'agir, le jeune chevalier de Belair va aborder la vie.

2. Le jeune homme: 1703-1712

Les dix années qui s'ouvrent devant Saint-Hyacinthe à sa sortie du collège seront une période confuse de tentatives variées et de retours en arrière. Mais à travers ces tâtonnements sans grand résultat apparent, sa personnalité d'homme commence à s'élaborer, dans ses constantes lectures et au contact des milieux qu'il va fréquenter. Ces efforts et ces reprises vont culminer dans une grande crise de conscience qui marque l'éveil réel de sa pensée philosophique.

Il semble que l'on puisse reconstituer une chronologie, encore trop souvent imprécise dans ses détails, en suivant, en l'absence d'autres éléments, les cadres de la tradition, en appuyant ou corrigeant ceux-ci par quelques rares documents d'archives ou, plus souvent, par les très précieuses indications données par des pièces de circonstance écrites par Saint-Hyacinthe. Ces œuvrettes de jeunesse ont été recueillies et publiées plus tard par l'auteur lui-même, mêlées à des textes d'autres périodes ou d'autres provenances, en deux recueils au mérite littéraire mince, mais d'une valeur historique et évocatrice certaine: *Pièces échappées du feu*, et *Variétés*.

Les *Pièces échappées du feu* publiées anonymement[1] par Le Vier à La Haye en 1717, sans nom d'éditeur et sous l'indication fictive de lieu: Plaisance, sont traditionnellement attribuées à Albert Henri de Sallengre, ami de Saint-Hyacinthe et son collègue dans la rédaction du *Journal littéraire*. Mais la correspondance adressée par Saint-Hyacinthe au libraire Le Vier au cours des années 1716 et 1717, et conservée à l'Université de Leyde[2] ne laisse pas de doute sur la responsabilité d'auteur de Saint-Hyacinthe. C'est en effet un des thèmes principaux de ces lettres que la série d'instructions données par Saint-Hyacinthe au libraire pour un recueil[3] qui doit d'abord s'intituler *Pièces fugitives*, puis *Polissoniana* – au grand désespoir du malheureux auteur qui trouve ce terme 'd'un bas détestable'[4] et dont le titre définitif: *Pièces échappées du feu* n'apparaît que dans la dernière lettre, postérieure à la parution.[5] D'ailleurs le cadre social que décèlent ces petits textes mondains – vie de province en Champagne dans un milieu en grande partie ecclésiastique – ne peut aucunement convenir au

[1] Toutes les œuvres de Saint-Hyacinthe ont paru sans nom d'auteur excepté une réédition complétée des *Lettres écrites de la campagne* en Angleterre en 1731, et les *Recherches philosophiques* de 1743 dont l'épître dédicatoire est signée, si la page de titre est anonyme. Par contre, les quelques œuvres qui ont paru sous son nom sont d'attribution au moins douteuse.

[2] Bibliothèque de l'Université de Leyde, 7 lettres de Saint-Hyacinthe à Le Vier, Fonds Marchand 2.

[3] Les instructions correspondent au texte des *Pièces échappées du feu*. Ainsi il est fait allusion à la pièce de Malezieux (3e lettre de Saint-Hyacinthe à Le Vier, Bibliothèque de l'Université de Leyde, Marchand 2, ce 1er octobre [1716]) c'est-à-dire: *Polichinelle qui demande une place à l'Académie*, au début du recueil.

[4] Bibliothèque de l'Université de Leyde, Marchand 2, 4e lettre de Saint-Hyacinthe à Le Vier, ce 23 [Octobre 1716].

[5] Bibliothèque de l'Université de Leyde, Marchand 2, 7e lettre de Saint-Hyacinthe à le Vier, ce 9 juin [1717] à Paris.

protestant réfugié Sallengre, qui a passé toute sa jeunesse en Hollande, tandis qu'il correspond, dans ses détails même, à la vie qu'a menée Saint-Hyacinthe.

Quant au deuxième ouvrage, il est beaucoup plus tardif, car il n'a paru qu'en 1744 à Amsterdam chez Le Sieur sous le titre: *Variétés ou divers écrits par M. D* S*H****. Ces initiales étaient déjà une présomption en faveur de Saint-Hyacinthe. Barbier, Leschevin[6] n'ont pas voulu aller plus loin que cette présomption. Les critères internes, dans ce recueil d'intérêts plus dispersés sont peut-être moins nets que pour les *Pièces échappées du feu*. Mais dans une lettre de Saint-Hyacinthe à La Motte de 1742[7] on l'aperçoit cherchant à faire publier des textes variés, et notamment l'ensemble complexe et caractéristique qui forme justement le centre des *Variétés*: la traduction des *Amours d'Euriale et Lucrèce* d'Aeneas Sylvius Piccolomini présentée en liaison avec la *Comtesse de Tende* de mme de La Fayette, et quelques échos sur la correspondance de l'Electeur Palatin, père de la deuxième Madame avec son épouse morganatique la comtesse de Degenfeld.[8]

Grâce à ces documents, on peut pressentir ce qu'ont été pour Saint-Hyacinthe ces dix années: avant tout, une découverte du monde qui l'entoure et qui va se concrétiser en trois milieux entre lesquels il oscillera: société militaire, société hollandaise, et société provinciale cultivée de Troyes.

Parmi les traditions qu'il a reçues, Saint-Hyacinthe va d'abord choisir de se rattacher à celle de l'armée. Rien n'était plus naturel, et il n'y avait d'ailleurs guère d'autre voie qui s'ouvrît pour un jeune homme de bonne naissance, sans fortune et ambitieux, à qui ses goûts et une certaine délicatesse de sentiments fermaient la carrière ecclésiastique.[9] D'après la tradition, c'est vers la fin de 1703 que le jeune homme obtint le brevet qui lui ouvrait cette carrière et qu'il aurait pris le nom de chevalier de Thémiseul. Si les choses se sont passées ainsi, c'est déjà une année entière de vie plus ou moins oisive que Saint-Hyacinthe, qui avait terminé ses études aux grandes vacances de l'été 1702, aurait déjà eue à consacrer à la vie de société troyenne, qu'il allait retrouver longuement plus tard. Pendant ce temps, il est vraisemblable que se déroulaient les longues démarches et formalités indispensables à l'obtention du fameux brevet, de 'cornette' probablement.

Enfin le voici intégré au Régiment Royal d'Infanterie,[10] et ceci en pleine

[6] A. A. Barbier, *Dictionnaire des ouvrages anonymes* (Paris 1872-1879), pp.60, 914; et 'Notice du Catalogue raisonné de la Bibliothèque de l'Abbé Goujet', in *Magasin encyclopédique*, 8e année, tome v (1803), pp. 189 et 190, Leschevin, Note Z des Pièces préliminaires. Cioranescu ne mentionne pas les *Variétés* dans la liste des œuvres de Saint-Hyacinthe.

[7] Paris, Bibliothèque de la Société d'Histoire du Protestantisme français, Fonds Read, Mss 295 f.66. A l'Ecluse, ce 17 juin 1742.

[8] *Variétés* pp.112-281. Les *Variétés* reproduisent d'ailleurs quelques-uns des textes des *Pièces échappées du feu*.

[9] Il faut noter dans la personnalité de Saint-Hyacinthe, qui a eu ses aspects à la limite de l'aventurier, cette nuance de respect de soi-même. Il évoque dans une des pièces de cette époque un de ses camarades qui 'va être Chanoine avec les meilleures dispositions du monde pour être un bon Mousquetaire' (*Lettre à Monsieur l'abbé G.* in*Pièces échappées du feu*, pp.245-48). Aucune indication ne permet de penser que Saint-Hyacinthe ait jamais tenté de sortir par cette voie de ses endémiques difficultés financières.

[10] Il est plus probable, en raison des relations qu'il y a conservées (cf. Lettre de Saint-Hyacinthe à sir Hans Sloane du 6 mai 1736, Londres, British Library, Sloane Mss. 4054

guerre de succession d'Espagne. Dans ce milieu où dominent les cadets de noblesse désargentés, plus hostiles, semble-t-il, à l'intrusion de la richesse que de la roture,[11] Saint-Hyacinthe grâce à son honorable naissance, à ses manières d'homme du monde et à ses relations, n'a pas dû avoir de difficultés à se faire accepter.[12] Les renouvellements imposés par une guerre qui réclamait des effectifs importants avaient dû aussi assouplir les impératifs de recrutement de ces cadres traditionnalistes. Saint-Hyacinthe représente, en fait, un élément social assez caractéristique de ces officiers subalternes entrés tôt dans une carrière dont, si tout se passe normalement, ils parcourront lentement les échelons pour atteindre peut-être celui de lieutenant-colonel.[13] Ils formeront alors, avec leur compétence, l'armature militaire de l'ancien régime sous les jeunes colonels de qui l'on demande avant tout la fortune nécessaire pour 'tenir en état leur régiment et faire honneur à leur rang.'[14]

L'événement majeur de la carrière d'officier de Saint-Hyacinthe est sa participation à la deuxième bataille d'Hochstaedt (ou Blenheim), victoire de Marlborough sur les Français le 13 août 1704. En 1731 encore, Saint-Hyacinthe se complaisait à faire évoquer par un de ses personnages ce grand moment de sa jeunesse, cette bataille 'si fatale à la France, si nécessaire et avantageuse à la maison d'Autriche, si glorieuse pour l'Angleterre'.[15] Suit une discussion des fautes des chefs militaires[16] et un bel éloge – peut-être forcé, car le livre est destiné au public anglais – de la magnanimité des Anglais,[17] particulièrement de Marlborough, envers leurs prisonniers français.

Car Saint-Hyacinthe se trouvait parmi les prisonniers. C'est de cette manière que se termine sa brève expérience de l'armée, et c'est par cette captivité que, tout en ne perdant pas contact avec son entourage militaire, il va s'ouvrir à de nouvelles expériences. Une série de lettres publiées dans les *Variétés* (pp.319-49) décrit avec une aisance détachée les étapes des deux années, 1704 à 1706, deux des années de la vie de Saint-Hyacinthe que l'on connaît peut-être le mieux!

ff.229 à 31), qu'il s'agisse du Régiment d'Infanterie plutôt que de Cavalerie entre lesquels se partagent les commentateurs. Lévesque de Burigny, le plus sérieux d'entre eux, ne se prononce pas et se contente de l'indication Régiment Royal (*Lettre de M. de Burigny*, p.2). Il n'a pas été possible de retrouver aux Archives historiques de l'Armée, très incomplètes pour cette période, des traces de la vie militaire de Saint-Hyacinthe.

[11] Emile G. Léonard, *L'Armée et ses problèmes au XVIIIe siècle* (Paris 1958), chap. 9, pp.163-90.

[12] D'autres jeunes gens de Troyes, de ses relations, semblent s'être engagés avec lui. Les textes des *Variétés* font état de M.M.G. ..., V... ., et La C... ., pp.317, 324-25, 340.

[13] C'est précisément le grade qu'ont atteint des amis de Saint-Hyacinthe (Lettre de Saint-Hyacinthe à sir Hans Sloane, Londres, British Library, Sloane Mss 4054 ff. 229 à 31).

[14] Reboul, *La Vie au dix-huitième siècle: L'Armée* (Paris 1931), p.51.

[15] *Letters giving an account of several conversations upon important and entertaining subjects written originally in French by M. de Saint-Hyacinthe, F.R.S.*, Londres, Bettenham, 1731, ii.382.

[16] 'the incapacity of Mareschal Tallard, [...] the ill conduct of the general officers and especially that of M. de Clérambaut, de Maisonsel, de Monroux ...' (p.382).

[17] 'the humanity, generosity, with which the English had behaved towards their prisoners. My Lord Marlborough not only never refused a passport, but never granted any without some obliging answer at the same time to the lowest subaltern [...] All the English officers had opened their purses to the French officers' (p.381).

Vous sçavez que grâce aux prières que M.M.M.D.M.C. ont faites pour moi après la bataille, je n'y ai point été tué. Vous sçaurez que nous sommes à présent à Mayence où on nous prépare des bateaux qui doivent nous transporter sur le Rhin jusqu'à Nimègue: de là nous serons distribués dans nos quartiers de prison [...] Nous sommes ici sans argent et la plupart sans équipage: on se console néanmoins avec du vin d'Hocum, et, par-ci par-là quelque gentille Allemande.[18]

Les voici maintenant installés dans une petite ville de Hollande qui n'est pas nommée mais qui est certainement Steenwijk en Over-Yssel,[19] en liberté sur parole ce qui leur laisse beaucoup d'indépendance:

Nous sommes ici cinquante et un officiers de divers Régiments. Quand nous y sommes arrivés nous n'aurions pas fait entre nous cinquante écus. M. le Comte de Noyan, Capitaine dans le Régiment de Rohan, fut le premier qui toucha une lettre de change. Elle était de mille écus: à peine l'a-t-il reçue qu'il fit avertir tous nos Messieurs de se trouver chez lui pour les partager. Nous touchons maintenant nos appointements régulièrement tous les mois; les miens se montent à treize florins.[20]

Dans l'oisiveté forcée, il faut se trouver des distractions: 'Il s'est fait parmi nous un Ordre dont les Chevaliers se distinguent par une petite pipe d'argent attachée à la boutonnière avec un ruban noir et sur laquelle on a fait graver ces mots: *Captivitatis Solatium*. L'obligation consiste à tenir chez soi tabagie un jour de chaque semaine' (*Variétés*, p.346).

Ces 'tabagies' de captivité, répliques certainement très ressemblantes de celles de garnison, les rapports continuels avec les autres officiers qui ont subi le même sort, prolongent autour de Saint-Hyacinthe cette ambiance militaire dans laquelle il aura ainsi passé près de trois ans de son existence, de 1703 à 1706, année où il retournera en France. Ces années dans l'armée ne semblent pas avoir laissé une marque profonde sur sa personnalité. Certes, ce sont pour lui des souvenirs de jeunesse qu'il aimera plus tard à rappeler. Il apprécie l'évasion, et l'occasion d'aventures qu'elles lui ont apportées, mais les intérêts proprement militaires ne paraissent pas l'affecter beaucoup. Ainsi cet idéaliste qui participe de la manie réformatrice de son siècle, qui a voulu refaire l'état, la justice, l'éducation, l'orthographe, mille autres choses encore, ne semble pas avoir songé à reconstruire l'armée. De même dans ses journaux, ses recueils où il aborde tous les sujets possibles, on ne le voit pas s'arrêter sur la stratégie ou la discipline.[21]

C'est sur un autre plan que Saint-Hyacinthe a dû subir une influence: il a été très sensible à l'esprit de corps sous sa forme la plus large. Il a aimé, il aimera,

[18] *Variétés*, pp.314-15; *A Monsieur le Marquis d'A.*

[19] Une série de recoupements (nombre des prisonniers, nom caractéristique de l'unique réfugié français, château des princes d'Orange dans les environs) faits par m. Boeke, conservateur de la bibliothèque wallonne à Leyde, désigne cette ville.

[20] *Variétés* p.339; *A Monsieur L...*

[21] Seul le problème assez particulier des mercenaires a arrêté son esprit, et sous un aspect beaucoup plus philosophique que technique: 'Est-il permis à un homme dans l'état de nature de se louer à un autre homme pour lui aider à tuer son ennemi? Et si cela ne lui est pas permis, par quelle règle de morale les Suisses peuvent-ils se louer indifféremment à un autre pour aller tuer ses ennemis?' (*Le Fantasque*, Amsterdam, du Sauzet, no xv, 30 août 1745, p.233). Saint-Hyacinthe se trouve ici, comme veut bien me le rappeler m. J. S. Spink, un précurseur de Saint-Preux.

vivre dans un milieu d'hommes de bonne éducation, jeunes de préférence, qui savent supporter en souriant les moments difficiles et faire preuve de solidarité.

Saint-Hyacinthe a pu, dans ces circonstances, fortifier les tendances naturelles qui le feront toute sa vie demander beaucoup à ses amis, et offrir tout autant, avec une grande sincérité. Et enfin on voit apparaître ici, avec le 'Captivitatis solatium', ce qui est peut-être le premier exemple de ces groupements: ordres, réunions, confréries, etc., que Saint-Hyacinthe adore et qui fourmillent autour de lui à tous les stades de son existence jusque dans ses dernières années, et qui semblent vraiment une émanation naturelle de sa personnalité.

Mais l'attachement de Saint-Hyacinthe au milieu militaire ne l'a pas enfermé dans ce milieu. Il a su saisir l'occasion exceptionnelle d'enrichissement que lui ont apportée les hasards de la guerre et de la captivité en le transportant en Hollande et en le libérant en même temps des occupations du métier. Les petites pièces des *Variétés*, dans les limites étroites qu'impose leur genre mondain, font apercevoir un Saint-Hyacinthe s'ouvrant sur les possibilités qui s'offrent à lui.

Et d'abord dans le domaine de la lecture et du travail intellectuel. Il a dû lire beaucoup et très librement dans cette Hollande, lieu d'élection des éditeurs et de la relative liberté d'impression.[22] Il évoque ces lectures, en un passage à la sonorité déjà vaguement rousseauiste qui le montre sensible (quoiqu'avec la discrétion du grand siècle), au charme de la nature: 'Je [...] mène ici une vie assez douce: mon hôte a un jardin hors de la ville où j'ai fait porter un bon nombre de livres dans un cabinet qui a de tous côtés une très belle vue; je m'y enferme souvent et l'ennui ne vient jamais m'y trouver.'[23]

Il complète ces lectures par des contacts dont ses lettres ne peuvent livrer que des échantillons. Ainsi l'on voit apparaître la silhouette, qui semble l'avoir particulièrement frappé, d'un réfugié protestant français, de valeur morale et de culture assez exceptionnelles. Ce Ricotier, de Bordeaux, après avoir subi une série de terribles malheurs, avait échoué dans cette petite ville où, en dépit de son âge déjà avancé et de pénibles déchéances physiques, il attirait par sa personnalité et le charme de sa conversation ces jeunes officiers oisifs. 'Les infirmités n'ont affaibli ni son jugement ni sa mémoire, et [...] ses malheurs n'ont point abattu la force de son esprit [...] Cet homme a dans le discours une élégance et une politesse surprenantes; il sçait l'Histoire de France si parfaitement qu'on dirait qu'il a passé sa vie à en enrichir sa mémoire.'[24] Un tel homme, d'autres qui ont certainement existé, pouvaient être de précieux éveilleurs

[22] Il semble que la considérable érudition de Saint-Hyacinthe ait été accumulée plus en Hollande qu'en France. Il se réfère presque toujours à des éditions hollandaises.

[23] *Variétés*, p.345; *A Monsieur L* ... Les environs de Steenwijk sont renommés pour leur charme.

[24] *Variétés*, pp.341-44; *A Monsieur L*... Pierre Ricotier, marchand de Bordeaux, y avait épousé Marthe Oyens, une des riches héritières de la ville. Il s'était réfugié en Hollande peu après la Révocation de l'Edit de Nantes. Veuf et remarié, il habitait Steenwijk dès 1700 (acte de baptême de Lidia, fille de Pierre Ricotier et Aeltgern Jans. Archives provinciales de l'Over Yssel à Zwolle. Baptêmes. Steenwijk. Série RBS 537, 27 (ou 30) Novembre 1700). Renseignements communiqués par m. Boeke. Ricotier traducteur du traité de Samuel Clarke sur l'existence et les attributs de Dieu (Amsterdam, J. F. Bernard, 1717 et 1727-28) est probablement un parent de celui-ci.

d'intérêts et d'idées. Peut-on penser qu'un Ricotier par exemple a contribué à susciter les goûts historiques de Saint-Hyacinthe? Il représentait en tous cas pour un jeune homme, même à l'esprit audacieux, qui avait toujours vécu dans l'atmosphère de la France étroitement catholique de la fin du règne de Louis XIV, une leçon de relativité.

Saint-Hyacinthe approfondissait encore cette utile vertu intellectuelle au fil de la vie de tous les jours en fréquentant les 'bonnes gens' qui le logent: m. et mme Pegloo,[25] en prêtant l'oreille aux bruits et même aux commérages de sa petite ville.[26] Mieux encore, il a su (il est toujours le 'versutus adulescens' des pères de l'Oratoire) se faire recevoir, avec seulement deux ou trois autres privilégiés, dans la 'seule bonne maison qu'il y ait dans cette ville', chez 'une dame de condition'[27] mme H. Il donne des leçons de littérature française à la charmante nièce, d'origine écossaise, de cette dame hollandaise, et s'étonne probablement un peu du plaisir qu'il prend à ces agréables badinages cosmopolites, ayant toujours implicitement supposé qu'il n'était de bonne société que française.

C'est avec candeur qu'il va exposer ses découvertes quand il aura réussi en 1706[28] (comment? – encore une fois intervient ici la chance doublée de savoir-faire de Saint-Hyacinthe) à se faire présenter à la princesse douairière de Nassau[29] dans une de ses maisons de campagne: 'je ne puis vous dire de combien de politesse j'ai été comblé à la Cour de Madame la Princesse de Nassau [...] Son Altesse a pour première Dame d'honneur une madame de Saint-Maurice, de Savoye, qui m'a paru une dame admirable par la politesse et l'esprit. Nous sommes bien ridicules de nous imaginer qu'il n'y a qu'en France que règne la véritable politesse: vous verrez ce que je vous dirai.'[30]

'Ce que je vous dirai [...]'; en effet la lettre annonce un prochain retour de Saint-Hyacinthe en France. La Princesse de Nassau a promis d'intervenir pour lui faire obtenir le passeport nécessaire pour revenir à Troyes. Et Saint-Hyacinthe, en dépit des intérêts qu'il a su trouver en Hollande, désire maintenant beaucoup revoir la France. Près de deux ans se sont écoulés. Plusieurs des officiers prisonniers semblent déjà avoir réussi à regagner leur pays (p.240). Ses amis lui écrivent qu'ils l'attendent pour reprendre dans les maisons de campagne des environs de Troyes les jeux de société et de conversation interrompus.[31] Et Saint-Hyacinthe d'écrire à son tour: 'J'espère bien, mon cher ami, me dédommager avec vous de cette vilaine bière dont je m'épaissis le sang depuis près de deux ans'.[32] Par une de ces reconversions totales et d'une aisance déconcertante

[25] *Variétés*, pp.327-28, *A mademoiselle D.*

[26] *Variétés*, pp.340-41; *A monsieur L...*

[27] *Variétés*, p.340; *A monsieur L...*

[28] La date découle d'une allusion de Saint-Hyacinthe à 'près de deux ans' passés en Hollande. (*Variétés* p.348; *A monsieur L...*).

[29] Il s'agit sans doute d'Henriette Amalia d'Anhalt-Dessau (1666-1726), veuve d'Henri Casimir II, prince de Nassau Dietz, régente de 1696 à 1706 pour son fils mineur Jean-Guillaume le Frison, désigné comme son héritier par Guillaume III mais reconnu comme stadhouder seulement par les provinces de Frise, de Groningue et le pays de Drenthe.

[30] *Variétés, A monsieur L...*, pp.347-48.

[31] *Pièces échappées du feu*, p.87; *Lettre de monsieur l'Abbé C. à monsieur de S.*

[32] *Variétés*, p.348; *A monsieur L...*

fréquentes chez Saint-Hyacinthe, tempérament entier et tourné vers l'avenir, il ne pense plus qu'à la France; mais il conserve en lui les germes déposés par le séjour hollandais.

Or la Hollande a beaucoup apporté à sa formation intellectuelle. Elle a été pour lui l'occasion des loisirs nécessaires aux lectures, au travail, elle lui en a fourni les instruments, mais surtout, par son atmosphère elle lui a appris ce qu'étaient lectures et travail. Non point qu'en France il n'y eût aussi des hommes au savoir immense, laborieusement accumulé; mais le jeune Saint-Hyacinthe, à l'esprit un peu léger, aurait eu peut-être tendance à se laisser prendre au vernis mondain, à l'aspect de jeu littéraire qu'avait volontiers le savoir lui-même. Le 'mélange spécifique d'audace intellectuelle et de lourdeur érudite'[33] de la Hollande a agi sur lui comme un tonique, renforcé encore de la découverte stimulante de la relativité. Mais il a été aussi – et peut-être surtout – pour Saint-Hyacinthe un appui compensateur, presque un frein qui l'a empêché de s'user en frivolités stériles, l'a aidé à trouver l'indispensable sérieux qui équilibrera, soutiendra son intelligence naturellement ouverte à toutes les curiosités. Mais de tout cela, quand il quitte la Hollande, Saint-Hyacinthe est à peine conscient.

On peut penser que le jeune prisonnier est revenu à Troyes vers la fin de 1706. Il semble en être reparti à la fin de 1710 ou au début de 1711 et l'on n'a aucun élément positif sur ces quatre années. On sait seulement qu'il a dû y retrouver sa mère restée à Troyes où elle ne mourra qu'en 1714. En revanche, les deux recueils cités offrent une image assez évocatrice de la société que Saint-Hyacinthe a fréquentée, et la tradition place dans cet intervalle quelques-unes des aventures romanesques dont elle parsème son existence.

Troyes apparaît à travers les œuvres de jeunesse de Saint-Hyacinthe comme le centre d'une société provinciale active et cultivée. De tels groupes existaient plus fréquemment dans la France de Louis XIV que l'image de la centralisation versaillaise ne le laisserait supposer. La vie intellectuelle en Périgord[34] ou en Normandie, dans les cercles que fréquentèrent le jeune Fontenelle[35] ou mlle Delaunay, future mme de Staal,[36] les académies provinciales,[37] en sont des exemples.

Ce petit monde troyen, dont les œuvrettes de Saint-Hyacinthe et de ses amis offrent une image sans doute un peu idéalisée, se réunissait dans les salons, et, en été, dans les jolies maisons de campagne ou châteaux des environs. Dans ces réceptions, où l'on servait des mets auxquels les convives prêtaient grande attention et abondamment du bon vin de Champagne,[38] on se livrait au plaisir délicat et savant de la conversation. Pour permettre à ce jeu raffiné de déployer

[33] P. Vernière, *Spinoza et la pensée française avant la Révolution* (Paris 1954), ii.361.

[34] P. Barrière, *La Vie intellectuelle en Périgord 1550-1800* (Bordeaux 1936).

[35] Abbé Trublet, *Mémoires pour servir à l'histoire de la vie et des ouvrages de MM. de Fontenelle et de La Motte*, 2e éd. (Amsterdam, 1761).

[36] Mme de Staal-Delaunay, *Mémoires* (Paris 1846).

[37] Daniel Roche, *Le Siècle des lumières en province, Académies et Académiciens provinciaux 1680-1789* (Paris, La Haye 1978).

[38] Un certain 'canard en pâte' est à lui seul le thème d'un petit poème, *Pièces échappées du feu*, pp.76-77. Quant au vin, les références y sont nombreuses: pp.164, 247, 284-85; *Variétés*, pp. 315, 348.

toutes ses facettes, on lui donnait des thèmes dans la tradition précieuse,[39] et le simulacre pouvait se poursuivre en des 'plaidoiries' et un jugement qui ne sont pas sans évoquer les Cours d'Amour. Les moindres occasions se prêtent à ces assauts d'esprit qui s'expriment souvent en aimables vers de société: envoi de menus présents comme un chardonneret à une demoiselle, un départ, un songe, une absence.[40] Tout l'arsenal de l'antiquité et de la préciosité, les muses et les bergers, les souvenirs d'Horace, de Virgile ou de mlle de Scudéry réapparaissent fidèlement à leurs places prévues. Et la note légère des contes polissons[41] vient s'inscrire, ça et là, de façon assez attendue dans cet ensemble.

A travers cette agréable fadeur où se révèlent les traditions mondaine, épicurienne et galante de cette société, percent cependant quelques éléments plus caractérisés: avant tout, un réalisme provincial, à saveur de terroir, qui s'exprime par des nuances de bon sens, d'humour, de cynisme ou de gauloiserie, parfois de vulgarité. La poésie précieuse où l'amant a exprimé ses soupirs et sa détermination de mourir pour sa belle se termine facilement en une pirouette où l'auteur rejoint avec plaisir la terre ferme:

> Quoy, mon Amour et mon absence
> Serez-vous à jamais la cause de mes maux?
> Non certes, non quand bien j'y pense
> C'est que je suis un vray nigaut.[42]

Les généralités idéalistes et éthérées sur l'amitié, de Madame *** sont aimablement corrigées par un retour aux réalités (pp.62-76):

> Qui s'élève plus haut qu'il ne doit
> Tombe plus vite qu'il ne croit.

> Rayez de vos papiers le mépris qu'un cœur généreux doit faire de la fortune [...] Je ne prétends pas que l'on rampe et que l'on baise les pas par où elle passe, mais il faut rendre à Caesar ce qui appartient à Caesar [...] car n'avoir que la cape et l'épée, à la bourse que le liard, vous êtes reçu partout comme un chien dans un jeu de quilles et l'on vous fuit du plus loin que l'on vous voit.

La critique peut prendre la forme de la charge: la satire du vocabulaire de l'amour précieux, sous la forme de déclarations passionnées outrancières, s'accompagne d'allusions un peu déplaisantes à l'âge de la demoiselle 'qui pourrait être ma mère' (pp.94-98)

De ce même réalisme procède une assez grande liberté de jugement. Les plaisanteries fusent sur tel ou tel membre du clergé (pp.100, 238ss.) avec une aisance, dans la tradition médiévale ou renaissante, qui ne semble pas être soumise à la censure de quelque Compagnie du Saint-Sacrement. Et l'on n'hésite

[39] *Pièces échappées du feu*, pp.172ss.: 'Sur cette question: laquelle des deux est préférable en amour, ou une jolie femme coquette, ou une Petite Personne neuve et Agnès.'

[40] *Pièces échappées du feu* pp.148ss., 156ss., 260, 105ss., 136ss. etc...

[41] Un d'entre eux a été reproduit dans les *Œuvres diverses* de Grécourt, sous le nom de Thémiseuil (édition de 1761, Luxembourg [Paris], 4e vol. pp.320ss.). Il s'agit du *Mauvais Turc* qui figure dans les *Pièces échappées du feu*, p.128.

[42] *Pièces échappées du feu – L'éloignement de Sylvie*, Stances, pp.59-61. L'attitude n'est pas purement originale: par le sous-titre même de la pièce: *Scaronade*, elle s'inscrit dans une lignée, mais le choix de la lignée n'en reste pas moins caractéristique.

pas à dénoncer ouvertement tel Père comme un 'dévot cynique' ou à déplorer les mauvaises dispositions de tel abbé à entrer dans la carrière ecclésiastique (pp.245ss.).

Il y a du réalisme, mais aussi une finesse héritée de la virtuosité précieuse dans un autre caractère de cette société troyenne: son goût pour l'analyse morale, et l'élégance précise avec laquelle elle s'y livre. On lit avec plaisir, entre une églogue et des stances à quelque Iris, la lettre de m. l'abbé C. sur la différence qui se trouve entre l'Estime, l'Amitié et l'Amour (pp.86ss.) avec ses réflexions délicates et un peu maniérées sur l'amitié, 'fille de deux mères', l'estime et la sympathie. 'L'*Estime* sans la *Sympathie* n'a rien de *tendre*, la *Sympathie* sans l'*Estime* n'a rien de *bon*' (pp.89-90).

Peut-on rattacher encore au réalisme cette reconnaissance des préférences personnelles qu'implique l'existence de petits cercles plus étroits? On les voit ici proliférer dans un milieu fréquenté par Saint-Hyacinthe: Amis de la Vieille Roche, Société de la Roche Gaye, Ordre des Carafes (pp.62ss., 114ss., 245ss.), il les a tous connus et s'est plu dans leur ambiance.

Cette société paraît aussi assez proche de la nature, se ressentant peut-être de ses liens avec la vie campagnarde qui l'entoure. Elle donne l'impression d'avoir beaucoup vécu au grand air. Il faut certes tenir compte de la part de mode, de soumission au genre qui exigeait des bergers et des ombrages. Une préférence semble cependant se manifester: on aperçoit beaucoup plus de maisons de campagne que de salons en ville! On n'ose parler tout à fait de sentiment de la nature, mais il existe sans aucun doute un certain accord, à demi conscient, avec le cadre rural ...

Enfin cette société troyenne n'est pas fermée sur elle-même. Assez resserrée pour garder une personnalité marquée, elle est cependant vivifiée par des apports extérieurs, qu'elle accueille volontiers: Saint-Hyacinthe lui-même, malgré certaines attaches champenoises, les pères de l'Oratoire avec leurs origines variées, en sont des exemples. Surtout elle est à l'écoute de Paris dont elle reconnaît la suprématie intellectuelle. Dans les réunions, le privilégié qui a reçu au dernier courrier une lettre d'un fidèle correspondant parisien est fier d'être le premier à pouvoir donner lecture de telle pièce nouvelle de mlle Bernard, du duc de Nevers, ou de la Maupin (pp.138, 155, 134). Et les voyages à Paris, s'ils ne sont pas fréquents, ont cependant lieu. Saint-Hyacinthe évoque un séjour à la maison de l'Oratoire à Aubervilliers;[43] il a certainement dû à cette occasion, et peut-être à d'autres, prendre un contact au moins rapide avec la capitale.

Les *Pièces échappées du feu*, et, à un moindre degré, les *Variétés ...*, offrent donc un reflet évocateur de cette société disparue, avec son charme et ses fadeurs, ses sourires et ses grâces apprêtées, un reflet un peu transfiguré peut-être: c'est comme elle se voulait, ou tout au moins comme elle se croyait, qu'elle nous apparaît ici, mais la ressemblance d'ensemble est certaine. Il est beaucoup plus difficile d'en personnaliser les éléments et de reconnaître, sous les initiales discrètes, des personnages réels. Dans certains cas isolés on peut cependant retrouver les originaux qui permettent déjà de situer Saint-Hyacinthe de façon

[43] pp.245ss. Il y a été emmené par l'abbé de M. (probablement Chevalier de Morsan) et a dû être invité ensuite dans la famille parisienne de celui-ci.

plus précise, dans un contexte social qui s'étend de l'aristocratie terrienne à la bourgeoisie d'origine commerçante, en passant par les 'fermes'. Des indications passagères données dans des lettres[44] indiquent que Saint-Hyacinthe a fréquenté le beau château des Cours, à proximité de Troyes. Son propriétaire, le riche Rémond,[45] frère d'un fermier général et lui-même écrivain non sans mérite, y avait réuni une bibliothèque considérable et y recevait des hommes de lettres connus comme Fontenelle ou le p. Bouhours, et peut-être La Fontaine, ainsi que les beaux esprits troyens. L'un de ceux-ci, l'abbé Maugard, l'avait même prié dans une lettre en prose et en vers publiée dans le *Journal de Verdun*[46] de fonder dans son château une Académie troyenne:

> De ton aimable Cours fais un sacré vallon.
> Quel autre, à la fraîcheur de ses belles allées
> Peut mieux remplir que toi la place d'Apollon.

Rémond Des Cours était le parent, l'oncle probablement, des trois frères Rémond – Rémond le Grec, Rémond de Montmort et Rémond de Saint-Mard – qui devaient jouer un rôle dans la vie intellectuelle française dans la première moitié du dix-huitième siècle. Les rapports que Saint-Hyacinthe a entretenus avec les frères Rémond font penser qu'il les avait rencontrés lors de ses séjours aux Cours.

Saint-Hyacinthe a aussi fréquenté certainement le château de Pouy sur Vanne, demeure de la famille Le Bascle d'Argenteuil.[47] Il était presque le contemporain, et l'ami du jeune marquis d'Argenteuil, futur premier lieutenant-général en Champagne et Gouverneur de Troyes. C'est très probablement le Marquis d'A... des *Variétés* (p.313). Un de ses parents, peut-être son oncle, Nicolas, Chevalier non profès de l'Ordre de Saint-Jean de Jérusalem, résidant au château de Pouy, doit être le Comte d'A... des *Pièces échappées du feu* (pp.94-98).

Parallèlement à ces relations dans la noblesse champenoise, le nom de Vaultier[48] qui a échappé au discret gommage des noms propres, est celui d'une famille bourgeoise de Troyes très connue qui venait de donner un maire à la ville.[49] Le nom d'une des maisons de campagne qu'évoque Saint-Hyacinthe: Le

[44] Saint-Hyacinthe possède (et cherche à publier) une œuvre de Rémond Des Cours (1ère Lettre de Saint-Hyacinthe à La Motte, A L'Ecluse, ce 17 juin 1742, Paris, Bibliothèque de la Société d'Histoire du Protestantisme français, Fonds Read Mss 295 f.66. Publié in B.S.H.P.F. tome 61 (1912), pp.62-65). Une lettre à *Monsieur C...* publiée dans les *Variétés* (pp.420-21) mentionne le prêt que lui a fait M. Rémond d'une édition rare du *Roman de la Rose*. 'M. Rémond m'avait une fois prêté l'Edition que vous avez, mais comme il en était si amoureux qu'il n'osait le perdre de vue je la gardais si peu de temps que je ne me souviens que de sa forme, petit in.12.'

[45] Nicolas Rémond Des Cours (†1716).

[46] *Journal de Verdun* (fév. 1711), pp.224-26.

[47] Archives départementales de l'Aube, Table des fonds de famille, Série E et E 295; Grosley, *Mémoires historiques et critiques*, in *Journal encyclopédique* (1er avril 1780), p.125.

[48] *Variétés*, p.296. C'est peut-être aussi M. V. (p.70).

[49] Archives départementales de l'Aube. Fichier Chandon. Deux jeunes Vaultier étaient d'ailleurs élèves au Collège de l'Oratoire en même temps que Saint-Hyacinthe mais quelques classes après lui ... Bibliothèque municipale de Troyes, Mss357, tome ii, année 1700-1701: classe de 5e; année 1701-1702: classe de 4e.

Port,[50] permet d'identifier celle-ci[51] ainsi que ses propriétaires, m. et mme Pajot, peut-être parents de Pajot d'Onsembray, le futur intendant des Postes-Relais de France.[52] Cette demeure de plaisance est sans doute la plus séduisante de celles dont une image fugitive surgit des pages de ces recueils. Au milieu des vignes et des terres labourables, Le Port étend ses beaux ombrages au bord de la Seine, en face d'une petite île que les habitués ont baptisée du nom d'Ile de Thalie: on va s'y promener, on en élit reine une jeune femme de la société en écoutant les oiseaux et en évoquant l'Amour, à grand renfort de petits vers et de souvenirs mythologiques.

Enfin on rencontre à plusieurs reprises dans les recueils – c'est probablement l'abbé de M.,[53] m. de M.,[54] et peut-être aussi l'abbé C.[55] – l'abbé Chevalier de Morsan, le cousin et certainement le meilleur ami de Saint-Hyacinthe dans ses années troyennes, depuis leurs études en commun. Il est déjà abbé, ayant été tonsuré dès 1699, encore au collège, mais ne recevra le diaconat et les ordres majeurs qu'en 1712, quelques mois avant d'obtenir le canonicat de la cathédrale de Troyes qu'il attendait[56]. Il semble avoir exercé un certain ascendant sur Saint-Hyacinthe par ses qualités intellectuelles, morales et de cœur déjà signalées par ses professeurs du collège – et entre les deux jeunes gens a existé certainement un attachement profond. Louis Chevalier de Morsan a dû être le premier des trois vrais amis que Saint-Hyacinthe évoquera au déclin de sa vie.[57] En 1714, il lui rendra dans une épître dédicatoire un hommage où la chaleur du ton personnel s'impose dans les formes élogieuses de rigueur:

> Aux sentiments de respect et d'estime que vous inspirez à tous ceux qui vous connaissent tel que vous êtes, je joints les sentiments de l'amitié la plus tendre qu'il soit possible d'avoir. J'ai un grand plaisir à le publier mais plus encore à penser que mon attachement trouve en vous un parfait retour, que vous êtes mon ancien ami, fidèle, éprouvé et dont la probité m'assure de la constance.[58]

Cette société provinciale dans laquelle Saint-Hyacinthe a vécu plusieurs

[50] *Pièces échappées du feu*, pp.102 à 114, qui appartient à 'M. et Mme P.'

[51] Roserot, *Dictionnaire historique de la Champagne méridionale* (Langres 1942-1948).

[52] Saint-Hyacinthe aura recours en 1732 à l'intermédiaire précieux de Pajot d'Onsembray pour des envois de livres entre Londres et Paris, lettre de Saint-Hyacinthe à P. Desmaizeaux, Paris, 30 avril, et Minute de Lettre de P. Desmaizeaux à Saint-Hyacinthe, Londres, 29 juin. (Londres, British Library Add. Mss. 4.284, f.152, et 4.289 f.249).

[53] *Pièces échappées du feu*, pp.102, 105, 241.

[54] *Pièces échappées du feu*, pp.114, et 172; *Variétés*, p.70.

[55] *Pièces échappées du feu*, pp.83 et 86.

[56] Archives départementales de l'Aube, G1307, Délibérations capitulaires du Chapitre de la Cathédrale Saint-Pierre de Troyes, 1708-1721, ff.105 et 106, samedi 1er octobre et mercredi 5 octobre 1712, réception de m. Louis Chevalier de Morsan comme chanoine.

[57] Lettre de Saint-Hyacinthe à Lévesque de Burigny, à l'Ecluse ce 1er mai 1743. Il y parle de son correspondant comme du 'seul ami qui me reste des trois que j'ai eu [*sic*] dans ma vie' (Besançon, Bibliothèque municipale, Mss.607, f.35).

[58] *Traité du Poëme épique* par le r.p. Le Bossu, 6e éd. (La Haye, Scheurleer, 1714), p.xxi. L. Chevalier est un exemple, avant Lévesque de Burigny, de la profonde et réelle amitié avec Saint-Hyacinthe d'un homme d'une intégrité reconnue. Ces amitiés sont un des éléments qui amènent à reconsidérer la légende, répandue avec alacrité par Voltaire, de Saint-Hyacinthe aventurier consommé.

années, à laquelle l'attachent des liens personnels, l'a marqué profondément, à la fois parce que dans l'âge malléable de la jeunesse il a participé de ses goûts et de ses tendances, mais surtout parce qu'elle a formé sa conception d'ensemble du groupe social et de la place qu'il s'y voit en tant qu'homme et en tant qu'intellectuel. Ayant vécu presque jusqu'à l'âge de trente ans dans ce milieu mondain, il a accepté d'emblée et n'a jamais réellement remis en question la hiérarchie à base mondaine qui le régissait; il s'est vu lui-même d'abord comme homme du monde, comme 'honnête homme'. Et il ne comprendra son rôle littéraire, puis philosophique, à mesure qu'il en prendra conscience, que secondairement, dans le cadre de sa vie d'homme du monde. Cet attachement à la conception du dix-septième siècle est probablement une des raisons du nouveau changement de nom qu'il va effectuer quelques années plus tard en abandonnant Thémiseul, compromis parce que reconnu comme celui d'un auteur, pour Saint-Hyacinthe.[59] Même à la fin de sa vie, dans un contexte social qui a beaucoup évolué, il continuera à affirmer sa fidélité à cette vue traditionnelle: 'J'ai toujours cru qu'un honnête homme pouvait bien ne point publier son nom en publiant ses ouvrages [...] c'est pourquoi je n'ai jamais mis mon nom à aucun de mes ouvrages qu'à un seul,[60] encore n'est-ce qu'au bas d'une épître dédicatoire où j'ai cru qu'il était plus respectueux de le mettre que de le supprimer' (Lettre de Saint-Hyacinthe à Voltaire, Best.D3119).

Cette conception de base et les souvenirs de jeunesse à Troyes, influeront même sur son mode d'expression littéraire dont il a tendance à faire le prolongement des réunions de société. Il aura toute sa vie une inclination pour les dialogues, entretiens, conversations, qui réunissent, de préférence dans un parc, des personnages à la politesse raffinée qui mêlent avec aisance à l'aimable badinage mondain des thèmes audacieux traités très librement.[61] Il s'inscrit ainsi, sur un mode mineur mais non sans intérêt, dans l'histoire d'un genre de la littérature française particulièrement en faveur à son époque et qui n'a jamais complètement disparu.

Cette vie troyenne semble répondre aux aspirations majeures de Saint-Hyacinthe. Il s'y plaît, et cependant il va quitter la Champagne, poussé probablement par des nécessités matérielles – se créer une position – peut-être par l'ambition, par le goût de l'aventure, par l'aiguillon de la libre recherche ...

La tradition place en 1709 un premier départ, assez sensationnel car il

[59] Saint-Hyacinthe écrit de Paris au libraire Le Vier au sujet des *Mémoires littéraires*: 'On croit qu'ils sont d'un nommé Thémiseul, et comme Saint-Hyacinthe est inconnu pour auteur, je vous prie, si vous avez quelqu'un à nommer, que ce soit jamais que Themiseul' (5e lettre de Saint-Hyacinthe à Le Vier, ce 3 décembre [1716], Leyde, Bibliothèque de l'Université, Marchand 2).

[60] *Recherches philosophiques* (Londres, J. Nourse, Rotterdam et La Haye, A. Johnson, 1743).

[61] Trois des œuvres importantes de Saint-Hyacinthe se rattachent formellement à ce genre: *Entretiens dans lesquels on traite des entreprises de l'Espagne, des prétentions de M. le Chevalier de Saint-George et de la renonciation de S. M. Catholique* (La Haye 1719); *Lettres écrites de la campagne* (La Haye 1721); *Letters giving an account of several conversations upon important and entertaining subjects* (Londres 1731). On trouve souvent chez lui d'autres œuvres partiellement écrites sous forme de conversations, comme la majeure partie du *Fantasque* (Amsterdam 1745).

s'agissait d'un grand voyage: Saint-Hyacinthe serait allé offrir ses services à Charles XII! Arrivé à Stockholm au lendemain de la défaite de Poltava qui anéantissait ses espoirs, il n'aurait plus eu qu'à revenir à Troyes (Leschevin, i.xx). Il n'a pas été possible de trouver confirmation de ce voyage. Une seule indication le rend plausible: c'est un passage d'une pièce de 1711 qui laisse entendre que le jeune homme songeait alors à offrir son épée au souverain qui voudrait bien l'accepter.[62] Quoi qu'il en soit, dans les premiers mois de 1711[63] Saint-Hyacinthe quitte Troyes pour la Hollande, et ce départ, il ne le sait peut-être pas alors, est définitif.

Ce voyage est assorti par la tradition d'un des épisodes les plus romanesques qu'elle prête à la vie de Saint-Hyacinthe.[64] Au cours de leçons d'italien qu'il lui donnait, Saint-Hyacinthe aurait séduit une jeune fille de bonne famille, peut-être même une religieuse, ou la nièce d'une abbesse! Scandale, ressentiment de la puissante famille de la jeune personne: Saint-Hyacinthe est obligé de quitter Troyes précipitamment sous menace d'arrestation[65] et se réfugie en Hollande.

En regard de ce brillant récit, le domaine du réel offre seulement deux faits qui semblent se rapporter aux circonstances du départ de Saint-Hyacinthe pour la Hollande: d'une part une lettre de novembre 1711 fait état des difficultés que Saint-Hyacinthe aurait à revenir à Troyes, à cause de 'M. Voisin, Secrétaire d'Etat',[66] le futur chancelier. Si l'on rapproche de cela la curieuse déclaration d'amour à une religieuse de l'Abbaye du Paraclet, près de Troyes, insérée par Saint-Hyacinthe lui-même dans la *Déification du Docteur Aristarchus Masso*,[67] on

[62] *Pièces échappées du feu, A Madame l'Abbesse de N. Lettre sur la Hollande*, pp.248ss. Saint-Hyacinthe avait déclaré son intention de se mettre au service de l'Espagne, il songe maintenant aux Moscovites! 'Si cela est, vous me saurez bientôt Colonel de quelque Régiment Tartare.' La même pièce est reprise dans les *Variétés* avec quelques légères différences de texte, pp.463ss.

[63] La datation découle d'une lettre du 11 novembre 1711 du p. Quesnel à Saint-Hyacinthe alors à La Haye (Paris, Bibliothèque nationale, fonds français 24.875 f.362 copie) qui implique que Saint-Hyacinthe n'a pas encore passé d'hiver en Hollande. D'autre part, la *Lettre sur la Hollande à mme l'abbesse de N.* (in *Pièces échappées du feu* pp.248ss.) cite comme nouvelle la réception qu'a eue le cardinal de Bouillon à Anvers, se rendant à Berg op Zoom à la Circoncision, donc 1er janvier, en 1711.

[64] La tradition place quelques années plus tard ce départ, après un deuxième séjour en Hollande, ce qui est impossible d'après les lettres et les documents, plus abondants à partir de ces années – et d'après les faits historiques, traités avec beaucoup de désinvolture par les premiers commentateurs de Saint-Hyacinthe.

[65] Grosley, dom Gerou, Michaud, Leschevin, brodent des arabesques différentes sur un canevas analogue.

[66] 1ère Lettre de N. Petitpied à Saint-Hyacinthe. A Amsterdam le 10 octobre 1711, copie (Paris, Bibliothèque nationale, fonds français 24.875 f.343): 'Votre infirmité présente, les mesures que vous devez garder avec M. Voisin, Secrétaire d'Etat, le consentement de Madame votre Mère me paraissent des raisons suffisantes de demeurer ici.'

[67] L'évocation d'Héloïse, fondatrice et première abbesse de l'abbaye du Paraclet 'réveille en moi celle d'une autre Dame qui porte le même habit et qui lui ressemble plus encore par la noblesse du sang, par l'élévation de l'âme, par l'étendue et la délicatesse de l'esprit et par les sentiments du cœur. C'est vous... ô vous que je ne dois pas nommer, qui êtes ma chère *Héloïse* sans que j'ai été votre *Abailard*! Vous verrez par cette relation, si elle parvient jusqu'à vous, que l'éloignement des tems, ni des lieux, ne vous effaceront jamais de mon cœur, et que votre idée lui sera toujours assez chère pour que je ne veuille

est tenté d'accorder quelque créance à cette séduisante et romanesque aventure. Il faut cependant noter qu'il n'y a pas eu scandale; Saint-Hyacinthe n'est pas parti parce qu'il n'osait plus paraître aux yeux de ses amis ou de ses relations. Plusieurs lettres écrites par lui dans les semaines suivant son départ et concernant celui-ci prouvent que son statut social n'est pas affecté.[68]

Donc Saint-Hyacinthe se dirige vers la Hollande, muni déjà d'une solide érudition et d'un petit bagage littéraire: les pièces qu'il publiera plus tard dans les deux Recueils – d'une valeur limitée, certes, mais faisant montre d'aisance et de culture. Il a certainement des intentions actives, militaires ou littéraires. Mais ce qu'il va très vite rencontrer, c'est ce qu'il n'avait pas prévu: la maladie, et une grande crise de conscience qui orientera définitivement sa pensée.

Jusqu'à ce moment, en matière religieuse, il a fait preuve d'une certaine indifférence, passive et inintéressée. Il accepte, sans question réelle, le cadre social du catholicisme, qu'il se contente de plaisanter sans aigreur; il reste en bonnes relations avec les prêtres de l'Oratoire chez qui il va éventuellement suivre une retraite[69] qui semble d'ailleurs un simple exercice littéraire et intellectuel, complètement dépourvu de ferveur. Autant qu'il ressorte de brèves allusions des Recueils, il paraît satisfait par un certain épicurisme de salon, assez superficiel.

Or, vers l'été 1711, Saint-Hyacinthe tombe sérieusement malade. Il s'agit probablement des premières manifestations de l'asthme, 'l'oppression de poitrine' qui le poursuivra toute sa vie. Sa situation matérielle, jamais très opulente, devient vite grave. Le loisir, l'inquiétude et l'idée de la mort l'amènent à se poser profondément, pour la première fois, le problème religieux.[70] Ce sera une crise douloureuse et passionnée qui va se poursuivre pendant de longs mois.

Elle a peut-être été hâtée, dans son aspect catholique au moins, par la rencontre que Saint-Hyacinthe a faite, dans des circonstances inconnues, du p. Quesnel alors exilé pour jansénisme à Amsterdam, et de son compagnon le docteur en Sorbonne Nicolas Petitpied. Il a été certainement sensible au

jamais dire:

> Félicité passée
> Qui ne peut revenir
> Tourment de ma pensée
> Que n'ai-je en te perdant perdu le souvenir'

(éd. Leschevin du *Chef d'œuvre*, ii.144-45). La noble naissance et le costume du Paraclet pourraient indiquer un membre de la famille La Rochefoucauld à laquelle appartenaient toutes les Abbesses du Paraclet et généralement quelques autres membres de la communauté.

[68] Il ne faut évidemment pas éliminer la possibilité, moins romanesque, d'une explication des difficultés avec M. Voisin, alors secrétaire d'état à la Guerre où il avait remplacé Chamillart en 1709, par des questions de carrière militaire. L'admiration – platonique, le texte l'affirme – pour la religieuse du Paraclet pourrait n'avoir jamais occasionné de commentaires, ni même été remarquée. Elle n'est d'ailleurs assortie d'aucune indication de date.

[69] *Lettre à m. l'abbé G.* in *Pièces échappées du feu*, pp.245-48.

[70] Lettre du p. Quesnel à Saint-Hyacinthe (copie), Paris, Bibliothèque nationale, fonds français 24.875 ff.361-62.

rayonnement d'intelligence et de sainteté de leur personnalité, à leur charité.[71] L'ascendant qu'ils exercent oriente la recherche religieuse de Saint-Hyacinthe, au moins à ses débuts, vers un retour au Dieu du catholicisme avec une réelle effusion, sentimentale et mystique.[72] Mais assez vite son esprit critique et rationaliste, aiguillonné par des contacts avec des milieux protestants ou tentés par la libre pensée, voit des difficultés. Dans son inquiétude et son désir de confrontation, il fait appel à Quesnel et à Petitpied. C'est à travers les lettres de 'direction de conscience' de ceux-ci, et une lettre conservée de Saint-Hyacinthe,[73] que l'on suit l'histoire de cette crise.

Elle culmine dans un très bel affrontement sur le thème de la Trinité entre l'esprit du dix-huitième siècle naissant représenté par Saint-Hyacinthe, qui veut 'avoir des idées claires' avant d'accepter de croire, et la religion du dix-septième siècle que le p. Quesnel incarne avec beaucoup d'autorité et de grandeur, en refusant, à l'intérieur de la citadelle de la foi, de se laisser entraîner sur le terrain de la controverse rationaliste:

Cette foi, Monsieur, ne dépend pas de nos idées, ni de nos spéculations; elle est fondée sur la parole de Dieu à laquelle il faut adhérer par une soumission entière de notre esprit et de notre volonté: vous faites des efforts pour élever votre esprit à la claire connaissance de ce qu'il y a de plus incompréhensible en Dieu; vous voulez avoir des idées claires d'un mystère que les esprits angéliques ne sauraient comprendre [...] Dieu et l'Eglise ne vous demandent pas [la foi] sans vous avoir donné des fondements solides, et de quoi vous reposer en assurance sur la parole de Dieu proposée par l'Eglise [...] Toute cette conversation m'est une nouvelle preuve de cette vérité des Saints Pères [...] qu'à l'égard du mystère impénétrable de la T. S. Trinité, il faut croire, adorer et se taire. C'est un attentat de l'esprit humain que d'entreprendre d'expliquer un mystère incompréhensible

[71] Cf. J. A. G. Tans, *Pasquier Quesnel et les Pays-Bas* (Groningue, Paris 1960). Quesnel et Petitpied ont apporté avec beaucoup de délicatesse un efficace secours matériel à Saint-Hyacinthe: 'Je vous prie de ne point vous incommoder pour me rendre les 50 florins que je vous ai prêtés avec joie. Je ne tirerai point encore sur vous cette somme, craignant que vous n'en aiez besoin. Mais quand vous me la pourrez rendre sans vous incommoder, je croi que le mieux sera que vous la remettiez à M. Van Der Kroon qui en même temps vous remettra cacheté le billet que vous m'avez donné. Je dis cacheté afin qu'il ne puisse point lire votre nom que vous avez mis au bas du billet. Je serai toujours très attentif à ne point vous faire connaître ici plus que vous ne l'êtes.' 1ère lettre de N. Petitpied à Saint-Hyacinthe (copie) (Paris, Bibliothèque nationale, fonds français 24.875 f.346).

[72] Le p. Quesnel a évoqué ces moments d'émotion religieuse dans une lettre à Saint-Hyacinthe: 'Dieu a eu la bonté de remuer votre cœur et d'y jetter l'inquiétude, de vous faire sentir par l'agitation où vous vous êtes trouvé qu'il vous fallait autre chose que votre raison pour vous conduire au repos que vous cherchez. Les larmes que je vous ai vu répandre par le sentiment de vos peines m'ont été d'un bon augure et l'ouverture de cœur qu'il vous a donnée pour chercher du secours m'a toujours fait espérer que Dieu vous voulait enfin faire trouver le repos dans le sein d'une foi parfaite'. 1ère Lettre du P. Quesnel à Saint-Hyacinthe (copie) (Paris, Bibliothèque nationale, fonds français 24.875 ff.361-62).

[73] Paris, Bibliothèque nationale, Manuscrits de N. Petitpied, fonds français 24.874 et 24.875 (copie): Lettre de Quesnel à Saint-Hyacinthe 24.874 ff.63 à 75, et 24.875 ff.361 à 363. Lettres de N. Petitpied à Saint-Hyacinthe, 24.874 ff.75 à 80, 164 à 168, 169 à 179, et 24.875 ff.342 à 347. Lettre de Saint-Hyacinthe (original) 24.874, encartée entre ff.74 et 75.

dont la connaissance, autant qu'elle peut être donnée à l'Esprit créé, ne se donne qu'à la lumière de la gloire dont jouiront les Saints.

Travaillons, Monsieur, à mériter par la grâce de Jésus-Christ d'être de ce nombre au lieu de nous fatiguer par des recherches orgueilleuses. Il faut s'aveugler ici-bas par une foi humble et parfaitement soumise à l'autorité de la vérité et de la parole de Dieu, proposée par l'Eglise notre mère et notre maîtresse [...] Le premier chapitre de l'Evangile de Saint-Jean, lu à genoux dans la foi de l'Eglise, la récitation des symboles de la foi en renonçant à vos propres lumières, ou plutôt à vos ténèbres, l'humiliation sincère du cœur devant Dieu dans la vue de vos égarements tout cela vous sera plus utile que tout le reste.[74]

Mais au moment même où il écrit cette lettre de grand style, le p. Quesnel avec son bon sens aiguisé par l'expérience psychologique du directeur d'âmes, se rend compte de la vanité de ses efforts.[75] Il sait que d'autres influences en sens contraire s'exercent sur Saint-Hyacinthe. En vain, pour l'en éloigner, a-t-il avec N. Petitpied insisté à plusieurs reprises pour qu'il rentre à Troyes auprès de sa mère, pieuse femme, et de Louis Chevalier dont les solides sentiments religieux le rassurent. Saint-Hyacinthe reste en Hollande, par nécessité ou par choix, ouvert à des courants qui ont d'autant plus d'action sur lui qu'ils vont dans le sens de sa propre réflexion.

Et c'est ainsi qu'il commence, dans les années 1711-1712, au contact de la pensée protestante et du libre examen qui est au centre de cette pensée,[76] à base de notions aussi explosives que le sont, au début du dix-huitième siècle, *les idées claires* ou *la raison*, à élaborer sa propre construction religieuse. La crise de conscience qu'a traversée Saint-Hyacinthe l'a fait passer d'une demi-indifférence à l'état actif de doute philosophique.

[74] 2e Lettre du p. Quesnel à Saint-Hyacinthe. A Amsterdam le 16 janvier 1712 (copie). Paris, Bibliothèque nationale, f. fr. 24.874, ff.64, 71, 74 et 75.

[75] Des notes désabusées traversent la lettre: 'Je croi bien que de la manière dont vous êtes présentement disposé vous ne recevrez pas une grande impression' (f.66). 'Je prévois bien, Monsieur, que tout cela ne fera pas grande impression sur votre esprit' (f.72). Saint-Hyacinthe en s'éloignant de la religion du p. Quesnel et de N. Petitpied conservera reconnaissance et estime pour eux. Il leur soumettra le nouveau *Journal littéraire* en 1713 et y fera paraître, à la demande de N. Petitpied, des rectifications à un article jugé tendancieux. (3e et 4e lettres de N. Petitpied à Saint-Hyacinthe, Amsterdam, 18 août 1713 et 8 janvier 1714 (copies) (Paris, Bibliothèque nationale, fonds français 24.874 ff.164-68 et 169-80).

[76] La seule lettre conservée de Saint-Hyacinthe au p. Quesnel et à N. Petitpied est révélatrice de ce processus. Elle rapporte une conversation sur des questions religieuses avec un ministre, qui, dans le courant de la discussion dépasse l'enseignement de son église pour exprimer sa croyance personnelle qui est 'ce que croyent tous les gens éclairés, de la religion soit réformée, soit romaine' La Haye, ce 7 janvier 1712, Paris, Bibliothèque nationale, fonds français, 24.875 (entre ff.74 et 75). Saint-Hyacinthe est aussi, dès 1711, en rapport avec les futurs auteurs du *Journal littéraire*, tous protestants. L'un d'entre eux, Alexandre, est ministre (Leyde, Bibliothèque de l'Université, Marchand 1, Dossier 'Varia').

3. Les premiers résultats: 1713-1715

Nous arrivons à 1713. Saint-Hyacinthe a près de trente ans. Il s'est jusqu'à présent contenté de s'ouvrir à des influences diverses, de tenter quelques expériences dans le domaine de l'action, d'accumuler des connaissances ou des moyens de connaissance. Il a certes commencé à se servir de l'instrument de la langue et des formes littéraires dans quelques petites pièces, en prose ou en vers, de facile inspiration mondaine, mais il n'a rien écrit encore qui révélât une originalité. Et, brusquement, cette période de lente maturation s'achève; Saint-Hyacinthe essaie ses forces dans des domaines différents et donne naissance coup sur coup à plusieurs œuvres où se manifestent sa personnalité et ses dons, et qui révèlent en même temps quelque chose de l'implantation sociale de leur auteur.

A partir de 1713 paraît le *Journal littéraire* dont Saint-Hyacinthe est avec 'S-Gravesande[1] un des tout premiers responsables.

En 1714, deux libraires de La Haye, Scheurleer et Pierre Husson, s'associent pour publier le travail d'un débutant qui s'était appuyé sur une célébrité établie et l'expérience d'un aîné: la sixième édition du *Traité du Poëme épique* du p. Le Bossu, préparée par Saint-Hyacinthe, comportait un discours préliminaire du même Saint-Hyacinthe et un mémoire du p. Le Courayer sur la vie et les ouvrages du savant Génovéfain.

Cette même année 1714 voit l'extraordinaire succès du *Chef d'œuvre d'un inconnu*, et la soudaine transformation d'un autre inconnu, son auteur, en une gloire littéraire exceptionnelle.

En 1715, les deux *Lettres à madame Dacier au sujet de son livre Des causes de la corruption du goût*, marquent une prise officielle de position de Saint-Hyacinthe dans la Querelle des Anciens et des Modernes, où il avait déjà montré ses préférences par son appartenance au *Journal littéraire* et dans le *Chef d'œuvre d'un inconnu*.

Ce n'est qu'en 1716 que paraîtra le premier volume, resté le seul, des *Mémoires littéraires*. Mais son édition a été retardée par des difficultés de librairie et la genèse de cette œuvre se rattache à la même période que les ouvrages précédents.

Quant aux *Pièces échappées du feu* de 1717 on a vu qu'elles reflètent pour la plus grande partie une époque antérieure de la vie de leur auteur. Elles contiennent cependant aussi quelques textes des environs de 1713 et ouvrent, ici aussi, des aperçus sur l'existence et les contacts de Saint-Hyacinthe.

En même temps que la personnalité de Saint-Hyacinthe s'affirme intellectuellement, il atteint sur un autre plan aussi son équilibre en adoptant au cours de cette période le nom qu'il va conserver, celui de Thémiseul devant cependant parfois lui servir encore, soit conjointement avec Saint-Hyacinthe, soit comme

[1] Guillaume Jacob van 'S-Gravesande (1688-1742), un des mathématiciens de valeur de son temps et un des premiers défenseurs des théories newtoniennes. Sa carrière d'homme de science et de philosophe chrétien ne l'empêche pas de s'intéresser épisodiquement à la littérature ou à la diplomatie.

alibi commode à usage littéraire.[2] La dernière lettre connue signée Thémiseul est du 6 août 1713.[3] Le 2 janvier 1715, La Monnoye écrit à m. Thémiseul de Saint-Hyacinthe.[4] Cet état-civil est complété d'un nouveau prénom, Paul, Hyacinthe étant devenu inutilisable par son utilisation patronymique. Ce nouvel habit servira désormais sans changement.

De la série des ouvrages publiés dans cette période les textes des *Pièces échappées du feu* semblent parmi les plus anciens par leur inspiration qui reste dans la ligne de celle de la période troyenne, et par la datation approximative de 1712-1713 qu'on peut donner à certains d'entre eux à cause d'un événement autour duquel ils tournent; le Congrès d'Utrecht.[5]

Dans ce rendez-vous européen où les aspects mondains se mêlaient largement aux conversations politiques, aventuriers et chercheurs de fortune erraient nombreux.[6] Saint-Hyacinthe y est venu aussi, rechercher probablement les possibilités qui pourraient s'ouvrir à lui. Utrecht est le cadre que la tradition donne à la plus brillante de ses aventures romanesques: une intrigue avec la duchesse d'Ossuña, épouse du premier plénipotentiaire d'Espagne aux conférences d'Utrecht. Le récit des événements est très détaillé: Saint-Hyacinthe, dans une de ses passes de misère, aurait engagé des effets à une prêteuse à gages juive qui, pleine de commisération pour la triste situation du séduisant jeune homme, l'aurait recommandé à la duchesse d'Ossuña. Cette dame, de très haute aristocratie,[7] prise elle aussi de pitié, lui offre une écritoire où elle avait dissimulé un rouleau de cinquante louis. Comme dans une histoire de la morale en action, l'honnête Saint-Hyacinthe rapporte les cinquante louis qu'il a cru laissés par mégarde. La dame ravie de ce désintéressement double la somme, installe le jeune homme dans l'hôtel de l'ambassadeur et le pousse vers sa fortune. Mais la calomnie, ou la médisance (les versions varient), s'exerce sur cette protection. Le duc d'Ossuña s'en rend compte et renvoie Saint-Hyacinthe de chez lui et même d'Utrecht, après quelques mois passés dans l'aisance et les plus hauts espoirs.[8]

[2] Lettre de Saint-Hyacinthe à Le Vier (Paris) 3 décembre (1716) citée au chapitre 2.

[3] Lettre de Thémiseul (au nom du *Journal littéraire*) à Prosper Marchand, Leyde, Bibliothèque de l'Université, Marchand 2. N. Petitpied écrivant à Saint-Hyacinthe le 8 janvier 1714 s'adresse encore à m. de Thémiseul (Paris, Bibliothèque nationale, fonds français 24.874, ff.169-80).

[4] Publiée in *Intermédiaire des chercheurs et des curieux*, 41e année, 1905, 52e volume, 206, 10 août 1905.

[5] Le Congrès est le thème principal d'un des textes: *Chanson faite pendant le Congrès d'Utrecht* (*Pièces échappées du feu*, pp.284ss.), d'autres s'y rattachent par quelque incident ou personnage intermédiaire (pp.119ss., 142, 143ss., 213ss., 225ss., 232ss., et 289ss., et *Variétés*, pp.34ss.

[6] L. Delavaud, '*Scènes de la vie diplomatique au dix-huitième siècle: le Congrès d'Utrecht 1712-1714*, *Revue du dix-huitième siècle* (1914), p.154.

[7] Marie Remigilde Fernandez de Velasco y Benavides, fille et héritière du 9e connétable de Castille, 8e duc de Frias. Saint-Simon qui fréquentera son salon pendant son ambassade à Madrid l'a évoquée rapidement dans ses *Mémoires* (éd. Boilisle, viii.190).

[8] Leschevin, pp.xxi à xxiii. Sa version est la même, avec quelques variantes, que celle donnée par Haag, la biographie Michaud, etc... Leschevin veut même voir dans la duchesse d'Ossuña la mystérieuse dame invoquée dans la *Déification d'Aristarchus Masso*: 'O vous qui êtes mon Héloïse ...' (ii.144) sans tenir compte de l'indication positive du

L'histoire est amusante. Elle est tout à fait dans la ligne romanesque du mythe de Saint-Hyacinthe. Malheureusement, elle semble n'être elle aussi qu'un mythe! Il paraît évident que la duchesse d'Ossuña n'est jamais venue au Congrès d'Utrecht. Aucun des nouvellistes qui suivaient et commentaient le Congrès,[9] sous ses aspects frivoles plus encore que politiques, ne mentionne sa présence, alors que chaque mouvement des plénipotentiaires et surtout de leurs épouses est signalé avec un intérêt passionné. Les études postérieures sur le Congrès d'Utrecht[10] l'ignorent aussi complètement.

Même si la duchesse d'Ossuña avait accompagné son époux à Utrecht, il serait difficile d'intégrer cet incident dans la chronologie de Saint-Hyacinthe. Leschevin, probablement conscient de cette difficulté, recule l'épisode jusqu'à 1712. C'est ne pas tenir compte du fait historique que les plénipotentiaires d'Espagne n'ont rejoint la conférence qu'après leurs autres collègues européens et que le duc d'Ossuña n'est arrivé à Utrecht que le 19 avril 1713.[11] Or le *Journal littéraire* commence à paraître avec le numéro de mai-juin 1713. Saint-Hyacinthe semble à peu près fixé à La Haye dans cette période.[12] Ses séjours à Utrecht, s'il y en a eu alors, n'ont pu être qu'exceptionnels et rapides.[13] Subsiste évidemment la possibilité d'une confusion avec la femme d'un autre personnage du Congrès.[14] Cette intrigue aurait alors été fort discrète, car aucun des nouvellistes d'Utrecht toujours à l'affût d'échos piquants ou scandaleux n'a rien rapporté qui rappelât l'aventure prêtée à Saint-Hyacinthe.

Au niveau des faits, Saint-Hyacinthe a certainement fréquenté Utrecht au moment du Congrès, et s'il n'a pas rencontré les protagonistes, à l'exception peut-être du maréchal d'Huxelles,[15] il en a connu les satellites. Un épisode offre

vêtement monastique.

[9] Mme Du Noyer dans *La Quintessence* ... et les tomes vi et vii des *Lettres historiques et galantes* (Cologne, La Haye 1713 et 1718), Freschot dans l'*Histoire amoureuse et badine du Congrès et de la ville d'Utrecht*, A Liège, chez Jacob le Doux.

[10] A. Baudrillart, *Philippe V et la Cour de France* (Paris 1890), tome i. L. Delavaud, pp.141-60 et 258-71.

[11] Delavaud, p.270. Mme Du Noyer dit le 18 (*La Quintessence* no 32, du 20 avril 1713).

[12] Une lettre de Saint-Hyacinthe au *Journal littéraire* du 7 mai 1713 datée de La Haye présente des regrets et une procuration pour une absence qu'il va faire dans l'Overyssel, absence qui paraît avoir un caractère inhabituel. Leyde, Bibliothèque de l'Université, Marchand 1.

[13] Des passages des *Lettres historiques et galantes* de mme Du Noyer indiquant un séjour de Saint-Hyacinthe à Utrecht confirment ce cadre chronologique car ils font partie du tome vi, paru en 1713, et consacré au Congrès avant l'arrivée du duc d'Ossone, arrivée mentionnée au début du tome vii qui paraîtra en 1718.

[14] Grosley, au milieu de détails historiquement impossibles, suggère une séduction de la maîtresse du duc, *Mémoire historique et critique*, p.125. Celle-ci, mlle Maugis, une danseuse de l'Opéra de Paris, avait bien accompagné le duc à Utrecht (Delavaud, p.158). Mais les difficultés de chronologie subsistent.

[15] En 1717, Saint-Hyacinthe se fait adresser à Paris des livres dans l'hôtel du maréchal d'Huxelles. 7e lettre de Saint-Hyacinthe à Le Vier, Paris 9 Juin (1717), Leyde, Bibliothèque de l'Université, Marchand 2. Est-ce en raison d'une présentation datant du Congrès? Plus simplement, Saint-Hyacinthe aurait pu connaître à Utrecht quelque secrétaire ou maître d'hôtel du maréchal qui lui aurait donné accès, à Paris, à l'hôtel de celui-ci, d'ailleurs fastueusement ouvert (E. de Barthélémy, *La Marquise d'Huxelles et ses amis*, Paris 1881, p.344).

un échantillon de ce curieux milieu de littérateurs français de Hollande, teintés à Utrecht d'intérêt politique, et parfois quelque peu aventuriers. On y voit m. de Thémiseul se promener au début de 1713 à Utrecht en compagnie de m. de Julien-Scopon.[16] Ce gentilhomme (mais l'appellation se donnait – ou se prenait – facilement) 'd'une maison très distinguée du Languedoc',[17] de religion réformée, avait déjà écrit de nombreuses petites pièces dont quelques-unes avaient été publiées dans des recueils mais anonymement, car il affectait de ne voir dans la littérature que le passe-temps d'un homme de bonne race.[18] Intéressé par la littérature italienne de la Renaissance, Boccace et le Pogge, son inspiration allait d'une gaillardise touchant parfois à l'ordurier,[19] au style le plus fervent dont il écrivait des cantiques spirituels ou des paraphrases de la Bible.

Ce personnage pittoresque introduit Saint-Hyacinthe auprès de quelqu'un de plus connu, une femme de lettres à l'esprit bouillant et la vie agitée, la nouvelliste mme Du Noyer. Celle-ci se montre ravie d'accueillir 'un jeune homme de qualité, plein d'esprit, de mérite' (*Lettres*, p.512) qui pourra lui fournir de la copie pour sa *Quintessence* et ses *Lettres*! Plusieurs petites pièces de m. de Thémiseul paraîtront dans l'une ou dans les autres[20] et parmi elles, ce qui indique des rapports assez fréquents et presque une collaboration, un conte en vers sur un thème fourni par un écrit plus ancien de mme Du Noyer, le *Mercure galant de mme la Comtesse de L.M.*[21] De son côté, Saint-Hyacinthe a publié dans les *Pièces échappées du feu* une 'consolation': 'A Madame D.N. sur ce qu'elle n'a pas eu un bon lot à la Lotterie de Hollande' (p.142). Et peut-être est-ce la fugitive silhouette d'Olympe Du Noyer qui traverse discrètement quelques vers à la fin du recueil, Olympe

[16] *Lettres* de mme Du Noyer, vi.512.

[17] *Lettres* de mme Du Noyer, vi.156-57; de Castres plus précisément, dira l'éditeur de ses œuvres (*Œuvres diverses de m. de Julien-Scopon*, La Haye, Le Vier, 1728). Ce personnage à peine connu devait être plus âgé que Saint-Hyacinthe. Bruys qui le verra vers 1729 le déclare alors octogénaire (*Mémoires historiques, critiques et littéraires*, Paris 1751, i.159), ce qui est probablement exagéré car il aurait déjà été un barbon en 1713, et les passages des *Lettres* de mme Du Noyer le concernant (vi.156, 157, 158, 184, 477, 512) suggèrent un homme encore jeune. Quelques pièces de lui sont reproduites dans les *Pièces échappées du feu* sous les initiales de M. de J. S. (pp.213ss., 225ss., 232ss.). Quérard et Haag ignorent le personnage.

[18] 'M. de Julien Scopon [...] a fait plusieurs pièces d'esprit, pleines de beauté et de délicatesse, mais pour lesquelles il a tant d'indifférence qu'il en a laissé perdre une bonne partie et qu'il y en a beaucoup dans des recueils qui ne portent point son nom' (mme Du Noyer, *Lettres*, vi.156-57).

[19] Il scandalisera Bruys (*Mémoires*, i.159).

[20] Notamment dans la *Quintessence* no 24 du lundi 13 mars 1713; no 41 du jeudi 18 mai 1713; no 42 du lundi 22 mai 1713, anonymement. Dans les *Lettres* l'auteur est nommé, avec des précautions de style pour ne pas blesser sa délicatesse de gentilhomme: 'je ne vous en dirai pas davantage [au sujet des talents d'écrivain de m. de Thémiseul] de peur de m'attirer encore sur les bras une querelle pareille à celle que j'ai eue avec M. de Julien son bon ami, car il n'est pas moins ennemi des louanges que lui, quoique, comme à lui, elles lui soient très bien dues' (vi.512. Textes publiés vi.513-27 et 535-43).

[21] Deux numéros seulement de cette publication soi-disant rédigée en France avaient paru en décembre 1710. Mme Du Noyer la présente d'abord comme une œuvre venue par hasard à sa connaissance. Elle l'avoue ensuite presqu'ouvertement (*Lettres*, vii.297).

dont le jeune Voltaire exilé en Hollande devait tomber amoureux (p.284, 'A Mme la Comtesse de W...').

Tout ceci, c'est la façade – les saluts que l'on échange face au public, en soignant son attitude. Saint-Hyacinthe semble n'avoir cependant pas ignoré les dessous plus sordides. Il est en rapports, comme l'est Prosper Marchand, avec Douxfils,[22] ce beau-frère de l'aventurier Winterfelt dont les démêlés sombres et même brutaux avec mme Du Noyer occupent une telle place dans le tome v des *Mémoires*.[23] Il connaît aussi Guyot de Merville, avec qui Olympe aura une intrigue après sa rupture forcée avec Voltaire.[24]

A cette époque, Saint-Hyacinthe prend certainement conscience des faiblesses de tels milieux et en même temps des limites du genre mondain où il s'est exercé jusqu'alors. Un effort de renouvellement est sensible chez lui, qui s'exprime par des tentatives pour s'affirmer selon d'autres modes et se traduit dans la multiplicité et la variété des œuvres de ces années hollandaises.

Parmi celles-ci, après les *Pièces échappées du feu*, c'est l'édition du *Traité du Poëme épique*[25] qui semble le plus ancien des ouvrages de cette série, par sa conception même, plus scolaire, par son hésitation à se présenter seul devant le public. C'est une des œuvres les plus constamment attribuées à Saint-Hyacinthe.[26] Il n'y a pas, en dehors de cette tradition, de preuve positive qu'elle soit bien de lui, mais des indications très fortes: la dédicace à m. l'abbé Chevalier de Morsan, l'ami de Troyes, et des habitudes, des procédés qui, même dans un travail encore si impersonnel, évoquent déjà la manière de Saint-Hyacinthe.[27] Par cette impersonnalité même, l'édition ne révèle presque rien sur Saint-Hyacinthe. On peut seulement noter au passage le souvenir des amitiés de Troyes, les liens déjà noués avec le p. Le Courayer[28] qu'il reverra, notamment en Angleterre, et la manière dont Saint-Hyacinthe semble déjà introduit dans les milieux de libraires hollandais qui l'ont chargé de ce travail.

La sixième édition du *Traité du Poëme épique* est un ouvrage de début de carrière

[22] 5e lettre de Saint-Hyacinthe à Le Vier (Paris) 3 décembre (1716) et lettre de Douxfils à Marchand (Bruxelles) 6 février 1747. (Leyde, Bibliothèque de l'Université, Marchand 2.) Saint-Hyacinthe insérera dans l'*Europe savante*, une longue lettre de Douxfils, qui avait des prétentions littéraires (La Haye, tome vii, 2e partie, février 1719, pp.313-29).

[23] *Mémoires de mme du N**** (Cologne 1710-1711), v.284ss. Cf. Arnelle (mme de Clauzade), *Les Filles de mme Du Noyer (1663-1720)* (Paris 1921), pp.183ss.

[24] *Variétés*, pp.301-12. Guyot de Merville sera d'ailleurs l'éditeur hollandais des *Lettres critiques sur la Henriade* (1728).

[25] *Traité du Poëme épique* par le r.p. Le Bossu, chanoine régulier de Sainte-Geneviève, 6e édition, augmentée de Remarques, d'un Discours préliminaire sur l'excellence de l'ouvrage et d'un Abrégé Historique de la vie de l'Auteur, avec une Table des Matières. A La Haye, chez Henri Scheurleer, Marchand libraire, 1714. Une partie de l'édition avait paru chez Pierre Husson.

[26] Leschevin (pp.ci-ciii), Quérard, Barbier, Cioranescu sont unanimes.

[27] Par exemple la présentation de l'œuvre comme un travail fait pour sa satisfaction et son approfondissement personnels, l'éloge de l'effacement de l'auteur devant le sujet, le soin particulier donné aux références.

[28] Il est précisé que c'est Saint-Hyacinthe qui a pris l'initiative de demander sa collaboration au p.Le Courayer et que c'est à lui qu'a été adressé le Mémoire sur le p. Le Bossu, pp.xxiv et xxvi. Sur les rapports de Saint-Hyacinthe avec le p. Le Courayer (cf. ci-dessous chapitre 4).

et un ouvrage de commande.[29] Il en porte les caractères. Le choix même du sujet – ce traité critique littéraire dans l'optique du classicisme et des partisans des Anciens,[30] traité que Boileau a loué et que Voltaire plaisantera – est traditionaliste, déjà presque démodé. Les 'remarques' trahissent la timidité de l'apprenti et la discrétion imposée par le libraire, dans leur strict effacement de personnalité, leur peur de toute originalité,[31] ce qui donne naissance à un ensemble fort terne. Une certaine maladresse de débutant devant le travail qu'on lui a confié et qui l'impressionne se sent par exemple dans son souci de louer suffisamment, de tout louer;[32] maladresse surtout dans ce qui restera toujours un des points faibles de Saint-Hyacinthe: l'organisation de sa pensée et de son expression. Le défaut est ici particulièrement flagrant et le Discours préliminaire, dans un ensemble assez décousu, superpose deux analyses du traité, successives et peu différentes dans leur objet.

A côté de ces faiblesses évidentes, le *Traité du Poëme épique*, si incolore et si gauche qu'il soit, apporte des promesses et même des réalisations. On y sent des qualités, que la Hollande aura aidé Saint-Hyacinthe à mûrir, de solidité, de sérieux, d'érudition, un respect déjà moderne des textes.[33] La comparaison est curieuse, déconcertante même, avec l'autre œuvre de début: les *Pièces échappées du feu*, leur aisance superficielle, leur agrément de facilité. Ce sont les deux faces du talent de Saint-Hyacinthe. Il est peut-être rare qu'elles soient chez un même être si éloignées, presque discordantes. On retrouvera ces deux lignées tout au long de sa vie et de son œuvre, et elles vont, dès cette période, s'épanouir ensemble dans le *Journal littéraire*, expression sérieuse d'un groupe enjoué, avant de se donner libre carrière dans le *Chef d'œuvre d'un inconnu*, jeu d'esprit où percent de graves préoccupations.

Quand paraît le *Traité du poëme épique*, Saint-Hyacinthe est engagé dans une nouvelle aventure littéraire qui est accueillie favorablement par le public cultivé. Il a fondé le *Journal littéraire* de La Haye. Or, le *Journal littéraire*, c'est en premier

[29] Saint-Hyacinthe s'en explique très clairement dans le Discours préliminaire: 'Un libraire voulant réimprimer quelque bon livre et ayant jetté ses vues sur celui-ci me demanda ce que j'en pensai.' La commande est précise car le libraire exige des notes 'pour mieux différentier l'édition' (p.xix).

[30] Cf. la réimpression de l'édition faite par Saint-Hyacinthe avec une introduction de Volker Kapp (Hamburg 1981).

[31] Les notes consistent essentiellement en des citations. C'est un cas presqu'unique que la note de la page 233 où l'éditeur se permet, avec une ébauche de raisonnement personnel, de proposer en regard de l'interprétation donnée par le p. Le Bossu d'un passage d'Horace une autre interprétation – appuyée évidemment sur des autorités aussi considérables que Le Fèvre et Dacier.

[32] 'Après que j'eus bien examiné ce livre, je me sentis charmé au point que mon estime et mon admiration ne purent se contenir. Je pris la plume pour écrire.' Les notes n'ont pas la prétention d''éclaircir des endroits obscurs du texte', car rien n'est obscur...! (p.xxii).

[33] C'est dans cette ligne que s'inscrit la préoccupation des références: citation in-extenso des textes auxquels fait allusion l'auteur (au lieu d'une simple indication de source); citation de l'original latin ou grec des passages donnés en français par l'auteur. 'On sait qu'un lecteur est toujours bien aise de voir les expressions originales, et de les voir commodément' (pp.xxii, xxiii).

lieu *un groupe* de jeunes hommes, et ceux-ci, par leur *travail en commun*, ont donné naissance à une *œuvre*.

Etre un des auteurs du *Journal littéraire* dans la première société de ce périodique, de 1713 à 1715, cela représente plus qu'un travail intellectuel, mais tout un style de pensée, et même un style de vie. D'abord, c'est être jeune. Dans le groupe qui commmence à publier le *Journal littéraire* au début de 1713, Saint-Hyacinthe qui a alors vingt-huit ans, comme Justus van Effen,[34] est un des aînés. G. J. van 'S-Gravesande a vingt-quatre ans; Albert-Henri de Sallengre (1694-1723), le benjamin, en a dix-huit; il mourra à vingt-neuf ans, ayant, dans sa courte vie, publié plusieurs ouvrages honorables et accumulé une érudition respectée.

Par dessus les différences d'opinion, les oppositions de tempérament inévitables dans une telle réunion – et qu'ils ne cherchent pas à effacer, en reconnaissant la qualité d'enrichissement,[35] cette jeunesse fait leur lien principal car elle les entraîne tous vers ce qu'il y a de nouveau dans le mouvement intellectuel de leur temps. Dans la Querelle des Anciens et des Modernes, les auteurs du *Journal littéraire* sont pour les modernes. Dans les interprétations scientifiques et philosophiques c'est Newton et Locke qui les attirent et non plus Descartes ou Leibniz. Ils regardent avec une curiosité soutenue vers ce pays déroutant dont on commence à découvrir les vertus d'originale vigueur: l'Angleterre. Sa littérature, ses habitudes politiques, trouvent une grande place dans le journal. Et surtout ils défendent avec la même passion cette vertu dont leur temps commence à souligner la valeur: la tolérance.

Mais les liens entre les auteurs du *Journal littéraire* ne sont pas seulement intellectuels et moraux. Unis déjà par des affinités, ils forment, en fait, une véritable société constituée qui a préexisté à son expression littéraire, société amicale certes, aisée, facilement plaisante d'atmosphère et de ton, mais régie aussi par des liens précis. De ces 'confrairies' qui semblent naître sous les pas de Saint-Hyacinthe, tout au long de son existence, c'est la seule qui ait laissé des traces écrites, dans les archives de la Bibliothèque universitaire de Leyde.[36] On y voit apparaître un 'Ordre' qui tient des 'assemblées' de 'frères' (ou: 'f:') selon des 'loix' – ce qui donne des aperçus assez curieux sur les idées, les aspirations et le vocabulaire latents de cette première moitié du dix-huitième siècle.

Les procès-verbaux de ces réunions, très partiels, s'étendent de 1711 à 1717,

[34] J. van Effen (1684-1735), cf. W. J. B. Pienaar, *English influences in Dutch literature and Justus van Effen as an intermediary* (Cambridge 1929) et *Dictionnaire des journalistes* (Grenoble 1976).

[35] La préface du *Journal littéraire* défend la valeur d'une pluralité de points de vue: 'Il est très difficile, pour ne pas dire impossible, qu'un auteur travaille avec succès à un ouvrage dont la bonté dépend de tant de qualités différentes et souvent opposées [...] On sait qu'il y a au moins autant de différents tours d'esprit qu'il y a d'airs répandus sur le visage des hommes: chacun selon le caractère de son génie regarde un livre sous une autre face et dans un ouvrage où tout le monde trouvera du mérite, chacun en particulier en sera d'ordinaire frappé d'une façon particulière' (tome i, mai-juin 1713).

[36] Dossier 'Varia' de l'ensemble Marchand 1 (Correspondance du *Journal littéraire*). W. Bisschop (*Justus Van Effen Geschetst in zÿn leven en Werken*, Utrecht 1859) a étudié ces papiers pp.45 ss.

semble-t-il.[37] Ils font état d'un président, d'un orateur, d'un secrétaire, de discours à faire ... et d'amendes pour ceux qui se dérobent à leurs devoirs. Les membres se nommaient entr'eux 'frère' suivi seulement d'un prénom qui n'était pas celui de l'état civil. Notre temps, avec son usage courant des prénoms, ne saisit pas immédiatement toute l'originalité de cette manière de faire au dix-huitième siècle où 'Monsieur' était de rigueur, même dans les rapports les plus intimes.

Ces documents révèlent sur le comportement de ce groupe la face opposée à celle que présentent le *Journal littéraire* lui-même et la plus grande partie de sa correspondance officielle. Tandis qu'ici ces jeunes gens se guindaient dans la politesse formelle de leur époque et le sens de leur devoir de journalistes envers la République des Lettres, là ils se détendent[38] chez l'un ou chez l'autre, dans des réunions d'amis de vieille date et de goûts analogues, où l'on buvait certainement bien, où l'on se livrait à des plaisanteries non exemptes de gauloiserie, et à des passe-temps littéraires.[39]

Mais c'est par sa face active, son effort de *travail en commun*, que ce groupe intéresse l'histoire littéraire.[40] On retrouve là l'impulsion initiale de Saint-Hyacinthe. Les contemporains reconnaissent en lui l'élément dominant du groupe. Le père Tournemine, au début de 1714, a appris par ses correspondants de Hollande 'd'abord qu'un certain m. Themisseules s'en mêlait', puis par 'M. de Castagnières, neveu de l'Ambassadeur de France à La Haye [...] que le journal était fait par des jeunes gens d'esprit et de mérite mais qui ne s'étaient pas faits connaître encore au public par d'autres ouvrages'.[41]

C'est aussi l'écho que donne un pamphlet inséré dans l'édition de 1716 de l'*Histoire de m. Bayle et de ses ouvrages: Apostille ou dialogue d'un tour nouveau.* Ce

[37] Au revers de l'un de ces comptes-rendus se trouve une minute de lettre datée du 2 octobre 1717 (f.7*v*.) ce qui est la date la plus tardive du dossier. Les seuls procès-verbaux qui soient eux-mêmes datés sont ceux des 30 octobre 1711 (f.5), 3 février 1712 (f.2) et 16 Mars 1712 (f.12).

[38] 'Ils s'égaïaient souvent aux dépens de ceux dont ils rejettaient les pièces, aussi bien que des Savants qui leur écrivaient de tous côtés et dont les Lettres graves servaient quelquefois de texte aux plaisanteries de cette jeunesse vive et érudite' (*Dictionnaire historique* [de Prosper Marchand], article ''S-Gravesande', rédigé par Allamand ami, éditeur et commensal de 'S-Gravesande, La Haye 1759, p.216).

[39] Les discours, contes, petits vers, qui figurent dans les archives de la Société, sont d'inspiration facile et tous marqués par la préoccupation permanente du siècle pour le 'bel esprit', senti d'ailleurs dans son double aspect de volonté artistique et de risque d'affectation précieuse. On fait des pointes sur les malheurs de l'amant d'une 'trop ingrate bergère' (Leyde, Bibliothèque de l'Université, Dossier 'Varia' f.11), ou bien l'on propose un thème pour le sceau de la société: 'un rejeton que Minerve plante, que Mercure arrose pour le faire croître', avec la devise 'Tandem fit furculus arbor', 'un petit rejeton enfin devient arbre', ce qui paraît à ces jeunes gens convenir pour exprimer leurs progrès dans le monde littéraire, 'à l'ordre en général, et à chaque membre en particulier' (ff.3 et 4).

[40] Sur le *Journal littéraire* cf. la thèse de P. Hemprich *Le Journal littéraire de La Haye 1713-1737* (Berlin 1915), et le *Dictionnaire des journaux* (en cours de publication, Centre d'étude des sensibilités – Université des langues et lettres de Grenoble).

[41] Lettre de Sallengre au *Journal littéraire*, Paris, 16 avril 1714; Leyde, Bibliothèque universitaire, Marchand 1.

pamphlet, dirigé contre Prosper Marchand et inspiré par Samuel Masson, rédacteur de l'*Histoire critique de la République des Lettres*, semble bien informé, s'il est violemment orienté. Voici sa version:

On dit que la plupart de ceux qui travaillent au *Journal littéraire* sont de jeunes Hollandais qui ayant beaucoup de feu et de vivacité tâchent d'attraper le génie et les manières françaises: je crains qu'ils n'ayent pris Marchand pour leur modelle [...] On prétend qu'ils avaient d'abord à leur tête un Français, homme d'esprit, qui, sorti de sa Patrie pour des raisons particulières, s'est tenu à La Haye, caché sous le nom de Thémiseul. La voix publique, qui n'est pas toujours infaillible, lui attribue encore quelques autres Productions qui ne lui sont pas moins honorables que la Direction de ce Journal.[42]

Le groupe lui-même a varié dans le courant du développement du périodique. Les jeunes auteurs s'étaient d'ailleurs très vite aperçu que le succès de leur entreprise les obligeait à élargir leur société, et la recherche de nouveaux membres tient une place importante dans la correspondance du *Journal littéraire*. C'est ainsi que dès août 1713, Saint-Hyacinthe, après 'S-Gravesande, conviait P. Marchand[43] à bien vouloir se joindre à eux et leur apporter l'appui de son expérience. Marchand sera un des membres les plus actifs du groupe avec Saint-Hyacinthe, 'S-Gravesande, Sallengre, Van Effen, un jeune ministre nommé Alexandre, secrétaire de la double société, et Johnson, le libraire de La Haye, qui imprimait le *Journal*, centralisait la correspondance, et participait à sa rédaction (Lettre de Saint-Hyacinthe à Voltaire, Best.D3119).

L'organisation du travail entre ces jeunes gens était assez stricte. Elle procédait peut-être de Saint-Hyacinthe et correspondait en tous cas à ses goûts. Le thème de la 'société' est un de ceux qui dominent les différentes périodes de la vie de Saint-Hyacinthe et l'application qui en a été faite dans le *Journal littéraire* est un des exemples de la mise en œuvre qu'il en a toujours recherchée pour 'y faire régner l'égalité que l'amitié exige sans empescher une sorte de subordination que le bon ordre demande [pour] y conserver les Droits de l'ancienneté sans nuire à celle [*sic*] de la supériorité des Talans ...'[44]

Au *Journal littéraire*

chacun travaillait en particulier mais les Extraits étaient portés à une Assemblée qui se tenait toutes les semaines de ceux d'entre les Auteurs qui se trouvaient à La Haie, dont le nombre était toujours assez grand pour faire un examen sévère de tout ce qui y était lu. Personne ne travaillait que sur les livres dont non seulement il se croïait capable de faire l'Extrait, mais à l'égard desquels les autres portaient le même jugement. Les Extraits étaient renvoiés à des examinateurs pour les confronter avec les livres après quoi ils

[42] *Histoire de m. Bayle et de ses ouvrages par m. de La Monnoye* (Amsterdam 1716), p.515. L'attribution à La Monnoye est fausse.

[43] *Prosper Marchand*, 1675-1756, un des plus âgés du groupe. Libraire parisien, il s'était réfugié en Hollande en 1709, pour cause de religion. Il a prêté son appui à de nombreuses œuvres d'édition, et a consacré la majeure partie de sa vie à réunir la documentation du considérable dictionnaire historique qui ne parut qu'après sa mort (cf. Haag, et *Dictionnaire des journalistes*).

[44] Lettre de Saint-Hyacinthe à Lévesque de Burigny, A l'Ecluse, ce 1er mai 1743. Besançon, Bibliothèque municipale, Mss.607, f.36. Dans la même lettre, Saint-Hyacinthe confie à son ami le plus intime: 'Vous savez que cela [vivre dans une société d'amis] a été mon but pendant toute ma vie'.

étaient lus de l'Assemblée avant que de pouvoir être imprimés. Dans ces lectures on ajoutait très souvent aux extraits des remarques sur les ouvrages dont on parlait.[45]

Cet effort de travail en commun organisé a produit une *œuvre*: le *Journal littéraire*, une œuvre limitée dans le temps, qui a eu du succès, dont la portée dans l'histoire littéraire a été intéressante, et où la position personnelle de Saint-Hyacinthe peut parfois se déceler. Le *Journal littéraire* a paru sans interruption de mai-juin 1713 jusqu'à 1722 où la cessation de commerce du libraire Johnson entraîna la suppression du *Journal*.[46] Mais dès la fin de 1715, la société originelle s'est déjà séparée.[47] La période où le *Journal littéraire* intéresse directement Saint-Hyacinthe représente donc à peu près deux ans et demi, 1713-1715. Notre auteur restera d'ailleurs en excellents termes avec Van Effen qui poursuivit la rédaction du *Journal*. Il y fera occasionnellement insérer quelques articles, notamment dans le courant de 1718.[48]

Le *Journal littéraire* semble avoir rencontré un succès plus qu'honorable. L'enquête de D. Mornet sur le contenu des bibliothèques privées le place, par la fréquence des exemplaires, au dixième rang des trente publications périodiques les plus lues.[49] La correspondance du *Journal littéraire* apporte d'ailleurs de nombreux témoignages d'estime et de satisfaction de lecteurs, convaincants même en faisant la part de la courtoisie dans ces compliments.[50] Ces jeunes gens, avec un mélange de choix conscient et de coïncidence heureuse, avaient fondé leur journal à un moment qui y était favorable. Ils signalent eux-mêmes la place laissée vide dans le monde littéraire par la disparition de l'*Histoire des*

[45] La Haye, Gosse et Néaulme, Année 1729, tome 13e., 1ère partie, Avertissement, pp.iii et iv. L'article ''S-Gravesande' du *Dictionnaire* de P. Marchand (pp.215-16) donne des indications analogues et les complète de la règle de l'unanimité: 'Là, ils rejetaient sans miséricorde ce qui n'était pas approuvé de tous.'

[46] En 1729, le *Journal littéraire* reparaîtra, mais publié par une autre société créée par 'S-Gravesande et comprenant Marchand, mais différente pour le reste de la première. Saint-Hyacinthe n'en fera pas partie.

[47] Il semble bien y avoir eu dissolution; Saint-Hyacinthe l'affirme: 'Cette société se dispersa en 1715 au mois de Décembre. M. Van Effen se chargea de la continuation du Journal' (*L'Europe savante*, La Haye, Rogissart, janvier 1718, tome i, 1ère partie, Préface, p.x). La deuxième société du *Journal littéraire* (*Journal littéraire*, La Haye, Gosse et Néaulme, Année 1729, tome xiii, 1ère partie, Préface, p.iv), François Bruys (*Mémoires historiques, critiques et littéraires*, i.331-32) corroborent cette affirmation. En face de ces témoignages concordants, l'indication contraire donnée dans le *Dictionnaire* de P. Marchand (article ''S-Gravesande', par Allamand) non contemporain des faits, doit être une erreur quoiqu'elle ait été suivie par la plupart des commentateurs (*Dictionnaire historique*, ii.216).

[48] Lettre de Sallengre à Desmaizeaux, 24 mars 1718, Londres, British Library, Add. Mss.4287.

[49] D. Mornet, 'Les enseignements des bibliothèques privées (1700-1750)', in *RhlF* 17 (1910), p.479. Une réédition des premiers numéros dut être faite à partir de 1716.

[50] Leyde, Bibliothèque de l'Université, Marchand 1, en particulier lettres de Boscheron, de l'abbé Bignon, de l'abbé de Saint-Pierre, de Christian Wolff, de B. Gibert; ce dernier, relation de Boileau et du président Bouhier, donne assez le ton de ces correspondances: 'Je ne suis pas le seul qui fait grand cas de vos ouvrages; ils sont généralement estimés. J'étais encore avant-hier chez un Procureur Général d'une de nos cours supérieures de France, qui, de son mouvement, s'épancha en louanges sur votre article.' Lettre du 10 septembre (1715), Paris.

ouvrages des savans et des *Nouvelles de la République des Lettres*, et la conjoncture politique heureuse de la paix enfin rétablie après la longue guerre de Succession d'Espagne.[51] Plus profondément, et d'une manière dont il leur était difficile de se rendre compte, placés qu'ils étaient à l'intérieur de l'évolution intellectuelle de leur temps, leur journal résolument moderniste répondait à des tendances puissantes de la 'crise de conscience' que traversait alors l'Europe. A une période qui avait, sans le savoir encore, beaucoup de nouveautés en gestation, ils apportaient un esprit d'ouverture. Ainsi ils traduisent l'élargissement du domaine des intérêts par la place donnée aux sciences, aux apports étrangers et particulièrement anglais, par le goût aussi des aspects pratiques, des techniques.[52] Ils peuvent s'adapter, grâce à leur forme de société, au début de spécialisation qui est la conséquence inévitable de cette plus grande variété de domaines. Enfin, une sensibilité accrue à l'actualité, jointe à leurs goûts cosmopolites, leur fait donner une place particulièrement importante aux *nouvelles littéraires*.[53] La recherche de celles-ci et la forme à leur donner jouent un rôle considérable dans la correspondance du *Journal littéraire*.[54]

Vis-à-vis des ouvrages qu'ils examinaient, les auteurs du *Journal littéraire* apportaient délibérément, quoiqu'avec toutes les atténuations et précautions possibles, une vue critique, et s'attribuaient le droit de donner un avis.[55] En regard, la tradition classique faisait abstraction de la personnalité, et Nicolas Petitpied la représente quand, consulté par Saint-Hyacinthe, sans oser mettre ouvertement en cause le principe, il juge bon d'en restreindre l'application : 'Je crains qu'il n'y ait un peu trop de réflexions des Journalistes. Il n'en faut point mettre qui ne soient très à propos et qui ne soient très exactes.'[56]

Par tous ces apports, le *Journal littéraire* annonce déjà l'esprit du dix-huitième siècle, mais par un autre aspect, son attitude vis-à-vis des questions religieuses

[51] *Journal littéraire*, La Haye, Johnson, tome i, 1ère partie, mai et juin 1713, Avertissement et Préface.

[52] Il y a en moyenne, dans chaque volume du *Journal littéraire*, un ou deux articles scientifiques, un article politique, un article consacré à la production d'un pays étranger qui est souvent l'Angleterre.

[53] L'aspect cosmopolite du *Journal littéraire* a déjà été souligné par J. Texte, *J. J. Rousseau et les origines du cosmopolitisme littéraire* (Paris 1895), p.34.

[54] Leyde, Bibliothèque de l'Université, Marchand 1. On demandait des nouvelles littéraires à tous les correspondants du *Journal*, en plus des fournisseurs attitrés. Ceci pouvait donner lieu à des feuilles très orientées, d'où des protestations, parfois véhémentes, auprès des auteurs qui avaient cependant déclaré laisser à leurs correspondants toute la responsabilité de leurs nouvelles. Cf. par exemple: lettre de l'abbé de Saint-Pierre du 8 juillet 1714 à la suite des nouvelles envoyées par Boscheron dans sa lettre du 13 mai 1714.

[55] 'Les journalistes se font ordinairement un devoir de ne pas décider du mérite d'un livre et de laisser deviner dans leurs extraits à quel degré de bonté l'ouvrage doit être mis. Nous croyons cette prudence excessive et inutile et nous avons résolu de nous expliquer sans détour sur ce que nous trouverons de bon et de mauvais dans un livre. Cependant, le but de décrier un ouvrage ne sera jamais le nôtre; nous nous ferons toujours un plaisir de louer et nous ne critiquerons qu'avec ménagement' (*Journal littéraire*, tome i, mai-juin 1713, Préface).

[56] Lettre de N. Petitpied à Saint-Hyacinthe, Amsterdam, 18 août 1713, Paris, Bibliothèque nationale, fonds français 24.874, f.166.

et théologiques, il se rattache plutôt à la tradition du dix-septième siècle. Et c'est au cœur de ce problème que se révèle par deux incidents l'originalité de Saint-Hyacinthe dans ce groupe et cette réalisation, originalité qu'il est par ailleurs difficile de cerner dans une œuvre collective, de rigoureux anonymat, et passée par le polissage de l'Assemblée souveraine. Une faille se produit entre Saint-Hyacinthe et ses amis – faille révélatrice de l'évolution de Saint-Hyacinthe.

Sur le plan des principes, les journalistes s'étaient mis d'accord pour annoncer dans leur préface leur intention de s'abstenir de toute critique sur le terrain religieux.[57] Mais des divergences sont vite apparues. L'une d'elles a été occasionnée par le *Chef d'œuvre d'un inconnu*, dont la légèreté vis-à-vis des personnages bibliques a choqué les orthodoxes auteurs protestants du Journal.[58] L'article consacré au *Chef d'œuvre*, élogieux certes dans l'ensemble, porte la marque de cette réserve: 'Plusieurs personnes raisonnables auraient souhaité que l'Auteur eût supprimé l'histoire de Noé qu'il a fait le chef de famille de Catin. Il ramasse ici cent impertinences que les Arméniens débitent de Noé qu'ils appellent Olybama. Et quoiqu'il faille croire charitablement que Mathanasius ne veut tourner en ridicule que les Auteurs de ces fables, il aurait cependant fait prudemment d'avertir à qui il en voulait, afin qu'on ne crût point qu'il eût dessein de turlupiner l'Histoire Sacrée'.[59]

Un autre incident, un peu antérieur, plus précis, plus significatif encore, est connu par une confidence de 'S-Gravesande rapportée par le *Dictionnaire* de P. Marchand.[60]

> S'Gravesande avait fait l'extrait du livre de Ditton, sur la Résurrection de J. C. que l'on trouve dans le *Journal littéraire*, T.i, p.391. Quand il le lut à la société des journalistes, M. de Saint-Hyacinthe qui était un franc déiste trouva que l'auteur parlait en chrétien et prétendait qu'un journaliste comme un historien devait laisser ignorer de quel parti il est. M. s'Gravesande ne goûta pas cet indifférentisme et crut que comme chrétien il ne devait pas rougir de sa profession et de déclarer ses sentiments; son avis fut suivi. Je tiens ce fait de M. de Superville[61] qui l'avait entendu raconter à M. s'Gravesande lui-même.

Dans la perspective du *Journal littéraire*, les deux incidents situent bien Saint-Hyacinthe au sein de la société: il en représente l'aile la plus audacieuse et se trouve considéré par les autres avec une réserve mêlée d'inquiétude en dépit de leur sympathie déférente pour ses dons brillants et des liens de l'amitié.

En ce qui concerne Saint-Hyacinthe lui-même, l'anecdote concernant le livre de Ditton est d'interprétation plus difficile. D'une part, elle exprime positivement

[57] *Journal littéraire*, tome i, mai-juin 1713, Préface. Une partie importante du *Journal littéraire* était consacrée à des articles sur des sujets théologiques. Ainsi le tome vi, 1ère partie (1715) par exemple, comporte cinq articles religieux sur un total de treize articles.

[58] Les archives de l'église wallonne de La Haye conservent des traces de l'admission comme membres de P. Marchand (9 mars 1710) et Sallengre (3 octobre 1716). Van Effen et 'S-Gravesande sont membres de l'église réformée hollandaise et sincèrement religieux.

[59] *Journal littéraire*, tome v, 1ère partie, septembre-octobre 1714. Cette critique porte sur la *Dissertation sur l'origine de la maison de Catin* (*Chef d'œuvre d'un inconnu*, éd. Leschevin, i.198-207) qui est une parodie de l'Histoire de Noé.

[60] *Dictionnaire historique* de P. Marchand, article ''S-Gravesande', p.241.

[61] Beau-frère de 'S-Gravesande.

un fait: Saint-Hyacinthe s'est déclaré le champion de l'impartialité scientifique. Et cette notion très moderne restera en liaison avec son souci de l'information précise – une des constantes les plus intéressantes de sa pensée. D'autre part, le chroniqueur donne une explication de ce fait par une prise de position déiste; cette explication risque d'être motivée en partie par des déclarations ou des faits ultérieurs et le récit perd ici un peu de sa valeur documentaire.

Mais, cette valeur il la retrouve en démontrant l'intime liaison de ces deux domaines dans la conscience des hommes issus du dix-septième siècle. Si Saint-Hyacinthe a eu si tôt accès à la notion d'impartialité, c'est par son détachement des formes traditionnelles de la foi. A peine sorti de sa grande crise de conscience de 1711-1712, Saint-Hyacinthe est déjà bien avancé sur la voie qui va de la religion au déisme et à l'athéisme. D'autres ouvrages, le *Chef d'œuvre d'un inconnu* par la liberté de son badinage critique, et surtout les *Mémoires littéraires*, d'une personnalité plus marquée, permettent de le situer plus précisément dans cette perspective.

Le *Chef d'œuvre d'un inconnu* est le seul ouvrage de Saint-Hyacinthe qui ait un peu – très peu – surnagé dans le grand naufrage de son œuvre devant la postérité. De son temps déjà, c'était son principal titre à la célébrité, mais un titre d'une ampleur exceptionnelle. Le *Chef d'œuvre* a été un des grands succès de librairie de l'époque. Charles Bastide exprime de façon imagée la sensation qu'il créa en disant qu'un bourgeois parisien à qui l'on aurait demandé en 1715 quels étaient les grands événements des mois précédents aurait répondu sans hésiter: la mort de Louis XIV, et la publication du *Chef d'œuvre d'un inconnu*.[62] De façon plus précise et plus authentique, une lettre de La Monnoye à Saint-Hyacinthe datée du 2 Janvier 1715[63] suggère un enthousiasme analogue. Si la politesse raffinée de l'époque implique des formes parfois emphatiques, elle excelle pourtant à rendre les nuances sociales comme celles qui séparent le jeune auteur un peu aventurier et à peine sorti de l'obscurité, d'un La Monnoye, appuyé sur son âge,[64] son œuvre, son érudition, son admirable bibliothèque, ses distinctions académiques et tout un état de grand bourgeois aisé, honorablement connu. Or, La Monnoye s'adresse à Saint-Hyacinthe de plain-pied, avec cordialité, même avec quelque déférence: 'Je vous assure que si vous étiez actuellement à Paris, tous nos beaux esprits vous feraient la cour et qu'il ne tiendrait qu'à vous de remplir l'une des places qui vaquent présentement à l'Académie. Rien ne serait plus capable de me consoler de la mort du grand Cardinal d'Estrées, mon patron, que de vous voir revêtu de sa qualité d'académicien.'

Dans la seule année de 1714, il semble qu'il y ait eu au moins quatre éditions du *Chef d'œuvre*: trois éditions piratées en France, outre l'édition originale hollandaise.[65] Il y a eu ensuite des éditions en 1716, en 1728, en 1732, en 1744,

[62] Charles Bastide, *Anglais et Français au dix-septième siècle* (Paris 1912), p.321.

[63] L'original est passé par une vente chez Charavay. Le texte de la lettre a été publié dans l'*Intermédiaire des chercheurs et des curieux* du 10 août 1905 (41e année, 52e vol., p.206).

[64] Né en 1641, Bernard de La Monnoye a alors 73 ans. Il vient d'entrer à l'Académie, en 1713.

[65] Le nombre des éditions du *Chef d'œuvre* est un sujet de discussion entre bibliographes. Chardon La Rochette, dans le *Magasin encyclopédique* (an V, tome iii, 1799, pp.76 et 96), suit le numérotage de Saint-Hyacinthe lui-même, qui compte trois éditions au total en

en 1745, peut-être en 1752,[66] deux éditions en 1758 (une à Londres et une à Lausanne) et une en 1807, l'édition de Leschevin qui a joué pendant longtemps le rôle d'édition définitive. Récemment, le professeur A. Lebois de la Faculté des Lettres de Toulouse, a donné une nouvelle édition du *Chef d'œuvre*,[67] signe de la vitalité et de l'attrait que conserve même aujourd'hui, sur un mode mineur, cette amusante satire – et avec elle, le pauvre Saint-Hyacinthe!

Tout ceci représente beaucoup de lecteurs et un nombre élevé d'exemplaires en circulation qui ont laissé des traces importantes dans les bibliothèques parvenues jusqu'à nous. Daniel Mornet, au cours de ses sondages dans les catalogues des bibliothèques privées, a rencontré cent vingt-neuf fois le *Chef d'œuvre* inscrit souvent sous le nom familier du pédant auquel Saint-Hyacinthe prétendait l'attribuer: 'Mathanasius'. Ceci le met au quatorzième rang des ouvrages les plus fréquents, avant tous les romans.[68] Le point d'exclamation final, c'est une contemporaine qui le pose: mme Du Châtelet s'écrie dans une lettre à d'Argental: 'Vous savez que Mathanasius est entre les mains de tout le monde' (Best.D1871).

Ce livre à sensation, ce livre si largement lu, avait paru sans nom d'auteur. Et l'anonymat fut d'autant plus long à être levé que Saint-Hyacinthe était inconnu, et bien loin de la France. Différents noms avaient été suggérés: celui de Fontenelle, celui de La Monnoye, celui de Jean-Pierre de Crousaz le savant professeur lausannois. Tout cela était très flatteur et Saint-Hyacinthe évoquera plus tard sa fierté à voir son œuvre de jeunesse attribuée à d'illustres devanciers.[69]

Il semble que ce soit vers la fin de 1714 que le nom de Saint-Hyacinthe comme auteur du *Chef d'œuvre* se répandit dans les milieux littéraires. Ce fut vraisemblablement par l'intermédiaire de Sallengre qui passa plusieurs mois en France en 1714[70] et de La Monnoye, mis en rapports avec Saint-Hyacinthe par Sallengre. C'est à cette occasion que La Monnoye rendit hommage à Saint-Hyacinthe le 2 janvier 1715:

Je commence, Monsieur, par vous avouer sans façon que je n'ai point gardé le secret dont vous m'avez fait confidence. Le *Chef d'œuvre de l'Inconnu* était trop généralement applaudi pour en cacher plus longtemps l'auteur. On avait déjà, vous le savez, ouvert à demi le rideau, je n'ai fait qu'achever en ajoutant au nom de Themiseul celui de Saint-

[66] Edition signalée par Leschevin et non repérée.

[67] Le *Chef d'œuvre d'un inconnu* (1714), par Saint-Hyacinthe, texte établi, présenté et annoté par André Lebois, Edouard Aubanel (Avignon 1965), 7e volume de la 'Bibliothèque d'un homme de goût'.

[68] Daniel Mornet, 'Les enseignements des bibliothèques privées (1700-1750)', pp.460 ss.

[69] 'Je le voyais attribuer [*Le Chef d'œuvre*) à M. de Fontenelle, à M. de Crousaz, à M. de la Monnoye, sans que je fisse connaître de qui il était, quoique rien ne pût flatter davantage un jeune homme dont ce livre était le coup d'essai, que l'éclaircissement d'une méprise qui lui faisait tant d'honneur' (Best.D3119).

Une des éditions de 1714 du *Chef d'œuvre*, celle que Leschevin croit imprimée à Lyon (B.N. Cote Z. 12.785 8°) comporte à la fin une clef qui l'attribue à 'l'illustre auteur du Dialogue des morts'.

[70] Cf. la correspondance du *Journal littéraire* à la Bibliothèque de l'Université de Leyde (Marchand 1), en particulier les lettres de Sallengre et celles de Boscheron et de l'auteur des *Illustres Françaises* qui ont rencontré Sallengre à Paris.

Hyacinthe. Bien des gens charmés de l'agréable lecture que vous leur avez permise en ont fait leurs remerciements à Mr de Fontenelle persuadés que c'était une production de son esprit. Lui, content de sa gloire, n'a eu garde d'usurper celle d'autrui. Mais le croiriez-vous, Monsieur, on m'a fait l'honneur de m'attribuer l'ouvrage, moi qui n'ai pas la conscience moins raide que M. de Fontenelle et qui d'ailleurs étais mieux instruit de la vérité que lui. Je n'ai point hésité à désabuser le public. J'ai démasqué le faux Mathanasius et substitué à une laide figure un beau portrait. Vous n'avez qu'à voir ma dernière lettre à M. de Sallengre pour reconnaître si je vous ai bien peint. Ne craignez au reste, Monsieur, nulle mauvaise suite de la facilité que j'ai eue à vous déclarer. Bien loin de vous avoir nui, je vous assure que si vous étiez actuellement à Paris, tous nos beaux esprits vous feraient actuellement la cour.[71]

A partir de ce moment, Saint-Hyacinthe jouit paisiblement de la célébrité due à l'auteur du 'Mathanasius' jusqu'au moment où, beaucoup plus tard, Voltaire secoua cette belle réputation en affirmant publiquement dans ses *Conseils à un journaliste*[72] ce qu'il avait déjà insinué dans ses lettres à divers correspondants,[73] que Saint-Hyacinthe n'était pas l'auteur du *Chef d'œuvre d'un inconnu* et n'y avait eu qu'une part minime:

Il y a surtout des anecdotes littéraires sur lesquelles il est toujours bon d'instruire le public afin de rendre à chacun ce qui lui appartient. Apprenez par exemple au public que le *Chef d'œuvre d'un inconnu* ou *Mathanasius* est de feu M. de Sallengre et d'un illustre mathématicien ['S-Gravesande] consommé dans tout genre de littérature, et qui joint l'esprit à l'érudition, enfin de tous ceux qui travaillaient à La Haye au *Journal littéraire*, et que M. de Saint-Hyacinthe fournit la chanson avec beaucoup de remarques.

Camusat dans son *Histoire critique des journaux*[74] avait déjà soutenu de façon nuancée que le thème général du *Chef d'œuvre* avait été conçu collectivement par cinq ou six amis travaillant au *Journal littéraire* mais il ajoutait que Saint-Hyacinthe avait été chargé de l'exécution. Sur l'autorité de Voltaire, la postérité n'a souvent plus osé attribuer à Saint-Hyacinthe le *Chef d'œuvre* qu'avec de sérieuses réserves, et en lui en faisant partager la paternité avec Sallengre, 'S-Gravesande et autres. C'est ce que fait, par exemple, Quérard que suit le catalogue de la Bibliothèque nationale.

Il est certainement suggestif que soit évoquée à propos du *Chef d'œuvre* cette société du *Journal littéraire* dont les documents ont justement révélé l'unité tangible et que ce soit Voltaire qui ait lancé cette idée, lui très partial certes, mais souvent bien informé. D'autant qu'un des documents de cette société du *Journal littéraire* se rapporte au *Chef d'œuvre*: une minute de lettre adressée à 'S-Gravesande le 2 novembre 1717, se trouve au revers d'une des pièces concernant ces réunions.[75] Il paraît hors de doute qu'elle est de l'écriture d'Alexandre, le secrétaire de la société. Elle consiste en plaintes contre un personnage que

[71] Lettre publiée dans l'*Intermédiaire des chercheurs et des curieux*, 10 août 1905, 41e année, 52e vol., p.206.

[72] Parus dans le premier numéro de novembre 1744 du *Mercure*.

[73] Lettres de 1739. Par exemple: 'C'est Sallingre et s'Gravesande qui ont fait le *Mathanasius*, Saint-Hyacinthe n'y a fourni que sa chanson. Il est loin, ce misérable, de faire de bonnes plaisanteries' (Best.D1881). Cf. aussi D1911, D1946 et D1948.

[74] *Histoire critique des journaux par M.C* (Amsterdam 1734), ii.153-54.

[75] Leyde, Bibliothèque de l'Université, Marchand 1, Dossier Varia, ff.7*v* et 8*r*.

l'on accuse de mensonge chronique: 'Je n'en veux pas d'autre preuve que ce qu'il m'a dit au sujet du *Chef d'œuvre d'un inconnu.* Il m'a assuré, parlant à moi-même, que notre ami d'Artis[76] en était l'auteur et que [lui] en avait le manuscrit entre les mains, quoique je susse très certainement que ce manuscrit n'était sorti de chez moi que pour entrer chez l'imprimeur.' Il est troublant, après les affirmations de Voltaire, d'apprendre que le secrétaire du *Journal littéraire* avait chez lui le manuscrit du *Chef d'œuvre* et qu'il l'avait remis personnellement à l'imprimeur.

L'accusation de Voltaire ayant été portée du vivant de Saint-Hyacinthe, celui-ci a pu y répondre. Son plaidoyer[77] est assez convaincant; il invoque le témoignage de plusieurs personnes vivantes: celui du premier éditeur, Gosse, ami de Sallengre et en relations avec tous les auteurs du *Journal littéraire*; celui du libraire Husson responsable des éditions de 1716 et suivantes; celui enfin d'autres témoins de la genèse du *Chef d'œuvre*; il rappelle le fait qu'aucune prétention à sa propriété ne s'est élevée pendant la trentaine d'années qui s'était écoulée depuis sa publication. Le ton même de la lettre, par une certaine intensité contenue, un choc de sincérité tend à emporter l'adhésion.

Il existe aussi sur ce point un témoignage motivé d'une personne extérieure à la querelle, Lévesque de Burigny, intime ami de Saint-Hyacinthe certes, et défenseur de sa mémoire, mais resté en excellents termes avec Voltaire et soucieux de ménager une aussi puissante réputation. Il a exposé tout le déroulement de la querelle entre Saint-Hyacinthe et Voltaire[78] avec une modération de ton, un souci de conscience et d'équité si évident, que ce texte est difficilement récusable. Or. Burigny est positif (pp.14-15):

> J'ai vécu un an en Hollande, dans une très grande liaison avec MM. Van Effen, Salengre et s'Gravesande, cet illustre mathématicien dont il est fait mention dans les *Conseils à un journaliste*. Ils m'ont tous assuré que M. de Saint-Hyacinthe était l'auteur du *Chef d'œuvre*; il est bien vrai que comme il était intime ami de ces Messieurs, il leur lisait son Ouvrage, et il est très possible qu'ils lui aient fourni quelque citation pour l'embellir, car ils avaient tous trois beaucoup de littérature, mais ils n'ont jamais prétendu partager ave M. de Saint-Hyacinthe l'honneur que ce livre avait fait à son Auteur [...] C'est de quoi je puis rendre un témoignage certain.

Enfin, ceux-mêmes à qui Voltaire voulait attribuer le *Chef d'œuvre* se sont récusés – collectivement et séparément. La revue du *Chef d'œuvre* dans le *Journal littéraire* en 1714 donne un premier démenti: 'Comme on a appris que plusieurs personnes ont attribué cet ouvrage aux auteurs de ce Journal, on se croit obligé de désabuser le public là-dessus'.[79] Le témoignage de 'S-Gravesande a été transmis

[76] Le pasteur Gabriel d'Artis, à la vie assez errante mais centrée sur l'Allemagne, auteur du *Journal d'Amsterdam* devenu *Journal de Hambourg*. Il fut, un temps au moins, collaborateur du *Journal littéraire* cf. *Dictionnaire des journalistes*.

[77] Il s'agit d'une longue 'lettre ouverte' à Voltaire, Geneken, 16 Mai 1745, publiée dans la *Bibliothèque française* 40, pp.329-39 (Best.D3119).

[78] *Lettre de M. de Burigny, de l'Académie Royale des Inscriptions et Belles Lettres à M. l'Abbé Mercier, Abbé de Saint-Léger de Soissons, ancien bibliothécaire de Sainte Geneviève etc ... sur les démêlés de M. de Voltaire avec M. de Saint-Hyacinthe, dans lesquels on trouvera des Anecdotes Littéraires et quelques lettres de MM. de Voltaire et de Saint-Hyacinthe* (Londres [Paris] 1780).

[79] *Journal littéraire*, t.v, 1ère partie, sept.-oct. 1714, pp.81-82.

formellement par son disciple Allamand qui désigne Saint-Hyacinthe comme auteur du *Chef d'œuvre*, 'ouvrage qu'on attribua à toute la société quoique les autres membres n'y eussent d'autre part que quelques plaisanteries insérées dans le livre comme autant de "Notes variorum".'[80] Quant à Sallengre, mort avant que la question fût posée devant le public par Voltaire, il y avait répondu à l'avance par une phrase en l'air, convaincante justement parce qu'elle n'avait pas de contexte polémique, en qualifiant Saint-Hyacinthe d''auteur du Mathanasius'.[81]

On peut donc difficilement contester à Saint-Hyacinthe la responsabilité du *Chef d'œuvre d'un inconnu*. Le doute avait certes été facilité par un arrière-plan social, identique pour le *Chef d'œuvre* et pour le *Journal littéraire* et aussi par le fait que Saint-Hyacinthe, comme il aimait à le faire, en a lu des passages dans ces réunions amicales de la société du *Journal littéraire*,[82] a profité des suggestions qu'on lui offrait, s'est sans doute volontiers déchargé de détails matériels comme la garde d'un manuscrit, d'ultimes corrections peut-être, sur le complaisant Alexandre. Saint-Hyacinthe n'est pas de ceux qui craignent de demander des services à leurs amis!

Mais cette qualité d'auteur du *Chef d'œuvre d'un inconnu*, contestée et réclamée avec violence dans cette polémique et qu'il est difficile désormais de refuser à Saint-Hyacinthe a été pour lui un titre dangereux, car l'œuvre a dévoré l'auteur et le reste de sa production. Dès la deuxième moitié du dix-huitième siècle, Saint-Hyacinthe n'est plus que l'auteur du *Chef d'œuvre d'un inconnu*. L'homme et une œuvre intéressante, sur le mode mineur, ont été totalement éteints par l'éclat dont on a paré un seul ouvrage.[83] De ce processus, qui ne leur est pas propre, Saint-Hyacinthe et le *Chef d'œuvre* représentent cependant un cas extrême.

Le *Chef d'œuvre* se présente, on le sait, sous la forme d'une petite chanson populaire très simple où un pédant, nommé Mathanasius, prétend découvrir le

80 *Dictionnaire historique* de P. Marchand, article ''S-Gravesande', ii.215. La disposition typographique du passage, d'après la clé donnée en tête de l'article, indique que la source est ici une confidence directe de 'S-Gravesande à Allamand.

81 Lettre de Sallengre à P. Desmaizeaux, 24 mars 1718, Londres, British Library Add. Mss. 4.287.

82 Dans une autre 'confrairie' qu'il avait formée à Londres, Saint-Hyacinthe donnait, de même, lecture de passages de la *Déification d'Aristarchus Masso* qu'il allait publier dans l'édition de 1732 du *Chef d'œuvre*. Lettre de François Bruys à Pierre Desmaizeaux du 6 février 1731, Londres, British Library, Add. Mss. 4281 f.332.

83 La popularité du *Chef d'œuvre* se mesure à ses nombreuses imitations. Un correspondant du *Journal littéraire*, F. C. d'Artis, réfugié français en Allemagne, envoie dès 1715 des échos sur le *Charlataneria Eruditorum*, imitation du *Chef d'œuvre* qui eut son heure de succès, des traductions, et plusieurs rééditions (Leyde, Bibliothèque de l'Université, Marchand 1). Ultérieurement, plusieurs ouvrages se sont inspirés de ce style ou réclamés du nom de Mathanasius. Leschevin les a recherchés (notes gg des pièces préliminaires et ddd du 2e volume). On peut ajouter à sa liste des ouvrages postérieurs à son édition et qui, en plein dix-neuvième siècle, évoquent encore le célèbre pédant: les *Voyages de Mathanasius à la tour de son Eglise* ... (Paris 1828), que cite Quérard (*Supercheries littéraires*, ii.1.073), et les *Lettres Matanasiennes* (Lyon 1837), signalées par Barbier (iii.81).

Cf. aussi comme preuve de l'influence du *Chef d'œuvre* même hors de France: L. Bourdon, 'Une source méconnue du Chevalier d'Oliveira, le Docteur Chrysostome Matanasius', *Revue de littérature comparée* 26 (1952), pp.457-65.

'Chef d'œuvre d'un inconnu' et qu'il orne d'un énorme commentaire, chargé de trouvailles burlesques et d'une satire par l'absurde contre l'érudition déchaînée. Les critiques du dix-huitième siècle ont cherché avec passion à éclaircir un certain nombre de points dont l'intérêt paraît maintenant limité: où Saint-Hyacinthe a-t-il trouvé la chanson-thème? Quelle est la véritable étymologie du nom du protagoniste, le savant Chrysostome Mathanasius?[84]

Le problème même des sources du *Chef d'œuvre* paraît à vrai dire secondaire: Saint-Hyacinthe a fait œuvre originale, et c'est l'œuvre de Saint-Hyacinthe qui a eu un succès européen, que son auteur ait connu ou non, ait eu présentes à l'esprit ou non, des parodies antérieures rappelant de plus ou moins loin le *Chef d'œuvre*.[85] La portée du livre n'est d'ailleurs pas telle qu'elle justifie une extensive recherche d'influences! Considérer comme sources des études ayant fait avec un parfait sérieux des débauches d'érudition n'est possible que de manière très générale.[86] L'intérêt majeur du *Chef d'œuvre* est dans son comique et dans la hardiesse de sa pensée, et surtout dans celle-ci par celui-là, dans cette apparition, au seuil du dix-huitième siècle, de cette forme de satire par la charge, avec un détachement affecté, dont Voltaire allait faire une arme si puissante et si caractéristique.

Pour Saint-Hyacinthe, cette ironie est certes une arme, mais elle est d'abord un jeu, et c'est un des aspects les plus séduisants du *Chef d'œuvre* que sa gratuité, son jaillissement de jeunesse, le plaisir évident que son auteur y prend. C'est l'œuvre d'un homme qui s'amuse, et son amusement même nous entraîne:

'Ah! je n'ai pas perdu mes peines ...' soupirait Colin, le héros de la chanson. Le commentateur le suit: 'Ah! que cet Ah! est beau! Qu'il est éloquent! Qu'il exprime bien que *Colin* était entièrement pénétré de son bonheur! Ah est une voix de la nature, qui marque cette dilatation du cœur que causent les grandes passions. Cela est si vrai que toutes les nations du monde, les Hébreux, les Turcs, les Chinois, les Iroquois, etc ...' et Pindare lui-même (dans le texte!) est nécessaire à l'explication de Ah!

Mais l'inconvénient de ce plaisir, de cette effervescence, est que Saint-Hyacin-

[84] L'esprit de Saint-Hyacinthe habitué aux jeux formels alors en vogue (rébus, anagrammes, chronogrammes, etc ...) a certainement joué autour des différentes possibilités, mais il paraît bien suranné aujourd'hui de se demander s'il faut rechercher l'origine de ce nom dans le grec, ou dans le gascon, et comment (cf. Leschevin, note dd de l'Introduction) – ou bien s'il faut le rapprocher du patronyme de la mère de Saint-Hyacinthe: Mathé (*Intermédiaire des chercheurs et des curieux* 43e année 55e vol. 1907, 859, 10 juin).

[85] Leschevin propose le no du 29 août 1712 du *Spectator*, consistant en un commentaire burlesque, mais purement grammatical, d'un petit poème (note o des *Pièces préliminaires*). Il rappelle aussi (p.lxxiv) les suggestions de Palissot: la Préface de *Don Quichotte* et la chanson de Mascarille, des *Précieuses ridicules*). Phyllis M. Horsley est frappée de la ressemblance avec *A comment upon the history of Tom Thumb* de William Wagstaffe, 1711 (*Themiseul de Saint-Hyacinthe, 1684-1746*, Comparative literature studies (1942), p.8).

[86] Leschevin rappelle, p.lxxiv, l'édition du *Pervigilium Veneris* publiée en 1712 à Amsterdam (Scheurler) à laquelle Saint-Hyacinthe a certainement songé puisqu'il la cite au début du *Chef d'œuvre* (pp.cxxiii et cxxiv). Le commentaire latin du *Cantique des cantiques* fait au seizième siècle par le moine flamand Titelman est un rapprochement beaucoup plus hasardeux (Leschevin, p.lxxv, reprenant Palissot).

the s'y laisse prendre, oublie la différence de plans entre le créateur et le lecteur, perd le sens des limites où il peut emmener son audience. Et celle-ci finit par rester parfois en arrière, lassée par la longueur de certains déroulements, spirituels certes, mais trop prolongés.[87]

L'ironie permet les attaques contre les abus et les ennemis: le jeu devient arme, maniée avec plus ou moins de désinvolture, plus ou moins de violence. Les pédants, les commentateurs impénitents sont évidemment les plus visés, par le thème même de la plaisanterie. Or, ces gens qui vivent d'érudition, fausse ou vraie, sont des partisans des anciens. C'est essentiellement du contexte de la querelle – un peu fausse, toujours renouvelée – des Anciens et des Modernes que le *Chef d'œuvre* prend son sens polémique. Les principaux tenants des Anciens sont criblés de pointes d'épingles: mme Dacier que l'on voit 'à l'abri d'*Homère*, d'*Eustathe* et du *Chef d'œuvre* ... établir des principes et des axiomes dans la manière de bien juger des ouvrages d'esprit' (éd. Leschevin i.195), le professeur Burmann dont le discours sans nuances, de défense des anciens à l'Université de Leyde avait peut-être été l'occasion du *Chef d'œuvre*;[88] Samuel Masson, l'auteur de l'*Histoire critique de la République des Lettres*, l'éternel ennemi de Saint-Hyacinthe à qui le *Chef d'œuvre* est ironiquement dédicacé dans une épître où Masson est positivement écrasé de compliments ironiques, comme d'autant de pavés.[89]

Ce n'est pas seulement dans le domaine littéraire que Saint-Hyacinthe veut attaquer l'attachement aveugle aux idées reçues. Il poursuit ce travers de façon plus générale. Il fait dire à son pseudo-censeur: 'Comme il n'y a rien dans cet ouvrage qui ne soit conforme aux opinions et aux préjugés reçus, je n'y vois aucune vérité qui puisse en empêcher l'impression' (i.CVI). Une autre approbation est plus cynique: 'Nous n'y avons rien trouvé qui ne soit très conforme à nos sentiments, et par conséquent rien qui ne soit très orthodoxe' (i.CVII). Et ce thème se clôt sur une ironique invocation: 'Le Ciel nous préserve [...] de douter que les choses qui sont crues généralement et depuis longtemps ne soient pas si vraies que c'est même une impiété de les révoquer en doute' (i.87-88).

Après quelques rapides égratignures au passage aux médecins (i.CXX et CXXI) ou aux généalogistes (i.205), la critique devient plus forte et plus dangereuse en abordant le domaine politique. Les éditions de 1714 et les deux suivantes comprenaient un passage sur l'Angleterre, d'une gravité de ton frappante dans cette œuvre, passage où se décèle déjà le souci de Saint-Hyacinthe d'assurer la liberté par l'équilibre des pouvoirs politiques: 'Ce royaume heureux qu'on peut appeler un pays d'hommes [...] est régi par trois Puissances: l'autorité Royale,

[87] Peut-être l'évolution de la sensibilité littéraire contribue-t-elle à notre fatigue de tels passe-temps. Mais dès la deuxième moitié du dix-huitième siècle l'impression a été ressentie. Cf. par exemple Dacier, dans l'éloge de Lévesque de Burigny prononcé en 1786: 'Matanasius, plaisanterie ingénieuse, satire piquante [...] qu'on peut lire encore avec quelque plaisir, quoiqu'elle soit un peu longue' (*Histoire de l'Académie royale des inscriptions et belles-lettres* 47, Paris 1809, p.354).

[88] Ed. Leschevin, i.62 et 139. Dans l'édition de 1716, une pièce séparée lui sera consacrée: *Lettre de M. Chrisologos Caritidès à M. le Professeur Burmandiolus*, i.296ss.). Il s'agit de Peter Burmann (1668-1731).

[89] i.CXIX à CXXII. Aussi p.139. C'est aux dépens de Masson que le *Chef d'œuvre* se complètera lors de l'édition de 1732, de la *Déification d'Aristarchus Masso*.

l'autorité de la Noblesse, l'autorité du Peuple. Ces trois Puissances sont nécessaires pour le maintien des lois et la conservation de la liberté.' Le passage s'achevait dans une allusion aux 'Princes qui ne reconnaissent de règles que celles de leur bon plaisir et qui cherchent à affaiblir sans cesse l'autorité de leurs cours souveraines'.[90] Le ton monte encore dans un appel passionné en faveur de la tolérance, en décrivant les horreurs des guerres religieuses (i.142-43).

Le thème de la tolérance a fait glisser Saint-Hyacinthe du politique au religieux. Et c'est sur ce terrain encore plus délicat que ses attaques se feront plus nombreuses et plus audacieuses. Ici, seront ses victimes les faux dévots, 'gens pétris d'orgueil, d'hypocrisie, et de curiosité' (i.p.41), et, sur le terrain d'actualité de la lutte contre les jansénistes, les casuistes (i.158ss.), les jésuites (i.83), la 'Constitution' (i.118), les évêques français qui se sont soumis aux ordres de Rome et du pouvoir.[91] Puis ce sera de façon plus générale le 'papisme' et ses victimes, ... 'tant de malheureux que la sainte Inquisition a fait et fait encore brûler tous les jours pour sortilège' (i.86-87).

Et c'est non seulement l'Eglise Romaine mais la Bible, base de toutes les confessions chrétiennes, qui est ici un sujet de plaisanterie: La *Dissertation sur l'origine de la maison de Catin* (i.198-207) est une parodie transparente de l'histoire biblique de Noé et du déluge dans un style qui préfigure quelque *Ile des Pingouins*, où l'explication théologique des évènements physiques est directement prise à partie[92]

Ces audaces ne pouvaient pas passer inaperçues. On a vu la discrète réprobation des orthodoxes auteurs du *Journal littéraire* envers cette coupable légèreté. Il semble que l'œuvre ait été interdite en France,[93] ce qui n'aurait d'ailleurs fait qu'augmenter l'intérêt qu'elle suscitait et par suite son prix et son débit.

Mais s'il y a de l'audace et de l'intensité dans le *Chef d'œuvre d'un inconnu*, il ne faut pas y voir que cela; il ne faut pas en fausser le sens général; il vaut mieux suivre l'exemple de Saint-Hyacinthe lui-même qui après une longue discussion sur le caractère exceptionnel et bénéfique du nombre trois, discussion qui lui a servi de véhicule pour un certain nombre d'attaques importantes, termine en une pirouette: 'Mais pour revenir plus particulièrement au nombre de trois, comme je me pique de sincérité j'avoue de bonne foi qu'il y a une chose où le

[90] Ce passage fut très atténué après les expériences faites par Saint-Hyacinthe des charmes de la liberté en Angleterre. C'est probablement là le texte auquel il a fait allusion en 1745 dans une lettre à Voltaire 'J'ai par un seul trait un peu trop loué une fois les Anglais, je l'avoue, mais ils m'en ont corrigé, et j'ai réparé mon erreur' (Best.D3119).

[91] C'est le thème d'une pièce qui n'existe que dans les éditions de 1714: la *Lettre à mgr le duc de xx* qui serait du jésuite défroqué La Pillonnière et stigmatise la vire-volte effectuée dans l'affaire de la Constitution par mgr François Louis de Clermont-Tonnerre, évêque de Langres (i.309-16).

[92] A propos du déluge: 'Ce n'est pas ici le lieu d'examiner si ce fut par un châtiment du Ciel, comme le disent les plus anciennes Histoires, ou si ce fut la rencontre de la terre et de la queue d'une comète qui était chargée d'exhalaisons comme le prétendent quelques nouveaux astronomes' (i.198).

[93] 'On dit que [le livre] a eu un très prompt débit à Paris et qu'il y est défendu à présent, on ne sait pas bien pourquoi. Les Français y ont cherché et trouvé bien des finesses auxquelles l'Auteur n'a peut-être pas songé' (*Journal littéraire*, t.v, 1ère partie, septembre-octobre 1714, p.81).

nombre de trois gâte tout. C'est en galanterie: il n'est pas nécessaire que je m'explique sur cela fort au long' (i.88). Le *Chef d'œuvre* ne dédaigne pas le sérieux mais son caractère d'ensemble, son ton restent avant tout ceux d'une plaisanterie, d'un jeu.

Par contre, c'est un ton sérieux que Saint-Hyacinthe prend l'année suivante pour défendre quelques-uns des thèmes favoris déjà apparus lors du *Chef d'œuvre* dans ses deux *Lettres à mme Dacier sur son livre des causes de la corruption du goût.*[94] L'œuvre est un écrit polémique – par son contexte certes, tout bruissant de pamphlets lancés du côté des modernes ou des anciens dans cette nouvelle phase de la querelle[95] – mais aussi en elle-même.

Elle débute cependant à l'abri d'une belle façade de justice qui s'exprime par des louanges, à vrai dire difficiles à omettre complètement, envers le talent et l'érudition de mme Dacier – justice qui prétend s'affirmer encore en posant l'impartialité comme principe de base. Mais il y a déjà ici une revendication moderniste: le pamphlet, tout à fait dans la ligne de pensée de Saint-Hyacinthe homme du dix-huitième siècle, réclame au nom de cette impartialité le droit de remettre en question les décisions des siècles passés.

En face de 'l'autorité' qu'il récuse, Saint-Hyacinthe pose une trilogie qui restera fondamentale dans sa pensée: raison, méthode, bon sens. Les termes en sont encore ici d'un dessin un peu flou, mais ils se préciseront, s'enrichiront au cours du développement de sa recherche. Le but est d'atteindre la raison, origine de la beauté: 'C'est la raison seule qui donne aux ouvrages le caractère de la perfection, c'est elle qu'il faut consulter' (p.45). Cette raison, but et moyen à la fois, s'atteint par une méthode qui est d'abord une disponibilité de l'esprit, une remise en question généralisée: 'Regardez-moi comme un dévoié qui cherche le bon parti [...] mais dans l'incertitude où je me trouve si je dois me ranger du côté des anciens ou de celui des modernes, imaginez vous que je suis dans le Païs des Sciences un vrai Suisse, fidelle, brave, mais qui veut qu'on le paye en bonnes raisons comme les autres veulent être payés en bon argent' (p.4). Ces 'bonnes raisons', c'est l'instrument du bon sens qui permettra de les distinguer. Saint-Hyacinthe exprime dès le début sa 'résolution de [...] lire [Homère] en homme indifférent (je n'ose dire raisonnable), d'examiner l'ouvrage du Poëte selon les règles du bon sens et non point celles de l'autorité; en un mot, de lire Homère en critique' (p.3). C'est seulement ainsi que l'on arrivera à ce qui est le critère suprême: l'adhésion universelle, 'une maxime sûre et dont tous les hommes conviennent' (p.6), est la règle d'or de toute recherche. Donc 'ne craignons point d'user de notre raison, elle est l'arbitre naturel de tout ce que

[94] Petite brochure de 48 pages, non reliée, sans indication d'éditeur. Les deux lettres sont datées des 28 mars et 10 avril 1715.

Le seul exemplaire repéré, à la Bibliothèque nationale à Paris, est mutilé, ayant perdu un cahier de huit pages (pp.33 à 40). L'œuvre a toutes les chances d'être bien de Saint-Hyacinthe, quoiqu'il n'y en ait pas de preuve positive. Le *Mercure de France*, dans un article consacré à Saint-Hyacinthe à l'occasion de son mariage en octobre 1722 (pp.93-94) la lui attribue. Elle ne lui a jamais été contestée. Elle est, d'autre part, tout à fait dans ses positions idéologiques, et déjà caractéristique de sa démarche de pensée. Cioranescu la compte dans sa production.

[95] Cf. N. Hepp, *Homère en France au dix-septième Siècle* (Paris 1968).

les hommes nous proposent; c'est prophaner le sacrifice de son jugement que de céder aveuglèment à des décisions humaines. Il ne faut s'y rendre qu'autant qu'on en est éclairé' (p.17).

A ce nœud central se rattachent plus ou moins solidement quelques thèmes accessoires: celui du bon goût, sujet du livre de mme Dacier: Saint-Hyacinthe apporte à sa définition une notion essentielle chez lui, celle de rapport, de relation: le goût, le bon goût est 'un sentiment prompt et exact de tout ce qui compose une chose, conformément à ce qu'elle est' (p.32); ce qui lui permettra de défendre les genres modernes, le roman et l'opéra, qui 'peuvent avoir le degré de perfection qui leur est propre' (p.41) car 'il y un bon goût propre aux Romans et aux Opéras' (p.43).

En face du respect formel porté aux textes anciens par leurs commentateurs, ses vieux ennemis, Saint-Hyacinthe pose en exergue le thème cher au dix-huitième siècle de la défense des sciences et de l'utilité sociale: 'Croyez-vous, Madame, qu'il soit plus beau de savoir qu'un tel Poëte, un tel Orateur, a dit telle ou telle chose semblable à telle ou telle autre, de savoir les sentiments des différents critiques sur un mot, sur une expression [...] que d'entendre parfaitement les principes des Sciences les plus abstraites, les plus importantes à l'homme, les plus utiles à la Société' (pp.8 et 9).

Enfin le problème de l'éducation est introduit par mme Dacier elle-même qui attaque celle de son temps comme une des causes de la corruption du goût. Saint-Hyacinthe, qui portera toute sa vie un intérêt particulier à cette question, se joint à sa critique, mais pas pour les mêmes raisons. Mme Dacier reprochait aux 'précepteurs' de manquer de culture classique. Saint-Hyacinthe trouve qu'ils 'ont souvent plus de lecture que de jugement [...] ils n'ont point travaillé eux-mêmes à se former le jugement et le bon goût par un examen impartial du beau et du vrai' (p.44). C'est donc une tête 'bien pleine' et non une 'tête bien faite' qu'ils voudront donner à leurs élèves ...

Ces thèmes caractéristiques affleurent, ici ou là, de manière souvent fort lâche, selon la démarche d'esprit errante de Saint-Hyacinthe. La pensée et l'attention du lecteur ont tendance à s'égarer dans ces méandres, mais la polémique est maniée de façon adroite et l'œuvre donne, dans l'ensemble, une impression de maîtrise et de maturité beaucoup plus grande que l'introduction au *Traité du poëme épique* du p. Le Bossu. En quelques années, Saint-Hyacinthe a beaucoup appris ...

Il ne semble pas, cependant, que les *Lettres à mme Dacier* aient été très remarquées lors de leur parution. Le nombre d'exemplaires avait dû, il est vrai, en être très faible, à en juger par la rareté de ceux qui subsistent. Elles ne sont pas mentionnées par l'abbé Trublet dans le recensement qu'il a fait des œuvres parues à l'occasion de la Querelle des Anciens et des Modernes,[96] ni par l'abbé Goujet dans sa *Bibliothèque française*.[97] Pour Saint-Hyacinthe, il ne s'agissait

[96] *Mémoires pour servir à l'histoire de la vie et des ouvrages de mm. de Fontenelle et de La Motte*, 2e édition (Amsterdam 1761), pp.343ss. Trublet connaît cependant Saint-Hyacinthe et ne lui était pas opposé car il le cite à deux reprises (pp.206 et 264).

[97] *Bibliothèque française, ou histoire de la littérature française*, 5e partie: Des traductions françaises des anciens Poëtes grecs et latins, tome iv (Paris 1744).

guère, d'ailleurs, que d'une rapide pochade. Il attache plus d'importance à l'œuvre qu'il va publier peu après.

Tout à fait au début de 1716, ou peut-être même en 1715, les *Mémoires littéraires* étaient en cours d'impression à La Haye chez les libraires Van Lom, Alberts et Pierre Gosse, ce dernier ayant déjà édité le *Chef d'œuvre d'un inconnu.* Un incident indéterminé causa la rupture de cette association et l'attribution de l'œuvre dont la publication était déjà très avancée à un autre libraire, Charles Le Vier.[98] Le succès exceptionnel du *Chef d'œuvre* avait rendu Saint-Hyacinthe très populaire parmi les libraires qui espéraient bien voir continuer cette pluie d'or sur ses ouvrages ultérieurs. Ce ne fut pas le cas pour les *Mémoires littéraires* qui semblent avoir assez peu attiré le public. Saint-Hyacinthe, malgré la belle façade de modestie qu'il avait offerte dans sa première lettre à Le Vier[99] préférait attribuer cette indifférence, relative d'ailleurs,[100] envers les *Mémoires* à des causes extérieures qui peuvent avoir joué, comme de mauvaises dispositions commerciales prises pour la vente en France.[101] Il est aussi fort possible que l'audace certaine de la pensée ait nui à la diffusion des *Mémoires*. C'est ce qu'insinue la préface de la réédition qu'on en fit en 1740 sous le titre de *Matanasiana*.[102] Cette réédition eut peut-être plus d'audience et figurait notam-

[98] La majeure partie des exemplaires porte le nom de Le Vier. Cependant, quelques pages de titres, comme Saint-Hyacinthe lui-même l'indique (lettre de Saint-Hyacinthe à Le Vier, Leyde, Bibliothèque de l'Université, Marchand 2) avaient déjà été tirées au nom des éditeurs précédents. La Bibliothèque nationale possède un tel exemplaire (cote Z, 20.742). Sept lettres de Saint-Hyacinthe, alors à Paris, à Le Vier sont conservées à la Bibliothèque de l'Université de Leyde (Marchand 2). Cette correspondance est centrée sur les *Mémoires littéraires* et les *Pièces échappées du feu* que Le Vier éditait également et authentifie la désignation de Saint-Hyacinthe comme auteur de ces deux recueils. L'indication approximative du début de 1716 pour le départ de cette correspondance s'infère (les deux premières lettres n'étant pas datées) de la date de la troisième (1er octobre) et du contexte.

[99] 'L'auteur a réussi dans son premier ouvrage, cela est vray, mais c'était une saillie d'imagination qui ne décide rien pour la suite. Et, peut-être, tombera-t-il à son second ouvrage. Je le crains, et j'en serais d'autant plus fâché que vous en êtes à présent chargé. Et ce que je vous dis là, je vous le dis sincèrement' (1ere Lettre de Saint-Hyacinthe à Le Vier, Leyde, B.U. Marchand 2).

[100] 'Le premier [volume] plaît à Paris et il y est plus approuvé que je n'aurais cru. Je ne croy pas malgré mes bons amis de Hollande que cet ouvrage fasse perdre à Matanasius le peu de réputation qu'il avait acquise' écrit Saint-Hyacinthe à Le Vier, le dernier avril (1717), avec plus d'optimisme qu'il n'en montrait dans ses autres lettres à ce sujet. Leyde B.U., Marchand 2, Dossier Saint-Hyacinthe, 6e lettre à Le Vier.

[101] 5e et 6e lettres de Saint-Hyacinthe à Le Vier, 3 Décembre (1716) et dernier avril (1717), Leyde, B.U., Marchand 2.

[102] *Matanasiana ou mémoires littéraires, historiques et critiques du docteur Matanasius S.D.L.R.G.*, La Haye, chez la veuve de Charles Le Vier 1740. Cette modification du titre veut évidemment souligner la parenté avec le *Chef d'œuvre*; celle-ci était déjà indiquée par les mystérieuses lettres S.D.L.R.G. qui figuraient dans la première édition comme dans le titre de l'édition de 1716 du *Chef d'œuvre*. Saint-Hyacinthe aimait poser ainsi cryptiquement sa signature sous forme de sigles. Une interprétation possible de celui-ci peut être suggérée par l'énumération du trivium traditionnel des universités (reprise d'ailleurs nommément dans la Préface des *Mémoires littéraires*): Logique, Rhétorique, Grammaire. Ces lettres placées en épithète au nom du pédant pourraient alors signifier: Savant et

ment dans la bibliothèque de Voltaire.[103]

Les *Mémoires littéraires* étaient conçus originellement sous une forme périodique et le volume paru portait le no 1 mais il n'y en eut pas d'autre. Les lettres de Saint-Hyacinthe à Le Vier sont pleines de projets pour la suite à venir, qui n'est jamais venue. Le succès limité du premier tome en est peut-être la cause, probablement aussi l'insouciance de Saint-Hyacinthe, toujours en retard, et qui en dépit de sa très sincère bonne volonté ne devait pas être un auteur de tout repos pour ses malheureux éditeurs.[104]

Les *Mémoires littéraires* sont un ouvrage curieux et intéressant, mais peu agréable à lire. La première raison, immédiatement apparente, en est le style touffu que prend Saint-Hyacinthe quand il aborde des sujets sérieux qui lui tiennent à cœur. En voulant trop prouver, et trop de choses à la fois, il accumule les lourdeurs; on croit sentir un processus d'expression insuffisamment clarifié. Il s'y ajoute la dispersion due à la formule journalistique qui rassemble ici des articles sur les sujets les plus variés et de divers auteurs.[105]

Quand on pénètre dans l'ouvrage, l'impression d'incohérence s'accroît par l'utilisation extensive du procédé cher à Bayle qui consiste à insérer à tous propos et hors de propos, des digressions généralement audacieuses dans un thème qui leur est souvent parfaitement étranger. Le résultat final est qu'il est question de tout dans les *Mémoires littéraires* et que l'on passe d'un sujet à l'autre sans aucun souci d'ordre logique. Et c'est là que réside, en définitive, l'intérêt de l'ouvrage: Saint-Hyacinthe a profité de cette grande liberté de composition, et de la protection de sujets en apparence rassurants, pour exprimer pêle-mêle tout ce qui l'intéresse, tout ce qui lui tient à cœur. Ce chaos devient une œuvre particulièrement révélatrice.

Au cours de la lecture apparaissent ainsi, dans un désordre extrême, une critique des dépenses exagérées de Louis XIV (pp.244-45), un plaidoyer en faveur d'une réforme de l'orthographe,[106] un éloge des vertueux et savants jansénistes de

Docte en Logique, Rhétorique et Grammaire, ou, pour être plus dans la note: Savantissimus, Doctissimusque ...

[103] George R. Havens et Norman L. Torrey, *Voltaire's catalogue of his library at Ferney*, Studies on Voltaire (Genève 1959), p.227.

[104] Dans la première lettre à Le Vier, au printemps 1716, Saint-Hyacinthe annonce l'envoi prochain du texte du deuxième volume:'Je vous l'enverray dès qu'il sera prest, mais il faut que je le relise et que je le fasse copier.' A la septième lettre, au mois de juin 1717, ce texte n'était pas encore parti! (Leyde, B.U., Marchand 2, Dossier Saint-Hyacinthe). Un des articles que prévoyait Saint-Hyacinthe concernait le *Pasquillorum Tomi Duo*, recueil de pasquinades extrêmement rare de 1544. Saint-Hyacinthe a peut-être réutilisé son texte dans les *Mémoires de littérature* de Sallengre où a paru une étude sur ce sujet très particulier (*Mémoires de littérature*, La Haye, du Sauzet, t.ii, 2e partie 1717, pp.203-32).

[105] Les cinq premiers morceaux sont de Saint-Hyacinthe, et probablement aussi le septième, sur les erreurs des sens. Il a complété son ouvrage en reproduisant deux séries d'articles, l'une se rapportant à Erasme, et l'autre au père Hardouin découvrant des athées chez les pères de l'Eglise. Trois courtes lettres, assez strictement théologiques, terminent le volume.

[106] pp.92-94. Saint-Hyacinthe s'efforce d'appliquer dans sa correspondance ses principes: il répugne aux doubles lettres, et se rapproche d'une orthographe phonétique; il écrit 'fame', 'nomer', 'dévoumant', 'filosophique', etc ...

Port-Royal (pp.136ss.), de sombres insinuations sur les pouvoirs, les intentions et les moyens machiavéliques des jésuites (pp.142-44 et 407) ou des avertissements sur le danger que le monachisme représente pour un état (p.206).

Littérairement, le Saint-Hyacinthe qui ressort des *Mémoires* apparaît comme un historien et un critique. C'est d'ailleurs ainsi qu'il se voit lui-même, très conscient du devoir d'impartialité que ces rôles lui imposent: 'En tant qu'Historien, je ne dois être d'aucun païs, ni d'aucun parti; je ne dois avoir pour but ni d'offenser ne de plaire, me souvenant de cette belle parole de Thucydide rapportée par Lucien, qu'"il vaut mieux déplaire en disant la vérité que de plaire en contant des fables". En tant que critique, les matières, ou les manières dont elles seront traitées détermineront mes jugements et mes remarques' (Préface).

Historien et critique, Saint-Hyacinthe se tourne d'abord vers un domaine relativement neuf et pour lequel le goût va se développer au cours du siècle: l'histoire littéraire.[107] A l'avant-garde de son époque, il prend conscience de la valeur d'autres réalisations que celles du classicisme. Son intérêt se porte d'abord vers la Renaissance,[108] mais sans ignorer des témoins plus anciens de la littérature, comme le *Roman de la Rose* (pp.230 et 250 p.ex.) qui va connaître un tel regain de faveur.[109]

Un autre centre d'intérêt de Saint-Hyacinthe homme de lettres est l'étude des langues et des littératures. Un 'extrait' de la *Grammaire générale raisonnée* de Port-Royal est pour lui l'occasion, après une sérieuse analyse de l'ouvrage,[110] d'une revue de toutes les langues du monde, de leurs grammaires et de leurs qualités et avantages respectifs. Il y étale avec complaisance la connaissance qu'il a, ou prétend avoir, de la plupart des langues européenes, et de plusieurs asiatiques. Il insiste sur l'importance de l'étude des langues et avant toute autre sur celle de la langue anglaise, clé d'une littérature particulièrement fructueuse (pp.148-49):

> Personne de ceux qui aiment les Sciences ne doit négliger la langue anglaise. Les Anglais ont écrit sur toutes sortes de matières, et ont bien écrit. Leurs beaux esprits [...] leurs philosophes [...] leurs critiques ni leurs Antiquaires ne sont pas dans la nécessité de supprimer ou de déguiser les découvertes qu'ils font [...] Cette liberté jointe à leur tempérament fait qu'ils creusent les matières et qu'ils approfondissent ce que d'autres ne font qu'effleurer.

Saint-Hyacinthe glisse ainsi du terrain littéraire au domaine qui l'intéresse plus

[107] Trois des articles des *Mémoires* sont consacrés à des sujets d'histoire littéraire: deux à Jean Marot, un à Codrus Urceus, formant ensemble près du tiers de l'ouvrage.

[108] Les deux auteurs étudiés dans les *Mémoires* sont du quinzième siècle. Saint-Hyacinthe en apprécie le charme. Il cite, en les soulignant, des expressions comme: 'Une Dame de tant belle et gracieuse façon appelée Raison' (Article 'Jean Marot', p.203); il est frappé de l'importance du symbolisme poétique (p.223) et de la souplesse de la versification (p.253).

[109] Daniel Mornet signale l'intérêt du dix-huitième siècle dans sa maturité pour les textes des quinzième et seizième siècles et plus anciens, et la place toute particulière du *Roman de la Rose* dans les lectures du temps (cf. *Les Enseignements des bibliothèques privées*, p.481).

[110] Sainte-Beuve s'est référé à cette analyse dans l'étude qu'il fait de la *Grammaire* (Sainte-Beuve, *Port-Royal*, Paris 1954, ii.474).

profondément, celui de la philosophie, et c'est surtout sa position philosophique que les *Mémoires littéraires* révèlent. Sa prise de position est nette ici: c'est en déiste qu'il se présente, et cette tranquille affirmation frappe d'autant plus qu'elle se voile sous le titre général de l'article qui la développe méthodiquement: Essai *philologique* touchant la Science en général, son importance et son véritable but (pp.1-85). Le texte original remis par Saint-Hyacinthe à l'éditeur devait même comporter des passages plus audacieux car l'auteur s'est plaint au libraire Le Vier de coupures que l'on s'était permis d'y faire.[111]

Déiste, Saint-Hyacinthe s'oppose à toutes les religions particulières, et attaque naturellement d'abord celles qui sont les plus proches, qu'il considère donc comme les plus menaçantes: les confessions chrétiennes. Il évoque les doutes que fait apparaître la critique textuelle de la Bible (pp.180-81), souligne malignement la moralité sujette à caution de certains personnages de l'Ancien Testament (p.61), glisse quelques réticences sur la divinité de Jésus-Christ (pp.52-56) et, pour prouver l'égalité des religions, loue la haute tenue du Coran (pp.10 et 11, 55-60), la beauté de la doctrine de Confucius et la vertu des Chinois (pp.41-43). Tout ceci fait partie de l'arsenal classique dans la tradition de Bayle, a servi déjà, et servira encore longtemps!

Mais ces arguments sont généralement utilisés par un critique d'origine protestante, ou voyant dans le protestantisme avec son libre examen une religion plus libérale que le catholicisme. Ils sont, par suite, surtout dirigés contre ce dernier. Saint-Hyacinthe, lui, publie en même temps une lettre dont l'auteur n'est pas connu, qui défend la logique des positions catholiques en face d'attaques protestantes.[112]

A l'occasion, il glisse même une allusion au danger possible d'une intolérance d'origine protestante, fût-ce dans cette Angleterre, pays de la liberté (p.150). Il ne s'agit nullement d'apologétique catholique, mais simplement d'un effort d'impartialité – peut-être soutenu d'une arrière-pensée de défense chez un homme qui vivait dans un pays à orthodoxie protestante parfois lourde!

Chez Saint-Hyacinthe, il ne semble vraiment pas y avoir, à cette époque au moins, de sympathie plus marquée pour une forme chrétienne que pour une autre. S'il s'élève de toute sa vigueur contre quelque chose, c'est contre ce qui, dans n'importe quelle religion, s'oppose au libre jeu de la pensée humaine. C'est le thème d'un des plus curieux articles des *Mémoires littéraires*, qui n'est pas de Saint-Hyacinthe lui-même mais de l'ancien jésuite converti au protestantisme:

[111] 6e lettre de Saint-Hyacinthe à Le Vier, [Paris] ce dernier avril [1716]: 'Je ne me serais pas attendu à cela de votre part, je l'avoue, et vous voulez bien que je vous en fasse mes plaintes. Je vous demande parolle d'honneur que cela n'arrivera plus. Si quelqu'un trouve dans mes ouvrages quelque chose qui l'offense il peut m'attaquer, mais vous êtes trop raisonnable pour ne pas voir que c'est une injustice que de faire substituer à un auteur ce qu'on juge à propos et de retrancher de ses ouvrages ce qu'il y a mis lui-même' (Leyde, Bibliothèque de l'Université, Marchand 2). Peut-être était-ce la prudence de Le Vier qui a substitué dans le titre *philologique* à *philosophique*?

[112] Article IX. C'est un examen d'un ouvrage anglais publié par Stillingfleet en 1673, intitulé 'Traité où est examinée à fond la question encore agitée en ce temps, savoir, si un Protestant laissant la religion protestante pour embrasser celle de Rome peut se sauver dans la Religion Romaine' (*Mémoires littéraires*, pp.447-66).

La Pillonnière.[113] Il concerne le père Hardouin, qui avait la douce manie de découvrir des athées dans tous les pères de l'Eglise. La méthode est celle de Mathanasius: la mise en scène directe. Dans cette espèce de parabole, le père Hardouin expose lui-même sa doctrine et la ridiculise dans une apparence de candeur. Il s'élève contre 'L'impiété artificieuse de la plupart des Auteurs anciens et modernes qui s'accordaient à n'admettre point d'autre Dieu que la vérité, la raison, le bon sens, la lumière naturelle' (p.416). Puis par un glissement adroit sinon tout à fait honnête, le pauvre père va se déchaîner contre la vérité, la raison le bon sens, en eux-mêmes, et s'écrier: 'la tentation de voir clair et d'ouvrir les yeux n'est pas petite. Je bénis Dieu de m'en avoir délivré' (p.417); ou bien: 'plutôt périr que de vouloir de l'intelligence; je n'en ai point; j'en fais gloire, et j'avoue que les ténèbres de la foi sont aussi épaisses pour moi que pour le charbonnier' (p.431), ce qui a un son très voltairien.

Dans cette égalité de toutes les religions au regard condescendant d'une raison supérieure, un seul devoir envers elles: la tolérance. C'est la valeur morale à laquelle Saint-Hyacinthe est peut-être le plus passionnément attaché. Il revient à chaque occasion sur ce thème, que ce soit dans la perspective de son travail littéraire[114] ou dans celle, plus large, des rapports entre la religion et la force. Sous cet aspect, elle est un des thèmes principaux du mémoire concernant Erasme (pp.336-94), ce héros de la tolérance, 'en garde contre une religion qui ne se persuade que par les armes' (p.369).

Mais la tolérance n'est pas le seul aspect positif de la pensée philosophique de Saint-Hyacinthe. Au contraire son déisme est caractérisé par la valeur donnée à l'apport constructif. Son système peut, dans la multiplicité des références et des développements, se résumer en un schéma assez simple et d'une originalité limitée: Dieu a créé les hommes, doués d'une âme immortelle, pour être heureux; mais ceux-ci ne peuvent l'être qu'en suivant la volonté de Dieu qu'ils perçoivent par la science et accomplissent par la vertu, hors de toute forme de culte. Ces thèmes se présentent comme des 'absolus', très généraux et vagues, qui s'imposent à la raison avec une évidence contraignante. Tout l'Article I développe de façon assez méthodique sa pensée philosophique avec un accent particulier sur le thème de la science que Saint-Hyacinthe voit, avec l'optimisme de son temps, comme un devoir et un bien absolus pour l'homme (pp.1-85).

Cette doctrine, c'est celle qui restera au centre de la pensée de Saint-Hyacinthe, s'affirmera et s'enrichira de plus en plus avec les années; mais en 1716, si clair et affirmé que cet ensemble apparaisse, on peut se demander si quelques

[113] Article VIII. Lettres sur une brochure qui parut en 1715 ... *L'Athéisme découvert par le r.p. Hardouin S.J. dans les écrits de tous les pères de l'Eglise et des philosophes modernes* et texte de cette brochure (pp.402-46).

François de La Pillonnière, personnage original, se réfugia après sa conversion en Hollande, puis en Angleterre où il s'attacha à l'évêque de Bangor, Hoadley; cf. J. de La Harpe, *J. P. de Crousaz et le conflit des idées au siècle des lumières* (Genève 1955), pp.49-51, et 61-62.

[114] 'J'insérerai avec plaisir toutes les pièces qui me tomberont entre les mains, pourvu qu'elles soient bonnes. Molinistes, Jansénistes, Cocceiens, Voetiens, Protecteurs des Anciens, Défenseurs des Modernes, Cartésiens, Péripatéticiens, tout y sera bien reçu: j'insérerai tout, le Public jugera.'

doutes discordants, quelques tentations plus audacieuses encore ne le traversent pas. On est surpris de l'intérêt, de la curiosité appuyée que Saint-Hyacinthe porte au pyrrhonisme intégral d'Urceus Codrus ou de Philippe Béroald. Il ne le prend pas à son compte, mais l'insistance avec laquelle il revient sur ce sujet est telle[115] qu'il est difficile de ne pas y soupçonner une intention. Saint-Hyacinthe a pu être vraiment troublé par la résonance de l'épitaphe composée pour Codrus par Philippe Béroald: 'Codrus, qu'y a-t-il là-bas? Des Ténèbres et non un chemin pour aller au ciel [...] Quelle est la nature de l'âme, quelle est celle du corps? l'une et l'autre se dissoudent, et celle de l'âme ne subsiste plus. Ainsi donc réjouis-toi pendant que tu es au monde, et que tu peux le faire, profite bien de tout ce qui peut contribuer à tes plaisirs; la mort vous fait tout perdre' (p.316).

C'est donc un Saint-Hyacinthe dont la pensée philosophique se dessine, mais avec des tentations et des regrets, un Saint-Hyacinthe appuyé désormais sur une œuvre d'une ampleur et d'une qualité non négligeables, qui émerge de cette courte période productive, et qui va maintenant confronter ses réalisations, et sa pensée avec le monde littéraire par excellence, le monde parisien.

[115] Il le fait au moins à quatre reprises: pp.271-73, 287, 316, 319 et 320.

4. La première période parisienne: 1716-1719

Emporté par le retentissant succès du *Chef d'œuvre d'un inconnu*, attiré par les échos parisiens de sa popularité, Saint-Hyacinthe va pendant quelques années avoir Paris pour centre de son existence. Et il va découvrir avec ravissement dans le milieu littéraire parisien son pays d'élection, celui qui correspond le mieux au développement interne de sa propre personnalité. Ce premier contact réel, après les rapides passages du temps de sa jeunesse, équivaut à une adoption qui ne sera jamais révoquée. Saint-Hyacinthe se découvre alors intellectuellement français et le restera.

La chronologie de ces années est difficile à établir dans le détail, mais les grandes lignes s'en dégagent de façon assez ferme. La tradition, reprise par Leschevin, fidèle à une image officielle d'un Saint-Hyacinthe réfugié, profondément coupé de ses racines françaises, insère entre 1714 et 1720 un ou deux très brefs séjours à Paris. Le premier (ou le seul), peu après la publication du *Chef d'œuvre*, aurait pris l'allure d'une promenade triomphale à travers le milieu littéraire parisien, dans l'auréole de son grand succès de librairie. Ce voyage aurait été rapidement interrompu par les séquelles de la mystérieuse affaire de Troyes, qui avait amené une première fois Saint-Hyacinthe à s'expatrier. Le brillant auteur était encore menacé de poursuites et aurait dû quitter à nouveau la France, prévenu discrètement des désagréments auxquels il était exposé par le futur Chancelier d'Aguesseau, alors Procureur général (p.xxxi). Leschevin voit en 1718, après quelques années passées en Hollande, un deuxième séjour à Paris, très rapide également (pp.xxxvi et xxxvii).

Le premier séjour est attesté par un seul élément, une lettre de La Monnoye racontant une visite que lui a faite Saint-Hyacinthe à Paris en novembre 1714. Ce document[1] apporte, en plus de cette confirmation, un des deux seuls portraits que nous ayons de Saint-Hyacinthe et donne ainsi un peu d'épaisseur humaine à cette silhouette par ailleurs trop livresque: 'Le faux Mathanasius me vint voir au mois de Novembre dernier [1714]. Après demi-heure de conversation il leva le masque et m'apprit que son vrai nom était Thémiseul de Saint-Hyacinthe, Protestant réfugié à La Haye pour la Religion. C'est un homme de trente-quatre à trente-cinq ans, d'une physionomie agréable et fine, à peu près de ma taille, mais plus quarré, s'énonçant avec beaucoup de facilité et de justesse.'

Ce premier voyage parisien n'a pas pu durer longtemps.[2] Les rapports ultérieurs de Saint-Hyacinthe avec le cercle d'Aguesseau[3] donnent un minimum de crédibilité à l'anecdote qui, selon Leschevin l'aurait clôturé. Ce passage parisien ne peut donc pas l'avoir beaucoup marqué. Il en sera tout autrement

[1] *Œuvres choisies* de Bernard de La Monnoye (La Haye 1770), ii.228, Article LXXIII.

[2] Le 2 janvier 1715, Saint-Hyacinthe n'est déjà plus à Paris (cf. lettre de La Monnoye à Saint-Hyacinthe de cette date, publiée dans l'*Intermédiaire des chercheurs et des curieux*, 41e Année, 52e vol. (10 août 1905), p.206).

[3] Lettres de Saint-Hyacinthe à Lévesque de Burigny des 17 février et 1er mai 1743, Besançon, Bibliothèque municipale, Mss 607, ff.33-34 et 35-36. Lettre de Saint-Hyacinthe à P. Desmaizeaux, Paris, 23 octobre 1737, British Library Add. Mss. 4.284, ff.161-62.

du séjour continu qu'il fera en France de 1716 à 1720 et qu'une série de faits établit solidement.

A la fin de 1715, la première société du *Journal littéraire* se sépare et Saint-Hyacinthe est libre de quitter la Hollande. La suite des lettres de Saint-Hyacinthe à Le Vier atteste, du printemps-été 1716 au mois de juin 1717, la présence ininterrompue de Saint-Hyacinthe en France. La première lettre semble indiquer qu'il y est arrivé depuis un certain temps déjà mais pas plus de quelques mois; la dernière n'envisage aucun projet de départ, au contraire.[4] A la fin de 1717, une lettre de Lenfant[5] à Saint-Hyacinthe qui fait pour lui des recherches dans les bibliothèques parisiennes prouve la continuation de ce séjour. Le 1er octobre 1717 Saint-Hyacinthe signe à Paris l'accusé de réception d'un paquet de livres venu de Hollande.[6] Leschevin fait état d'une note manuscrite datée du 6 février 1718, sur un exemplaire du *Chef d'œuvre*, indiquant que Saint-Hyacinthe est à cette date à Paris.[7] On le retrouve ensuite assistant à l'une des premières représentations de l'*Œdipe* de Voltaire, donc en fin 1718 ou au début de 1719.[8] Enfin, le 2 février 1720, Sallengre annonce de La Haye à un correspondant anglais le récent retour de Saint-Hyacinthe, de Paris, et sa réinstallation en Hollande.[9]

Donc, pendant quatre ans de sa vie d'homme et d'homme de lettres, de 1716 à 1720, le centre de l'existence de Saint-Hyacinthe a été Paris; ses relations, ses lectures, l'atmosphère de sa vie intellectuelle ont été françaises. Et ceci à un moment capital de son évolution, quand il a pris conscience de ses tendances et de ses intérêts majeurs, du sens général de sa position philosophique, mais alors que cet ensemble reste encore malléable, que son esprit est ouvert aux influences.

Le monde nouveau qu'il va apprendre à connaître est essentiellement Paris[10]

[4] Leyde, Bibliothèque de l'Université, Marchand 2. Dans la première lettre qui doit dater du mois de mai ou juin 1716, Saint-Hyacinthe paraît déjà introduit dans la vie parisienne ('je suis lié avec tous vos savants les plus hupés qui m'ont honoré de mille marques d'amitié ...') mais il fait allusion à des arrangements financiers et de librairie passés un certain temps avant en Hollande. Dans la dernière lettre, du 9 juin 1717, Saint-Hyacinthe installé dans la vie parisienne ne fait aucun projet de changement, se fait envoyer des effets et des livres, et fait à son correspondant des offres de service auprès des libraires parisiens.

[5] Jacques Lenfant (1661-1728), le ministre protestant réfugié en Allemagne, historien des Conciles. La lettre est publiée dans les *Variétés* ..., pp.436-42; elle n'est pas datée, mais les nouvelles d'édition et de voyages d'érudits qu'elle contient permettent de la situer assez précisément.

[6] Paris, Bibliothèque nationale, fds. fr. 21.903, renseignement communiqué par mlle Françoise Weil.

[7] Leschevin, p.xxvii. L'exemplaire auquel se réfère Leschevin semble bien être celui de la Bibliothèque nationale (Réserve Z 2.071) où il a pourtant été impossible de retrouver la mention en question. Une page aurait-elle disparu depuis l'époque où Leschevin l'a consulté? L'indication est en tout cas trop précise pour qu'on puisse la mettre en doute.

[8] *Lettre de m. de Burigny à m. l'abbé Mercier* ..., p.4. La première série de représentations d'*Œdipe* (trente quatre en tout) eut lieu du 18 novembre 1718 au 26 avril 1719 (Archives de la Comédie-Française).

[9] Lettre d'A. H. de Sallengre à P. Desmaizeaux, La Haye, 2 février 1720. Londres, British Library, Add. Mss.4287.

[10] La troisième lettre de Saint-Hyacinthe à Le Vier fait allusion à un séjour à la

et le Paris du début de la Régence. Politiquement, c'est une époque de réaction contre les principes du grand siècle à son déclin, et une période d'expériences: polysynodie, système de Law, alliance anglaise. On sait que dans les domaines de la société, de la littérature et même des mœurs il n'y a pas eu une rupture aussi nette qu'au point de vue politique. Le milieu parisien, moins assujetti que celui de Versailles à l'autoritarisme austère de Louis XIV vieillissant, avait déjà, bien avant 1715, développé beaucoup des caractères traditionnellement attachés à la Régence. L'expérience parisienne de Saint-Hyacinthe s'inscrit dans ce cadre: les cercles et les hommes de lettres qu'il fréquentera, les modes de pensée avec lesquels il va se familiariser existaient pour la plupart avant la mort de Louis XIV. Il arrive à Paris pour y recueillir l'héritage des milieux d'esprit libertin du dix-septième siècle, qui s'épanouissent certes dans une liberté plus grande, mais selon des lignes de force déjà dessinées.

A Paris, c'est au cœur de la Régence que Saint-Hyacinthe va se trouver, dans l'entourage même du Régent. Fils d'un officier ayant servi les Orléans, et d'une ancienne familière du Palais-Royal, il était naturel qu'il fît partie de la clientèle de ce grand personnage, dans le contexte de la France du dix-huitième siècle, où la trame sociale du patronage restait si serrée. Il est même probable qu'il a formellement détenu un office dans la maison du Régent.[11] Les liens que Saint-Hyacinthe conservera avec des membres de la famille d'Orléans témoignent de rapports assez étroits.[12] Ces rapports apparaissent immédiatement à la lecture d'une curieuse œuvre de Saint-Hyacinthe, écrite en 1718 mais publiée avec retard: Les *Entretiens dans lesquels on traite des Entreprise de l'Espagne, des Prétentions de M. le Chevalier de Saint-George et de la Renonciation de S.M. Catholique.*[13] C'est un pamphlet politique d'un homme au service du Régent, une défense de la politique de ce dernier, particulièrement de sa politique étrangère, hostile à l'Espagne, appuyée sur l'alliance du roi d'Angleterre Hanovrien George I, et abandonnant

campagne (Leyde, Bibliothèque de l'Université, Marchand 2). C'est la seule indication d'une sortie de Paris. Nous ne savons pas s'il a repris contact avec ses amis de Troyes. Sa mère était morte en octobre 1714, donc aucun lien de famille essentiel ne l'appelait là.

[11] La note manuscrite déjà signalée sur un exemplaire du *Chef d'œuvre* l'affirmait (Leschevin, p.xxxvii).

[12] Dans une lettre à l'avocat Milsonneau qui a été écrite entre 1733 et 1739 Saint-Hyacinthe évoque une conversation avec le 'feu duc d'Orleans' le Régent (Orléans, Bibliothèque municipale, Mss.1507). Le duc d'Orléans, fils du Régent, viendra en aide à Saint-Hyacinthe et à sa famille en lui achetant un tableau et en payant la moitié de la pension de sa fille en 1743. Lettre de Saint-Hyacinthe à Lévesque de Burigny, Saint-Joris, 17 février 1743, Besançon, Bibliothèque municipale, Mss.607, ff.33-34.

[13] La Haye, Rogissart, 1719. C'est une jolie édition ornée de pointes sèches sur cuivre. Le titre est accompagné du sigle O.D.A. qui signe d'autres œuvres de cette période comme les *Lettres écrites de la campagne* (1721).On n'en a pu trouver d'interprétation valable. Les *Entretiens* ... sont une des œuvres les plus constamment attribuées à Saint-Hyacinthe. Un passage d'une lettre de Sallengre à P. Desmaizeaux du 2 février 1720 (Londres, British Library, Add. Mss. 4.287) authentifie cette attribution. 'Il [Saint-Hyacinthe] a publié un ouvrage depuis peu, qu'il avait composé à Paris il y a un an. Il est intitulé 'Entretiens où l'on traite des Entreprises de l'Espagne, du Chevalier de Saint George et de la Renonciation de S.M. Catholique.' La Bibliothèque royale de La Haye possède un exemplaire d'une réédition datée de 1733, Cologne.

le soutien des droits de la dynastie Stuart, tout ceci dans la perspective particulière de la répression de la conspiration de Cellamare récemment découverte.[14]

Sous cet aspect, l'ouvrage est déjà intéressant par ce qu'il atteste des liens de Saint-Hyacinthe avec le Palais-Royal, et par l'ingéniosité qu'il met à défendre une cause, à laquelle il semble d'ailleurs attaché. Mais la portée de cet essai est plus considérable car Saint-Hyacinthe a profité de cette occasion pour exprimer pour la première fois ses idées personnelles dans un des domaines où son intérêt sera constant tout au long de sa vie, celui de la politique.

Comme le titre l'indique, il s'agit 'd'entretiens' qu'ont à Paris deux personnages: Ariste, qui est le Socrate d'un dialogue de Platon, et Philarète, dont le rôle est un peu supérieur à celui de l'interlocuteur de Socrate. C'est ici le premier exemple, chez Saint-Hyacinthe, de ce genre littéraire alors en vogue de la 'conversation'. Il le manie avec moins d'aisance qu'il ne le fera plus tard, mais on peut déjà déceler les raisons de son attachement à ce mode d'expression de la pensée, écho de la spontanéité orale où ce brillant causeur devait exceller. Homme du monde, il y retrouve l'atmosphère du salon, et se sent à l'aise dans cette forme souple qui laisse toute latitude à son esprit primesautier, et malheureusement aussi à sa pensée trop féconde où les thèmes surgissent et foisonnent sans grande rigueur intellectuelle d'organisation. Le lecteur moderne n'est pas insensible au charme un peu fané du reflet des mœurs qui naît d'un détail épisodique au détour d'une discussion,[15] mais il est gêné par la complexité du développement, défaut général de Saint-Hyacinthe, accentué ici par l'absence de contraintes du genre.

Ces deux entretiens, qui sont donc d'abord une œuvre de commande, ont été écrits, on le sent, par quelqu'un de l'entourage du Régent. On croit y percevoir les échos de bruits de couloirs du Palais-Royal, proches de ceux que l'on trouve, à la même époque, dans la correspondance de Madame,[16] par exemple. De la tâche qui lui a été fixée, et qui semble d'ailleurs dans la ligne de ses convictions intimes, Saint-Hyacinthe s'acquitte avec conscience et intelligence. La forme du dialogue lui permet d'atteindre sans trop d'artifice le double objectif de ruiner les arguments de l'opposition, présentés par Philarète, et de défendre victorieusement par la voix d'Ariste la politique de son protecteur.

Il démontre ainsi, avec ingéniosité, sur les deux plans de la légitimité et du bien public, l'injustice des prétentions du roi d'Espagne à la couronne de France (pp.5-14, 28-44), et du prétendant Stuart, le chevalier de Saint-George, à celle d'Angleterre (pp.105-20, 148-55, 230 ss.). Il tire parti de la xénophobie toujours latente en soulignant que la conspiration de Cellamare avait été organisée par l'Espagne, dans son intérêt propre, et au complet mépris de celui de la France

[14] *Entretiens dans lesquels* ... édition de 1719, Préface.

[15] Le premier entretien est amorcé par la visite que devaient faire Ariste et Philarète au 'Cabinet' de curiosités d'un amateur. Il y a un contre-temps au dernier moment: 'Prenons ici le caffé à notre aise et causons'.

[16] Mêmes inquiétudes devant l'impopularité du Régent dans cette période critique; même admiration devant son effort en face de graves difficultés; même intérêt pour les expériences financières audacieuses du régime, et même confiance aveugle en elles. *Entretiens* ..., pp.17, 18, 76, 92, 93, 289ss. *Correspondance de Madame, duchesse d'Orléans* (Paris 1880), ii.187, 241-42, 256, 287 (lettres à la raugrave Louise de 1718 et 1719).

(pp.30-45, 100-102). Cette conspiration n'avait d'ailleurs aucune chance de réussir (pp.51-60), et l'on agitera, pour achever le tableau, le spectre toujours efficace de la guerre civile (pp.48-50, 59, 63ss., 99ss.).

En regard de ces dangereuses illusions, Saint-Hyacinthe offre à l'admiration et à la reconnaissance générales le duc d'Orléans, 'Dépositaire de l'Autorité Roiale' et que l'on doit respecter en tant que tel (p.58). Celui-ci a trouvé à son arrivée au pouvoir une situation déplorable due aux erreurs et aux dépenses inconsidérées de Louis XIV (pp.61, 76, 92-93); il l'a redressée de manière inespérée par ses qualités 'd'invention', de caractère en face des oppositions, et par son administration de 'père de famille'. Suit un tableau enthousiaste et idyllique de la renaissance des finances, de l'enrichissement prodigieux et inépuisable de la France grâce à la 'Banque', 'le changement fait dans les monnaies' et 'tous les miracles du Mississipi' (pp.92-97). Les Entretiens s'achèvent sur une nouvelle apologie – qui confine à l'apothéose – du duc d'Orléans (pp.289ss.).

Tout ceci, c'est un travail bien fait, c'est ce qu'on pouvait attendre normalement d'un auteur d'une certaine classe à qui on avait confié un thème donné. Mais ce qui a beaucoup plus intéressé Saint-Hyacinthe – et ce qui reste le plus intéressant – c'est l'important développement[17] donné à une théorie politique très complète et personnelle.

L'effort de Saint-Hyacinthe tend d'abord, de manière fort moderne, à constituer l'étude du gouvernement en science: 'Il n'y a point de sciences qui demandent plus d'être approfondies que la Médecine (qui sert de point de comparaison) et la Politique' (p.16). Celle-ci est conçue de manière très large: elle comprend tous les domaines où s'exerce l'autorité de l'Etat: coutumes des provinces, économie, finances, art militaire, justice, et étude des pays étrangers à titre de parallèle et d'exemple.[18]

Il faut encore inculquer cette science aux futurs serviteurs de l'Etat, et Ariste propose avec aisance une réforme qui contient le principe tout à la fois du Conseil d'Etat Napoléonien, de l'Ecole des Sciences Politiques et de l'Ecole Nationale d'Administration. 'De sorte, Philarète, que si un Roi voulait établir en France un corps qu'il rendit participant de l'Administration des Affaires de l'Etat, il faudrait que S.M. prît elle-même le soin de former ceux dont elle voulait composer ce corps, qu'elle les instruisît et qu'elle leur donnât des vues de bien public.'[19]

De cette science ainsi conçue, les *Entretiens* vont exposer une théorie sur deux points essentiels: l'origine de la souveraineté et les formes de gouvernement. Il est d'abord indispensable, dit Ariste, d'établir les 'premiers principes' (p.157), c'est-à-dire de voir comment les hommes se sont groupés en société sous l'autorité d'un pouvoir souverain. Saint-Hyacinthe se meut à l'aise en ces confins de la

[17] Sur les deux entretiens, la majeure partie du second (pp.167-320), et de nombreux passages du premier, sont consacrés aux idées de Saint-Hyacinthe en politique.

[18] pp.87 à 90. La réforme de la justice est une des idées chères à Saint-Hyacinthe. Il ne fait ici que l'effleurer, mais tient à lancer un appel pour 'détruire ce monstre affreux qu'on appelle chicane'.

[19] p.91. Pour ce grand objet, Saint-Hyacinthe développe à l'intention des 'jeunes seigneurs' tout un programme d'éducation politique (pp.89-90).

philosophie et de la politique, et son raisonnement reste personnel, tout en s'appuyant sur des lectures auxquelles il rend hommage:[20] Grotius, Puffendorf, Noodt, Algernon Sidney, et surtout Locke, un de ses maîtres à penser, auquel il aime à se référer. Mais, assez curieusement, il est aussi marqué par une influence différente, celle de Hobbes,[21] qui lui inspire une admiration réticente et vaguement irritée. L'effort de Saint-Hyacinthe oscille, avec peut-être quelques réminiscences spinozistes, entre ces deux pôles, dont le second paraît de prime abord, par le pessimisme, par l'autoritarisme, si étranger à son tempérament intellectuel. Le sujet a des impératifs qui s'imposent: le point de départ de Saint-Hyacinthe est donc un état de nature dont l'homme, 'libre absolument' (pp.178-79) sort par un pacte social, base de la souveraineté. Il y a ici un essai de conciliation entre le pessimisme de Hobbes et l'optimisme de Locke, car, ce pas décisif, l'homme se décide à le franchir pour deux raisons: 'pour se mettre à l'abri des injustices et pour s'empêcher lui-même d'en commettre' (p.188), à la fois pour échapper aux désordres et à l'anarchie de l'état de nature (pp.183-84) et pour mieux réaliser le 'Bien être' conforme à ce même état de nature (p.178). Ici affleure, sous sa forme sociale, ce grand thème du dix-huitième siècle, le bonheur, auquel Saint-Hyacinthe consacrera de nombreux développements.

Ce contrat, qui consacre une délégation de la souveraineté du peuple à un Prince ou magistrat, s'exprime par les 'Loix civiles'. Il va fort loin, car, à la limite, les hommes 'peuvent établir des Loix qui aillent directement à empêcher parmi eux le libre exercice des plus beaux droits de la Nature' (pp.190-91), ce qui n'est pas sans rappeler le *Leviathan*. En revanche, ce même contrat est soumis à un consentement continu et à une possibilité perpétuelle de révision, car l'homme 'engendré' étant philosophiquement identique à l'homme 'créé', ne peut pas être lié par le choix de ses pères.[22]

[20] Après avoir cité une vraie bibliographie (pp.159-60), Ariste poursuit: 'Mais tant de bonnes choses n'empêchent pas de souhaiter que quelque habile homme uniquement zélé pour la justice et qui aurait toujours préféré l'honnête à l'utile ait entrepris de traiter d'une manière méthodique le Droit de la Nature et des Gens [...] J'ai tâché, de m'en instruire en remontant jusques à leur source: je voudrais bien vous communiquer ce qui m'a paru de vrai sur ce sujet' (pp.160-62).

[21] Saint-Hyacinthe ne cite pas Hobbes ici, mais les souvenirs sont patents, et plusieurs références dans d'autres ouvrages témoignent de la connaissance qu'il en a. La plus intéressante est celle de la *Déification du Docteur Aristarchus Masso* (parue dans l'édition de 1732 du *Chef d'œuvre* ...) car Saint-Hyacinthe essaie d'y expliciter son impression sur Hobbes. Il lui reproche surtout d'avoir limité son objet et négligé la perspective philosophique: 'Hobbes était un homme de beaucoup d'esprit, naturellement fait pour la philosophie. Il a toujours raisonné conséquemment à ses principes, et la plupart de ses principes sont vrais. Il n'a péché que parce qu'il n'a vu qu'une partie de ce qu'il devait voir quoiqu'il eût la vue assez bonne pour voir le tout; et ainsi préoccupé d'un seul objet, il s'y est borné sans y associer celui d'où dépend et la perfection et la vraie détermination de sa Doctrine' (*Chef d'œuvres d'un iconnu*, éd. Leschevin, pp.139-40). Dans le contexte de ce passage, Saint-Hyacinthe compare Hobbes à Spinoza, liaison assez suggestive sur ses arrière-pensées. Il est d'ailleurs beaucoup plus sévère pour Spinoza (considéré là sous un angle de penseur philosophique et non politique) que pour Hobbes.

[22] 'Nos pères n'ont d'autres droits sur nous que ceux que la reconnaissance exige [...] Mais ils ne peuvent [nous] priver des Droits attachés à la condition de l'homme qu'on appelle pour cette raison "*Droits de Nature*"' (p.177).

Le pacte, avec son but de bonheur social, oblige d'abord les sujets qui doivent obéir à l'autorité et aux lois établies, et les défendre 'aux risques de [leurs] biens et de [leur] vie même' (p.199), mais il oblige aussi, et tout autant, le prince, même si aucune limite à son autorité n'est expressément prévue dans la constitution du pays; car ce pouvoir ne lui a été remis 'que dans la vûe et par conséquent qu'aux conditions qu'il n'emploiera sa volonté qu'à faire le bonheur de tous' (pp.220-21), et ce bonheur ne peut être que vertueux: 'Quelle absurdité n'est-ce pas de s'imaginer que celui qui n'est chef de la Société que pour y maintenir la Justice, la Fidélité et les autres vertus est en droit de les violer toutes' (p.225).

Si le prince abuse de la souveraineté, qui n'est donc fondée ni sur l'autorité paternelle (pp.185-86), ni – encore moins – sur une forme de la propriété,[23] deux recours s'offrent aux sujets. Ariste se montre ici le disciple de Locke: chaque homme a le droit de quitter son pays si les lois de celui-ci sont contraires à ses convictions, et d'en choisir un autre.[24] Enfin, en dernier ressort, Saint-Hyacinthe admet, derrière quelques précautions de prudence, mais formellement, le 'Droit de se révolter' pour le peuple, et la destitution du souverain par la volonté nationale (pp.217 et 153ss.).

L'application de ces théories se fait tout naturellement au cas de la dynastie Stuart en Angleterre parce que c'est le sujet à traiter, mais surtout parce que cet exemple concret de la volonté de la nation imposée au prince par l'intermédiaire du parlement est précieux pour le libéralisme naissant du début du dix-huitième siècle: c'est le premier bloc important arraché dans les faits et sous une forme légale à l'édifice absolutiste. Et c'est avec soin, presqu'avec respect, que Saint-Hyacinthe cite, en français et dans le texte original, le passage essentiel de l'Acte déclarant Jacques II déchu de la Royauté: 'Le Roi Jacques II aiant fait ses efforts pour renverser la Constitution du Roiaume en cassant le Contrat originel qui est entre le Roi et le peuple, et aiant par l'avis des Jésuites et autres méchantes gens violé les Loix Fondamentales et s'étant retiré lui-même du Roiaume, il a de cette sorte abdiqué le Gouvernement et par là le Trône est devenu vaquant' (pp.115-16).

Ayant conduit audacieusement son raisonnement sur la souveraineté jusqu'à la défaite du roi absolu par la volonté du peuple, Saint-Hyacinthe expose sa théorie des gouvernements. Et là son originalité consiste à se dégager, avant Montesquieu et d'une manière qui souvent le préfigure,[25] de la traditionnelle classification: démocratie, aristocratie, monarchie. Il le fait en poussant plus

Et par conséquent: les hommes 'conservent toujours le droit de former entre eux de nouvelles loix lorsqu'ils le jugent nécessaire; parce que ne s'étant réunis que pour être heureux, leurs vûes subsistant toujours, ils ont toujours le même droit de travailler à y parvenir' (pp.210-11).

[23] Saint-Hyacinthe repousse avec horreur cette 'maxime odieuse', ce 'joug du plus cruel esclavage' (pp.206ss.). Tout son effort tend au contraire à relever la dignité humaine, à soutenir que le meilleur sujet d'un état est l'homme éclairé, conscient de ses droits et de ses devoirs (Préface).

[24] 'Voulez-vous donc faire dépendre du lieu de ma naissance le bonheur de ma vie?' (p.195).

[25] R. Shackleton dans son étude sur Montesquieu a attiré l'attention sur la personnalité de Saint-Hyacinthe et sur les *Entretiens* ... (R. Shackleton, *Montesquieu: a critical biography*, London 1961, p.134).

loin l'analyse, et en distinguant des différences à l'intérieur des catégories classiques.

Ainsi, dans l'aristocratie, Saint-Hyacinthe sépare le gouvernement oligarchique (de type Venise) du gouvernement aristocratique (comme la Hollande) parce que la délégation de souveraineté dans le premier est permanente, alors qu'elle est soumise à des réélections dans le deuxième (pp.213-14). Dans la monarchie, Saint-Hyacinthe fait, trente ans avant Montesquieu, la distinction que fera celui-ci entre la Monarchie et le Despotisme.[26] Dans ces deux types de gouvernement la souveraineté est déléguée à un seul homme, mais seule la monarchie véritable comporte un certain appareil de lois qui s'impose au Prince. L'exemple, pour Saint-Hyacinthe, en est l'empire d'Allemagne, alors que la France, la Savoie, la Turquie et la Moscovie sont des gouvernements despotiques (pp.212-13). Il n'y a pas de difficultés pour la démocratie que l'on abandonne généreusement aux états de peu d'étendue, les cantons suisses ici (pp.214-15), mais Saint-Hyacinthe, comme Montesquieu, met à part l'Angleterre pour laquelle il prévoit une catégorie spéciale, le 'gouvernement mixte' (p.215); la France pourrait s'intégrer à ce cadre si elle remettait en action des 'pouvoirs intermédiaires' comme les Etats Généraux, et 'rendait aux sujets une grande partie de l'autorité Roiale' (pp.29, 44, 52, 75).

Les ressemblances de pensée avec Montesquieu sont donc assez frappantes sur le plan des idées. Elles le sont plus encore quant au mode d'approche des problèmes. Car Saint-Hyacinthe, qui cède facilement au penchant du théorique et de l'absolu, est, cette fois-ci, beaucoup plus pragmatique dans son maniement des sujets politiques et rappelle ainsi la démarche qui sera celle de Montesquieu.

Il appuie son raisonnement politique sur des faits, dans la perspective de l'histoire qui est un de ses intérêts constants et qu'il cite volontiers, particulièrement l'histoire des quinzième, seizième, et début du dix-septième siècles, c'est-à-dire de la France dans un état politique antérieur à la monarchie absolue et centralisée de Louis XIV. Et l'on ne peut pas ne pas évoquer les longues et patientes recherches historiques, à but politique, de Montesquieu.

Une fois en possession de ses faits et de ses théories, Saint-Hyacinthe sait parfois les considérer sous un angle sociologique qui est rare chez lui, ordinairement très épris de généralité et d'égalité naturelle et absolue. Il considère ainsi que le climat moral d'un pays à une époque conditionne son mode de gouvernement, et veut le prouver par un tableau, d'un beau style martelé, de la déchéance de la 'vertu' à la fin de la République romaine, ce qui rendait inévitable l'avènement de César: 'Les Romains n'étaient plus propres au Gouvernement Républicain. Les passions particulières, le luxe, le désir d'agrandir sa famille, de se distinguer des autres Citoiens par ses Richesses ou son Autorité avaient éteint l'Amour de la Patrie [...] Il fallait un maître à Rome, tout était disposé, il n'eut besoin que de ses qualités personnelles' (pp.79-80). Le sens du développement, le choix des thèmes, encore une fois rappellent Montesquieu.

Enfin Saint-Hyacinthe montre ici une prudence pratique assez frappante qui corrige par la notion constamment présente de 'bien public', celles plus abstraites de droits et de devoirs de morale politique. Le citoyen a ainsi des obligations

[26] R. Shackleton a souligné cette parenté (*Montesquieu*, p.267).

de comportement: il doit être 'sage' (p.29), se méfier de lui-même et des passions qui risquent de l'entraîner (pp.82-86), surtout avoir toujours présente à l'esprit la gravité du danger de la guerre civile (pp.48, 50, 59, 63ss.). C'est sur ce terrain pratique que se limite le recours à l'insurrection: 'Le Droit de se révolter ne doit pas seulement être fondé sur l'injustice de ceux qui gouvernent mais encore sur les probabilités de la réussite' (pp.216-18). Les prétentions du chevalier de Saint-George au trône d'Angleterre après avoir été discutées par arguments juridiques le sont avec une emphase particulière sur le plan du bien de l'Etat et de ses sujets, et c'est là qu'est emportée la décision, comme plus conforme à 'l'Esprit des Loix' (pp.230ss., et 243). Cette modération, qui rappelle celle, si remarquée, de Montesquieu, est probablement due en partie au devoir que Saint-Hyacinthe avait dans ce cas de défendre un état de fait, la politique du Régent, qui par nature avait ses côtés faibles. Mais la prudence de Montesquieu n'était pas non plus toute d'inclination ...

Ces coïncidences, ces pentes communes, ne laissent pas d'être, par leur accumulation, assez troublantes et de poser le problème de possibles influences. L'occasion existe: Montesquieu a été, plus tard, en rapports assez étroits avec Saint-Hyacinthe,[27] il a pu lire les *Entretiens* ... On peut difficilement parler de 'source' au sens propre, les ressemblances restant assez générales et le développement de la pensée de Montesquieu ayant un caractère de personnalité très marqué. Mais si des conversations avec Saint-Hyacinthe, la lecture des *Entretiens*, avaient seulement aidé Montesquieu à prendre conscience de quelque notion latente, à élucider un raisonnement en gestation, celles-ci auraient déjà très valablement acquis leur place dans l'histoire des idées.

L'ouvrage attira d'ailleurs l'attention lors de sa parution. Sallengre, envoyant des nouvelles littéraires à P. Desmaizeaux le 2 février 1720, mentionne les *Entretiens* ... que Saint-Hyacinthe vient de faire publier et rapporte: 'Ce livre fait du bruit ...'; puis il ajoute avec moins d'enthousiasme: 'Il n'est pas mal écrit, mais je n'aime pas les dialogues'.[28] La réédition de 1733 confirme l'intérêt porté à cette œuvre, une de celles qui sont marquantes dans le cours de l'expression intellectuelle de Saint-Hyacinthe.

Dans une perspective personnelle, les *Entretiens* sont intimement liés aux relations de Saint-Hyacinthe avec le Palais-Royal et à l'expérience qu'il a pu y acquérir. Au sortir de la calme et provinciale Hollande, le contact avec ce milieu où l'on pensait et vivait vite a dû être un choc intellectuel pour un homme disposé par son ouverture d'esprit à le recevoir avec fruit. Saint-Hyacinthe a certainement eu l'occasion de rencontrer dans les salons ou les couloirs de cette cour intelligente, audacieuse et dissolue la plupart des personnalités du Paris de la Régence.

C'est probablement au Palais-Royal qu'il a connu La Motte, avec qui la

[27] Entre 1729 et 1740 en Angleterre et à Paris, cf. ci-dessous chapitres 6 et 7. Il est possible qu'un premier contact ait eu lieu entre 1716 et 1720, dès cette première période parisienne de Saint-Hyacinthe, mais rien ne le prouve. Montesquieu a peu vécu à Paris à cette époque et il ne semble pas avoir fréquenté le salon de mme de Lambert, lieu de rencontre vraisemblable, avant les environs de 1724 (Shackleton, *Montesquieu*, p.57).

[28] Londres, British Library, Add. Mss. 4.287.

tradition lui attribue des rapports d'ailleurs vraisemblables,[29] et Fontenelle. Dans ce deuxième cas, le lien est avéré et les deux hommes devaient être en termes d'une certaine intimité car, au printemps de 1717, Saint-Hyacinthe n'hésite pas à soumettre au jugement de Fontenelle une dissertation sur les sciences et les arts destinée au deuxième volume, qui ne paraîtra pas, des *Mémoires littéraires*.[30] Les contacts avec ces personnalités dominantes du monde intellectuel parisien, pour qui il exprimait son admiration dès l'époque de Troyes, n'ont pu que renforcer Saint-Hyacinthe dans sa tendance moderniste et développer son intérêt pour les sciences.

Un autre lieu de rencontre avec Fontenelle et La Motte, peut-être avec Valincourt,[31] est le salon de mme de Lambert. Dès ce premier séjour parisien[32] Saint-Hyacinthe a été reçu dans ce milieu raffiné et fermé, et a noué avec la maîtresse de maison, sur un pied de confiance[33] des liens qui ne disparaîtront qu'avec la mort de mme de Lambert. Plusieurs œuvres de celle-ci seront publiées par Saint-Hyacinthe: la première édition approuvée par l'auteur des *Réflexions nouvelles sur les femmes*[34] et diverses pièces dans des recueils.[35] Y aurait-il eu une présentation d'origine champenoise à ces relations? C'est très possible, des études sur mme de Lambert ayant souligné la vitalité de ses attaches provinciales.[36]

En tout cas, Saint-Hyacinthe paraît à l'aise dans ce salon de haute tenue morale, littéraire et mondaine qui pouvait compléter en les corrigeant certaines tendances favorisées par le Palais-Royal. Il n'hésite pas à solliciter de mme de Lambert, en aimables petits vers, une grâce pour un ami protestant:[37]

Soit que le sort me soit rude ou prospère

[29] Leschevin, p.xxxi.

[30] 6e lettre de Saint-Hyacinthe à Le Vier [Paris] dernier avril [1717], Leyde, Bibliothèque de l'université Marchand 2: 'J'ay fait une dissertation sur toutes les sciences et tous les arts, je l'ay travaillée de mon mieux, et, me fiant peu à mes lumières, j'ai voulu la faire lire à M. de Fontenelle pour profiter de ses bons avis. Je la lui donne demain.'

[31] Valincourt est lui aussi indiqué par une tradition assez vraisemblable comme une relation de Saint-Hyacinthe (Leschevin, p.xxxi) mais sans qu'il y en ait de preuve positive.

[32] Une pièce adressée à mme de Lambert (*A madame la Marquise de L ...*) publiée dans les *Variétés ...*, pp.63-66) est datée par une allusion à d'Argenson, garde des Sceaux, qui occupa ce poste du début de 1718 à juin 1720.

[33] Le ton d'une lettre de mme de Lambert à Saint-Hyacinthe, Paris, le 19 juillet 1729, est très net à cet égard. (Publié dans: *Avis d'une mère à son fils et à sa fille, et autres ouvrages de mme la marquise de Lambert*, La Haye 1748, p.282).

[34] *Réflexions nouvelles sur les femmes*, Par une Dame de la Cour de France (Londres 1729).

[35] *Le Traité de l'Amitié* fait partie du *Recueil de divers écrits sur l'amour et l'amitié, la politesse, la volupté, les sentiments agréables, l'esprit et le cœur* (Paris, Bruxelles 1736). La nouvelle: *La Femme hermite* et plusieurs lettres de mme de Lambert ou de personnages de son cercle ont paru dans le *Recueil de pièces fugitives de différents auteurs sur des sujets intéressants* (Rotterdam 1743). Les *Réflexions sur le sentiment d'une dame qui croyait que l'amour convenait aux femmes lors même qu'elles n'étaient plus jeunes* sont insérées dans les *Variétés* ... pp.493 à 508.

[36] H. de La Perrière: *La Marquise de Lambert* (Troyes 1935), et *Marquenat contre Marquenat: un procès pour la possession de la seigneurie de Saint-Parres les Vaudes*, in *Annuaire ... du département de l'Aube* (1928), 2e partie, pp.3 ss.

[37] *Variétés* ... pp.63-66.

Malade ou sain j'ai cure de vous plaire
Mais las! Que puis-je en l'état où je suis
Fors vous offrir l'occasion propice
De protéger, de rendre bon office
A gens de bien ...

Pour cela, il faudrait qu'elle fasse appel au redoutable d'Argenson 'Garde des Sceaux et chef de la Finance', dont Saint-Hyacinthe esquisse un amusant petit portrait:

Le connaissez homme de grande prudence
Sûr, pénétrant, tout plein de vigilance
Laborieux, exquis en maint sçavoir,
Mais pour aucuns il est terrible à voir
A l'air sévère, il est haut de stature
A l'œil perçant sous épais sourcil noir
Noire couleur, noire est sa chevelure
D'un Justicier c'est la vraie encolure
Tel est Minos dans le sombre manoir
Je crois pourtant malgré son air terrible
Qu'il peut bien être humain, doux, accessible
Et si vous voulez, Marquise, tout de bon,
De noir qu'il est le rendrez d'un beau blond,
D'un blond cendré, couleur douce et bénigne ...

Pour agréable et spirituel que soit ce petit poème, il n'est pas très révélateur de l'influence qu'a pu exercer le salon de mme de Lambert sur Saint-Hyacinthe. C'est dans le mûrissement de la pensée que deviendront plus tard sensibles les apports d'héritage précieux, d'inspiration platonicienne et d'idéalisme fénelonien[38] qu'il a pu recueillir chez mme de Lambert dès 1716-1719. Et c'est surtout au cours de son deuxième séjour parisien, où il s'intégrera plus profondément à ce milieu, que s'épanouiront ces tendances.

Saint-Hyacinthe a pu aussi recueillir à Paris d'autres traditions d'origine précieuse, mêlées de tentation libertine: des œuvres de Charleval[39] se trouvent en sa possession vers 1725,[40] des souvenirs de mme et mlle Deshoulières apparaissent çà et là dans son œuvre.[41] Tout ceci semble suggérer des contacts avec des héritiers de ces milieux gassendistes où évoluèrent Ninon de Lenclos et Saint-Evremond, où tant d'idées audacieuses furent agitées en plein siècle de Louis XIV.

[38] L'intérêt de Saint-Hyacinthe envers Fénelon est cependant déjà éveillé. Cf. l'*Europe savante*, La Haye, t.iii, 2e partie, juin 1718, pp.169ss., et t.v, 1ère partie, sept. 1718, pp.37ss., 137ss., 154, etc...

[39] Charles de Faucon de Ris, marquis de Charleval (1612-1693). Ce n'est qu'en 1759 que furent éditées pour la première fois des œuvres de lui. On lui a parfois attribué la *Conversation du maréchal d'Hocquincourt avec le père Canaye*.

[40] Lettre de Saint-Hyacinthe à Prosper Marchand, Worcester 6 juin v.s. (entre 1723 et 1727), Leyde, Bibliothèque de l'Université, Marchand 2.

[41] Des pièces de mlle Deshoulières, ou adressées à elle, ont été publiées par Saint-Hyacinthe dans le *Fantasque* (Amsterdam 1745), nos xvi et xvii (6 et 13 septembre). Mme Deshoulières est louée dans l'*Europe savante* (La Haye), t.iii, 2e partie, juin 1718, pp.295-96, et considérée comme digne des honneurs du Parnasse dans la *Déification du Docteur Aristarchus Masso* (Ed. Leschevin du *Chef d'œuvre* ..., ii.146).

L'audace, et une audace affichée dès le dix-septième siècle, Saint-Hyacinthe l'a retrouvée dans un cercle qu'il a certainement fréquenté, celui du Temple. Aucune indication ne se rapporte directement au grand Prieur, mais Saint-Hyacinthe a connu, familièrement semble-t-il, des personnages aussi étroitement inféodés aux Vendôme que le vieil abbé de Chaulieu et son ami Palaprat. Il exprime son admiration envers l'un et l'autre en les faisant entrer au Parnasse dans l'allégorie de la *Déification du Docteur Aristarchus Masso*.[42] Il cherchera plus tard à faire éditer des lettres d'un autre habitué, disparu, de cette société: le marquis de La Fare.[43]

Saint-Hyacinthe a vécu, comme le jeune Voltaire qu'il a peut-être rencontré là, dans cette curieuse atmosphère où un réel sentiment poétique et le raffinement de la conversation s'accordaient avec des excès de table et de boisson qui scandalisèrent contemporains et même héritiers plus affranchis,[44] où l'audace de la pensée donnait naissance en même temps à une irréligion poussée parfois jusqu'à l'athéisme, et, dans son refus des contraintes sociales, à un laisser-aller confinant à la vulgarité la plus grossière.

En contraste marqué avec le milieu du Temple, Saint-Hyacinthe a peut-être fréquenté dès ces premières années parisiennes le cercle de l'austère et janséniste chancelier d'Aguesseau, cercle ouvert cependant très largement aux courants intellectuels de l'époque.[45] L'anecdote rapportée par la tradition d'un conseil donné par d'Aguesseau alors encore procureur général à Saint-Hyacinthe en 1714 ou 1715, et l'évocation des contacts avec l'abbé d'Aguesseau, frère du chancelier et responsable de la librairie vers 1717,[46] semblent l'indiquer. A Paris, et peut-être dans l'exil de Fresnes à partir de 1718, Saint-Hyacinthe a pu connaître ce grand légiste scrupuleux, à la rigide honnêteté, la 'femme forte' qu'était mme d'Aguesseau, leur milieu familial et familier, et aussi sans doute profiter de la célèbre bibliothèque du maître de maison.

[42] *Chef d'œuvre d'un inconnu*, édition Leschevin, ii.118. Saint-Hyacinthe visite le Parnasse au cours d'un songe: 'Je fus charmé de voir l'Abbé de Chaulieu qui me reconnut et me présenta à Horace, à Térence et au reste de la compagnie. Je lui demandai des nouvelles du bon Palaprat. Il me dit qu'il venait de le laisser ...' Sur l'apport aux idées nouvelles de mme Deshoulières et des familiers du Temple cf. J. S. Spink, *La Libre pensée française de Gassendi à Voltaire* (Paris 1966), notamment pp.183-84, 194-99.

[43] 1644-1712. Lettre de Saint-Hyacinthe à Marchand, Worcester 6 juin v.s. (entre 1723 et 1727) Leyde, Bibliothèque de l'Université, Marchand 2, et 1ère lettre de Saint-Hyacinthe à La Motte, l'Ecluse, 17 juin 1742, Bibliothèque de la Société d'Histoire du Protestantisme Français, Mss.295, Fonds Read, f.66, publiée in *Bulletin de la S.H.P.F.* 61 (1912), pp.62-65.

[44] La réaction du marquis d'Argenson est caractéristique de celle de plusieurs autres dans la réprobation des habitudes de vie d'un milieu dont ils se sentaient intellectuellement solidaires: 'tandis que la bonne compagnie de nos jours [...] a du moins abdiqué l'ivrognerie et l'a abandonnée aux artisans et aux laquais' (*Mémoires*, Paris 1857, i.136).

[45] L'éventail des correspondants du chancelier est immense. Il n'est guère de personnalité de la république des lettres qui n'ait été en rapports directs avec lui.

[46] Lettre de Saint-Hyacinthe à Lévesque de Burigny. Saint-Joris, 17 février 1743; Besançon, Bibliothèque municipale Mss 607, ff.33-34. Le rôle de l'abbé d'Aguesseau à cette époque est expliqué par l'abbé Veissière à J. P. de Crousaz dans une lettre du 10 septembre 1717: [il] 'a la même place qu'avait autrefois M. l'abbé Bignon et le même goût pour les lettres' Lausanne, Bibliothèque de l'Université, Papiers de Crousaz.

Saint-Hyacinthe a-t-il été un habitué de la Cour de Sceaux? Il n'y en a pas de preuve, et, au premier abord, les liens qui l'attachent au Régent semblent s'y opposer. Mais les frontières de ce genre apparaissent à l'observation beaucoup plus perméables, au dix-huitième siècle, qu'on ne pourrait le croire, et il y a bien des exemples de fréquentation par la même personne de milieux rivaux et parfois violemment opposés. Dans le cas présent, quelques indications positives existent, assez minces il est vrai: des rapports de Saint-Hyacinthe avec Malézieu, l'animateur des fêtes de Sceaux;[47] des occasions de contact grâce à mme de Lambert et aux habitués de son salon comme Saint-Aulaire; un autre intermédiaire possible est Chaulieu, alors très attiré vers l'entourage de la duchesse par la tendre amitié, qui adoucit ses dernières années, pour la spirituelle Rose Delaunay, future mme de Staal. Si l'on ajoute le fait que la fantasque duchesse n'était guère exclusive, il paraît probable que Saint-Hyacinthe a paru dans ce milieu mondain qui se piquait de littérature.

Un détail assez troublant semble confirmer ce fait: c'est la préoccupation que manifeste à cette époque Saint-Hyacinthe pour le thème de la ruche et des 'mouches à miel', symboles justement de la duchesse Du Maine dans les jeux galants de Sceaux. Dans la curieuse *Chronique du Chevalier de la Facelongue*,[48] qui semble bien être l'allégorie de quelque aventure mondaine de Saint-Hyacinthe, un des personnages dominants est la *Princesse des abeilles* qui retient par enchantement le chevalier dans la Grotte Blanche. Et dans deux des œuvres de cette première période parisienne, Saint-Hyacinthe si attentif aux signes représentatifs de toutes sortes, a choisi comme thème de ses vignettes la ruche. C'est le cas pour l'*Europe savante*,[49] mais c'est aussi le cas, de manière beaucoup plus inattendue, pour les *Entretiens dans lesquels on traite des entreprises de l'Espagne*...,[50] qui sont à la louange du duc d'Orléans, à l'occasion de la conspiration de Cellamare, et sévères envers la politique de la Cour de Sceaux. Il y a là quelque chose de bien curieux...

Saint-Hyacinthe a fréquenté les demeures d'autres protecteurs, comme le

[47] Saint-Hyacinthe a publié dans les *Pièces échappées du feu* une parade de marionnettes de Malézieu, satire violente de l'Académie: *Polichinelle demandant une place à l'Académie* (hors pagination). Celle-ci provoqua par son sujet un petit scandale littéraire. Une lettre de Saint-Hyacinthe à Le Vier précise l'envoi de plusieurs pièces de Malézieu au libraire pour le recueil où seul le *Polichinelle* a trouvé place [Paris] 1er octobre [1717]. Leyde, Bibliothèque de l'Université, Marchand 2.

[48] *Variétés*, pp.281-92. Il n'y a malheureusement aucune indication qui permette de dater cette œuvrette, se rapportant à un des séjours de Saint-Hyacinthe à Paris.

[49] *L'Europe savante* (La Haye 1718-1720). La très jolie gravure de la page de titre représente une ruche entourée d'abeilles avec la devise: 'Atque ex amaris mella condunt sua'.

[50] *Entretiens* p.320. Une gravure représentant une ruche devant un château entouré de jardins sert de cul-de-lampe à la fin du deuxième entretien, sous la devise: 'Non habet aculeum rex cui paremus'. Le deuxième entretien est en principe consacré à des réflexions générales sur la science politique et non plus au sujet particulier de la conspiration de Cellamare.

maréchal d'Huxelles, chez qui il se fait adresser des livres[51] et il semble, dès cette époque, être entré dans l'orbite d'une famille de la noblesse du Périgord vivant à Paris, avec qui ses liens vont se développer: les Labrousse – famille qui se divise en deux branches: les Labrousse de Verteillac et les Labrousse d'Athis.[52] Pendant les années 1714-1720, c'est surtout avec cette deuxième branche, représentée par trois personnes: la marquise d'Athis, veuve, son fils et sa fille,[53] que Saint-Hyacinthe semble avoir été en rapports.

L'élément le plus important des contacts de Saint-Hyacinthe avec ce cercle peu connu de protecteurs des lettres repose sur la dédicace à 'Mademoiselle De La Brousse d'Atis' d'un petit volume paru chez Rogissart à La Haye en 1718, *Historiettes galantes tant en prose qu'en vers*, et sur l'attribution de ce recueil à Saint-Hyacinthe.[54] Le seul nom indiqué dans l'ouvrage même est celui du libraire, au bas de l'épître dédicatoire.[55] Il paraît cependant vraisemblable que Saint-Hyacinthe a eu la responsabilité de ce recueil parmi les autres qui jalonnent sa carrière: Rogissart est son libraire pour toutes les œuvres de cette période;[56] on comprend que Saint-Hyacinthe, très imbu de ses préjugés de gentilhomme contre le métier d'écrivain n'ait pas voulu laisser imprimer son propre nom et lui ait substitué celui de l'éditeur, avec qui il était d'ailleurs en rapports assez étroits; mais on ne comprendrait pas comment Rogissart, vivant en Hollande et homme de métier, aurait pu entrer en rapports en France avec le milieu de noblesse militaire des Labrousse ...

Le recueil se compose de vingt-neuf nouvelles en vers et en prose, d'origines variées.[57] Quelques noms d'auteurs sont indiqués, parmi eux celui de Sainte-

[51] Lettre de Saint-Hyacinthe à Le Vier. Paris, 9 juin (1717). Leyde, Bibliothèque de l'Université, Marchand 2.

[52] Des indications postérieures aux premiers séjours parisiens, mais antérieures à celui de 1731-40, montrent Saint-Hyacinthe en contact avec le comte d'Hautefort, beau-père de mme de Verteillac (Lettre de Saint-Hyacinthe à Lévesque de Burigny, Worcester, 6 septembre 1727, éditée in *Mélanges publiés par la Société des Bibliophiles français*, vol.vi, Pièce 8, Paris 1829, p.10), aussi avec mme d'Athis et m. de Verteillac chez qui il se fait adresser du courrier dès son arrivée à Paris (lettre de Saint-Hyacinthe à P. Desmaizeaux, Paris, 26 novembre 1731. Londres, British Library, Add. Mss. 4.284 ff.142-44). Il est donc à supposer que ces rapports avaient commencé lors des premiers séjours en France.

[53] Périgueux, Archives départementales, FF1-27- Cf. aussi: *Rôle des bans et arrière-bans de la noblesse du Périgord de 1689 à 1692*, publiés et annotés par le comte de Saint-Saud (Bordeaux 1930), p.160.

[54] Barbier lui en attribue la publication (*Dictionnaire des anonymes*, ii.846), en s'appuyant sur une indication de l'*Histoire critique de la République des Lettres* (Amsterdam 1718), xv.378, dans un article hostile mais plein de renseignements exacts (rôle de Saint-Hyacinthe dans le *Journal littéraire*, dans l'*Europe savante*, comme auteur du *Chef d'œuvre d'un inconnu*). S. P. Jones (*A list of French prose fiction from 1700 to 1750* (New-York 1939) reprend l'attribution.

[55] C'est sous le nom de Rogissart que l'ouvrage est parfois catalogué. C'est l'attribution donnée par Cioranescu.

[56] *L'Europe savante* (1718-1720), les *Entretiens* (1719) et les *Lettres écrites de la campagne* (1721).

[57] Certaines d'entre elles avaient paru dans le *Mercure galant*. Notamment *L'Amour fouëté* (no xxvi, en vers, pp.304-308) figurait dans le *Mercure* de décembre 1711, sous le titre *L'Amour puni*, pp.8ss.

Aulaire,[58] le familier de la Cour de Sceaux et du salon de mme de Lambert, et celui d'un m. de Saint-Gilles,[59] parent probablement des Labrousse.[60] Le recueil tient exactement, dans sa banalité prévue, ce que le titre promettait: on passe de la conversation spirituelle d'une aimable, hardie mais vertueuse 'carosse-stoppeuse' avec son hôte d'un moment,[61] aux ruses d'une jeune femme pour reconquérir son mari sous un déguisement[62] et à la note gauloise d'autres contes un peu vifs.[63] Deux seuls éléments se détachent quelque peu: un intérêt pour l'histoire littéraire et la morale naturelle qui semble se rattacher à Saint-Hyacinthe, et ce que le recueil doit à la famille de Labrousse et à la personne de mademoiselle d'Athis.

La dernière historiette, la *Respiration facilitée, histoire tirée d'un vieux manuscrit en parchemin* (pp.516ss.) tranche de façon marquée sur l'ensemble du recueil par la recherche d'archaïsme de son style et de couleur médiévale de son cadre. Y a-t-il là un écho des préoccupations de Saint-Hyacinthe? Les goûts de celui-ci semblent apparaître plus nettement dans deux des nouvelles qui pourraient bien être aussi de lui: *L'Intrigue poétique* (pp.93-108) et *La Fausse vertu* (pp.187-205). Seules dans le recueil elles se signalent, même dans leur ton de léger badinage, par leur goût pour le savoir et leur conception morale basée sur une philosophie de la nature.

La Fausse vertu conclut une intrigue qui, avec des personnages différents, est celle de la *Princesse de Clèves*, par une sévère et intéressante appréciation, d'esprit très dix-huitième siècle, de l'attitude de l'héroïne: 'L'envie de passer pour vertueuse lui a fait ainsi sacrifier les plus doux sentimens de la nature aux chimères du qu'en dira-t-on. Elle aurait pu faire le bonheur d'un honnête homme qu'elle aimait, elle en fait le cruel malheur. Elle s'immole elle-même au pied d'un Autel où ce qui cause le sacrifice le fait détester! Que d'extravagances et de cruauté dans la fausse vertu. C'est pourtant de telles vertus que célèbrent presque tous les Romans' (pp.204-205).

L'Intrigue poétique, plus banale d'esprit, garde cependant une atmosphère très habituelle à Saint-Hyacinthe et intéresse par un aspect presque autobiographique. Il s'agit d'un amour qui naît par allusions et lettres échangées à l'occasion de leçons entre un précepteur et sa charmante élève. L'attitude est caractéristique de Saint-Hyacinthe qui affectionne l'allure pédagogique, voire prêcheuse, et ne déteste pas l'unir à des sentiments plus tendres:[64]

[58] *L'Excocu, nouvelle historique* par m. le marquis de Sainte Aulaire, en vers, no xxi (*Historiettes galantes*, pp.256-65).

[59] *Le Fagot*, conte par m. de Saint-Gilles [en vers] no xxvii (*Historiettes galantes*, pp.309-12).

[60] Mme de Verteillac mère, remariée au comte d'Hautefort, était née Madeleine Danyau de Saint-Gilles. Périgueux, Archives départementales, 2 E. 950.1, Généalogie des Labrousse de Verteillac.

[61] *Le Carrosse embourbé* no xviii, en prose (*Historiettes galantes*, pp.228-35).

[62] *La Feinte provençale*, no xiii, en prose (pp.162-75).

[63] *Le Collier de perles*, no viii, ou *Les Ventouses*, no xi, en prose (*Historiettes galantes* pp.109-18 et 144-52).

[64] Cette attitude est notamment celle de Saint-Hyacinthe envers la nièce de la dame hollandaise qui le reçoit lors de sa captivité (*Variétés* pp.318-39) et celle de son héros porte-parole Mr de L*** dans les *Lettres écrites de la campagne*.

L'indifférent à qui vous avez tant de fois reproché l'air tranquille qui paraît dans toutes ses actions, et cette philosophie, soit naturelle, soit affectée, dont il se pique, … aime … Voicy ce que j'en ai pu découvrir. Il voyait souvent une jeune et fort aimable Personne, et n'avait commencé à la voir que parcequ'elle aime les Livres et qu'elle a l'Esprit très éclairé. Après lui avoir donné ses avis sur les lectures qu'elle devait faire pour ne rien apprendre confusément, il s'offrit à lui servir de Maître pour l'Italien, et à force de lui faire dire *J'aime* dans une langue étrangère il souhaita d'en être véritablement aimé.

Ce détail d'intrigue se trouve précisément celui qu'une tradition rapporte de Saint-Hyacinthe lui-même dans l'épisode de la séduction d'une jeune fille ou religieuse de Troyes, événement qui avait obligé le héros à partir en Hollande.[65]

A côté des caractères que le recueil doit, peut-être – probablement – à Saint-Hyacinthe, il y en a d'autres qu'il doit à la personne à qui il est offert: Suzanne Andrée de La Brousse d'Athis. L'épître dédicatoire rapporte complaisamment les gloires militaires et politiques de la famille d'Athis: le bisaïeul et sa valeur 'dans les combats maritimes', l'aïeul 'honoré de la confiance intime de Henri le Grand' et qui 'fit échouer par sa dextérité les complots dressés contre le Mariage de Louis XIII avec Anne d'Autriche'. Quant au marquis d'Athis, père de mlle d'Athis, après des années passées 'dans les Armées […] [il] consacra plus particulièrement le reste de ses jours au service de Louis XIV. De sorte que ce Prince dit de lui à sa mort qu'il avait perdu le plus fidèle sujet et le plus honnête homme de son Royaume'. Cette tradition de service de l'état se double d'une autre de mécénat littéraire: mlle de Scudéry a été reçue dans le beau domaine d'Athis sur Orge, près de Paris, qui donne son nom à la famille[66] et l'a celébré dans *Clélie* sous le nom de *Carisatis* en y évoquant la silhouette héroïsée du marquis d'Athis.[67]

Tout cet ensemble, malgré son caractère conventionnel, garde une certaine couleur et permet de situer cette famille. Suzanne d'Athis apparaît comme une silhouette plus fugitive. On peut cependant deviner qu'elle ne devait pas être très jolie: la seule indication qui se rapporte à son physique, dans l'épître dédicatoire pourtant obligée à tout louer, est une allusion aux 'grâces de sa personne', ce qui est vraiment le minimum permis. Mais elle devait avoir une certaine personnalité, faite de goût littéraire et de sérieux d'esprit,[68] de chaleur

[65] Cf. ci-dessus, Chapitre 2: Saint-Hyacinthe, professeur d'italien, fit 'tant conjuguer le verbe *amo* à l'une de ses élèves que des choses fâcheuses s'en suivirent et qu'il dût quitter la ville' (E. Georges, 'Thémiseul de Saint-Hyacinthe fils de Bossuet?') Détail révélateur? Peut-être …

[66] Cf. Le Bœuf, *Histoire du diocèse de Paris* (Paris 1757), p.119. Les Labrousse d'Athis semblent avoir eu les trois points d'attache habituels au dix-huitième siècle dans une famille de cette classe de noblesse et de fortune: la province d'origine où la famille conserve d'importants intérêts (Cf. Périgueux, Archives départementales, FF.1.27); l'hôtel parisien: rue Guillaume, Ile Notre-Dame à Paris pour les d'Athis (Lettre de Saint-Hyacinthe à Desmaizeaux, Paris, 26 novembre 1731, Londres, British Library, Add. Mss. 4.284, ff.142-44); et la maison de campagne dans les environs de Paris, à Athis dans le cas présent.

[67] *Historiettes galantes*, Epître dédicatoire.

[68] A côté de qualités si traditionnelles qu'on ne peut rien en inférer comme l''affabilité', la 'grandeur d'âme', l''exactitude de conduite', l''esprit naturel' ou la 'modestie', l'Epître dédicatoire apporte une indication plus intéressante: les 'sages réflexions' auxquelles se livre mlle d'Athis. Ce trait est à la fois confirmé et nuancé par le fait qu'on dédie un livre

de cœur et de charité.[69] Et Saint-Hyacinthe lui-même, à la fin de sa vie, confiait à Lévesque de Burigny sur mlle d'Athis qu'il ne lui connaissait aucun défaut.[70]

Sous la houlette bienveillante de cette douce personne à Athis, sous celle plus impétueuse et fantasque de la duchesse Du Maine à Sceaux, dans les parcs ou les salons, Saint-Hyacinthe retrouvait avec plaisir son attitude et sa verve d'homme de société, essayées autrefois à Troyes. Les *Historiettes galantes* s'inscrivent dans la ligne des *Pièces échappées du feu* ou de certaines des *Variétés*. A cette inspiration mondaine se rattache, si Saint-Hyacinthe y est vraiment mêlé, l'épisode complexe des *Mélisthène*. Deux romans de ce titre ont été publiés à Paris: *Histoire de Mélisthène, roi de Perse*,[71] en 1723 et *Mélisthènes ou l'illustre Persan*[72] en 1732, et une tradition, d'ailleurs controuvée, attribue à Saint-Hyacinthe ces deux ouvrages, différents mais sur un même thème.[73] De plus, le *Mélisthènes* de 1732 porte un privilège de 1718, ce qui a fait supposer, sans preuve positive, une première édition à cette date[74] et rattache l'ensemble du problème au premier séjour de Saint-Hyacinthe à Paris.

Il n'y a aucune indication externe sur l'attribution.[75] La plupart des commentateurs ont tendance à refuser l'un et l'autre roman à Saint-Hyacinthe. Si le *Mélisthènes* de 1732, dans sa complication de dessin assortie d'un style un peu sec à phrases brèves, paraît très loin des procédés de Saint-Hyacinthe et

à cette jeune fille en s'excusant qu'il soit 'de simple amusement'. Enfin il est possible que la mlle de L ... dont Saint-Hyacinthe publiera en 1736 une nouvelle à la fois très romanesque et très vertueuse soit mlle de Labrousse d'Athis (cf. ci-dessous chapitre 7).

[69] Le testament de Suzanne d'Athis se compose essentiellement de legs importants à diverses œuvres de charité, à d'anciens domestiques, à divers dépendants dans le besoin. Il en ressort une impression de bienveillance, de conscience et de délicatesse de cœur. Archives départementales de la Seine, Registre d'insinuations, DC°232 f.81. Testament De La Brousse Datis, 6 décembre 1745, insinué à Paris le 24 octobre 1746. L'indication du notaire manque, ce qui a empêché de se reporter au minutier.

[70] Lettre de Saint-Hyacinthe à Lévesque de Burigny, Besançon, Bibliothèque municipale, Mss.607, f.36 (*L'Ecluse*, 1er mai 1743).

[71] *Histoire de Mélisthène, roi de Perse, contenant les avantures galantes, les combats et les victoires qui l'ont placé sur le trône. Traduction fidèle du célèbre Zaliour Alaïk, auteur persan. Par feu M. de Saint-Hyacinthe connu sous le nom de Mathanasius* (Paris 1723), Rééditions en 1733 et 1744 cf. S.P. Jones, *A list of French prose fiction* p.36.

[72] *Mélisthènes ou l'Illustre Persan, Nouvelle par M. de P**** (Paris 1732), Réédition en 1738. Cf. S. P. Jones, pp.50.

[73] Le *Mélisthènes* de 1732 reprend l'intrigue très romanesque de l'*Histoire de Mélisthène* de 1723 (les aventures amoureuses de deux frères avec deux sœurs qui les promènent tous d'un bout à l'autre d'une irréelle Méditerranée). Mais en même temps il alourdit et complique considérablement l'intrigue d'épisodes nouveaux et y ajoute de nombreux personnages supplémentaires.

[74] La bibliothèque de l'Arsenal possède un exemplaire de *Mélisthènes ou l'illustre Persan* sans page de titre, donc sans date autre que celle du privilège. Est-il de 1732, ou bien serait-ce l'unique reste de l'édition de 1718? L'édition est identique à celle de 1732. Le privilège du roi du 27 août 1718 est enregistré le 3 septembre.

[75] Il est difficile de considérer comme telle le libellé du titre de l'*Histoire de Mélisthène* 'par *feu* M. de Saint-Hyacinthe' et de conclure que l'œuvre n'est pas de lui puisqu'il était vivant en 1723. Il peut y avoir eu une erreur d'un libraire parisien chez qui le manuscrit aurait traîné et qui n'aurait plus eu de nouvelles de Saint-Hyacinthe passé en Hollande, puis en Angleterre.

impossible à lui attribuer, il n'est pas invraisemblable que l'*Histoire de Mélisthène* de 1723 puisse être de lui. On y retrouve des thèmes que Saint-Hyacinthe affectionne comme la vertu des princes ou l'éducation éclairée à donner aux enfants[76] traités d'une manière qui ne lui est pas inhabituelle. Mais tout ceci reste très vague, très général, et ne dépasse guère l'indication d'une possibilité. La réputation de Saint-Hyacinthe ne perdrait d'ailleurs pas grand-chose avec les *Mélisthène*, à peine, tant ce caractère est pâle, l'intérêt d'offrir un anneau dans la tradition de l'exotisme.

Au milieu de ces passe-temps mondains, Saint-Hyacinthe n'oublie pas l'étude et il compte parmi les introductions les plus précieuses celles qui le rapprochent de possesseurs de belles bibliothèques, sources de documentation érudite. Il en a fréquenté plusieurs à Paris, celle du chancelier d'Aguesseau, et au moins deux autres, celle de Chauvelin,[77] une des bibliothèques privées les plus fameuses du dix-huitième siècle, et celle du baron de Hohendorf. Ce doit être par l'intermédiaire de La Monnoye,[78] de Sallengre,[79] ou de Prosper Marchand,[80] qui, tous trois, connaissaient le baron et sa bibliothèque, que Saint-Hyacinthe est entré en rapports avec cet officier au service de la Maison d'Autriche, gouverneur d'Ath en Flandre, qui avait réuni une exceptionnelle collection. Ce Hohendorf devait joindre à des goûts littéraires et à des raffinements de bibliophile certains une curiosité d'esprit, une audace dans la recherche, éveillées peut-être par ses rapports avec son ancien chef le prince Eugène. Quelles passionnantes découvertes ne pouvait-on pas faire dans une bibliothèque qui reflétait de telles préoccupations, et où l'on trouvait le *Theophrastus redivivus* et le *Traité des trois imposteurs*.[81]

Dans les bibliothèques ou dans les salons, autour des protecteurs de la

[76] Mélisthène parle du maître qui l'a élevé: 'Ce sage maître me rendait raison de tout et ne voulait pas que je me gouvernasse selon la coutume, à moins que la coutume ne se trouvât dans les règles de la raison, ce qui n'arrive pas toujours.

Il m'apprit à mépriser les applaudissements du public, et à me croire coupable de quelque faute lorsque la populace ignorante me donnera le plus de louanges. – Il attendit pour me donner la connaissance du souverain créateur de toutes choses que je fusse en âge de comprendre ce que c'était' (*Histoire de Mélisthène*, pp.136-38).

[77] Lenfant, l'historien des conciles, dans une lettre à Saint-Hyacinthe datée par le contexte de la fin de 1717, accepte l'offre que son correspondant lui fait de collationner pour lui les Actes du Concile de Bâle 'dans la bibliothèque de M. Chauvelin' (*Variétés*, p.437).

[78] 2e lettre de Saint-Hyacinthe à Le Vier [Paris 1716], Leyde, Bibliothèque de l'Université, Marchand 2.

[79] Lettre de Sallengre à P. Desmaizeaux, La Haye, 9 juillet 1717; Londres, British Library, Add. Mss. 4.287.

[80] Ira O. Wade, *The Clandestine organization and diffusion of philosophical ideas in France from 1700 to 1750* (Princeton 1938), pp.22 et 222.

[81] 'Ce Seigneur qui aime passionnément les Belles Lettres, dont il se fait un délassement utile et agréable, a formé non pas la plus nombreuse, mais j'ose dire la plus magnifique et la mieux choisie bibliothèque qu'on ait jamais vue. C'est la littérature qui y prédomine' (*Mémoires de littérature*, I, 2e partie, 1716, p.282. Sur Hohendorf, et sa bibliothèque cf. J. S. Spink, 'La diffusion des idées matérialistes et anti-religieuses au début du dix-huitième siècle', *RhlF* 44 (1937), pp.248-55; Ira O. Wade, *The Clandestine organization*, pp.22, 125 et 222; *Bulletin du bibliophile* (Paris 1853), pp.213-14.

littérature ou au café, Saint-Hyacinthe rencontrait d'autres hommes de lettres qui comme lui passaient d'un groupe à l'autre sans être particulièrement liés à l'un d'entre eux. Des conversations s'échangeaient, on discutait d'idées, des travaux de l'un ou de l'autre ... ou du dernier état des querelles intestines de la République des Lettres! Des noms, sans grand contexte, apparaissent dans la correspondance ou dans des passages plus personnels des œuvres, éclairant fugitivement telle ou telle silhouette.

Saint-Hyacinthe a ainsi fréquenté La Monnoye qui l'invitait avec tant de chaleur, dès le début de 1715, à revenir à Paris. Le Vier le sait, qui recommandait à Saint-Hyacinthe de ne pas divulguer auprès de lui quelque souterraine manœuvre autour de l'édition de ses *Poësies*.[82] Un autre fait témoigne des rapports avec La Monnoye, Bouhier et leur cercle; c'est le rôle certain, mais mal défini, que Saint-Hyacinthe a joué dans l'édition du *Segraisiana*[83] dont La Monnoye et Bouhier sont parmi les responsables.

Il est difficile d'évaluer la contribution de Saint-Hyacinthe; elle doit en tous cas être assez minime, puisqu'il ne s'agit que d'une édition, et à laquelle a déjà travaillé un groupe. Au rôle de courrier de confiance pour l'impression, qu'a eu certainement Saint-Hyacinthe,[84] se sont probablement ajoutées – pour respecter son statut de lettré – la rédaction de quelques notes, la suggestion de détails, le tout impossible à discerner dans l'ensemble. L'intérêt du *Segraisiana* pour Saint-Hyacinthe consiste surtout en l'indication de rapports plus étroits avec ce groupe de La Monnoye qui a pu encourager son goût pour l'érudition et développer sinon éveiller son intérêt pour la littérature clandestine antérieure au dix-huitième siècle.

C'est à Paris aussi que Saint-Hyacinthe a dû connaître personnellement l'être original, à l'esprit fécond, qu'était Du Fresny.[85] Celui-ci semble avoir inspiré à

[82] Deuxième lettre de Saint-Hyacinthe à Le Vier [Paris 1716] 'Je n'ay rien dit de ce que vous m'avez fait l'honneur de m'écrire au sujet des poésies de M. de la Monnoye. Mais le baron d'Hohendorf que j'ay vu aujourd'hui m'a dit que M. de La Monnoye en était instruit' (Leyde, Bibliothèque de l'Université, Marchand 2). Il s'agit certainement de l'édition donnée à La Haye par Sallengre des poësies de La Monnoye, à l'insu de l'auteur.

[83] Sallengre apporte un témoignage formel à ce sujet: le 2 février 1720, annonçant à Pierre Desmaizeaux le retour de Saint-Hyacinthe à La Haye, il précise: 'Il a apporté de Paris le Segraisana qu'il fera bientôt imprimer.' Lettre de Sallengre à P. Desmaizeaux, Londres, British Library, Add. Mss 4.287. Une édition en a en effet été donnée à La Haye en 1720. C'est peut-être par ses rapports avec un milieu ayant touché à Segrais et à mme de La Fayette que Saint-Hyacinthe a obtenu le texte de la nouvelle de cette dernière, *La Comtesse de Tende* qu'il publiera dans les *Variétés*, pp.251-81.

[84] Rôle qu'il a dû remplir à plusieurs reprises: une indication d'une lettre de Saint-Hyacinthe à Le Vier le montre ainsi mêlé à l'édition que Du Sauzet donna en 1717 des *Œuvres en Vers* de l'abbé de Villiers. Saint-Hyacinthe fait réclamer à Du Sauzet les exemplaires auxquels il a droit (6e lettre de Saint-Hyacinthe à Le Vier, [Paris], dernier d'avril [1717], Leyde, Bibliothèque de l'Université, Marchand 2).

[85] Cf. Alexandre Calame, 'Charles Dufresny et sa famille', *RhlF* 64 (1964), pp.651-56. Du Fresny peut avoir déjà été, du temps où il dirigeait le *Mercure* (1711-1713), en rapports avec Saint-Hyacinthe. La tradition l'implique (Leschevin, ii.411). Mme Du Noyer, pleine d'effusions envers Du Fresny dans les *Lettres* ... et la *Quintessence* aurait pu servir d'intermédiaire (*Lettres* t.v., 1712, pp.254-55, 392-93, etc ...).

Saint-Hyacinthe des sentiments particulièrement chaleureux et admiratifs, et son évocation – sur le Parnasse où Saint-Hyacinthe le fait entrer – est un des morceaux les plus personnels de la *Déification d'Aristarchus Masso*.

On signale Du Fresny à Saint-Hyacinthe comme

> un fou, du moins à en juger par son visage qui se monte en cent manières différentes. C'est *Du Fresny* m'écriai-je en l'interrompant. Oh! rien ne m'empêchera de l'aller embrasser; nous avons bu autrefois ensemble à la santé des Muses. Je m'avançai, en effet, avec précipitation. Il me reconnut, et me félicitant de me voir, sur le Mont Sacré, où il n'avait jamais cru de me voir, il me présenta à ceux avec qui il s'entretenait. J'en fus reçu avec beaucoup de bonté. Ils ont tous une estime particulière pour celui qui me présentait à eux. En effet *Du Fresny* mérite d'être considéré comme un de ces hommes originaux, rares et si distingués par la singularité de leur excellent caractère qu'il n'y en a pas deux à admirer.[86]

Saint-Hyacinthe a été aussi en rapports avec un membre du groupe de Du Fresny, un jésuite – cas exceptionnel – le père Antoine Du Cerceau et ces relations ont une teinte amicale très marquée. Est-ce parce que les différences d'âge entre Saint-Hyacinthe et ses relations s'atténuent ici pour la première fois? Du Cerceau a encore quatorze ans de plus que Saint-Hyacinthe, mais il est beaucoup plus proche de lui que La Monnoye, Chaulieu ou Du Fresny, et ceci à une époque de mouvement où les écarts d'âge et de génération sont particulièrement lourds de conséquences. L'influence sur Saint-Hyacinthe de cet aimable poète, de cet élégant rhéteur, n'a pu en être que plus aisée.

Aussi le passage qui lui est consacré dans la *Déification d'Aristarchus Masso* – car, lui aussi, on le place sur le Parnasse – a un ton d'émotion vivante:

> Du Cerceau, qui avait appris que j'étais sur le Parnasse [...] daignait m'y chercher. Quoique je susse bien qu'il devait un jour y entrer, j'ignorais qu'il y fût déjà.[87] Ainsi sa vue me frappa d'une surprise égale à une émotion que je ressentis mêlée de joie et de tristesse. C'était assurément une de ces âmes, quoiqu'on dise de ceux qui portent son habit,
>
> Quales neque candidiores
> Terra tulit.
>
> Après m'avoir appris la précipitation avec laquelle les Parques l'avaient envoyé sur le Parnasse et nous être entretenu, quoiqu'à la hâte, de plusieurs choses qui s'étaient passées à Paris depuis que je l'y avais laissé, il me demanda des nouvelles ... etc ....[88]

Saint-Hyacinthe a certainement fréquenté à Paris son ancien collaborateur pour l'édition du *Traité du poëme épique*, le p. Le Courayer. Les deux hommes avaient sans doute été mis en rapports par Sallengre, qui était lui-même entré en contact avec l'érudit génovéfain lors de son voyage à Paris en 1714.[89] Après

[86] *Chef d'œuvre* ... édition Leschevin, ii.100-101; on revient à Du Fresny aux pages 104, 105 et 135.

[87] Allusion à la mort brutale et un peu mystérieuse de Du Cerceau, tué d'un coup de fusil dans un accident de chasse par son élève, le prince de Conti.

[88] *Déification* ... éd. Leschevin du *Chef d'œuvre* ii.194. Une Epître *Au révérend père Du Cerceau* l'invitant sur un ton de familiarité, à rendre visite à Saint-Hyacinthe malade, fait partie des *Variétés* pp.59-60

[89] Lettre de Sallengre au *Journal littéraire*, Paris, 16 avril 1714, et minute de lettre du *Journal littéraire* à Sallengre 20 mai 1714, Leyde, Bibliothèque de l'Université, Marchand 1. Cf. aussi Camuzat, *Histoire critique des journaux par m. C****, ii.150.

leur publication commune, Saint-Hyacinthe installé à Paris avait plusieurs raisons de rechercher la compagnie du p. Le Courayer: l'attrait de la bibliothèque de Sainte-Geneviève dont celui-ci était alors bibliothécaire, une sympathie commune pour les jansénistes, et leur intérêt à tous deux, quoique dans des domaines différents, pour l'Angleterre. C'est d'ailleurs en Angleterre qu'ils se retrouveront quelques années plus tard, quand Le Courayer s'y réfugiera, mis en difficultés par ses manifestations en faveur de l'œcuménisme et de la validité des ordinations anglicanes.

C'est probablement par l'intermédiaire de Le Courayer, membre du petit groupe studieux fréquenté par les frères Lévesque, que Saint-Hyacinthe a dû, à cette même époque, nouer avec Lévesque de Burigny cet échange d'idées et cette amitié profonde et tendre qui ont duré jusqu'à la fin de sa vie – et qu'il est entré en rapports avec Lévesque de Pouilly et Lévesque de Champeaux, les autres éléments de cet intéressant trio fraternel.[90] Il est possible, mais peu probable, que ces relations aient débuté en Champagne lors de la jeunesse de Saint-Hyacinthe, les Lévesque étant Rémois: la Champagne de Reims et la Champagne de Troyes sont deux provinces bien distinctes. Et si un contact s'était déjà établi il n'avait pu être qu'assez superficiel, car Lévesque de Burigny, né en 1692, avait seulement dix-huit ans quand Saint-Hyacinthe a quitté définitivement Troyes au début de 1711.

C'est Saint-Hyacinthe qui entraîna Lévesque de Burigny et ses frères, ainsi que Le Courayer, dans une entreprise littéraire commune, sous forme de société, la rédaction du journal l'*Europe savante*.[91] Ce groupe de cinq personnes semble bien être le noyau actif de ce périodique,[92] avec, en Hollande, Van Effen, et l'appui plus passager d'autres hommes de lettres. Prosper Marchand semble avoir joué un rôle de correspondant s'il n'y a pas participé effectivement. Saint-Hyacinthe est le chef reconnu de l'entreprise.[93] C'est lui qu'on peut considérer,

[90] Les principaux faits concernant les frères Lévesque se trouvent dans: *Eloge de m. de Burigny par m. Dacier*, in *Histoire de l'Académie royale des inscriptions et belles lettres, avec les mémoires de littérature tirés de cette Académie*, t.xlvii (Paris 1809), pp.349-65; abbé Genêt, *Une famille rémoise au dix-huitième siècle, les Lévesque*, Extrait des *Travaux de l'Académie de Reims* (Reims 1881); et J. Jacob, *Essai sur l'origine et les antiquités de la ville de Reims*, Reims, Bibliothèque municipale, Mss. 1.673, pp.540-44.

[91] *L'Europe savante* (La Haye 1718-1720), 12 vol. Cf. les études menées parallèlement par J. Varloot, '*L'Europe savante* comme reflet de la Régence', in *La Régence*, Publication du Centre aixois d'Etudes et de Recherches sur le dix-huitième siècle (Paris 1970), pp.131-41 et L. Belozubov, *L'Europe savante (1718-1720)* (Paris 1968).

[92] Leschevin, p.xxxvii. Le fait que le journal était dirigé par des Français, catholiques au moins d'origine, est confirmé par les rumeurs qui couraient dans la République des lettres. La Croze, de Berlin, remercie P. Marchand qui se charge de faire insérer des articles de lui dans *L'Europe savante*: 'Je n'aurais pas osé l'espérer parce qu'il m'a semblé que les Savans auteurs de ce Journal sont Catholiques Romains. J'espère de leur candeur qu'ils insèreront mes pièces telles qu'elles sont et sans y retrancher' (lettre de M. Veyssière de La Croze à P. Marchand, Berlin 14 novembre 1719, Leyde, Bibliothèque de l'Université, Marchand 2).

[93] 'Il a la direction de l'Europe Savante' écrit Sallengre à P. Desmaizeaux, le 2 février 1720, Londres, British Library Add. Mss., 4 287. D'ailleurs la devise 'Uni Vero' qui apparaît en 1719 en liminaire dans ce périodique est celle dont Saint-Hyacinthe cachette ses lettres de l'époque.

plus peut-être encore que pour le *Journal littéraire* car il a maintenant plus d'autorité pour s'affirmer, comme responsable de la conception du périodique, de sa méthode et de son orientation.

L'organisation est la même que celle du *Journal littéraire* dont elle se réclame d'ailleurs (*L'Europe savante*, I, 1re partie, p.x): c'est une société. La préface exprime encore une fois la supériorité pour un journal de cette forme si chère à Saint-Hyacinthe: 'Dans une Société chaque Particulier a ses sentiments et le même droit de les faire valoir. De là résulte un examen critique dont les contradictions amènent à l'impartialité, où l'opposition de divers sentiments fait, pour ainsi dire, réfléchir des lumières qui servent à mettre la vérité dans un beau jour' (p.xii).

Quant au danger de fragilité d'une société on l'écarte rapidement et avec l'optimisme si caractéristique de Saint-Hyacinthe en affirmant: 'nous avons pris des mesures certaines pour la continuation de ce Journal' (p.xiii). *L'Europe savante* ne devait cependant pas durer plus de deux ans.

La méthode choisie est caractérisée par un souci d'impartialité. On atteint celle-ci, en se défendant de toute malignité (pp.xvii et xviii), grâce à la lumière apportée par le jeu mutuel des idées dans la société (p.xii), mais surtout par la solidité de l'information. Saint-Hyacinthe souligne ici une nouvelle fois l'importance, très moderne, qu'il accorde à la précision des sources et des références. A propos de la *Gallia Christiania* et des travaux des religieux Mauristes, il exprime la reconnaissance que 'la République des Lettres' doit aux érudits qui sauvent de l'oubli et publient des documents: 'ils nous ont procuré des connaissances dont nos Pères étaient privés; on peut même dire qu'on leur est plus redevable que s'ils avaient fait de bons livres. Un homme de lettres, par la supériorité de son Génie, par l'assiduité de son travail et par la force de son attention peut se passer d'un livre moderne, quelque excellent qu'il soit. Mais il n'y a rien qui puisse lui tenir lieu d'une Pièce, d'un Acte, d'un Monument historique qu'il n'a pas vu.'[94] Les auteurs maintiennent cette position en relevant les erreurs d'information qu'ils trouvent dans les livres étudiés,[95] et en s'efforçant d'établir en fin d'année une table de tous les ouvrages que les autres journaux ont étudiés, avec les jugements qu'ils en ont portés.[96]

Appuyée sur une information exacte, la méthode se complète par son aspect critique. *L'Europe savante*, ici encore, se place dans la ligne du *Journal littéraire* mais avec beaucoup plus de netteté dans l'application.[97]

Cette critique s'étendra même aux ouvrages 'qui regardent les Loix divines

[94] 1ère partie, janvier 1718, p.122, cité partiellement par E. Haase, *Einführung in die Literatur des Refuge* (Berlin 1959), p.429.

[95] Notamment *L'Europe savante*, t.i, 1ère partie, janvier 1718, pp.134-36, et t.iv, 2ème partie, août 1718, pp.230-57, où 'l'on reprend plusieurs Fautes qui se trouvent dans le Grand Dictionnaire Historique [de Moréri, éd. de 1718] à la lettre z'.

[96] Préface, p.xv. Cette table n'a été en fait publiée qu'une fois, à la fin de 1718.

[97] Le besoin d'une presse critique était ressenti alors. Cf. Montesquieu, *Lettres persanes*, ed. P. Vernière (Paris 1960), Lettre CVIII, p.226: les journalistes 's'imposent une autre [loi] qui est d'être très ennuyeux. Ils n'ont garde de critiquer les livres dont ils font les extraits, quelque raison qu'ils en aient; et en effet quel est l'homme assez hardi pour vouloir se faire dix ou douze ennemis tous les mois?'

et humaines[98] [... mais] dans les livres de Religion nous examinerons seulement si les raisonnemens de l'Auteur naissent naturellement de ses Principes; si les citations sont justes et si l'esprit de modération règne dans son ouvrage'. Ainsi, 'joignant le Critique à l'Historique',[99] *L'Europe savante* pourra remplir son devoir de Journal: 'Par la lecture des Journaux les Personnes qui aiment les Sciences et les Arts s'instruisent du progrès qu'on y fait. Elles sont informées des livres qui paraissent; et jugent par l'Extrait qu'on donne s'ils méritent d'avoir place dans leur Bibliothèque. C'est un préservatif contre le fard des titres' (p.xvii). Et le journal pourra être 'utile, même à ceux qui ont les livres dont on donne des extraits' (p.xiv).

Cette *Europe savante* représente pour nous un écho des préoccupations de son temps – ce qui est normal pour un périodique toujours plus étroitement assujetti à l'actualité que le livre – vu sous l'angle de Saint-Hyacinthe. Elle reflète les problèmes qui ont intéressé, ému, inquiété ou passionné, pendant cette année 1718,[100] Saint-Hyacinthe, homme du dix-huitième siècle. Et ce qui frappe d'abord, c'est la largeur du domaine embrassé. Dans un monde qui s'oriente vers la spécialisation, *L'Europe savante* se veut, et reste, encyclopédique: 'Nous parlerons de tous les livres qui viendront à notre connaissance ... de tout ce qui concerne les Arts, les Sciences, et ceux qui s'y distinguent' (p.xiii). Cette ampleur de préoccupations est soulignée par le sérieux du but proposé: les journalistes ne veulent pas tomber dans le superficiel et la légèreté, et ils auront surtout égard à l'instruction et 'à la commodité des lecteurs judicieux'.[101]

Par rapport au *Journal littéraire*, la répartition des intérêts est marquée par une très nette régression des articles de type théologique; d'autres domaines profitent naturellement de l'espace libéré par cette 'laïcisation' relative. Cependant les thèmes religieux apparaissent certes,[102] et parfois négativement, comme objets d'attaques voilées de la part de l'esprit philosophique. Le numéro de juillet 1718 contient à la fois des plaisanteries faciles sur la sainte Ampoule descendue du ciel, un article sur Vanini, et une étude sur la *Philosophical enquiry concerning human liberty*, de Collins. Autre sujet religieux, mais en même temps politique, la crise janséniste est évoquée à plusieurs reprises dans les pages de *L'Europe savante*.[103]

Un des thèmes qui reviennent le plus souvent dans cet ensemble très large d'intérêts est celui de l'Angleterre, thème souligné dès la préface et étudié sous

[98] *L'Europe savante*, t.iii, 2e partie, juillet 1718, p.218.

[99] Préface, p.xiv. Le texte reprend presque exactement la préface des *Mémoires littéraires*: 'on peut me considérer dans ces Mémoires sous deux idées différentes, comme *Historien* et comme *Critique*', Préface. *L'Europe savante* est plus critique que ne l'était le *Journal littéraire*.

[100] C'est vers le début de 1719 que Lévesque de Burigny remplace à peu près entièrement Saint-Hyacinthe et même les autres collaborateurs (*Histoire de l'Académie royale* pp.355 et 361). Cette deuxième partie du *Journal* intéresse donc beaucoup moins directement Saint-Hyacinthe.

[101] Préface, p.xv. Les extraits sont, dans l'ensemble, nettement plus longs que dans le *Journal littéraire*, permettant une étude plus approfondie.

[102] J. Varloot a calculé qu'ils occupent environ 30% des pages de *L'Europe savante* (p.135).

[103] Notamment t.iii, 1ère partie, mai 1718, pp.125 ss; 2e partie, juin 1718, pp.212ss., t.iv, 2e partie, août 1718, pp.301 ss.

ses différents aspects, littéraire, philosophique et politique, avec référence aux réalités françaises correspondantes:[104] 'L'Angleterre est un païs où les Sciences et les Arts fleurissent autant qu'en aucun lieu du Monde; elles y sont cultivées dans le sein de la Liberté. Il est important pour les gens de lettres d'avoir quelqu'un qui soit capable de les informer de ce qui s'y passe' (p.xi).

Philosophiquement, le cartésianisme et les théories nouvelles de Newton constituent aussi un centre d'intérêt: une défense de Malebranche est présentée contre les attaques des théologiens catholiques.[105] Et l'opposition en physique des théories cartésiennes présentées par le mathématicien Rémond de Montmort et de celles de Newton constitue l'article principal du mois d'octobre 1718.

Les problèmes scientifiques[106] occupent une place importante dans *L'Europe savante*, et ceux-ci sont parfois à la limite de la technique.[107] Les tendances de l'*Encyclopédie* ou de Rousseau se laissent déjà deviner en ce début du siècle ... L'autre aspect original de l'intérêt scientifique qui apparaît ici consiste en l'effort du dix-huitième siècle, auquel Saint-Hyacinthe participe, pour développer le champ d'application des méthodes mathématiques, et les utiliser notamment en philosophie et en morale.[108]

La préoccupation majeure de *L'Europe savante* reste cependant littéraire, et c'est d'abord dans le cadre de la Querelle des Anciens et des Modernes qu'elle s'exprime. La discussion elle-même apparaît à plusieurs reprises,[109] les préférences de Saint-Hyacinthe vont évidemment du côté des modernes, et il exprime son admiration pour Fontenelle.[110] Ce parti-pris n'empêche pas un souci d'impartialité qui lui fait insérer un article sur Boileau,[111] ou se référer aux travaux de Dacier.[112] L'autre sujet qui semble cristalliser la sensibilité littéraire de Saint-Hyacinthe dans ces premières années de la Régence est l'intérêt pour Fénelon,[113] qui jouit d'un préjugé favorable en raison de son opposition à Louis XIV: l'édition donnée par Ramsay[114] profite de cette vague de curiosité.

[104] Notamment t.i, 2e partie, janvier 1718, pp.195-254, à propos de la *Dissertation sur les whigs et les torys*, de Rapin-Thoyras. Aussi, dans le même volume, pp.317ss.; t.iii, 1ère partie, mai 1718, pp.110ss.; t.vi, 1ère partie, novembre 1718, pp.96-100; 2e partie, décembre 1718, pp.213-48; t.vii, 1ère partie, janvier 1719, p.81; t.iv, 1ère partie, juillet 1718, pp.114ss.

[105] t.iv, 1ère partie, juillet 1718, pp.129ss. et t.iv, 2e partie, août 1718, pp.258ss.

[106] t.i, 1ère partie, janvier 1718, p.164; t.ii, 1ère partie, mars 1718, pp.3ss; t.vii, 2e partie, février 1719, pp.329-30.

[107] t.i, 2e partie, février 1718, pp.282ss.; t.iv, 1ère partie, juillet 1718, pp.43ss.

[108] t.ii, 2e partie, avril 1718: *La Vérité de la religion chrétienne démontrée par ordre géométrique*, pp.257-75.

[109] t.ii, 1ère partie, mars 1718, pp.95-98 et 122-29; t.v, 2e partie, octobre 1718, pp.200-209.

[110] t.i, 1ère partie, janvier 1718, pp.1-116, et notamment p.105.

[111] t.ii, 2e partie, avril 1718, pp.163ss.

[112] t.i, 1ère partie, janvier 1718, pp.164-79.

[113] t.iii, 2e partie, juin 1718, pp.169ss.; t.v, 1ère partie, septembre 1718, pp.37 ss., 137ss., 154; t.vii, 2e partie, février 1719, pp.308-309.

[114] Celui-ci reçoit à l'occasion son tribut de louanges: 'Après l'analyse que nous venons de donner, on s'attend sans doute que nous allons faire honneur de cette Dissertation à quelqu'une des plus célèbres plumes de l'Académie Française [...] Quelle surprise pour nos lecteurs lorsqu'ils sauront que c'est un Etranger qui écrit si bien notre langue. Il se nomme m. Ramsay et est Ecossais de nation' (t.iii, 2e partie, juin 1718, p.186).

Le nom de Ramsay, avec qui Saint-Hyacinthe est peut-être déjà en rapports,[115] introduit un aspect plus personnel dont *L'Europe savante* est aussi révélatrice. On n'y décèle pas seulement des préférences intellectuelles ou idéalistes, mais aussi des affinités, des appartenances, des oppositions plus limitées, plus mesquines parfois, les traces des petites chapelles ou des inimitiés violentes qui font partie de la vie de tous les jours d'un homme de lettres. Ainsi, au fil des articles et des jugements, on perçoit une allégeance au groupe du Palais-Royal et du Régent en face de l'Académie à travers le récit de l'exclusion de l'abbé de Saint-Pierre,[116] le souvenir de liens avec le p. Du Cerceau,[117] Rémond de Saint-Mard,[118] Lenfant, l'érudit huguenot réfugié à Berlin,[119] ou avec des relations de sa période hollandaise, Douxfils[120] et Van Effen.[121] L'importance donnée à la tentative de Lagrange-Chancel, qui n'est pas encore l'auteur des *Philippiques*, pour fonder une Académie à Périgueux[122] se rattache peut-être aux relations de Saint-Hyacinthe avec les Labrousse, parents de Lagrange-Chancel.

L'Europe savante, si elle n'a pas eu le succès de diffusion du *Journal littéraire*, en a eu un d'estime qui correspond d'ailleurs peut-être à son genre plus sérieux, à son effort d'étude plus approfondie. Elle garde, en ce qui concerne Saint-Hyacinthe, un caractère personnel très marqué et porte témoignage ainsi de la remarquable sympathie intellectuelle qui l'unissait à Lévesque de Burigny, principal responsable avec lui de ce périodique. *L'Europe savante* dans cette perspective humaine peut être considérée comme le point de départ et le premier acte d'une grande amitié.

Le dernier élément de ce tour d'horizon des contacts de Saint-Hyacinthe à Paris, de 1716 à 1720, est constitué par ses relations avec Voltaire, justement au moment où celui-ci passe du rôle de spirituel causeur et de poète mondain à celui d'auteur dramatique auréolé d'un succès littéraire de premier plan. On ne sait quand et comment eut lieu l'entrée en rapports. Voltaire est souvent absent de la société parisienne pour cause d'exil ou de Bastille dans les années où Saint-Hyacinthe la fréquente ... Peut-être le Temple a-t-il pu servir de lieu de

[115] Il le sera plus tard, en Angleterre (cf. ci-dessous, chapitre 6). Il est assez probable que l'entrée en relations remonte au premier séjour parisien de Saint-Hyacinthe.

[116] t.v, 1ère partie, septembre 1718, pp.65-66

[117] t.ii, 1ère partie, mars 1718, pp.137-38 et t.v, 1ère partie, septembre 1718, p.154.

[118] t.ii, 1ère partie, mars 1718, p.99. Leurs rapports doivent remonter aux séjours de Saint-Hyacinthe au château des Cours, près de Troyes. Cf. ci-dessus, chapitre 2.

[119] t.v, 1ère partie, septembre 1718, pp.15ss.

[120] t.vii, 2e partie, février 1719, pp.313-29.

[121] Une critique très favorable est donnée à *La Bagatelle*, périodique que Van Effen vient de lancer à Amsterdam (t.iii, 1ère partie, mai 1718, pp.166-67). On est même tenté de se demander s'il n'y a pas là plus que de la sollicitude pour un ami et si Saint-Hyacinthe n'aurait pas collaboré quelque peu à *La Bagatelle*. La chaleur du ton, surtout l'emphase mise sur la devise du journaliste '*non fumum ex fulgore sed ex fumo dare lucem*' le font penser, car cette devise, Saint-Hyacinthe si attentif à ces sortes de signatures cryptiques, la reprendra à son compte à la fin de sa vie dans le *Fantasque* (Amsterdam 1745). Mais on ne peut guère aller plus loin que le point d'interrogation.

[122] t.v, 2e partie, octobre 1718, pp.304-306.

rencontre. En tout cas, lors d'une des premières représentations d'*Œdipe*,[123] Saint-Hyacinthe était placé à côté de Voltaire, qu'il connaissait déjà et lui dit 'en lui montrant la multitude des spectateurs: Voilà un éloge bien complet de votre tragédie, à quoi M. de Voltaire répondit très honnêtement: Votre suffrage, Monsieur, me flatte plus que celui de toute cette assemblée'. Et Lévesque de Burigny qui rapporte l'anecdote[124] fait le point des relations entre les deux hommes: 'Ils se voyaient quelquefois, mais sans être fort liés; ils se rendaient pour lors justice l'un à l'autre.' Des relations épisodiques de bon voisinage, sans grande influence sur l'un ni sur l'autre, tels semblent avoir été les rapports qui ne prennent leur relief que de la violente querelle qui les opposera plus tard.

Cet ensemble de liens, de contacts avec des milieux différents, est un aspect important de la vie de Saint-Hyacinthe dans ces années 1716-1720, mais on aimerait saisir sa trame plus quotidienne et plus intime, ce que les correspondances, surtout celles d'une époque très cérémonieuse, laissent échapper; seules quelques indications fugitives permettent d'en apercevoir des aspects: le premier est la maladie: Saint-Hyacinthe, cet éternel malade, a encore subi des attaques de son 'oppression de poitrine', accompagnées de fièvres, au moins à l'automne 1716.[125] Quand il est bien portant, Saint-Hyacinthe doit fréquenter le théâtre, ou l'opéra qu'il ne méprise pas;[126] il va éventuellement 'en campagne'[127] et l'on retrouve le Saint-Hyacinthe qui se plaisait dans les châteaux des environs de Troyes et qui aimera toujours un cadre verdoyant pour sa pensée et sa conversation; il a des liaisons, avec le détachement et le réalisme assez brutal de cette époque, surprenants chez des hommes qui font preuve à d'autres moments de délicatesse, de vivacité et de profondeur de sentiment: 'J'ay été extrêmement dérangé, non seulement par ma maladie, mais encore par la mort d'une de mes amies, ce qui a exigé de moy des soins et des dissipations considérables. Mais tout est fini, Dieu Mercy.'[128] Bref, il mène la vie d'un homme de la Régence, et là où les documents font défaut, l'abondante iconographie mondaine du temps, les tableaux ou les estampes qui en représentent la vie quotidienne, permettent d'évoquer cette existence.

Ce Saint-Hyacinthe si bien intégré au cadre parisien n'a cependant pas rompu ses liens avec la Hollande. La correspondance conservée, avec Le Vier, n'est qu'un échantillon de celles qui ont dû être perdues. Elle permet seulement d'évaluer l'importance et le sens des rapports conservés ainsi: de France, vers la Hollande, partent les directives pour l'édition des œuvres de Saint-Hyacinthe et les innombrables demandes pour tout ce que la Hollande seule peut fournir aux hommes cultivés de France: journaux et livres. Intervient ici le jeu compliqué

[123] Donc entre le 18 novembre 1718 et le 26 avril 1719 (archives de la Comédie-Française).

[124] *Lettre de m. de Burigny ... à m. l'abbé Mercier*, p.4.

[125] Lettres à Le Vier, [Paris] ce 1er octobre [1716] et ce 23 [octobre 1716]. [Leyde, Bibliothèque de l'Université, Marchand 2.

[126] *Lettres à madame Dacier*, pp.41-43.

[127] Lettres à Le Vier [Paris] ce 1er octobre [1716] et ce 23 [octobre 1716] (Leyde, Bibliothèque de l'Université, Marchand 2).

[128] Lettre de Saint-Hyacinthe à Le Vier [Paris] ce 3 décembre (1716) (Leyde, Bibliothèque de l'Université, Marchand 2). La lettre est cependant cachetée de noir ...

des intermédiaires,[129] des destinataires privilégiés,[130] des efforts pour faire entrer en France les livres interdits.[131] Dans un sens comme dans l'autre, un courant de précieuses 'nouvelles littéraires' accompagne lettres ou envois, et les compléments les plus inattendus apparaissent parfois.[132]

Un autre témoignage des liens conservés par Saint-Hyacinthe avec la Hollande pourrait être un écrit de cette période qui lui est attribué: la *Dissertation critique et analytique sur les chronogrammes*. Il y en a eu deux éditions. La première, de 1718, semble avoir complètement disparu. P. Lacroix la mettait même en doute (*Bulletin du bibliophile* novembre 1859, p.770). L'extrait qu'en donne *L'Europe savante* en janvier 1719 (t.vii, 1ère partie, pp.75-83) confirme son existence. De la réédition de 1741 (*Dissertation critique et analytique sur les chronogrammes publiée en 1718, revue et corrigée par l'Auteur*, Bruxelles, Vve Foppens, 1741) un seul exemplaire est connu, à la Bibliothèque nationale à Paris, inclus dans un recueil factice (Res.z.Fontanieu 65 (10)). En l'absence de tout document, l'attribution repose sur l'indication donnée par P. Lacroix. Les circonstances extérieures correspondent assez à la vie de Saint-Hyacinthe: 1ère édition préparée en 1717, l'auteur était absent des Pays-Bas (Dissertation *Aux lecteurs*, p.497 du Recueil de la B.N.) et la réédition en 1741, alors que Saint-Hyacinthe est réinstallé en Hollande dans des circonstances matérielles très difficiles, et essaie de gagner quelque argent de toutes les manières possibles, notamment par des rééditions. La Veuve Foppens est l'éditeur de Saint-Hyacinthe pour plusieurs œuvres de la 2e partie

[129] Douxfils, l'ennemi de mme Du Noyer, qui a un emploi aux Postes à Bruxelles, est l'intermédiaire le plus courant dans cette période. On envoie aussi des caisses de livres par mer, de Rotterdam par Rouen (Lettres de Saint-Hyacinthe à Le Vier, Leyde, Bibliothèque de l'Université, Marchand 2).

[130] Grands seigneurs munis de postes politiques, comme le maréchal d'Huxelles (Lettre de Saint-Hyacinthe à Le Vier, [Paris] ce 9 juin [1717], Leyde, Bibliothèque de l'Université, Marchand 2) ou libraires possédant des droits ou des possibilités de fait (Lettre de Saint-Hyacinthe à Le Vier, [Paris] ce 3 décembre [1716] Leyde, Bibliothèque de l'Université, Marchand 2): Mariette, Montalant, ou ce Coutellier représentant des dynasties de libraires: son fils, libraire à Paris comme lui, épousera la fille du libraire hollandais Gosse (Lettre de Saint-Hyacinthe à Lévesque de Burigny, Saint-Joris, 16 mai 1744, Besançon, Bibliothèque municipale, Mss.607 ff.37-38) et sa veuve se remariera avec le libraire Guérin (Lettre de Daudé à Desmaizeaux, Paris, 22 décembre 1733; Londres, British Library, Add. Mss. 4 283, ff. 49-50).

[131] Saint-Hyacinthe a eu des surprises désagréables: 'J'ay reçu [...] les mémoires [littéraires] avec l'histoire critique [de la République des Lettres]. On a arrêté le reste' (Lettre à Le Vier [Paris] ce 23 (octobre 1716). Mais pour un autre envoi, il est très sûr de lui: 'Quelques livres défendus qu'il y ait, je les recevray comme s'il n'y en avait point' (Lettre à Le Vier, [Paris] ce 3 décembre [1716]; Leyde, bibliothèque de l'Université Marchand 2). C'est peut-être à cet envoi que s'appliquait le 'billet' que Saint-Hyacinthe a obtenu de l'abbé d'Aguesseau pour faire entrer 'deux grandes caisses de livres' sans être ouvertes à la 'Chambre syndicale' (3e lettre de Saint-Hyacinthe à Lévesque de Burigny, Saint Joris, 17 février 1743, Besançon, Bibliothèque municipale, Mss. 607, ff. 33-34).

[132] 'Si votre ballot [...] n'est pas parti, ayez la bonté d'y joindre six livres du plus beau lin à filer qu'on puisse trouver à Rotterdam. Vous avez des dames dans cette ville qui je croy se feront un plaisir de vous faire cet achat, mais, Monsieur, que ce soit tout du plus beau' (Lettre de Saint-Hyacinthe à Le Vier, [Paris] ce 3 décembre, [1716]; Leyde, Bibliothèque de l'Université, Marchand 2).

de sa vie. D'un point de vue plus personnel, l'esprit de ces passe-temps, jeux de mots ou de lettres, est quelque chose que Saint-Hyacinthe ne méprise nullement. La manière dont le sujet est traité, avec son souci de précision, la vue d'ensemble du problème, le goût de l'étymologie et de l'orthographe, le ton, est bien celle que Saint-Hyacinthe pourrait utiliser. Une référence au Docteur Matanasius (p.576) et l'article de huit pages dans *L'Europe savante*, d'une importance qui paraît hors de proportion avec l'intérêt et le volume de l'ouvrage, ajoutent des présomptions pour l'attribution à Saint-Hyacinthe. Il est cependant probable qu'il y avait eu pour l'édition de 1718 une collaboration entre Saint-Hyacinthe et Van Effen désigné par le terme de petit-maître dans le libellé du titre de 1718, Van Effen étant alors connu comme l'auteur de la comédie *Les Petits-Maîtres*. L'idée d'une œuvre à deux est impliquée par la Préface (p.497). Pour l'édition de 1741 Saint-Hyacinthe est seul en cause, Van Effen étant mort en 1735.

Cette œuvrette est étroitement inféodée à la Hollande par son sujet, ce petit jeu formel, si à la mode alors dans ce pays, consistant à enfermer dans une sentence une date déterminée par ses lettres numérales. L'ouvrage est très limité, par son genre même, mais l'auteur sait y faire preuve de bon sens et d'équilibre dans sa protestation contre les abus de cette mode (pp.532 et 552ss.), dans son rappel à la simplicité nécessaire (p.544), dans son maintien des règles logiques du genre.[133] Et c'est par une pirouette chronogrammatique qu'il exprime son opinion sur cette fantaisie: 'StVLtVM est DIffICILes habere nVgas': 'Il est stupide de s'amuser à des babioles difficiles', ce qui indique la date de 1718 (p.540). Ou, de façon plus générale, et par l'instrument de Mellin de Saint-Gelais, un autre choix caractéristique de Saint-Hyacinthe, il juge lucidement de tels jeux d'esprit (p.568):

> Un jour tournant votre nom
> Je fis servir plus d'une lettre
> A mon sujet, et d'autres non.
> Toutes n'y voulurent pas être
> Mais néanmoins pour les y mettre
> Je les tournai comme un fagot.
> Hélas que le travail est sot
> Quand le bons sens n'est pas le maître.

Les rapports avec la Hollande sont d'autant moins rompus que Saint-Hyacinthe va y retourner au début de 1720, mais le bilan de ces quatre années parisiennes est capital pour lui, non seulement par leur enrichissement intellectuel ou de contacts sociaux, mais par l'inflexion d'ensemble qu'elles donnent à sa pensée. Quand Saint-Hyacinthe est arrivé en France il était très marqué par la Hollande qui l'avait coupé assez profondément de ses racines françaises. Les années de 1716 à 1720 le font rentrer dans le climat français qu'il a redécouvert avec enthousiasme.[134] Le retour en Hollande, le séjour en Angleterre, ne changeront

[133] Il faut que le texte s'applique à la date qu'il exprime – ce dont on finissait par ne plus se soucier (pp.529-30).

[134] Les témoignages sont tous dans le même sens: s'il n'y a pas assez de documents pour le recueil en Hollande 'je vous enverrai d'ici de quoy. Et vous ne perdrez rien au change' (1ère lettre de Saint-Hyacinthe à Le Vier [Paris] s.d. [1716]. Leyde, Bibliothèque de L'Université, Marchand 2). Il parle de haut des médisances de 'mes bons amis de

rien à l'impulsion qui est désormais donnée. Les autres pays apporteront certes beaucoup à Saint-Hyacinthe, mais comme complément, ou comme réactif. Le centre de gravité s'est définitivement déplacé. Désormais, Saint-Hyacinthe n'est plus intellectuellement un réfugié.[135] Il a rejoint la tradition française et c'est dans le cadre d'ensemble de cette tradition qu'il va élaborer son apport personnel.

Hollande' (Lettre à Le Vier, [Paris] ce dernier avril [1717]. Leyde, Bibliothèque de l'Université, Marchand 2). En rendant compte d'un *Recueil de pièces fugitives d'histoire et de littérature* qui paraît à Paris, Saint-Hyacinthe mentionne que c'est 'un genre d'ouvrage qu'il est aisé de rendre bon dans une ville comme Paris: il ne faut que du goût, de l'exactitude et des Relations avec les Savans' (*L'Europe savante*, avril 1718, t.ii, 2e partie, p.282).

[135] La tradition faisait de Saint-Hyacinthe un réfugié qui n'a plus aucune attache avec la France et ne sait même plus s'y plaire (Leschevin, p.xxxvii; Haag, *France protestante*). E. Haase, de manière plus nuancée, déclare que Saint-Hyacinthe a trouvé sa patrie spirituelle dans le Refuge (*Einführung* p.404).

5. Un entr'acte hollandais: 1720-1722

Au début de 1720, Saint-Hyacinthe revient s'installer en Hollande. La raison donnée pour ce changement de domicile est sa mauvaise santé; Sallengre, qui reçoit Saint-Hyacinthe à son arrivée à La Haye, semble même très pessimiste sur son état: 'Sa santé est fort dérangée et je crains pour sa vie. Il est venu pour se rétablir en Hollande'.[1] Certes, le calme provincial des Pays-Bas et du plus grand village de l'Europe était plus propice à une convalescence que Paris au rythme déjà lourd, mais l'argument ne paraît pas suffisant pour justifier un tel voyage. D'autres intentions étaient probablement en jeu, qu'il est assez difficile de discerner. A un projet de voyage en Angleterre, qu'indique aussi Sallengre,[2] ont dû s'ajouter des nécessités d'affaires pour des éditions, peut-être aussi des besoins matériels, le tout renforcé par cette veine d'instabilité qui jette toujours Saint-Hyacinthe vers le changement.

Il va rester cette fois-ci en Hollande jusqu'à la fin de 1722, époque où se réalisera son vœu de connaître l'Angleterre. Ceci laisse trois années pour le présent séjour aux Pays-Bas, trois années moins intenses que celles qu'il vient de vivre à Paris, des années qui semblent correspondre à une periode de maturation intérieure, d'assimilation de ce que la vie française lui a apporté – à la fois un prolongement de l'expérience récente, et l'atteinte d'un nouvel équilibre. Saint-Hyacinthe va continuer a écrire pendant ces trois ans, peu d'ailleurs, sa production étant cependant dominée par une de ses œuvres importantes: *Les Lettres écrites de la campagne*. Et il va vivre, d'une vie complexe que l'on n'aperçoit qu'en quelques points d'émergence dans ses différentes faces, vie aventureuse, vie mondaine et de cour, vie de culture intellectuelle. Dans le courant de 1722, un événement viendra donner une nouvelle direction à l'existence de Saint-Hyacinthe: il va se marier, pénétrer ainsi dans des cercles tout à fait différents, assumer des responsabilités. Une autre période de sa vie s'ouvrira.

Quand Saint-Hyacinthe s'installe à nouveau à La Haye, l'entreprise de l'*Europe savante* touche à sa fin, donc, malade ou bien portant, il ne peut y avoir 'fait grand'chose'.[3] La tradition lui attribue encore le début de la traduction de *Robinson Crusoë* que L'Honoré et Châtelain publient en 1721.[4] Le fait est rendu

[1] Et Sallengre revient encore à deux reprises dans le cours de la lettre sur le mauvais état de santé de Saint-Hyacinthe (Lettre de Sallengre à Desmaizeaux, La Haye, 2 février 1720, Londres, British Library, Add. Mss. 4.287).

[2] 'Il veut à toute force aller au printemps prochain en Angleterre et vous le verrez en ce cas. Mais je ne crois pas que sa santé et sa poitrine qui est fort mauvaise le permettent.'

[3] Il a la direction de l'*Europe savante*, mais sa mauvaise santé ne 'lui permet pas d'y faire grand'chose' (Lettre citée de Sallengre à Desmaizeaux, La Haye, 2 février 1720).

[4] *La Vie et les avantures surprenantes de Robinson Crusoë*, contenant entr'autres évènemens le séjour qu'il a fait pendant vingt-huit ans dans une Isle déserte située sur la Côte d'Amérique, près de l'embouchure de la grande rivière Oroonoque. Le tout écrit par lui-même, Amsterdam, L'Honoré et Châtelain, 1721. Comme il semble bien que Van Effen ait traduit ce même *Robinson Crusoë* à partir de la deuxième moitié du premier volume c'est la première moitié que l'on attribue généralement à Saint-Hyacinthe. Cf. Leschevin, i.xxxviii et note z des pièces préliminaires (ii.412-13). Pratiquement, il n'y a pas de différence discernable dans la traduction d'une partie de l'ouvrage à l'autre.

très vraisemblable par ses goûts anglais et de philosophie naturelle, par ses collaborations avec Van Effen traducteur du reste de l'œuvre, par ce mouvement assez caractéristique d'impulsion et de début de réalisation, puis de retrait, en abandonnant soudain la suite à d'autres.

Si Saint-Hyacinthe n'a pas écrit la préface qui exprime les intentions des traducteurs, et il l'a peut-être fait, il aurait pu en prendre à son compte les théories, premières résonances, semble-t-il, de thèmes que sa pensée va développer. Il pouvait déjà éprouver cette réserve vis-à-vis de l'imagination et de la fiction romanesque,[5] exprimer la revendication de la vérité psychologique: ce livre présente non seulement les aventures de Robinson Crusoë, mais aussi 'une histoire des situations différentes de son esprit et des révolutions qui sont arrivées dans son cœur. Les unes et les autres répondent avec tant de justesse aux évènements qui les précèdent qu'un lecteur capable de réflexions sent de la manière la plus forte que dans les mêmes circonstances, il est impossible de n'être pas agité par les mêmes mouvements ... L'art et la force de l'imagination peuvent mettre en quelque sorte la fiction au niveau de la vérité.' Si bien que le 'défaut de génie et de lumières' de l'œuvre constitue son principal mérite, car 'la naïveté en fait le caractère essentiel et dans une pareille relation elle vaut infiniment mieux que la finesse d'esprit'.[6]

Ce souci revendiqué de véracité apparaît timidement chez les traducteurs en tant que tels, en face des préoccupations traditionnelles plus artistiques et studieusement infidèles. Le résultat est un compromis, qui les révèle, en dépit d'une certaine pusillanimité, sensibles au réalisme vigoureux, à la saveur de terroir, du style de Daniel Defoe: la traduction 'n'est pas scrupuleusement littérale et l'on a fait de son mieux pour y aplanir un peu le stile raboteux qui, dans l'original, sent un peu trop le matelot, pour satisfaire à la délicatesse française. Cependant on n'a pas voulu le polir assez pour lui faire perdre son caractère essentiel qui doit être hors de la jurisdiction d'un traducteur fidèle.' Et cette traduction réussit en effet à garder un charme de 'naïveté', un reflet de l'original qui la rendent très séduisante.

Quant à l'esprit même de l'œuvre, les traducteurs s'efforcent avec un zèle pieux de le défendre contre l'accusation possible d'irréligion, ouvrant ainsi des perspectives sur les préoccupations de l'époque et leurs propres arrière-pensées car la première comparaison qu'ils évoquent est avec l'*Histoire des Sévarambes* et les *Voyages de Jacques Sadeur*! Ils se contentent d'ailleurs d'invoquer dans leur apologie le culte de la providence et la religiosité sincère, mais bien vague, de Daniel Defoe: 'Il ne se peut rien trouver de plus orthodoxe que le pauvre Robinson Crusoë, rien n'est plus édifiant que les réflexions continuelles qu'il fait pour justifier la providence divine dans tout sa conduite avec les hommes, rien de plus exemplaire que sa résignation dans tous les malheurs sous lesquels il est obligé de gémir.'

Saint-Hyacinthe n'est pas encore très accordé à cette chaleur de sensibilité

[5] Cf. par exemple: *Lettres écrites de la campagne*. Edition de Londres, Bettenham 1731, p.161, ou *Historiettes galantes*, p.205 qui expriment la même inquiétude morale envers l'esprit romanesque.

[6] Cf. une des nombreuses critiques de la 'finesse d'esprit' et du 'bel esprit' dans la préface des *Variétés* ...

religieuse qui deviendra si caractéristique de sa personnalité. Le séjour en Angleterre, la réflexion et les épreuves aideront à la mûrir. *Robinson Crusoë* n'est probablement pas étranger à ses premiers mouvements. Inversement, il est intéressant que Saint-Hyacinthe ait pu participer à l'introduction de *Robinson Crusoë* dans le milieu cultivé de langue française, et aux courants littéraires que cette œuvre allait provoquer.[7]

Si Saint-Hyacinthe a eu très probablement une part de responsabilité dans la traduction de *Robinson Crusoë*, il paraît exclu qu'il soit l'auteur d'un pamphlet qui lui est quelquefois attribué: *Les Avantures de Pomponius*.[8] L'accord des critiques est d'ailleurs à peu près général pour lui refuser cette œuvre. Il n'y a à cette attribution que des difficultés et aucune indication positive. Le manuscrit en a été envoyé de Paris à un libraire d'Amsterdam à la fin de 1722,[9] alors que Saint-Hyacinthe était en Hollande depuis plusieurs années et quittait ce pays pour l'Angleterre. Le pamphlet est hostile au Régent alors que Saint-Hyacinthe était justement inféodé à la famille d'Orléans. Le style bref, un peu sec, et la manière, avec la multiplicité des caractères et la complication de l'intrigue, sont très différents de tout ce qu'a fait Saint-Hyacinthe. On ne voit aucune raison de revendiquer *Pomponius* pour lui.

Par contre, c'est au cours de cette période hollandaise que Saint-Hyacinthe va publier une de ses œuvres les plus significatives, les *Lettres écrites de la campagne*[10] Cette fois-ci, on se trouve pour les questions d'attribution sur un terrain solide, Saint-Hyacinthe se déclarant l'auteur de ce petit livre dans une lettre à Prosper Marchand,[11] dans le libellé du titre de la réédition anglaise de 1731,[12] et par l'inscription 'ex dono scriptoris' que porte l'exemplaire de cette même réédition dans la bibliothèque de La Brède.[13] Et l'œuvre est tellement caractéristique de

[7] Non seulement la traduction attribuée à Saint-Hyacinthe et Van Effen est la première en langue française, mais elle a été publiée à nouveau, à de nombreuses reprises jusqu'à l'époque moderne. Cf. catalogues de la Bibliothèque nationale à Paris et de la British Library à Londres.

[8] *Les Avantures de Pomponius. chevalier romain, ou l'histoire de notre temps*, à Rome, chez les héritiers de Ferrante Pallavicini [Hollande] 1724. Cf. J. Sgard *Prévost romancier* (Paris 1968), p.47, qui restitue Pomponius à l'abbé Prévost et M. Langlois, '*Pomponius*, satire sur la Régence (1721-1723) par Jacob le Duchat', *Revue des études historiques* (1938), pp.129-45.

[9] Archives du Ministère des Affaires Etrangères. Correspondance politique Hollande. 349 f.264, Lettre de Chambéry à Dubois du 11 décembre 1722.

[10] *Lettres écrites de la campagne O.D.A.* (La Haye 1721). L'œuvre est très rare. Leschevin aidé cependant par ses relations avec des bibliographes comme Barbier et Chardon de la Rochette ne l'a pas eue en mains. Les deux seuls exemplaires repérés sont aux Archives municipales de La Haye et à la bibliothèque universitaire d'Amsterdam. O.D.A. est un des sigles dont Saint-Hyacinthe signe ses œuvres à cette époque; il l'a utilisé pour les *Entretiens dans lesquels on traite des entreprises de l'Espagne* ... en 1719. Une réédition augmentée des *Lettres écrites de la campagne* a été donnée en anglais en 1731: *Letters giving an account of several conversations upon important and entertaining subjects* ... (London 1731). C'est l'exemplaire de cette dernière édition existant à la British Library à Londres que l'on a étudié.

[11] Lettre de Saint-Hyacinthe à Marchand, Worcester le 6 juin v.s., Leyde, Bibliothèque de l'Université, Marchand 2.

[12] ... 'written originally in French by M. de Saint-Hyacinthe F.R.S.'.

[13] R. Shackleton, *Montesquieu*, p.134.

Saint-Hyacinthe que même en l'absence de toute indication externe, il serait difficile de la lui refuser.

Ce traité de morale, Saint-Hyacinthe l'a longuement mûri. Il en évoquait déjà le projet en 1717 à Paris, dans une lettre à Le Vier: 'J'ay un ouvrage dont je pourray vous parler dans quelques tems qui je croy ne pourra être imprimé qu'en Hollande, et qui doit faire du bruit, si je ne me trompe, par l'importance des matières et la liberté qui y règne'.[14] Les *Lettres écrites de la campagne* représentent donc l'état de sa pensée dans les années 1717-1721 et marquent une étape importante dans l'intérêt croissant qu'il éprouve pour les problèmes moraux, après les indications brèves données dans les *Mémoires littéraires*, et avant les développements qu'il y consacrera, particulièrement dans les lettres ajoutées à la réédition de 1731, le *Recueil de divers écrits* de 1736, et les *Recherches philosophiques* de 1743.

Par rapport aux *Mémoires littéraires* où la morale n'apparaissait que comme un élément de la construction philosophique – le culte de vertu rendu par l'homme à Dieu qui l'a créé– la pensée s'est précisée et étoffée, et aussi laïcisée. Après les *Lettres écrites de la campagne*, toutes les œuvres s'intéresseront à la morale, qui deviendra ainsi le domaine privilégié; Saint-Hyacinthe conservera les notions qu'il élabore ici mais en les enrichissant intellectuellement, en les intégrant dans une synthèse philosophique à sens religieux, et surtout il les colorera d'une valeur affective, d'une effusion de sensibilité presque mystique, très typiques de sa maturité et de sa vieillesse.

Ce traité de morale est destiné aux gens du monde, et il va chercher à s'adapter à son public par sa présentation. Il s'intègre ainsi dans la tradition de vulgarisation mondaine illustrée par Fontenelle; et de manière assez complexe il se rattache à la fois au genre de la conversation, qui plait à Saint-Hyacinthe et où il s'est déjà essayé, et à celui de la 'lettre' qui devait avoir, cette même année 1721, un si retentissant succès avec les *Lettres persanes*. On trouve ici cinq longues lettres écrites d'une 'campagne' proche de Paris[15] rapportant à un ami commun les conversations du petit groupe de gens de la bonne société qui y sont rassemblés. Comme dans les *Entretiens sur la pluralité des mondes*, un incident fait surgir un thème, celui de la connaissance et de la philosophie, et autour de ce thème les conversations des jours suivants s'enchaîneront, en dérivant vers la morale, et en s'entremêlant d'aimable badinage.

Un écrivain de second plan, comme l'est Saint-Hyacinthe, fait ressortir ce qu'il y a d'artificiel et d'incohérent dans un tel genre, car il faut beaucoup de maîtrise et d'aisance pour ne pas choquer dans les délicates liaisons entre conversation mondaine et spéculation philosophique. Saint-Hyacinthe s'est vu contraint de tricher avec la règle du jeu: M. de L., son porte-parole, donne lecture à la société d'un petit écrit qui expose ses théories favorites de façon plus systématique et cet écrit, à lui seul, constitue la lettre 5. Le hiatus souligne la faiblesse et les contraintes de la forme littéraire. En revanche, le charme n'en a

[14] Le 9 juin (1717) à Paris (Leyde, Bibliothèque de l'Université, Marchand 2).

[15] Ici encore apparaît ce goût, discret mais permanent, de Saint-Hyacinthe pour la 'campagne', presque la 'nature'. G. Atkinson a cité les *Lettres écrites de la campagne* dans son étude sur *Le Sentiment de la nature et le retour à la vie simple, 1690-1740* (Genève, Paris 1960).

jamais été plus sensible dans l'œuvre de Saint-Hyacinthe. C'est certainement ici l'exemple le plus satisfaisant de ce genre souple, dérivé de la conversation qu'il affectionne particulièrement. Le résultat est beaucoup moins sec cette fois-ci qu'il ne l'était dans les *Entretiens...* qui s'imposaient plus de rigide sérieux. Il et plus vivant, plus séduisant que les conversations futures[16] où le prosélytisme moral et philosophique durcit les angles, charge les teintes, et alourdit un cadre qui le supporte mal. Il semble que Saint-Hyacinthe avait songé à une véritable forme romanesque pour cet ouvrage.[17] Des traces en demeurent avec l'apparition de personnages épisodiques qui restent en suspens, sans grande raison d'être, et devaient se rattacher à une intrigue. C'est peut-être à ce début de trame romanesque que les *Lettres écrites de la campagne* doivent les caractères qui en font le charme: le soin donné à des incidents minimes mais agréables, la liberté d'allure, l'activité de jeu, sensible dans le déroulement de l'œuvre et enfin les personnages[18] qui ont une vie, un début d'épaisseur, que l'on reconnaît – et auxquels on pourrait bien s'attacher ...

Ces personnages sont au nombre de six, sans compter le narrateur qui n'intervient pas: trois hommes et trois femmes. Ecartons tout de suite M. de L. le porte-parole de Saint-Hyacinthe, dont le rôle est évident et qui n'a rien de bien remarquable en dehors de son goût pour la philosophie, la science et la vertu. Le Comte est le maître de maison, un des plus beaux hommes de France, pas sot mais un peu étouffé par sa satisfaction de soi-même, et son respect des préjugés:[19] le comte Almaviva du *Mariage de Figaro*, sur la scène de la Comédie-Française! Le Chevalier de A ..., par contre, est un 'philosophe'. On le devine très jeune dans son bel enthousiasme pas très discriminateur, mais il est sincère, aime la simplicité et ne cache pas son horreur de toute affectation.[20]

Du côté des femmes, il y a l'agréable et sotte petite Comtesse, l'épouse du Comte, qui joue, chante et n'aime rien tant que ses chiens et sa tapisserie.[21] A côté d'elle, la ravissante Marquise d'A ... domine l'œuvre par son charme, son intelligence, son goût de la vie et ses fantaisies.[22] Elle éclipse quelque peu celle

[16] Les onze lettres supplémentaires de l'édition de 1731, et les conversations avec M. d'Eis dans le *Fantasque*, dernière œuvre de Saint-Hyacinthe, Amsterdam, du Sauzet, 1745.

[17] 'Le tout n'est pourtant que sous l'apparence d'un roman' dit Saint-Hyacinthe dans la lettre à Le Vier, écho d'une première ébauche des *Lettres écrites de la campagne* (Paris, 9 juin [1717], Leyde, Bibliothèque de l'Université, Marchand 2).

[18] Toute la lettre I est consacrée à leur présentation (*Letters*, pp.1-11). On a même parfois l'impression, pour ces personnages principaux ou pour d'autres, de portraits, et qu'il pourrait y avoir des clés. Par exemple pour la description de la dame qui vient faire une visite, pp.87-88.

[19] 'he is one of the handsomest men in France, and has a great deal of wit, but spoilt by too great a fondness, for the prevailing Prejudices at Court [...] He [...] is [...] so great a slave to custom that he takes everything upon trust' (*Letters*, pp.2 et 3).

[20] 'he is a perfect philosopher not only in theory but in practice; he is a Stoïc, Cynic and Epicurean all together [...] He is very fond of children and country people [...] and pure incorrupted nature'; dans une compagnie où il se plaît il est tout gaîté et esprit, mais il déteste 'coquets, fops, smart and pretty Fellows' (pp.8 et 9).

[21] 'The Countess can hardly be called a thinking being; [...] cased in exceeding fine white skin, [she] sings well, games much' (p.3).

[22] 'One of the most amiable women whom indulgent Nature has taken a pleasure in

dont l'auteur voulait faire l'héroïne, Miss V., qui n'est certes pas un bas-bleu[23] mais qui, en dépit de sa beauté et de moments de charme, est un peu guindée dans sa vertu et ses dispositions pour la philosophie.[24] Ce sont ces personnages variés qui, sous la direction experte de M. de L .... vont, au cours de leurs conversations, découvrir le raisonnement philosophique et l'importance de la vie morale.

Cette recherche répond à un impératif fondamental, celui du bonheur. Saint-Hyacinthe rejoint ainsi ce thème central du dix-huitième siècle, thème central aussi pour son œuvre. Il y a une connaissance dont l'homme ne peut pas se passer, c'est de savoir ce qui est nécessaire à son bonheur, pour le rechercher à coup sûr. L'homme doit donc travailler à savoir ce qu'il est, chercher la vérité car rien n'est sûr qui ne soit fondé sur la vérité (pp.26-27). Ce couple bonheur-vérité s'impose en effet aux différents interlocuteurs qui, après quelques discussions,[25] reconnaissent la nécessité de la recherche philosophique et M. de L. achève de les séduire en peignant de cette philosophie un curieux portrait, très caractéristique, où la note d'austérité qui existe cependant disparaît presque complètement sous l'extérieur le plus séduisant.[26]

Quel sera le point de départ de cette recherche? Certes pas dans une révélation religieuse. L'effort de Saint-Hyacinthe parmi beaucoup d'autres en cette première moitié du dix-huitième siècle, cherche à constituer une morale indépendante de toute religion. Jamais dans l'œuvre de Saint-Hyacinthe cette tentative de laïcisation n'a été plus poussée qu'ici. Les *Lettres écrites de la campagne* sont certainement celui de ses ouvrages dont le contenu religieux est le plus limité. La morale y est presque indépendante; l'aspect 'vertu', ce thème essentiel de Saint-Hyacinthe dans son évolution ultérieure, intervient à peine (p.104). La notion de Dieu a encore une place, mais réduite au minimum. C'est ici un simple équivalent de la vérité,[27] équivalent dont on a l'impression qu'il ne serait pas très difficile de se passer.

forming'. On évoque aussi: 'the sprightliness of her fancy'. (p.4).

[23] 'She scrupulously observes what *Mons. de Fontenelle* calls the Decencies of Ignorance ...' (p.6).

[24] 'Never was there a more lovely or deserving young lady' ... Miss V. a droit à un long portrait mettant en relief sa beauté ('Tall, [...] perfectly well-made [...], noble but winning air', etc.) avant que l'auteur n'insiste sur les trésors de son esprit, sa culture, sa vertu, sa belle fortune aussi et l'usage charitable qu'elle en fait. Il semble qu'il pourrait y avoir là un souvenir de mlle d'Athis (pp.4 à 8).

[25] La marquise soutient un moment que les plaisirs de la vie mondaine la satisfont et qu'il vaudrait peut-être mieux ne pas trop réfléchir pour ne pas troubler son repos (pp.25-26). Le Comte apporte une objection plus sérieuse: est-il possible de trouver la vérité? et sur la réponse positive de M. de L ... la deuxième objection, évidente: comment donc alors n'a-t-elle pas déjà été découverte et ne s'est-elle pas imposée? M. de L. . invoque les préjugés, l'éducation, les esprits faux, etc ... (pp.61-62, pp.122-24).

[26] 'She is more beautiful than love himself. Her eyes are large, full of sweetness and life, and her air the most charming, affable and majestic in the world. A thousand pleasures perpetually surround her.' Le seul rappel de qualités plus sévères est dans son attribut pour diriger les passions: 'a curb' (p.49).

[27] p.29, où la définition de la vérité s'appuie sur st Augustin. La conversation glisse tout de suite (pp.29-30) vers le p. Hardouin que l'on ridiculise justement pour son opposition à la réduction de Dieu à la notion métaphysique de vérité.

L'origine de sa construction philosophique et morale, Saint-Hyacinthe la trouve chez Descartes: il faut partir du doute général, même de celui de notre propre existence, et M. de L. reprend, au milieu d'exclamations horrifiées de la pauvre petite Comtesse, la démonstration du 'Cogito': nous pouvons douter de tout, sauf de notre propre doute, qui prouve notre existence.[28] A partir de cette base, la recherche de la vérité va se poursuivre de manière assez originale sur deux plans parallèles, le mouvement intellectuel de recherche proprement dite étant toujours soutenu d'une attitude, d'un état moral, presque d'une ascèse, indispensable au succès; il faut savoir se maintenir dans un état propre à la recherche et à la découverte de la vérité (p.94).

Intellectuellement, la voie menant à la vérité est un complexe de méthode scientifique et de réalisme. C'est ici la première œuvre où Saint-Hyacinthe expose assez largement cette ambition qu'il a en commun avec beaucoup d'hommes de son époque d'utiliser la méthode scientifique par excellence, la méthode géométrique, dans la recherche philosophique et morale. Il espère ainsi atteindre la vérité d'une démarche aussi sûre que se développe une démonstration, de définition en théorème, de réciproque en corollaire. On pourra, alors, établir des vérités philosophiques et morales avec la même certitude que deux et deux font quatre ou que l'objet qui est à douze pieds est plus loin que celui qui est à six pieds (p.35).

Mais les sujets traités sont tout de même moins solides et maniables que les objets de la géométrie. Sans s'en rendre peut-être parfaitement compte, l'auteur apporte une correction de fait à sa rigueur scientifique quand il fait appel, à titre de compensation en quelque sorte, à un aspect de prudence, de solidité presque terre à terre. Il faudra se surveiller dans chacune de ses démarches,[29] s'imposer de définir avec précision chaque terme, même si cette définition semble inutile,[30] avancer lentement (p.108). C'est ainsi que l'on pourra atteindre l'évidence,[31] à la fois but et critère suprêmes, et c'est en suivant la chaîne de l'évidence que l'on arrivera à la vérité.

Mais ce qui fait l'originalité des *Lettres écrites de la campagne* c'est l'importance accordée à l'aspect éthique de la recherche de la vérité. La cinquième lettre, de beaucoup la plus importante,[32] est consacrée aux conditions nécessaires de la

[28] pp.52-56. '*I doubt, therefore I am, because every property supposes a Being. because it is impossible for a thing to be and not to be at one and the same time*, and in a word because *the contrary implies a contradiction*' (p.56).

[29] Faire un examen exact et sévère (pp.60-61), suspendre son jugement pour ne pas se tromper (pp.106-107).

[30] p.41 et aussi p.43: 'From the various meanings that custom imposes upon a word, arises the confusion of our Ideas and the Uncertainty of our judgements.' On définira donc, au cours des *Lettres*, la Vérité, la connaissance, l'erreur, le mensonge (pp.36 à 40), les différentes sortes d'idées (pp.128 ss.), etc. ... Saint-Hyacinthe rejoint ici l'inquiétude de son siècle envers 'l'abus des mots' qu'a souligné Ulrich Ricken, 'Réflexions du XVIIIe siècle sur "l'abus des mots"' in *Mots*4 (1982), pp.29-44.

[31] 'Evidence is a perfect perception that a thing is necessarily such as it is perceived' (p.59).

[32] En volume, elle représente déjà la moitié de l'ouvrage. *La Bibliothèque ancienne et moderne*, dans une revue des *Lettres écrites de la campagne*, se concentre sur cette cinquième lettre: 'Ce n'est que dans la cinquième lettre que l'on vient au fait' (*Bibliothèque ancienne*

recherche de la vérité, et ces conditions sont essentiellement morales. Dès le début de la discussion, M. de L. avait souligné la part d'effort et de volonté nécessaire (p.23). Il y revient (pp.98-100) et recommande instamment aux hommes de surveiller leurs habitudes,[33] d'éliminer les mauvaises (pp.111, 114-15, 122-23) et de s'en donner de bonnes qui les soutiendront dans la vie morale (pp.109-10, 113). Il leur conseille de se livrer à la méditation (pp.154-56), à la conversation, à la lecture et au plaisir d'écrire mais en veillant sur leurs intentions et sans jamais perdre de vue leur propre perfectionnement et celui des autres (pp.157-61). Le ton s'élève quand il fait appel à une grande méfiance vis-à-vis des goûts et désirs personnels et évoque la loi suprême d'aimer son prochain comme soi-même (p.169).

Toutes ces recommandations sont valables en vue de nous conserver dans un état propre à la recherche de la vérité,[34] mais elles le sont aussi en elles-mêmes, car le moyen est en même temps une fin. La recherche de la vérité est en soi une occupation morale. Et l'homme reçoit immédiatement sa récompense, par la satisfaction profonde que donnent les plaisirs de l'étude et ceux de la nature, infiniment supérieurs à ceux du divertissement (pp.13-15) et surtout par la conscience de faire un bon usage de sa raison, ce qui est la source principale de joie; c'est dans cet effort de recherche de la vérité que consiste la vertu, et dans son accomplissement que l'on trouve le bonheur (pp.102-105).

Les grandes lignes du raisonnement philosophique et moral dans les *Lettres écrites de la campagne* sont analogues à celles des autres œuvres. On est cependant frappé ici par la quasi-suppression de l'aspect religieux, que l'orientation morale plus que métaphysique de l'œuvre ne suffit pas à expliquer. Dans ces premières années du dix-huitième siècle, une telle omission ne peut être que volontaire. La courbe de la pensée philosophique de Saint-Hyacinthe commence à se dessiner. Parti du doute philosophique, après sa grande crise de conscience de 1711-1712, il avait élaboré un déisme exprimé dans les *Mémoires littéraires*, mais traversé parfois de tentations plus audacieuses encore, dont ces mêmes *Mémoires littéraires* et le *Chef d'œuvre d'un inconnu* dans son badinage corrosif portent témoignage. Avec les *Lettres écrites de la campagne*, Saint-Hyacinthe semble avoir presqu'atteint les limites de l'athéisme autant qu'on puisse lire dans la complexité de la psychologie religieuse de ces hommes formés par l'esprit du dix-septième siècle. Il conserve un Dieu, il le mentionne, pourrait-on dire, mais en quelque sorte comme un souvenir, réduit à bien peu de chose ... C'est dans ces dispositions d'esprit que Saint-Hyacinthe partira pour l'Angleterre, entrera en contact plus étroitement et complètement qu'il n'a pu encore le faire, avec la pensée philosophique de ce pays.

Les *Lettres écrites de la campagne* ont-elles eu du retentissement lors de leur parution? La rareté de l'ouvrage dans les bibliothèques fait penser que son audience n'a pas été étendue. Mais dans le cercle limité où il a été lu, il semble avoir produit de l'effet. Un témoignage assez frappant en est le long 'extrait'

et moderne, Amsterdam, tome xv (1721), pp.455-62).

[33] Une explication physiologique de l'habitude est proposée, basée sur le mouvement des esprits fluides (pp.112-13).

[34] 'Means for preserving ourselves in a proper state for the searching after and discovering of Truth'. C'est le titre même de la lettre 5 (p.97).

donné par la *Bibliothèque ancienne et moderne*.[35] Malgré certaines réserves, la critique est très favorable: 'On peut voir que ces Lettres ne sont pas seulement des Lettres badines, faites pour faire parade d'esprit et d'éloquence mais pour enseigner aux hommes les plus essentiels de leurs devoirs.' Ce qui est plus frappant que les jugements portés expressément, ce sont ceux qu'implique l'importance accordée à cet extrait (sept pages), surtout par comparaison avec l'autre ouvrage étudié dans la même rubrique: *Lettres françaises* (pp.161-63). Ce repoussoir qui n'a droit qu'à deux pages et une appréciation assez désinvolte ('Ces lettres sont d'une tout autre nature que les précédentes') n'est autre que les *Lettres persanes*!

Pendant les trois années hollandaises, 1720-22, Saint-Hyacinthe a relativement très peu écrit: une œuvre sûre, les *Lettres écrites de la campagne*, mais dont une partie était déjà certainement composée; une partie de la traduction de *Robinson Crusoë*; c'est probablement tout, et c'est fort peu par comparaison avec le rythme de production des années précédentes. Cette pauvreté relative doit être due en grande partie à une existence particulièrement chargée – et d'abord par la maladie: Saint-Hyacinthe est arrivé très atteint en Hollande; il faut supposer une période de convalescence. De plus, le reste de sa vie extérieure, que l'on saisit seulement en quelques points d'émergence, semble avoir été en ces années, plus encore qu'à l'ordinaire, touffu, chaotique, aventureux.

Cette vie a eu ses aspects brillants: Saint-Hyacinthe fréquentait à La Haye le cercle d'une très grande dame, la princesse d'A. (*Variétés*, pp.487-93), qui semble être son ancienne protectrice lors de sa captivité, la princesse douairière de Nassau, née Henriette-Amalia d'Anhalt-Dessau.[36] La réputation de mme de Lambert paraît avoir facilité sa reprise de contact avec cette petite cour: une des deux lettres de Saint-Hyacinthe à la princesse est destinée à lui adresser une œuvre morale[37] de 'la Marquise de L...', qui est, déclare-t-il, 'très heureuse de la soumettre à une Princesse aussi grande et aussi accomplie. Sans son âge et ses infirmités, elle partirait la saluer elle-même' (*Variétés*, pp.492-93).

Cette puissante protection fait pénétrer Saint-Hyacinthe dans un milieu aristocratique dont il est malheureusement impossible d'identifier les personnages désignés par leur seule initiale. Saint-Hyacinthe ne semble d'ailleurs pas impressionné: il a des sympathies et des antipathies décidées, dont il n'hésite pas à faire part à la princesse qu'il traite avec une respectueuse familiarité. En réponse à une invitation il se permet, avec adresse, d'indiquer qui il désirerait trouver chez son hôtesse et plus encore qui il ne voudrait pas trouver, car 'vous êtes toujours obligée d'être Princesse avec ces gens-là, au lieu qu'avec nous vous pouvez en sûreté devenir Bourgeoise de La Haye' (pp.490-92).

C'est dans un cadre un peu plus surprenant que Saint-Hyacinthe ira rendre visite à une grande dame qu'il avait dû connaître en France, la marquise de

[35] *Bibliothèque ancienne et moderne*, Amsterdam, tome xv (1721), Article IX, pp.455-61.

[36] Après avoir été régente pendant la minorité de son fils, Jean-Guillaume Le Frison, Henriette d'Anhalt, qui ne mourra qu'en 1726, avait quitté la scène politique à la majorité de celui-ci, en 1707.

[37] Il s'agit des *Réflexions sur le sentiment d'une dame qui croyait que l'amour convenait aux femmes même lorsqu'elles n'étaient plus jeunes* (*Variétés*, pp.493-508), reproduites dans les *Œuvres* de mme de Lambert (Le Haye 1748), sous le titre: *Discours sur le sentiment...*

Lévis-Chateaumorand, Marie-Anne de Lévis Charlus, épouse de son cousin Philippe Elzéar, chef d'une des branches de la famille de Lévis.[38] Cette originale personne, séparée de son mari aux goûts rustiques et austères, courait le monde non sans quelques intrigues et difficultés d'argent.[39] Ce sont justement des ennuis de ce genre qui l'attendaient à La Haye où elle s'était installée dans l'auberge d'un certain Pierre Du Bois.[40] Celui-ci n'étant pas payé se décida à recourir à la force publique et le 5 août 1722, la marquise de Lévis était mise à la prison de La Haye,[41] la pittoresque Gevangenpoort, qui subsiste à côté du Vivijer.

Madame de Chateaumorand n'en menait pas moins là une vie élégante, étant servie par une femme de chambre et recevant des visites, notamment celles d'un de ses cousins, du chapelain de l'Ambassadeur de France, et aussi de Saint-Hyacinthe.[42] La situation ne devait d'ailleurs pas se prolonger car la marquise de Lévis, en personne de ressource, s'enfuyait dans la nuit du 25 au 26 août, et ne fut pas rattrapée.[43] L'incident montre que Saint-Hyacinthe avait su s'ouvrir des portes dans des milieux d'excellente société, même s'ils étaient parfois marqués d'une note aventureuse.

Saint-Hyacinthe a aussi entretenu des rapports avec le monde intellectuel de la Hollande. Il a renoué ses relations avec ses anciens amis du *Journal littéraire* et pris contact avec les intérêts divers de ces personnalités douées: Sallengre[44] s'oriente alors vers des ambitions politiques et diplomatiques et va mourir prématurément en 1723; Prosper Marchand[45] édite Bayle, en concurrence avec Pierre Desmaizeaux; Van Effen[46] se préoccupe d'entreprises littéraires variées en langues française et hollandaise; 'S-Gravesande[47] enseigne les mathématiques

[38] Le fief de Chateaumorand avait été reçu en héritage de Diane d'Urfé, belle-sœur puis épouse de l'auteur de l'*Astrée*, grand-père de Philippe Elzéar. Cf. duc de Lévis-Mirepoix, *Aventures d'une famille française* (Paris, Genève 1955), pp.154-55.

[39] Lévis-Mirepoix, pp.155-56, et Chanoine Reure, *Histoire du Château et des seigneurs de Chateaumorand* (Roanne 1888), pp.56 et 57.

[40] Archives communales de La Haye. Archives notariales. Notaire Jacob de Cœur, no 1883. Acte du 22 août 1722.

[41] La Haye, Archives générales du royaume, Papiers criminels de la Cour de Hollande no 5399, Dossier no 7.

[42] Pièce no 1, interrogatoire du geôlier Franz Prins. L'épisode de la captivité de mme de Chateaumorand a été rapporté dans un article de la revue *Die Haghe* (La Haye 1906) concernant le Gevangenpoort, pp.181-82. L'auteur de l'article se fondant sur la graphie fautive d'une des pièces du dossier, Schato Marron (3ème Pièce, Mémoire de Van Rhÿn), n'avait pas identifié la prisonnière.

[43] *Ibid.* Cette évasion est évoquée dans la correspondance du chargé d'affaires Chambéry. Paris, archives du Ministère des Affaires Etrangères, Correspondance politique, Hollande, 350 f.96.

[44] Lettres de Sallengre à Desmaizeaux, Londres, British Library, Add. Mss. 4 287.

[45] Une lettre de Saint-Hyacinthe à Marchand, du début du séjour en Angleterre, prouve la continuité des liens entre les deux hommes. Worcester, ce 6 juin v.s. Leyde, Bibliothèque de l'Université, Marchand 2.

[46] Cf. W. J. B. Pienaar, *English influences*, et *Dictionnaire des journalistes*.

[47] La *Lettre de m. de Burigny ... à m. l'abbé Mercier ...* fait état des rapports étroits que Lévesque de Burigny a eus alors, en Hollande avec les membres du *Journal littéraire* et particulièrement 'S-Gravesande et qui ne peuvent s'être noués que par l'intermédiaire de Saint-Hyacinthe (p.14).

et l'astronomie à La Haye et approfondit les théories de Newton. Par eux, ou directement, d'autres rapports se sont certainement établis, éveils possibles de curiosités passagères ou fructueuses.

Saint-Hyacinthe a aussi reçu en Hollande son ami de Paris, Lévesque de Burigny, qui y passe à peu près l'année 1720[48] et l'échange d'idées, l'éveil mutuel de curiosités, se sont renoués entre ces deux esprits audacieux et ouverts. Pour Burigny, le séjour en Hollande a été une étape intellectuellement décisive par les contacts qu'il y a pris avec la pensée juive, et les développements que ceux-ci lui ouvrent en matière de critique biblique et religieuse. Etudes dans les bibliothèques,[49] rapports personnels noués avec des savants hébraïques[50] au prix sans doute de quelles intrigues à allure de conspiration,[51] tout cela lui a permis de lire et de se faire expliquer des manuscrits aussi précieux que la *Cabbala denudata* ou des œuvres d'Orobio[52] dont il réussira parfois à rapporter en France des copies. Initiateur ou initié, Saint-Hyacinthe n'a pas pu ne pas profiter des expériences de son ami, même si, sur ce terrain précis, elles n'ont pas été aussi fécondes que chez lui.

Quant à la vie personnelle de Saint-Hyacinthe, dans les rares points où l'on peut la saisir, elle paraît traversée d'aventures, et cela dès son retour de France. Deux épisodes en portent témoignage: la naissance d'un fils naturel, et le curieux procès avec Charlotte de Rogissart. Le fichier de la Bibliothèque wallonne de Leyde et les Archives municipales de La Haye font connaître l'existence d'un Paul de Sainti-a-Saint de Thémiseul[53] qui a dû naître à la fin de 1720 ou en 1721 en Gueldre, sans indication de commune, imprécision révélatrice d'une naissance illégitime. Ce fils a été élevé à l'orphelinat de l'église réformée hollandaise de La Haye, s'est marié le 19 avril 1744 avec une certaine Geertruyd Lambertyn, est mort dans la misère en mars 1797. Il avait eu une fille, Jeanneton-Guillaumette, baptisée le 18 mai 1749 dont la trace disparaît. Nous sommes devant un fait, sans aucun contexte qui permette d'en évoquer les circonstances ou de rechercher le nom de la mère ...

Une jeune femme cependant se trouve mêlée à des affaires assez obscures avec Saint-Hyacinthe vers cette époque, c'est Charlotte de Rogissart, sœur du libraire de Saint-Hyacinthe, Alexandre de Rogissart; elle peut avoir été la mère de ce fils, mais les éléments sont trop limités pour qu'on puisse même suggérer

[48] Dacier, qui paraît la source la plus sûre, ayant bien connu Lévesque de Burigny, fixe son voyage par rapport à son ouvrage: *Traité de l'autorité du pape* qui fut publié en 1720: 'Lorsqu'il eut achevé ce traité il partit pour la Hollande où il avait promis à son ami Saint-Hyacinthe qui venait de s'y retirer d'aller faire imprimer son livre et de passer quelque temps avec lui' (*Eloge de M. de Burigny*, p.355). Dacier indique également que Burigny revint en France vers la fin de 1720 (p.356). Burigny lui-même mentionne que son séjour en Hollande a duré un an (*Lettre de m. de Burigny à m. l'abbé Mercier*, p.14).

[49] Genêt, *Une famille rémoise*, p.213.

[50] Wade, *The Clandestine organization*, pp.229-30.

[51] Les mouvements de Lévesque de Burigny ont été si suspects que l'ambassadeur d'Angleterre, craignant toujours des menées contre la dynastie hanovrienne, s'était inquiété de celui qu'il prenait pour un ecclésiastique déguisé, émissaire du prétendant (Dacier, *Eloge*, p.355.)

[52] Wade, *The Clandestine organization*, pp.216 et 229-30.

[53] Ou Paulus Desaint Hiasaint, ou Paulus Et Saint-Hyasint et Thémiseul.

une conclusion. Le libraire Rogissart avait avec Saint-Hyacinthe des rapports plus étroits que ceux qui lient ordinairement auteur et libraire. On a vu que Saint-Hyacinthe lui avait fait signer l'épître dédicatoire des *Historiettes galantes.* Il semble que ce soit Saint-Hyacinthe qui l'ait établi comme libraire à La Haye.[54] La clé de ces rapports se trouverait-elle dans les mains de Charlotte de Rogissart?

Celle-ci, d'origine française huguenote, est née à La Haye où elle a été baptisée le 26 novembre 1684.[55] Elle avait donc l'âge de Saint-Hyacinthe. Elle mourra à La Haye également le 28 janvier 1757, sans avoir été mariée. Or, le 3 Août 1721 Saint-Hyacinthe prête à Charlotte de Rogissart 645 florins pour lesquels elle signe une obligation de remboursement 'à dix jours de date'.[56] Six cent quarante-cinq florins étaient une somme importante, et le fait même que Saint-Hyacinthe ait possédé cette somme, lui toujours impécunieux, laisse supposer des dessous à son existence. Quoiqu'il en soit, non seulement Saint-Hyacinthe effectue ce prêt assez considérable, mais il n'insiste guère pour se le faire rembourser, puisque ce n'est que cinq ans après, en 1726, lorsqu'il sera dans une situation financière critique, qu'il portera l'affaire en justice afin d'obtenir un paiement! On se demande quelles raisons il pouvait avoir pour adopter cette attitude ...[57]

Quelle qu'ait été la vie de Saint-Hyacinthe au cours de ce séjour en Hollande, il va rompre avec cette existence, dans l'ensemble obscure et aventureuse, par un brillant mariage avec une jeune et belle héritière: Suzanne de Marconnay. La tradition est unanime pour faire de ce mariage un des épisodes les plus romanesques de la carrière de Saint-Hyacinthe: il y a eu enlèvement, puis fuite en Angleterre et mariage à Londres pour échapper à l'ire des parents de la jeune fille. L'épisode se complique généralement de l'extravagante invention de faire enlever Saint-Hyacinthe par Suzanne de Marconnay, au lieu du contraire, pour tourner les lois hollandaises sévères envers les enlèvements de jeunes filles. Leschevin écrit deux pages entières, aussi touchantes que fertiles en incidents, sur ce thème: Saint-Hyacinthe, trop pauvre,

> n'osait déclarer ouvertement sa passion et solliciter la main de sa maîtresse. Il n'eut donc d'autre ressource, pour l'obtenir, que celle de lui proposer de s'associer à sa fortune, et parvint à la déterminer à le suivre. Le père, instruit à temps par des rivaux jaloux, prévint l'exécution de ce projet; et dans l'excès de sa colère, il alla jusqu'à menacer sa fille d'implorer contre son amant la rigueur des lois qui, en Hollande, punissent de mort

[54] L'article déjà cité de l'*Histoire critique de la République des Lettres* l'affirme: 'Le Sieur Alexandre de Rogissart, Libraire établi depuis peu dans cette ville par M. de Saint-Hyacinthe ...' (*Histoire critique de la République des Lettres*, xv, 1718, p.376).

[55] Fille du notaire Pierre de Rogissart (ou Rogissard) et d'Anne Du Houx, Leyde. Fichier de la Bibliothèque wallonne.

[56] Archives judiciaires de La Haye, Justice civile, Registre, 185, f.102*v*., séance du 22 mai 1726. L'obligation originale devait être un acte sous seing privé, car aucun nom de notaire n'est mentionné. Pour toutes ces questions concernant la vie de Saint-Hyacinthe en Hollande pendant ces années, on suit les précieuses indications de M. Boeke, Conservateur de la Bibliothèque wallonne.

[57] Il y a évidemment une possibilité plus terre-à-terre: Charlotte de Rogissart aurait pu agir comme prête-nom de son frère dans des questions d'affaires. Mais on s'explique mal pourquoi l'auteur donnerait de l'argent au libraire, et pourquoi quelqu'un d'aussi pauvre que l'est Saint-Hyacinthe se laisserait entraîner à une telle générosité dans le prêt et dans le délai de remboursement.

les ravisseurs. Dans cette conjoncture, M. de Saint-Hyacinthe, fertile en expédiens, réfléchit que si les lois de ce pays défendent à un amant d'enlever sa maîtresse, elles ne font point à celle-ci la même défense à l'égard de son amant. Il fit ses dispositions en conséquence de ce raisonnement et Mlle de Marconnay, prévenue par l'entremise d'une femme de chambre, arriva en voiture, dans un lieu convenu, où il l'attendait. Au même instant, quatre hommes masqués parurent, se jetèrent sur lui et le placèrent, de force, auprès d'elle, etc ...

Et Leschevin va jusqu'à faire changer la législation hollandaise à la suite de l'action de Saint-Hyacinthe (pp.xxxviii-xl).

L'origine de cette curieuse légende est probablement dans un propos de Mathieu Marais qui devait avoir un sens beaucoup plus banal: 'la femme de Saint-Hyacinthe l'a enlevé, et non pas lui elle; il y a bien des sortes de rapts'.[58] Quant à la circonstance plus générale du mariage à Londres, la source en est probablement un petit article du *Mercure de France* d'octobre 1722: 'On nous écrit de Londres que M. de Saint-Jacinthe épousa dans cette ville au mois de Juillet dernier Mlle de Marconnay, fille d'un gentilhomme de Poitou, Major du Régiment de ... au Service de l'Angleterre.' Saint-Hyacinthe et sa femme sont venus s'établir en Angleterre dans le courant du quatrième trimestre de 1722, et l'annonce de leur prochaine arrivée à Londres, jointe au fait que le père de Suzanne de Marconnay avait été officier dans un régiment au service de l'Angleterre, pouvait faire penser que leur mariage avait eu lieu là. La légende a pu être renforcée par le fait supplémentaire qu'une sœur de Suzanne de Marconnay, Henriette, allait, l'année suivante, se faire enlever en Angleterre où elle se mariera en forçant le consentement de sa mère!

Une fois de plus, la tradition se laisse entraîner par un désir de sensationnel assez aveugle. En fait, l'acte de mariage de Saint-Hyacinthe existe.[59] La cérémonie a eu lieu à La Haye, le 12 août 1722, sur des bans publiés le 26 juillet avec le consentement des parents de Suzanne de Marconnay[60] et loin d'être furtive comme l'auraient rendue probable des circonstances d'enlèvement, ce fut un 'grand mariage' fastueux.[61] De plus Saint-Hyacinthe semble avoir été considéré avec amitié et confiance par sa nouvelle belle-famille, car dans les mois qui suivent ce mariage il intervient dans des actes notariés que mme de Marconnay

[58] *Journal et mémoires de Mathieu Marais* (Paris 1863), iv.370, lettre à Bouhier du 4 Juin 1732.

[59] 'Paul de Saint-Hyacinthe, j.m. Geb. tot Orléans met Suzanne de Marconnay, J.D. Geb in Yerlant byde won alhier. Stadthuys getrouwt den 12 Aug. in pleno Collegio' (Archives communales de La Haye, Registre des Publications de mariage, 1717-1724 f.120 v.). Paul de Saint-Hyacinthe, jeune homme né à Orléans et Suzanne de Marconnay, jeune dame née en Irlande, se sont mariés à l'Hôtel de Ville le 12 août en présence du collège complet des échevins.

[60] Consentement indispensable pour une cérémonie officielle, Suzanne de Marconnay n'ayant pas atteint la majorité légale de vingt-cinq ans; à sa mort en 1742 il est déclaré qu'elle avait quarante-deux ans (Archives communales de La Haye, Fichier des enterrements). Seule la mère de Suzanne de Marconnay était présente au mariage, le père, rentré en Irlande quelque temps auparavant avait laissé procuration à sa femme (Archives communales de La Haye, Archives notariales. Notaire Gÿsbert de Crester, Registre 699 – Acte 50).

[61] Ceci ressort de l'indication 'in pleno collegio', c'est-à-dire en présence de tous les échevins, forme de mariage particulièrement solennelle et coûteuse.

doit passer.[62] Celle-ci le désignera même comme exécuteur testamentaire et tuteur de ses héritiers mineurs quand elle rédigera son testament l'année suivante.[63]

Ce mariage, approuvé par la famille, a cependant été d'abord un mariage d'amour, et un de ceux où la jeune femme est plus éprise.[64] Saint-Hyacinthe, s'il n'avait pas été le premier attiré, ne put s'empêcher d'être grisé: Suzanne de Marconnay était jeune, belle, riche[65] et de bonne naissance. De plus, elle avait une aisance mondaine et une culture certaines. Deux lettres d'elle existent, écrites avec facilité.[66] Elle accompagnera son mari dans les sociétés qu'il fréquente[67] sans s'y montrer déplacée intellectuellement et en y soutenant de ses manières et de son autorité les prétentions de gentilhomme de celui-ci. Madame de Lambert, si difficile, la recevra et lui écrira en des termes d'estime.[68] Certes, il semble que les ambitions de Suzanne de Saint-Hyacinthe aient été élevées et qu'elles aient parfois dépassé ses capacités.[69] Dans l'ensemble elle aura cependant été pour son époux une compagne digne et flatteuse, et surtout ce mariage inégal paraît avoir été finalement fort heureux. Des preuves d'affection jalonnent cette vie commune,[70] aucune trace de désaccord n'apparaît, et la profondeur de désarroi, le ton de douleur vraie des lettres de Saint-Hyacinthe dans la dernière maladie de sa femme et au moment de la mort de celle-ci[71] révèlent l'authenticité et la solidité de cet attachement conjugal.

Le mariage ne lie pas seulement Saint-Hyacinthe à une personne: il le fait pénétrer dans une famille: les Marconnay proviennent d'une lignée de

[62] Archives communales de La Haye, Notaire Johannes Kampenaër; Registre 2 022 Actes nos 30 et 34, les 30 août et 15 octobre 1722.

[63] Archives communales de La Haye, Archives notariales. Les deux testaments successifs (Notaire Samuel Favon le jeune, Registre 2 203, le 28 janvier 1723, et Notaire Jacob de Cœur, no 1884, le 23 juin 1723) comportent la même clause envers Saint-Hyacinthe, clause qui n'est pas infirmée par un codicille du 26 octobre 1723 (Ibid).

[64] C'est certainement dans ce sens qu'il faut interpréter le mot de Mathieu Marais, répétant à Bouhier les confidences qu'il vient de recevoir de Saint-Hyacinthe: 'sa femme l'a enlevé, lui, et non pas lui, elle' (*Journal et mémoires de M. Marais*, iv.370). Les jeunes mariés avaient d'ailleurs certainement pris de l'avance sur la cérémonie.

[65] Mathieu Marais, iv.372: 'Madame de Saint-Hyacinthe est une belle hollandaise et riche.' Suzanne de Marconnay était surtout riche en espérances, comme héritière d'un oncle maternel.

[66] Lettres à P. Desmaizeaux, Londres, British Library. Add. Mss. 4 284, ff.145 et 165.

[67] Les relations et amis de Saint-Hyacinthe la connaissent. Nombre de 'complimens' et 'd'obéissances' d'elle ou pour elle apparaissent dans la correspondance de son époux.

[68] Lettre de mme de Lambert à mme de Saint-Hyacinthe. Publiée in *Recueil de pièces fugitives de différents auteurs sur des sujets intéressants* (Rotterdam 1743), pp.239-40:

[69] Lady Mary Hervey, grande dame anglaise, écrit à Montesquieu en exprimant une opinion très favorable sur Saint-Hyacinthe, leur relation commune, et poursuit: 'between you and I, his wife is a very silly proud woman' (Montesquieu, *Œuvres complètes*, Paris, Nagel, 1950-55, iii.953).

[70] Cf. les lettres de Saint-Hyacinthe à Lévesque de Burigny et P. Desmaizeaux et notamment les 5e et 8e lettres à P. Desmaizeaux. Paris, 29 janvier et 20 mai 1732, Londres, British Library, Add. Mss. 4 284, ff.142 et 153-54.

[71] Cf. surtout: Lettre de Saint-Hyacinthe à Lévesque de Burigny, l'Ecluse, 1er mai 1743, Besançon, Bibliothèque municipale, Mss. 607 ff. 35 et 36.

gentilshommes du Poitou, de fervent protestantisme,[72] qui ont émigré en masse au moment de la Révocation de l'Edit de Nantes ou plus tard, après avoir parfois beaucoup souffert par attachement religieux.

Samuel Philémon de Marconnay, père de Suzanne, avait été expulsé de France en 1688 comme huguenot opiniâtre. En Hollande, il entra comme lieutenant dans un des régiments français qui suivirent Guillaume d'Orange en Angleterre et il parcourut la filière des grades jusqu'à celui de lieutenant-colonel d'infanterie dans le Régiment de Galloway. Il prit sa retraite pour cause de maladie en 1697, après avoir servi neuf ans en Hollande, Piémont, Irlande et Flandres, et reçut une pension en Irlande où il se retira.[73]

Samuel de Marconnay avait épousé à l'Eglise de la Savoie à Londres, le 8 décembre 1698, Anne Le Cerf,[74] d'une famille huguenote certainement, mais cette fois-ci de bourgeoisie fortunée, originaire de Bretagne semble-t-il,[75] avec des attaches dans le nord de la France.[76] Le personnage important de la famille Le Cerf était le frère d'Anne, Jacques Le Cerf, membre de la classe active qu'était la bourgeoisie d'affaires. Etabli marchand à Bruges,[77] peut-être après avoir dû quitter la France pour cause de religion, il avait des propriétés importantes en Flandres, en Hollande et en France, et des intérêts en différents points de l'Europe.[78]

Déjà mort probablement au moment du mariage de Saint-Hyacinthe, il ne cessera de dominer la vie matérielle du ménage par le poids de son héritage et par les affaires complexes que celui-ci entraînera.

Samuel de Marconnay et son épouse s'étaient installés en Irlande[79] où ils

[72] Cf. Haag, *France protestante,* A. Lièvre, *Histoire des Protestants et des Eglises réformées du Poitou,* (Paris 1856), iii.156ss. De nombreux membres de la famille de Marconnay figurent dans les fichiers de la bibliothèque wallonne de Leyde, compendium de registres des églises huguenotes du Refuge. Leur nom apparaît aussi dans la série TT (Affaires des Protestants) des Archives nationales à Paris.

[73] *Proceedings of the Huguenot Society of London,* vol. vi, 1898-1901. Printed for the Society by the Aberdeen University Press, 1902, p.318, et *Publications of the Huguenot Society of London,* vol.xli (Frome 1946), p.50.

[74] *Publications of the Huguenot Society of London,* vol.xxvi, *Register of the Churches of the Savoy,* etc... (Manchester 1922), p.138.

[75] Jean Le Cerf, probablement père de mme de Marconnay, est qualifié dans son acte de décès en 1702 de 'marchand de la ville de Reine de Bretagne' (*Publications of the Huguenot Society of London,* vol.vii, Dublin 1893, p.176).

[76] Des cohéritiers, avec lesquels Saint-Hyacinthe sera plus tard en relations d'affaires, habitent Lille. Archives communales de La Haye. Notaire Johanes Kampenaer – Registre 2.022, Acte 34: 'Mme la Veuve Piecourt, M. Veron, de Lille ...'

[77] 'feu sieur Jacques Le Cerf, vivant marchand demeurant à Bruges'... Archives communales de La Haye, Notaire Jacob de Cœur, Registre 1884, Acte du 12 novembre 1723.

[78] Les possessions de Jacques Le Cerf ont laissé de nombreuses traces aux Archives communales de La Haye (Archives notariales) et aux Archives de l'Etat en Zélande, à Middlebourg. Cf. notamment à La Haye: Notaire Gÿsbert de Crester, Registre 699, Acte 50, qui fait état d'affaires 'en Hollande, en Flandres et en France', et Notaire Jacob de Cœur, Registre 1884, Acte du 12 novembre 1723, concernant des sommes dues en Norvège.

[79] Dans le courant de l'année 1699, Samuel de Marconnay figure à deux reprises comme témoin pour des mariages d'officiers huguenots à l'église réformée de St Patrick

vécurent de la pension du lieutenant-colonel et où ils reçurent la nationalité anglaise.[80] C'est en Irlande que naquirent leurs quatre filles: Henriette-Marie, en 1699 probablement, Suzanne, la future épouse de Saint-Hyacinthe, vers 1700, une petite Françoise Esther, qui mourra le 1er mai 1702, au début de 1701[81] et au printemps 1704, la dernière fille Elisabeth-Charlotte.[82]

Après avoir vécu quelques années en Irlande, les Marconnay sont venus s'établir à La Haye, à une date comprise entre 1711 et 1718. Le ménage semble avoir été peu uni et il va y avoir désormais séparation de fait: Anne Le Cerf vivra en Hollande avec ses filles, parfois dans une situation matérielle difficile[83] et s'occupera de la grande affaire familiale: l'héritage Le Cerf.

Samuel de Marconnay va repartir pour l'Irlande en 1718, laissant une large procuration à sa femme dont il ne semble guère s'être occupé désormais. Il reviendra cependant en 1722, quand se posera le problème du mariage de ses filles – puis ayant inclus son consentement pour ces circonstances dans sa procuration,[84] il repartira oublier confortablement ses responsabilités familiales, si bien que ses enfants ne sauront ni son adresse, ni s'il est mort ou vivant ...[85]

En épousant une des filles de ce curieux ménage, Saint-Hyacinthe s'est allié aux familles Marconnay et Le Cerf – à celles aussi qui leur tenaient par des liens de parenté, de mariage, d'affaires ou d'amitié, en ce temps de contexte social très serré. On aperçoit au passage, dans des circonstances vaguement révélatrices de rapports plus étroits, un cousin de Bois Menard,[86] une famille de

à Dublin (*Publications of the Huguenot Society of London* vii, 98 et 117). Dans les années suivantes, le ménage vit encore en Irlande lors des naissances des enfants et de l'enterrement de l'un deux, et lors des naturalisations selon l''Irish Act' de 1692. Cf. ci-dessous.

[80] Le 20 mai 1699, Samuel de Marconnay figure sur une liste de naturalisation par 'Oath Roll'. *Publications of the Huguenot Society of London*, vol.xviii, *Denizations and naturalizations* ... (Lymington 1911), p.351. Le 12 novembre 1709, il bénéficie d'une naturalisation par acte, et son épouse le fera le 12 février 1710/11 (vol.xxvii, *Letters of Denization and acts of naturalizations*, Manchester 1923), pp.225 et 230.

[81] *Publications of the Huguenot Society of London*, vol.vii, Registre de l'Eglise française de Saint-Patrick à Dublin, p.176.

[82] Dans une requête d'émancipation datée du 9 février 1724 Elisabeth de Marconnay déclare être à quelques jours de son vingtième anniversaire (La Haye, Archives générales du Royaume des Pays-Bas, Archives des Etats de la Province de Hollande, n° 2.121, Requêtes d'émancipation de 1724, 2ème pièce du dossier Marconnay).

[83] Quand elle mourra en 1723 l'impôt sera de six florins, ce qui indique très peu de fortune (La Haye, Archives communales, Fichier des enterrements). Avant sa mort elle vivait avec ses deux filles non mariées dans trois pièces louées à un marchand confiturier pour le loyer modeste de quatre-vingt florins par an (La Haye, Archives communales, Notaire Samuel Favon le jeune, Registre 2 203, le 18 février 1723).

[84] La Haye, Archives communales, Notaire Gÿsbert de Crester Registre n° 699, Acte 50, le 6 juillet 1722.

[85] Après la mort d'Anne Le Cerf, Elisabeth de Marconnay, la seule des filles du ménage non mariée et mineure a demandé son émancipation aux autorités, le père étant absent sans espoir de retour et sans que sa fille sache même où l'atteindre. Mme Le Cerf, prévoyant sa fin, avait déjà commencé des démarches dans ce sens (La Haye, Archives communales, Registre des décisions sur les Requêtes 1722-1727, f.117, et Archives Générales du Royaume des Pays-Bas – Archives des Etats de la Province de Hollande no 2121. Requêtes d'émancipation de 1724 – Dossier Elisabeth de Marconnay).

[86] Requête d'émancipation d'Elisabeth de Marconnay.

Barry,[87] ou le notaire Jacob de Cœur,[88] de La Haye, qui mêlait à son métier juridique des préoccupations littéraires puisqu'il dirigea pendant quelque temps la *Quintessence* après la mort de mme Du Noyer.[89] Plus directement et un peu plus tard cette alliance entraînera Saint-Hyacinthe à des rapports de parenté et d'affaires fréquents, compliqués et souvent difficiles avec quelqu'un qu'il connaissait déjà, le libraire d'Amsterdam Jean Catuffe. Ce jeune homme, né en 1695,[90] aux goûts littéraires et cosmopolites sera membre de la deuxième société publiant le *Journal littéraire* de 1729 à 1733, et il était des amis de Saint-Hyacinthe dès 1715-1716 au moins.[91] On peut donc penser que c'est Saint-Hyacinthe qui l'a introduit auprès des dames de Marconnay, chez qui cette arrivée va provoquer des remous violents.

En effet Jean Catuffe et Henriette-Marie de Marconnay, la sœur aînée de Suzanne de Saint-Hyacinthe tombent amoureux l'un de l'autre, veulent se marier, et mme de Marconnay met à ce mariage une opposition absolue, sans qu'on en saisisse clairement la raison. C'est en juin 1723 que la crise culmine. Anne Le Cerf refait son testament le 23 juin pour déshériter, dans la mesure du possible ses deux filles: Henriette, et aussi Elisabeth – laquelle a peut-être pris le parti de sa sœur.[92] Et deux jours plus tard, elle fait établir un acte notarié pour rendre publique sa position sur ce point, au moment où, contrainte et forcée, elle doit céder.[93] C'est que les jeunes gens avaient eu recours aux grands

[87] *Ibid.* et aussi lettre de Saint-Hyacinthe à Scheuchzer (Londres). Londres, British Library, Sloane Mss. 4067, f.128, et lettre de Saint-Hyacinthe à La Motte, l'Ecluse, ce 17 juin 1742, Bibliothèque de la Société d'Histoire du Protestantisme français, Fonds Read, Mss.295 f.66. Il s'agit d'une branche protestante de la famille de l'époux de mme Du Barry.

[88] Jacob de Cœur a rédigé, en sa qualité de notaire, de nombreux actes pour Anne Le Cerf de Marconnay, si bien qu'on peut le considérer à partir de 1723 comme le notaire familial, avec toutes les implications de ce terme (Archives communales – Notaire J. de Cœur, Registre 1884). Il se trouvait donc en même temps ami de la famille, et apparaît ainsi comme témoin de moralité dans la requête d'émancipation d'Elisabeth de Marconnay (Archives générales du Royaume des Pays-Bas, Réf. cit.)

[89] E. Hatin, *Les Gazettes de Hollande* (Paris 1865), pp.186-87 et *Dictionnaire des journalistes*. Jacob de Cœur a dirigé la *Quintessence* de 1724 à 1726, et lui avait donné un développement intéressant.

[90] Jean Catuffe appartenait à une famille huguenote riche et considérée. Son père, Pierre Catuffe, originaire de Tonneins, s'était réfugié à Amsterdam où il avait acquis la bourgeoisie dès 1685 et où il jouissait d'une solide aisance (Fichier de la Bibliothèque wallonne à Leyde. L'impôt pour l'enterrement de Pierre Catuffe en 1717 a été de trente florins, c'est-à-dire le maximum, ce qui indique une belle fortune).

[91] Saint-Hyacinthe en quittant la Hollande pour Paris à la fin de 1715 ou en 1716, a laissé ses papiers en garde à Catuffe (Cf. 3ème et 5ème lettres de Saint-Hyacinthe à Le Vier [Paris] 1er octobre et 3 décembre (1716), Leyde, Bibliothèque de l'Université, Marchand 2).

[92] La Haye, Archives communales, Notaire Jacob de Cœur, Registre 1884, le 29 novembre 1723.

[93] 'Aujourd'hui vingt-cinquième Juin, mil sept cent vingt trois comparut par devant moi Jacob de Cœur, Notaire ... Dame Anne Le Cerff, épouse de Messire Samuel Philémon de Marconnay, Laquelle a déclaré qu'aiant fait surseoir à la publication des annonces entre le Sr. Jean Catuffe et Demoiselle Henriette de Marconnay, sa fille, elle aurait eü en vue d'empêcher la consommation dudit mariage, mais comme les moyens d'opposition

moyens: Jean Catuffe avait enlevé sa belle et s'était enfui avec elle à Londres! Grâce à la pression légale, due probablement à la majorité réelle ou supposée d'Henriette de Marconnay et au consentement 'in extremis' de la mère, les bans furent publiés, le mariage eut lieu à Londres[94] et Saint-Hyacinthe fut doté d'un beau frère complétant le cercle de famille.

Car, en ce qui concerne Saint-Hyacinthe, une des conséquences de son mariage avec Suzanne de Marconnay est son intégration à nouveau dans un contexte familial – contexte qu'il avait perdu par ses départs successifs d'Orléans, puis de France et qu'il n'avait même jamais dû connaître de façon aussi serrée, lui, fils de parents âgés, et, semble-t-il, fils unique. La dépendance familiale va s'imposer à Saint-Hyacinthe tôt et fortement car il prend place dans une famille de femmes, où le père manque; il sera donc bientôt amené à y assumer des responsabilités. Il va se trouver à la fois lié par ce complexe social dont il est devenu un membre, et soutenu par lui.

Ce mariage qui le fait pénétrer dans un cercle de familles honorables et considérées marque un tournant dans son mode de vie, le sépare des milieux plus aventureux et des obscurités douteuses. Cette rupture s'accuse encore par le changement de cadre de vie, Saint-Hyacinthe et sa femme partant s'établir en Angleterre. Et tout ceci à l'époque où la préoccupation morale s'affirme dans sa pensée, prend le pas sur les autres intérêts, comme le témoignent les *Lettres écrites de la campagne*. Les circonstances, en imposant à Saint-Hyacinthe une clarification de son existence faciliteront l'harmonisation de la vie et de l'œuvre. Elles rendront plausible l'attitude dans laquelle il va désormais très sincèrement se complaire de plus en plus, celle du moraliste en action, du patriarche philosophe, du déiste fervent.

ne sont assez suffisants par la disposition des loix contraires, suivant l'aveu même de son conseil, Et ne voulant d'ailleurs s'engager dans des discussions onéreuses avec le dit sieur Catuffe et la dite demoiselle Henriette de Marconnay pour empêcher une chose que les loix authorisent, comme aussi pour ne pas faire ni causer des frais inutiles, outre que la dite Dame comparante n'est pas en état de vaquer à des procès vù sa continuelle maladie, c'est pourquoi elle veut bien ne pas porter un plus long retardement à la publication desdites annonces et consent ainsi qu'ils aient cours, non pas tant pour favoriser ledit mariage par son approbation, ni pour y acquiescer, que pour donner par la présente déclaration publique un témoignage authentique que ladite alliance entre sa fille et ledit sr. Catuffe lui est du tout désagréable' (La Haye, Archives communales, Notaire Jacob de Cœur, Registre 1884, 25 juin 1723).

[94] Amsterdam – La Haye – Archives communales. Fichier des mariages et Leyde, Bibliothèque wallonne – Fichier – Il est curieux de voir surgir dans la nouvelle famille de Saint-Hyacinthe, et moins d'un an après son propre mariage, ces faits de l'enlèvement, de la fuite en Angleterre et du mariage à Londres, ceux précisément que la tradition a prêtés à Saint-Hyacinthe lui-même. Pourrait-on trouver là, par une sorte de glissement, un point de départ de la légende?

6. Les années d'Angleterre: 1723-1731

Tout à fait à la fin de 1722, Saint-Hyacinthe et sa femme, ayant pris leurs dispositions et réglé quelques problèmes familiaux et d'affaires[1] s'embarquent pour l'Angleterre. Ils vont y vivre pendant neuf ans et ces années seront capitales dans le développement de la pensée de Saint-Hyacinthe – d'abord par leur volume même: il s'agit d'un long séjour, permettant une osmose réelle. D'autre part cette période offre à Saint-Hyacinthe des occasions uniques: une amélioration passagère de ses conditions d'existence le libère, pour la première fois peut-être, de la nécessité quotidienne, pressante, de publier pour vivre; ce répit – de courte durée – lui permet de se consacrer plus librement à ses affaires et à ses recherches personnelles. D'autant que l'Angleterre lui apporte encore un stimulant et un réactif précieux: une connaissance plus étendue qu'il n'avait pu l'acquérir sur le continent de la pensée qui l'intéresse et le touche de plus près, la pensée déiste. Enfin, Londres, carrefour intellectuel exceptionnel à cette époque, lui offrira des contacts utiles et enrichissants avec des personnalités anglaises, ou françaises attirées par l'Angleterre. Aussi quand Saint-Hyacinthe quittera l'Angleterre à la fin de 1731, sa construction philosophique sera à peu près fixée; elle pourra s'enrichir, se préciser, se nuancer, mais les principes, les grandes lignes et les conclusions en seront acquis.

Les années anglaises ne constituent pas un tout monolithique: deux périodes y apparaissent, déterminées par des circonstances matérielles différentes. Au début du séjour se place l'époque financièrement favorable à Saint-Hyacinthe: soulagé des préoccupations les plus immédiates à ce sujet, il va mener en province une vie consacrée, en dépit de nombreux soucis d'affaires, à la vie familiale, à la lecture et à la réflexion personnelle. En 1728, l'aiguillon du besoin l'entraînera à s'installer à Londres où il va chercher à pourvoir à la subsistance de sa famille par divers moyens: publications variées et même, semble-t-il, un essai d'entreprise commerciale. Londres lui offrira alors, en compensation, l'intérêt de son activité intellectuelle et de contacts multiples. Ces années placées sous le signe de l'Angleterre ne lui sont d'ailleurs pas exclusivement consacrées: des souvenirs de Hollande et de France, des rapports littéraires avec ces deux pays y ont leur place, outre plusieurs voyages en Hollande. Et c'est sur la France qu'elles vont déboucher, sur un nouveau séjour en France, plus long, et qui représentera dans l'œuvre et la vie de Saint-Hyacinthe l'épanouissement de la maturité.

[1] Saint-Hyacinthe est intervenu dans une vente d'obligations passée par mme de Marconnay (La Haye, Archives communales, Notaire Johanes Kampenaer, no 2022, Acte no 30 du 30 août 1722). Il a aussi pris avec sa femme et sa belle-mère des dispositions pour l'héritage de Jacques Le Cerf: désignation d'un procureur à Paris pour s'occuper de la partie française de cet héritage (Acte no 34 du 15 octobre 1722) et testament mutuel des deux époux, s'instituant l'un l'autre héritier et tuteur de leurs enfants: Acte du 20 octobre 1722 devant le même notaire Johanes Kampenaer, qui n'existe plus dans les registres. L'indication en est donnée par un acte de partage ultérieur (Middleburg. Rÿksarchief in Zeeland, Archives judiciaires de la Flandre Zélandaise no 2087 – Notaire Pierre-Corneille Van Hougem, 24 décembre 1742)

A la fin de l'année 1722 Saint-Hyacinthe et sa femme arrivent dans la petite ville épiscopale et manufacturière de Worcester, au nord-ouest de Londres.[2] C'est dans ce cadre très anglais de prairies et de vieilles pierres grises qu'ils vont s'installer, non pas dans la ville même, mais par un choix très caractéristique dans un village, Coneygree, sur la paroisse de St John in Bedwardine,[3] à proximité immédiate de Worcester. Le repos et le charme de la campagne, assortis des possibilités qu'offre une ville proche représentent un idéal permanent et déjà un peu rousseauiste de Saint-Hyacinthe.[4]

Là, de 1723 à 1728, une partie de sa vie et de son activité va être absorbée par sa famille et les responsabilités afférentes. La plupart de ses enfants vont y naître: un fils, Roger-Francis, peu après l'arrivée de ses parents, baptisé le 14 janvier 1723,[5] une fille Suzanne Charlotte Pauline, le 22 février 1724[6] et, vers la fin de leur séjour un autre fils, au nom original et révélateur de Thémiseul-Socrate, qui sera baptisé le 22 janvier 1728.[7] C'est entre 1724 et 1728, donc probablement toujours à Worcester, qu'est née la deuxième fille de Saint-Hyacinthe, Anne-Marguerite.[8] De ces quatre enfants, seules les deux filles survivront à leurs parents, ainsi qu'un autre fils, Charles, qui naîtra après 1729.[9]

Les charges de famille de Saint-Hyacinthe s'accroissent donc rapidement

[2] Ils y sont arrivés au plus tard en décembre 1722 puisque leur fils aîné y a été baptisé le 4 janvier 1722, v. s., c'est à dire le 14 janvier 1723 (*The Parish book of St Helen's Church in Worcester*, London 1900 i.148). Saint-Hyacinthe et sa femme étaient encore à La Haye le 20 octobre 1722 (Middleburg, Rÿksarchief in Zeeland, no 2087, acte de partage du 24 décembre 1742).

[3] Lettre de Saint-Hyacinthe à Lévesque de Burigny, Geneken près Bréda, ce 11 octobre 1745 (Besançon, Bibliothèque municipale, Mss 607, f.46).

[4] Cf. lettre de Saint-Hyacinthe à P. Desmaizeaux – Paris 1er avril 1736 ... 'une maison de campagne à un quart de lieue de Paris' (Londres, British Library, Add. Mss.4284 f.157. Cf. aussi lettre de Saint-Hyacinthe à Lévesque de Burigny. 'A L'Ecluse, ce 1er Mai 1743' 'nous irions dans le voisinage d'une petite ville' (Besançon, Bibliothèque municipale, Mss.607 f.36). C'est ainsi, au village de Geneken, tout près de Bréda que Saint-Hyacinthe fera sa dernière installation.

[5] *The Parish book of St Helen's*, i.148. St Helen's était la paroisse fréquentée par les étrangers et les passagers.

[6] Lettre de Saint-Hyacinthe à Lévesque de Burigny, Geneken près Bréda ce 11 octobre 1745 (Besançon, Bibliothèque municipale, Mss.607, f 46. Elle a été baptisée le 20 mars 1724 (Worcestershire Record Office, *Copy of the parish register of St John's in Bedwardine* – Baptisms – 1723 – March 10)

[7] Worcestershire Parish Register Society, *The Register of Worcester Cathedral 1693-1811* (privately printed, 1913), p.26.

[8] Il n'a pas été possible de trouver de trace de cette naissance aux archives de Worcester, mais la date s'impose car en juillet 1745 elle était classée dans la catégorie fiscale des 'personnes âgées de plus de 16 ans' dans les listes d'impôt de Bréda pour l'année 1745-1746 (Bréda, Archives municipales, no 183) et nous savons qu'elle était la fille cadette.

[9] Dans les mêmes listes d'impôts de Bréda de juillet 1745, il est classé dans la catégorie 'moins de seize ans'. Le choix des prénoms des enfants s'explique souvent très naturellement par les liens de famille: la mère, Suzanne; la tante, Elisabeth Charlotte Pauline; les deux grand-mères Anne; le père Paul – et Thémiseul! D'autres rapports ou d'autres préférences apparaissent moins nettement: peut-être dans Francis y a-t-il un souvenir de la France? Socrate est très caractéristique du développement de la pensée de Saint-Hyacinthe à cette époque.

pendant cette première partie du séjour anglais – et pas seulement par la naissance d'enfants, car un autre élément va y contribuer: à la fin de novembre 1723, la mère de mme de Saint-Hyacinthe, Anne Le Cerf de Marconnay, meurt à La Haye.[10] Personne ne semble savoir ce qu'est devenu Samuel de Marconnay et Saint-Hyacinthe se trouve hériter d'une bonne partie du rôle de chef de famille que tenait, tant bien que mal, Anne Le Cerf. Par là deux responsabilités supplémentaires viennent s'ajouter à celles qu'il assume déjà: le sort de sa jeune belle-sœur, mineure et célibataire, Elisabeth de Marconnay qui viendra vivre avec sa sœur Suzanne et, conjointement avec Jean Catuffe, l'époux d'Henriette de Marconnay, la réalisation et l'exploitation du fameux héritage de Jacques Le Cerf.[11]

Aussi, à peine installé en Angleterre depuis un an, Saint-Hyacinthe doit-il repartir pour la Hollande, s'occuper des questions ouvertes par la mort d'Anne Le Cerf, laissant son épouse qui va donner naissance à leur deuxième enfant pendant son absence. Jean Catuffe avait fait mettre immédiatement les scellés sur les papiers d'Anne Le Cerf comme mesure conservatoire.[12] Dès le début de février 1724 Saint-Hyacinthe est à La Haye, et, de concert avec Jean Catuffe appuie la demande d'émancipation d'Elisabeth de Marconnay,[13] mesure indispensable pour que les cohéritiers puissent réclamer la masse indivise de l'héritage. Cette étape importante une fois franchie, Elisabeth de Marconnay au printemps 1724 passe en commun avec Saint-Hyacinthe une série d'actes notariés destinés à faire gérer les propriétés héritées de Jacques Le Cerf en Flandre Zélandaise et en France[14] et à négocier un emprunt sur celles-ci.[15] Après

[10] La Haye, Archives communales, Fichier des enterrements – Anne Le Serf, le 29 novembre 1723 – no 439 bl 47*v*.

[11] Les démarches concernant l'héritage Le Cerf ne nous sont connues que dans leur volet hollandais. Il faut supposer des formalités et des efforts aussi lourds pour les biens de Jacques Le Cerf dans la région de Bruges et en France. On entr'aperçoit parfois ces dernières pour lesquelles le dévoué Lévesque de Burigny sert d'intermédiaire. Cf notamment: La Haye, Archives communales, Notaire Johanes Kampenaer, no 2022, Acte 34 du 15 octobre 1722.

[12] La Haye, Archives communales, Notaire Jacob de Cœur, no 1884, 29 novembre 1723. Le notaire s'est transporté 'au nom et de la part du Sieur Jean Catuffe qui, du chef de son épouse, Dame Henriette Marie de Marconnay, l'a requis d'apposer le scellé sur les papiers qui se sont trouvés dans la maison mortuaire de la deffunte Dame Anne Le Cerff sa belle-mère, pour qu'il soit provisionnellement pourvu à ce qui peut conserver les choses principales de la succession, attendu que le Sieur de Saint-Hyacinthe, son beau-frère, est absent'.

[13] La Haye, Archives générales du Royaume, Archives des Etats de la Province de Hollande no 2193, Registre des Actes d'Emancipation f.118*v* (Emancipation accordée le 12 février 1724) et no 2121, Requêtes d'Emancipation de 1724. La Requête est datée du 9 février 1724 mais certaines des pièces du dossier remontent à décembre 1723. Les formalités avaient donc commencé à cette époque. Cf. aussi aux Archives communales de La Haye l'avis favorable donné sur la requête d'Elisabeth de Marconnay (Registre des décisions sur les requêtes 1722-1727 f.117).

[14] La Haye. Archives communales. Notaire Jacob de Cœur, no 1884, Actes des 17 avril et 1er mai 1724.

[15] Acte du 23 mars 1724.

quoi, elle fait le 2 mai 1724 son testament, instituant très normalement comme héritières ses deux sœurs[16] puis part avec son beau-frère pour l'Angleterre.

Revenu à Worcester vers mai ou juin 1724, Saint-Hyacinthe peut y demeurer à peu près tranquille pendant environ un an et demi. Au début de 1726, d'autres affaires le rappellent en Hollande et il y repart, accompagné de sa femme, cette fois-ci. Il s'agit d'abord de réaliser enfin le partage entre les trois sœurs des biens immobiliers en Flandres hérités de Jacques Le Cerf. Saint-Hyacinthe était muni d'une procuration d'Elisabeth de Marconnay du 22 octobre 1725.[17] Grâce à cette pièce, un acte de partage est passé devant le notaire Jean de Vey, à l'Ecluse, en Flandre Zélandaise (l'actuel Sluis), le 2 mars 1726[18] entre Henriette Catuffe d'une part et Elisabeth et Suzanne de Marconnay qui vivent ensemble et dont les biens restent indivis, d'autre part. La question juridique réglée, Saint-Hyacinthe, impécunieux une fois de plus, est surtout pressé de percevoir de l'argent. Pour cela, sa femme, et lui-même agissant comme fondé de pouvoir d'Elisabeth de Marconnay, chargent la ferme qui est restée commune aux deux sœurs d'une hypothèque de 5 000 florins, empruntés aux frères Abraham et Jean Tak, négociants à Flessingue.[19]

Ayant terminé les affaires concernant l'héritage de son épouse, Saint-Hyacinthe doit s'occuper encore de celles qui le regardent personnellement, et elles sont, aussi, difficiles! Il est en effet poursuivi et menacé de saisie par l'avocat de La Haye, Gerard Van Lingen pour remboursement d'une somme de 500 florins avancés le 11 mars 1725, ainsi que des intérêts depuis cette date. Saint-Hyacinthe affirme publiquement sa bonne foi par une insinuation chez le notaire Jacob de Cœur[20] et d'autre part cherche à se faire lui-même rembourser la somme qu'il a prêtée en 1721 à Charlotte de Rogissart. Il met cette deuxième affaire entre les mains de la justice. Le 22 mai 1726, elle est au rôle et renvoyée et le sera tous les quinze jours[21] jusqu'au 16 octobre de la même année, puis disparaît sans qu'un jugement ait été prononcé. Il est probable que les parties étaient arrivées à un accord amiable.

[16] Même référence, acte du 2 mai 1724.

[17] La traduction authentifiée de cette procuration est insérée dans une obligation passée par Saint-Hyacinthe le 16 avril 1726 (Middleburg, Rijksarchief in Zeeland, Archives de la Cour du Franc de l'Ecluse, Registre des Actes d'Hypothèque 1721-1736 no 841 f.115).

[18] L'acte a disparu mais il est mentionné et analysé dans un acte de partage ultérieur (Middleburg, Rÿksarchief in Zeeland, Archives judiciaires de la Flandre Zélandaise, no 2087). La part de chacune des héritières était évaluée à 717 livres, 5 escalins, 6 gros de Flandres, soit plus de 4 000 florins de l'époque, la livre de Flandre valant 6 florins.

[19] Middleburg, Rÿksarchief in Zeeland, Archives du Franc de l'Ecluse, Registre des Actes d'hypothèques 1721-1736, no 841 f.115.

[20] La Haye, Archives communales, Notaire Jacob de Cœur, no 1884, 13 juin 1726: Saint-Hyacinthe 'est prest de régler toutes et chacunes autres prétentions que ledit Sieur Van Lingen croirait avoir à sa charge, étant surpris d'apprendre par son mandement de saisie que ledit Sr Van Lingen avance dans son exposé que de Saint-Hyacinthe aurait refusé de régler lesdites prétentions'. On ne connaît rien des circonstances de ce prêt en 1725, ni de la fin de l'affaire en 1726. Saint-Hyacinthe s'est probablement exécuté.

[21] La Haye, Archives judiciaires, Justice civile, Registre 185, ff. 102*v*., 111, 116, 122*v*., 129*v*., 136*v*., 143, 147, 156*v*., 168*v*., 194*v*., et 212*v*.

Rentré à nouveau dans le calme de Worcester, Saint-Hyacinthe aura bientôt des soucis d'un autre ordre. Sa belle-sœur qui vit chez lui est tombée malade à l'automne de 1726. Elle a été 'un peu en consomption'[22] pendant des mois, a essayé sans succès au début de juin 1727 des eaux de Bristol. Elle mourra en dépit des soins des médecins le 27 juin 1727[23] dans la maison de Saint-Hyacinthe. Ce décès apporte encore un nouveau contingent de formalités et de démarches! Il va falloir procéder à un nouveau partage, celui de la fortune personnelle d'Elisabeth de Marconnay.[24] Ces difficultés qui renaissent sans cesse exigeront encore un voyage en Hollande en 1730.[25]

En compensation de ces soucis, Saint-Hyacinthe semble avoir joui, jusque vers 1727-1728 d'une tranquillité financière relative. Il n'y a d'ailleurs pas de trace d'œuvres publiées par lui pour cette période, et, dans son cas, cela signifie qu'il a échappé aux nécessités matérielles contraignantes. Le ton des quelques lettres contemporaines le fait voir plus dégagé qu'il ne l'a jamais été des angoisses immédiates.[26] Des rentrées d'argent apparaissent d'ailleurs avec évidence: il y a eu probablement en 1722 une dot de Suzanne de Marconnay; lors du voyage en Hollande de 1724 Saint-Hyacinthe a peut-être reçu une somme après la mort d'Anne Le Cerf et les premiers efforts de liquidation de l'héritage;[27] en février 1726 une vente d'une partie des terres héritées de Jacques Le Cerf en Zélande

[22] Lettre de Saint-Hyacinthe à P. Desmaizeaux, Worcester ce 28e May [1727]. Londres, British Library, Add. Mss.4284 f.140.

[23] Cette date est indiquée par les actes de Middleburg (Rÿksarchief in Zeeland, Archives de la Cour du Franc de l'Ecluse. Registre des Requêtes 1740-1750, no 140, 6 mai 1741 et Archives judiciaires de la Flandre Zélandaise, Notaire P. C. Van Hougem, no 2087, Acte de partage du 24 décembre 1742). Il n'a pas été trouvé trace aux Archives de Worcester de l'enterrement.

[24] Celle-ci avait fait à nouveau son testament en Angleterre le 6 mai 1727 avec des dispositions analogues à celles qu'elle avait prises précédemment: elle instituait pour héritières universelles ses deux sœurs Suzanne et Henriette, chacune pour la moitié de ses biens et les nommait ses exécutrices testamentaires. Cf. Registre des Requêtes 1740-1750 cité ci-dessus.

[25] Les dates extrêmes qui encadrent ce voyage sont le 4 juin 1730 où Saint-Hyacinthe assiste à une séance de la Royal Society (Londres, Royal Society, Journal Book of the R. S., Copy, XIII, 1726-1731, p.488) et le 11 mars 1730-31 où Saint-Hyacinthe présente à la même Royal Society des curiosités ramenées de Hollande (p.580). Les dates sont en vieux style.

[26] En 1727, à un moment où sa situation financière se dégrade, Saint-Hyacinthe, tout en se plaignant de difficultés, n'hésite pas à inviter Lévesque de Burigny à séjourner chez lui, parle avec aisance de ses domestiques, du train de vie qu'il est 'obligé d'avoir pour sa famille' – Lettre à Lévesque de Burigny, Worcester 6 septembre 1727, pp.3 et 4. Vers cette époque aussi Saint-Hyacinthe se montre très généreux et détaché des contingences matérielles pour un projet (qui ne semble pas s'être réalisé) de traduction de Pétrone. Il demande à être rémunéré seulement en ouvrages pour ses recherches personnelles (Lettre à P. Marchand, Worcester ce 6 juin v.s., Leyde, Bibliothèque Universitaire, Marchand 2).

[27] L'autorisation donnée par Elisabeth de Marconnay à Saint-Hyacinthe, de 'négocier un emprunt de 4 000 florins sur les immeubles sis en Flandre de son oncle Jacques Le Cerff qui ne sont pas encore vendus', laisse supposer des ventes et peut-être un emprunt réalisé (La Haye, Archives communales, Notaire Jacob de Cœur, no 1884, 23 mars 1724).

est intervenue.[28] Enfin, une fois le partage effectué, l'emprunt hypothécaire considérable contracté auprès des frères Tak[29] a libéré une importante somme d'argent frais. Tout cela représente une masse financière sortant de l'ordinaire et il faut l'incompétence totale et le manque de sens des réalités de Saint-Hyacinthe pour venir à bout si vite de tels capitaux.

En plus de ces apports la tradition attribue à Saint-Hyacinthe une autre source de revenus: la pension destinée aux réfugiés protestants français[30] – ce qui ouvre un problème de conscience, celui de l'éventuelle conversion de Saint-Hyacinthe au protestantisme. Un document pourrait seul fixer le point: la liste des bénéficiaires de cette pension, or elle a justement disparu pour les années considérées.[31] En l'absence de cette indication formelle, on peut, pour cerner la question, établir deux points. En premier lieu, sur le plan des ressources matérielles, la famille de Saint-Hyacinthe a certainement perçu, de l'aveu de Saint-Hyacinthe lui-même, une pension.[32]

Mais en second lieu, si l'on passe au domaine des appartenances religieuses, il n'est pas moins certain que Saint-Hyacinthe n'était pas protestant, jusqu'à son départ pour l'Angleterre[33] et qu'ultérieurement il ne s'est jamais considéré comme protestant,[34] contrairement à ce que pensait souvent le public. Ses sentiments déistes restent d'ailleurs aussi éloignés de toutes les formes religieuses établies – et ceci particulièrement pendant la période anglaise où sa pensée à ce sujet s'affirme et où sont écrites des œuvres attaquant équitablement l'intolé-

[28] Middleburg, Rÿksarchief in Zeeland, Registre cadastral no 1538 f.35*v*.

[29] Archives de la Cour du Franc de l'Ecluse, Registre des Actes d'hypothèque 1721-1736, No 841, f.115 – Emprunt de 5 000 florins.

[30] Leschevin, XL.

[31] Londres, Huguenot Society, Bounty Account Books. Les listes concernant la période allant de Noël 1722 à 1740 ont disparu. Le nom de Saint-Hyacinthe n'apparaît pas pour les derniers mois de 1722, mais cela ne prouve rien, même pas négativement, car c'est à peu près l'époque de son arrivée en Angleterre et il est improbable, en tout état de cause, qu'une pension ait pu lui être accordée dès son débarquement.

[32] 'Je vais incessamment à Londres avec ma femme pour tâcher d'obtenir [par réversion] la part de la pension que Melle de Marconnay [sa belle-sœur récemment décédée] avait' (Lettre de Saint-Hyacinthe à Lévesque de Burigny, Worcester, 6 septembre 1727 – Publiée par la Société des Bibliophiles français, p.13). D'autre part dans la *Déification d'Aristarchus Masso*, Saint-Hyacinthe expose ses ennuis 'ma situation y avait fort changé [en Angleterre] depuis la mort du bon roi [George I] le roi son successeur, ayant supprimé une pension dont j'avais en vain sollicité le rétablissement' (*Chef d'œuvre* ... éd. Leschevin, ii.194-95). Or on sait que George II, en accédant au trône, avait supprimé les pensions des réfugiés protestants.

[33] La rédaction de l'acte de mariage de Saint-Hyacinthe ne laisse subsister aucune ambiguïté à ce sujet: il a été marié 'à l'hôtel de ville' et non dans une église, c'est-à-dire que l'un au moins des conjoints n'était pas protestant. Suzanne de Marconnay de vieille tradition calviniste est restée protestante même après son mariage (cf. notamment note ci-dessous) donc Saint-Hyacinthe ne l'était pas.

[34] En 1742, Saint-Hyacinthe évoquant l'éducation religieuse donnée à sa fille aînée, indique clairement que son aspect protestant dépend uniquement de la mère: 'sa mère ne l'avait point encore instalée dans la Relligion protestante' (Lettre à Lévesque de Burigny, A l'Ecluse ce 20 juillet 1742 Besançon – Bibliothèque municipale – Mss.607 f.31).

rance religieuse d'origine catholique et protestante.[35] Ce n'est certes pas suffisant pour infirmer catégoriquement une conversion d'opportunité et il y a certainement une ambiguïté à l'origine de la pension – comme pour beaucoup de ce qui touche à Saint-Hyacinthe! Ne paraît-il pas vraisemblable, puisqu'une partie de la pension était attribuée à Elisabeth de Marconnay, que l'autre le fut à mme de Saint-Hyacinthe indubitablement protestante?

Quelle qu'elle soit, cette pension que Saint-Hyacinthe touchera – sans aucun scrupule – jusque vers 1728, s'ajoutant aux ressources de mme de Saint-Hyacinthe, a facilité la vie matérielle de la famille et libéré son chef des préoccupations rémunératrices. Aussi, dans cette période, a-t-il pu beaucoup lire, réfléchir, comparer ses idées à celles d'autres hommes. Il reste par là, certes, dans la ligne d'habitudes acquises depuis longtemps, mais il peut consacrer alors à tout cela plus de loisir et surtout plus de liberté de choix, n'étant plus dirigé, pour des nécessités de publication, par le goût du public et les commandes du libraire.

On aperçoit le contenu de ces lectures et de ces contacts par quelques documents isolés. Il demande des livres à Pierre Desmaizeaux et Prosper Marchand: Puffendorf, Lucrèce, Platon[36] donnent des indications caractéristiques. C'est aussi certainement à cette époque que Saint-Hyacinthe a achevé d'acquérir sa connaissance étendue de la pensée anglaise et particulièrement déiste. Nous savons qu'il connaissait même ceux des ouvrages de ces philosophes qu'il était le plus difficile de se procurer.[37] Quel meilleur intermédiaire pouvait-il trouver pour cela que Pierre Desmaizeaux, connu comme introducteur auprès de ses 'amis, Messieurs les Déistes anglais'?[38] Les rapports que Saint-Hyacinthe commence alors à entretenir avec cette personnalité caractéristique de certains milieux cosmopolites et audacieux vivant à Londres ont pu beaucoup lui apporter. Comme, ont aussi pu l'aider à préciser sa recherche, certaines relations avec des membres de l'Eglise Anglicane qui évolue alors de manière si sensible vers une rationalisation et une simplification du contenu religieux. Le nom du Chanoine Miles[39] qui traverse la correspondance semble l'indiquer. De ces

[35] Cf. notamment *Letters giving an account of several conversations upon important and entertaining subjects* (London 1731), pp.541-44.

[36] Lettre de Saint-Hyacinthe à P. Marchand, Worcester ce 6 Juin v.s. [1723?] (Leyde, Bibliothèque Universitaire Marchand 2).

[37] Les *Recherches philosophiques* de Saint-Hyacinthe (Londres 1743) contiennent par exemple une analyse et une réfutation de ce livre à la rareté voulue, les *Letters to Serena* de Toland (*Recherches philosophiques*, pp.356-58).

[38] Lettre de Hagedorn à P. Desmaizeaux, Hambourg, 1731-32 – (Londres, British Library, Add. Mss. 4 284). Une des lettres de Saint-Hyacinthe à Desmaizeaux fait allusion à un envoi de livres mystérieux et difficiles à obtenir: 'Je vous rends de très humbles grâces, Monsieur, des soins que vous avez bien voulu prendre pour les livres que vous savez [...] Je n'aurais point pris la liberté de vous prier de me procurer ce livre si je n'eusse su que vos relations avec l'auteur ne vous mettaient au fait des moyens qu'il y avait de le trouver', Worcester, ce 12 avril 1727 (Londres, British Library, Add. Mss. 4284 f.138).

[39] Lettre de Saint-Hyacinthe à Lévesque de Burigny. Geneken près de Bréda, 11 octobre 1745 (Besançon, Bibliothèque municipale, Mss.607, ff.45 et 46). Thomas Miles devait être un jeune ecclésiastique quand Saint-Hyacinthe l'a connu car en 1763 il détient encore une charge dépendant de la cathédrale de Worcester (Worcester Record Office, B.A. 2 289/2 VII 807). D'autres contacts avec l'Eglise d'Angleterre ont dû être moins

lectures et de ces rapports, des réflexions qui les ont accompagnés lors du séjour à Worcester, il existe peu de témoignages contemporains précis, justement parce que Saint-Hyacinthe, moins pressé par des nécessités matérielles, n'a rien publié dans les années 1723-1728. Cependant on peut retrouver les traces de cette période de maturation lente, sans production hâtive, dans une ou deux œuvres un peu postérieures (l'une étant d'attribution douteuse) et dans les quatre lettres datées de Worcester qui subsistent[40] et particulièrement celle à Lévesque de Burigny.

Il serait séduisant de déceler un écho des lectures de Saint-Hyacinthe dans le petit ouvrage publié à Amsterdam chez Herman Uytwerf en 1732: *Mémoires concernant la théologie et la morale* que la tradition lui attribue.[41] Il n'y a rien d'improbable à ce que Saint-Hyacinthe ait compilé ce petit recueil, y rassemblant dans cette forme souple qu'il affectionnait, un certain nombre d'essais se rattachant au thème qui lui est cher de la religion naturelle. Le premier de ces textes est du Huguenot Abauzit, la plupart des autres sont l'œuvre de Thomas Chubb, l'original penseur déiste autodidacte.

Cependant si l'attribution à Saint-Hyacinthe de l'édition du recueil est plausible, il n'en existe aucune preuve autre que l'affirmation concordante des bibliographes. Et celle-ci paraît sujette à caution, assortie qu'elle est d'une autre attribution, celle d'une des pièces de ce même recueil, *La Lettre à un ami sur les progrès du déisme en Angleterre*, à la plume de Saint-Hyacinthe. Or ce texte, écrit entre 1695 et 1702[42] par un membre de l'église anglicane fortement enraciné en Angleterre et très préoccupé de politique cléricale contemporaine ne peut évidemment pas être de Saint-Hyacinthe. La responsabilité de ce recueil ne reste donc pour lui qu'une possibilité, qui n'apporterait d'ailleurs rien de très original à sa figure, et on ne peut y voir qu'une résonance non-invraisemblable de lectures certaines.

Par contre Saint-Hyacinthe a publié, sous son nom, ce qui est exceptionnel, une œuvre d'attribution indiscutable, les *Letters giving an account of several conversations upon important and entertaining subjects*,[43] édition anglaise augmentée des *Lettres écrites de la campagne* de 1721. Les cinq premières lettres sont la traduction de l'édition de Rogissart mais onze lettres nouvelles figurent dans cet ouvrage,[44] en formant plus des deux tiers. Cette suite n'a d'ailleurs pas épuisé l'inspiration de

heureux. Il est significatif que chaque acte d'état civil de la famille de Saint-Hyacinthe à Worcester s'accomplisse dans une paroisse différente alors que son domicile ne semble pas avoir changé. Des heurts, des brouilles se laissent deviner et sont confirmés par le ton amer de certaines appréciations sur le clergé anglais en tant que corps.

[40] Une lettre à P. Marchand (Worcester ce 6 juin v.s. [1723?], Leyde, Bibliothèque Universitaire, Marchand 2); deux lettres à P. Desmaizeaux (Worcester 12 avril 1727 et 28 mai [1727] Londres, British Library, Add. Mss. 4284, ff.138 et 140) et une longue lettre à Lévesque de Burigny (Worcester, 6 septembre 1727) publiée par la Société des Bibliophiles français, Paris 1829.

[41] Barbier (iii.183), Quérard (*France littéraire*, viii.343), Leschevin (XLVI et XC-XCII) s'accordent sur cette attribution.

[42] Jacques II et Guillaume III sont en vie et la reine Mary est morte.

[43] 'Written originally in French by M. de Saint-Hyacinthe, F.R.S.' (Londres 1731).

[44] A la fin de la table des matières des *Lettres* ... de 1721 Saint-Hyacinthe annonçait déjà une suite.

Saint-Hyacinthe car l'avertissement annonce de nouveaux développements à publier ultérieurement, qui promèneront les mêmes interlocuteurs en Hollande et en Angleterre et rapporteront leurs réflexions sur le génie des peuples, leurs gouvernements, la philosophie naturelle, la religion, la tradition, les coutumes, etc...

En attendant, la sixième lettre rejoint les cinq personnages déjà rencontrés exactement là où l'ouvrage de 1721 les avait laissés. Dans la même belle propriété de campagne ils continuent à discuter de problèmes philosophiques et moraux. D'autres personnages interviendront plus ou moins épisodiquement et ici encore de menus incidents de la vie du dix-huitième siècle agrémenteront leurs conversations sérieuses.

Cependant Saint-Hyacinthe n'a pas, sur ce plan, aussi bien réussi cette fois-ci qu'il l'avait fait en 1721. Un certain durcissement apparaît. Le raisonnement philosophique s'étoffe – et s'alourdit – dépassant ce qu'un genre aussi ténu pouvait supporter. D'où une impression de divorce entre deux séries d'éléments trop disparates: le rapprochement ne se fait plus que laborieusement, avec un effet un peu étudié qui pèse sur le résultat. Les pirouettes du comte, toutes les quatre ou cinq pages de la longue et aride démonstration de Monsieur de L. (pp.468-510) sont si visiblement placées là dans le but de détendre le lecteur qu'elles agacent et si des épisodes comme le dîner champêtre avec la danse des pêcheurs (pp.561-62) ou la musique française jouée avec tant de charme par Mademoiselle V. (p.514) plaisent, ils sont trop séparés du contexte pour sauver l'harmonie de l'ensemble.

Par contre l'aspect philosophique s'amplifie et devient dominant. Le raisonnement reprend celui des *Lettres écrites de la campagne*, mais il est orienté dans un sens un peu différent car, dans cette deuxième partie, c'est Dieu l'élément essentiel, ce Dieu qui avait été à peu près éliminé des cinq premières lettres. Poursuivant sa recherche, Saint-Hyacinthe est maintenant arrivé à un terme essentiel de sa pensée: il n'y a pas de morale possible sans Dieu, un Dieu qui peut et doit être atteint par la raison. C'est là le thème de base de l'ouvrage de 1731.

On ne peut pas construire de morale sans Dieu car c'est de lui que procède toute définition du bien et du mal.[45] Saint-Hyacinthe ne trouve de fondement solide à sa morale ni dans une inclination individuelle généreuse, car elle se rattacherait finalement au bon plaisir de chacun (pp.274-78) ni dans une nécessité sociale parce que le prince ne serait pas lié, ce qui détruirait le système (pp.278-89) et qu'il n'y a pas toujours conformité entre l'intérêt général et l'intérêt de chacun des particuliers (pp.295-97). Même une règle de justice et de charité générale, qui représente cependant le meilleur substitut possible, n'est pas un critère valable pour fixer une loi fondamentale (pp.302-303) et l'argument tiré de l'exemple des athées vertueux[46] n'est pas accepté, à cause de son aspect individuel.[47]

[45] C'est la proposition développée dans la xe lettre (pp.273-354).

[46] C'est un des thèmes qui reviennent dans l'ouvrage autour du personnage de Milord D., le libertin sympathique dont la contribution à la discussion est importante (pp.228-72, 295-96, 324-25, 340-46).

[47] Lester G. Crocker dans un article paru dans la *RhlF* 64 (1964), pp.462-66), 'Saint-

A bout d'arguments, les membres de la société qui ont proposé ces différents substituts finissent par accepter la proposition que M. de L. établit: sans un Dieu qui sanctionne le bien et le mal, il n'y a pas de distinction réelle, en morale, entre ces deux termes. Mais ce Dieu existe-t-il, et, s'il existe, peut-on prouver son existence de manière certaine? La réponse aux deux questions est 'oui'. On peut prouver l'existence de Dieu, car c'est par la raison qu'on l'atteindra. Il est non seulement possible d'arriver à Dieu ainsi,[48] mais c'est un devoir d'utiliser l'instrument de la raison humaine dans ce domaine religieux que le clergé voudrait réserver à l'autorité. Et M. de L. qui a défendu certains personnages ecclésiastiques accessoires contre les attaques des esprits hardis que sont le Chevalier et Milord D., se joint à ces derniers avec beaucoup de fermeté quand il s'agit de soutenir le droit d'examen universel de la raison (pp.254ss.).

Pour cette recherche et cet examen, c'est la méthode la plus sûre que la raison ait su se construire qui sera utilisée, dans sa démarche, mais aussi dans son esprit – la méthode mathématique. Il faut étudier la religion avec la même ouverture de bonne volonté, avec la même disponibilité que les mathématiques – pour chercher à atteindre la vérité et non pas pour convertir. Et c'est encore une occasion pour Saint-Hyacinthe d'attaquer l'intolérance, aussi bien celle des protestants que celle des catholiques (pp.558-60) et de soupçonner déjà le danger possible de l'intolérance d'une société athée (pp.542-43). Même une Eglise qui posséderait la vérité évidente, comme Saint-Hyacinthe croit le faire, n'aurait pas le droit d'utiliser la violence pour convertir car celle-ci ne peut pas persuader de la vérité, elle peut seulement faire des hypocrites (p.560).

Pénétré de cet esprit, M. de L., porte-parole de Saint-Hyacinthe, développe une longue démonstration, aussi algébrique que possible.[49] Il part d'un certain nombre de définitions qu'il établit lentement – et pesamment – non sans encourir des reproches de superfluité. Mais cette démarche est volontaire pour ne pas risquer de laisser place à la moindre incertitude, cause d'erreur.

Quand toute la société est d'accord sur le sens des mots: Idée, Chose, Opérations de l'Esprit, Rien, Possible, Nécessaire, Impossible, Contradictoire, Infini, Eternel, etc ... (pp.399-411), on en tire des conséquences logiques comme: 'le Rien n'a pas de propriétés', 'ce qui existe nécessairement ne peut pas ne pas être' (pp.412-3). De là M. de L. fait approuver la définition de Dieu: 'Un être éternel et tout-puissant', puis une série de théorèmes: nous pouvons concevoir Dieu et son existence n'implique pas de contradiction, donc Dieu *peut* exister.

Hyacinthe et le nihilisme moral', s'est appuyé sur cette démonstration de la difficulté de fonder solidement la morale pour souligner l'apport de Saint-Hyacinthe au nihilisme moral qu'il place au centre du dix-huitième siècle. Il reconnaît cependant que Saint-Hyacinthe lui-même n'est pas nihiliste et ce serait fausser complètement la position de notre philosophe que de le tirer vers cette attitude alors que son effort a pour seul but d'établir la morale sur des bases qu'il juge inébranlables.

[48] Ici encore Saint-Hyacinthe balaie avec aisance un argument immédiat: comment l'évidence de l'existence de Dieu ne s'est-elle pas imposée au monde, s'il est relativement facile de la découvrir? C'est que les superstitions, préjugés etc... ont obscurci l'esprit des chercheurs (ii.427-36). En dernière analyse on recourra (sans citer les sources) à l'argument du pari pascalien (ii.437-38).

[49] 'A demonstration is a proof drawn from an evident principle, so directly that the contrary implies a contradiction' (ii.397).

Il n'existe pas seulement comme possible car il devrait alors dépendre d'un créateur préexistant, ce qui est une contradiction de termes avec 'éternel' et 'tout puissant'. Donc Dieu *doit* exister.[50] La clé de voûte du système est mise en place, la morale est solidement fondée.

Sur le contenu même de cette morale les *Lettres* de 1731 n'apportent pas beaucoup de précision. Seul un thème est abordé, sans grande relation avec l'ensemble, celui des passions. Et là, Saint-Hyacinthe participe de l'optimisme de son temps, à la fois dans la justification des passions qui empêchent la vie humaine d'être végétative et dans la vue irénique des résultats que l'on peut obtenir aisément: nous ne devons pas chercher à nous opposer directement à nos passions, même si nous les jugeons mauvaises, mais les diriger avec adresse dans le sens que la raison nous indique. Mettons à profit l'exemple du pilote qui sait utiliser tous les vents pour aller où il veut. Ainsi nous ferons de l'amour de la raison notre passion dominante qui harmonisera tous ces mouvements puissants et utiles.

Cette raison, position centrale de la philosophie et de la morale de Saint-Hyacinthe, se trouve, à l'issue des réflexions de 1731 dans une situation assez particulière. Elle a obtenu le droit de diriger la vie de l'homme et d'explorer tous les domaines. Mais, de manière assez curieuse et symptomatique de l'évolution de Saint-Hyacinthe dans ces années, sa conception subit une certaine mutation. Saint-Hyacinthe a retrouvé Dieu et, autour de Dieu, il est en train de se construire une véritable *religion*. Alors que, jusqu'au séjour anglais, son effort philosophique aboutissait surtout à rationaliser la religion et Dieu jusqu'à les vider presque de tout contenu, c'est maintenant la raison qui, sans rien perdre de ses attributs, va être colorée de sentiment religieux. La démarche de la raison recherchant librement la vérité devient un acte religieux, une marque de respect envers Dieu (p.529). La raison est 'le Ministre de Dieu' (p.534).

Cette différence d'optique se retrouve de façon encore plus marquée dans l'autre texte important de cette époque qui, lui, est positivement daté des années de Worcester, la très belle et très émouvante lettre à Lévesque de Burigny du 6 septembre 1727.[51] Le caractère personnel de ce document permet d'y déceler plus nettement les inclinations et les intérêts. Cette lettre est destinée à amener un hypothétique ami commun (qui semble bien être, en fait, Lévesque de Burigny lui-même), à partager les vues de Saint-Hyacinthe sur la religion, l'immortalité de l'âme et le vrai bonheur. Cet ami, que Saint-Hyacinthe a connu en France et en Hollande[52] imbu de 'préjugés' en matière religieuse est enfin 'assez courageux pour ouvrir les yeux à la vérité pure et pour tendre à la perfection en homme et non en esclave' (p.5). Saint-Hyacinthe se réjouit profondément de ce changement qui correspond à son exigence rationaliste de 'convaincre l'esprit par l'évidence', atteinte par un raisonnement qui remonte 'jusqu'aux premiers principes de l'ontologie' en évitant les 'principes intermédiaires' ou les 'termes confus' (p.9). C'est ainsi que l'on peut élaguer la religion de tout ce qui

[50] ii.416-20: 'God actually and always exists, not because he may or may not exist but because he cannot but exist' (p.420).

[51] Publiée par la Société des Bibliophiles français.

[52] Ces données biographiques correspondent à celles de Lévesque de Burigny.

n'est pas essentiel, c'est-à-dire un Etre Souverain, plus ou moins chrétien, ne demandant qu'un culte moral de vertu raisonnable et d'amour mutuel.[53] Mais l'ami a poursuivi le chemin du doute et il croit maintenant 'que le sentiment de ceux qui disent que notre âme est immortelle de sa nature ne peut pas se soutenir' (p.6). Et cette fois-ci, Saint-Hyacinthe refuse son accord. Il développe sur ce point précis un raisonnement curieusement chargé de réminiscences panthéistes et platoniciennes[54] qui lui paraît prouver sans réplique possible la survie de l'âme. Saint-Hyacinthe s'affirme nettement ici le représentant d'un déisme positif en face des tentations athées.

Mais l'aspect vraiment personnel que Saint-Hyacinthe donne alors à sa philosophie résulte d'une certaine coloration d'intensité, de chaleur, assez peu courantes chez ses contemporains. Saint-Hyacinthe ici se montre un croyant qui veut persuader: 'Je vous écris au sujet de notre ami avec confiance et avec liberté, persuadé que vous êtes trop raisonnable pour refuser une liberté entière à ceux qui aiment sincèrement la vérité [p.5] [...] Prenez, je vous prie, mon cher Monsieur, occasion d'entretenir notre ami sur un point si important [...] engagez-le surtout [...] Vous pourriez lui faire lire [...] Vous pourriez aussi lui faire jeter les yeux [...] Je vous prie de ne pas manquer l'occasion [...] Vous m'obligeriez aussi' (pp.8 et 9). Cette sorte de ferveur est surtout sensible dans le domaine moral, qui paraît plus cher encore à Saint-Hyacinthe que celui du raisonnement métaphysique. L'orientation de la vie reste d'abord, certes, la conséquence logique des positions établies philosophiquement: c'est l'application de 'certaines vérités' dont nous 'sommes instruits' (p.10) par la raison. Il faut 'vivre dans l'ordre que le Souverain Etre exige des créatures intelligentes' (p.11). Mais Saint-Hyacinthe enrichit cette morale assez vague du déisme d'apports stoïciens et chrétiens, d'une chaleur intérieure, d'une confiance dans la 'bonté de Dieu' (pp.9 et 10), d'un esprit proprement religieux: 'Pouvoir nous parler à cœur ouvert des choses qui intéressent et notre bonheur dans cette vie et notre bonheur dans l'autre sont des plaisirs sans doute plus touchans et plus

[53] Saint-Hyacinthe s'élève contre 'les commentaires extravagans et les dogmes mêmes impies que l'imagination, l'ignorance ou la fraude ont fait ajouter à la propre confession de foi de ce Messie, lorsqu'il a dit lui-même qu'aimer Dieu de tout son cœur et son prochain comme soi-même était toute la doctrine du salut, toute la loi et les prophètes' (p.6).

[54] 'La mort si j'entends bien ce terme ne signifie autre chose que la dissolution de l'union des parties d'un de ces sortes de tous qu'on nomme vivans [...] mais les êtres qui composaient cette union subsistent toujours, rien de réel ne se perd, non seulement nos âmes mais chaque partie première de la matière est indestructible et immortelle.

Si notre âme était un composé de parties, elle ne serait pas immortelle sans doute; mais dire qu'elle est un composé de parties c'est joindre la contradiction aux illusions de l'imagination pour combattre la raison et le sentiment [...] Mais qui ne voit que supposer que chaque être intelligent est un composé d'êtres intelligens est une supposition aussi ridicule qu'elle est absurde, puisqu'elle va à conclure que ce qui suffit n'est pas suffisant? Car puisqu'un seul être sensible suffit pour être sensible et par conséquent intelligent et raisonnable, il est donc inutile qu'il y ait plusieurs êtres sensibles unis ensemble pour former un être intelligent. Si l'on dit que l'âme [...] est [...] un composé de parties insensibles et non intelligentes, il est évident par les termes mêmes qu'un composé d'êtres insensibles n'est qu'un tout insensible' (pp.6, 7 et 8).

solides que tout autre plaisir qu'on puisse imaginer. Il me semble que le plus grand bien qu'on puisse avoir est d'être bien avec soi-même en se formant un caractère indépendant des choses qui ne dépendent point de nous et se fortifiant dans l'état d'épreuve où Dieu nous a mis par la vue d'une sagesse toute puissante qui a tout ordonné pour le mieux et dans laquelle on trouve de la force et du courage par la résignation et la confiance' (pp.4 et 5). Cette profondeur de conviction chaleureuse l'entraîne même à une attitude très louable mais un peu curieuse de directeur de conscience, d'avocat de la bonne mort, auprès de sa jeune belle-sœur qu'il s'est efforcé de soutenir moralement pendant sa maladie mortelle: 'Je l'ai exhortée dans ses derniers momens; elle a précisément expiré lorsque je lui disais que son dernier soupir fut un soupir d'amour et que Dieu reçut son âme en paix' (pp.12 et 13).

De ce Dieu personnalisé que Saint-Hyacinthe invoque maintenant, de la consolation morale qu'il peut en recevoir, il va avoir grand besoin car cette deuxième partie du séjour anglais, de 1728 à 1731, sera pour lui une nouvelle période de tribulations. Il est en proie à de grandes difficultés matérielles. La lettre à Lévesque de Burigny mentionnait déjà, comme le dernier élément d'une situation financièrement grave, les dépenses occasionnées par la maladie d'Elisabeth de Marconnay et la perte de la pension de celle-ci.[55] De plus, George II monte sur le trône en 1727 et il va bientôt supprimer la pension accordée par son prédécesseur aux réfugiés protestants français. De quelque catégorie que soit l'allocation dont jouit la famille de Saint-Hyacinthe, elle cesse aussi d'être payée et l'écrivain en gardera une amère rancœur envers le monarque dont il critiquera violemment l'avarice plus tard.[56]

En attendant, il faut trouver des moyens de subsistance et c'est sans doute pour le faire plus facilement que Saint-Hyacinthe vient s'établir à Londres au début de 1728.[57] Et c'est dans ce contexte de nécessité que s'insère une tentative commerciale de Saint-Hyacinthe: il prend une 'boutique' de libraire.[58] Il s'efforce

[55] S'il est impossible d'obtenir la réversion de 'la part de la pension que Melle de Marconnay avait [...] je ne sai d'autre remède que de vendre ce qui nous reste de terre et de confier le reste au Ciel, car la maladie de Melle de Marconnay a achevé de m'accabler' (p.13).

[56] Dans la *Déification du Docteur Aristarchus Masso* qui paraîtra en 1731 (*Déification*... in Edition Leschevin du *Chef d'œuvre d'un inconnu*, pp.194-95); George II est d'autre part peint et ridiculisé sous les traits du roi Guinguet dans l'*Histoire du Prince Titi* (Paris, Bruxelles 1736). Cet ouvrage est par un de ses aspects un pamphlet politique en faveur du parti Tory rassemblé autour du prince de Galles.

[57] Le 12 janvier (vieux style) on baptise à Worcester le petit Thémiseul-Socrate (Worcestershire Parish Register Society, *The Register of Worcester Cathedral 1693-1811*, 1913,p.26). Le père était probablement présent. La famille au moins était encore installée à Worcester. Le 31 mars 1728, Saint-Hyacinthe écrit à Titon Du Tillet de Londres (Titon Du Tillet, *Le Parnasse français*, Paris 1732. Edition avec supplément de 1743, p.lxvii).

[58] Une lettre de Londres du libraire Isaac Vaillant à P. Marchand, non datée, que situent vers 1729 les allusions à la querelle qui faisait alors rage entre Marchand et Desmaizeaux et à la prochaine publication (effectuée en 1729) des *Lettres* de Bayle par Desmaizeaux, mentionne: 'L'auteur du Chef d'Œuvre a toujours sa Boutique, qu'il ne quittera jamais parce qu'on dit qu'elle le quittera. Je prévois une riche dose de Misère pour cette famille', Leyde, Bibliothèque Universitaire, Marchand 2. Il y a aussi une allusion à cette phase de la vie de Saint-Hyacinthe dans une lettre postérieure de Voltaire

même, avec son ingéniosité et son imagination coutumières d'en élargir l'activité par une entreprise plus journalistique, une sorte de 'digest' avant l'heure: la publication d'extraits de journaux étrangers.[59] Saint-Hyacinthe qui joignait à un don d'invention certain un incurable optimisme et un manque total de sens des réalités ne pouvait que finir de se ruiner. C'est évidemment ce qu'il fit.[60] Des tristesses familiales accompagnent ces difficultés: son fils aîné, Roger Francis, né à Worcester au début de 1723, meurt à cette époque.[61] C'est sur cet arrière-plan très lourd tant au point de vue financier que personnel que se profile la silhouette de Saint-Hyacinthe dans ces années, à travers des contacts avec des milieux variés qui éclairent plusieurs faces de sa personnalité.

Mondain impénitent, membre d'une société hiérarchisée où le succès doit être social, Saint-Hyacinthe fréquente en Angleterre des milieux mondains de l'aristocratie[62] sans que cela semble surprendre personne. Il est ainsi en rapports avec lord Percival et avec la brillante lady Mary Hervey,[63] une des plus spirituelles beautés de la Cour d'Angleterre, protectrice et amie d'hommes de lettres. Dans cette ambiance, Saint-Hyacinthe, tout en conservant ses préoccupations morales et philosophiques retrouve alors sa verve facile mais plaisante de poète de société. Un petit poème à la louange de lady Mary Hervey porte témoignage, à la fois de ces rencontres et de leur atmosphère de badinage parfois un peu mièvre:

Sylve

Gajeure

Dans Albion où mainte lady brille
Me disait l'un, quelle est la plus gentille?
Soit en son air ou gracieux maintien
Soit en propos que de sa belle bouche
Laisse échapper comme si n'était rien

à Berger (Best.D1881).

59 Lord Percival, qui connaissait Saint-Hyacinthe probablement par l'intermédiaire du p. Le Courayer avait accepté de souscrire à cette affaire, intelligemment conçue, qui promettait aux trente-deux actionnaires le remboursement de leurs frais et un cinquième de bénéfices en quatre ans. Il n'y eut pas assez de participants pour que l'affaire puisse être lancée – ce qui fut probablement une chance pour Saint-Hyacinthe dont le manque de sens pratique aurait sans doute mené la chose à la catastrophe ... (Journal de Lord Percival, Historical Manuscripts Commission, Mss of the Earl of Egmont, Diary of Viscount Percival, vol. 63, I, p.76, 1er mars 1730 et p.90, 31 mars 1730).

60 Cf. Lettre d'Isaac Vaillant à P. Marchand et Journal de Lord Percival cités ci-dessus.

61 Cf. la même lettre d'Isaac Vaillant à P. Marchand.

62 F. Baldensperger indique aussi ces succès de Saint-Hyacinthe, qui est 'protégé par la comtesse de Stratford et [...] fait son chemin dans la bonne société anglaise'. Il s'appuie sur un passage de la correspondance diplomatique que l'on n'a pas pu retrouver ('Intellectuels français hors de France, de Descartes à Voltaire; IX, Saint-Hyacinthe et Bayle', *Revue des cours et conférences*, 30 mars 1934, pp.334-35).

63 Lettre de lady Mary Hervey à Montesquieu (Montesquieu, *Œuvres complètes*, éd. Nagel, iii.953). Mary Lepell, épouse de lord Hervey of Ickworth 1700-1768. Demoiselle d'honneur de la princesse de Galles en 1717, en relations d'amitié avec Pope, Gay, Pulteney, Chesterfield; elle a reçu Voltaire et Montesquieu lors de leurs séjours en Angleterre.

Et qui pourtant charmerait une souche?
Qui possédant tout ce qui fait aimer,
Grâce, beauté, doux et poli langage,
Y joint encore ce qui fait estimer
Sçavoir exquis, cœur généreux et sage,
Saine raison libre de l'esclavage
Des préjugés, vertus ignorant l'art
De se gâter par l'usage du fard.
Sans hésiter, si la nommez, je donne
Un grand repas, où tel nombre d'amis
Qu'il vous plaira, se trouveront admis
Mais si doutez sur quelque autre personne
Le payement vous sera réservé.
Tope, je dis, c'est Mylady Hervey.
Qui fut penault, ce fut mon homme.–
Joyeux pourtant de donner le souper.
La connaissez, dit-il, si lui donnez la pomme
Qui la connaît ne pouvait s'y tromper.[64]

Ces contacts avec la haute société aristocratique anglaise sont dûment couronnés par la protection d'un membre de la famille royale: non pas George II, honni, mais son fils le prince de Galles, qui ne régnera pas, devant mourir avant son père et qui est le centre d'une opposition tory à la politique royale whig. Saint-Hyacinthe a reçu des 'bienfaits' du prince[65] – peut-être en rapport avec une action dans le milieu de pamphlétaires besogneux qui tournait autour des chefs du parti tory et de l'entourage du prince de Galles.[66]

C'est un milieu assez différent que Saint-Hyacinthe fréquente également beaucoup dans ces années, celui de savants anglais et de français réfugiés qui gravite autour de la Royal Society. Pierre Desmaizeaux, que Saint-Hyacinthe connaît déjà[67] a dû servir ici encore d'intermédiaire. Dès son installation à Londres, Saint-Hyacinthe entre en rapports avec la Société et il va très vite recevoir la distinction flatteuse et recherchée d'en être reçu membre. Les archives de la Royal Society rendent compte de l'évolution de cette procédure. Le 27 juin 1728, Saint-Hyacinthe est proposé comme membre[68] peu avant que la Société ne se disperse pour les vacances. Le 24 octobre il est élu (p.248) et le 31 il est reçu officiellement (p.251). Après quoi, le nom de Saint-Hyacinthe apparaît

[64] *Variétés ou divers écrits par M. D* S* H**** (Amsterdam 1744), pp.18-19.

[65] Cf. Dédicace au prince de Galles du *Recueil de divers écrits sur l'amour et l'amitié* (Paris, Bruxelles 1736).

[66] Une curieuse méprise au sujet du *Prince Titi*, roman que Saint-Hyacinthe publiera en 1736, peut le faire penser (cf. Chapitre 7).

[67] Il est déjà en rapports épistolaires avec lui depuis Worcester (Lettres de Saint-Hyacinthe à P. Desmaizeaux des 12 avril et 25 mai 1827, datées de Worcester – Londres, British Library, Add. Mss.4284 ff 138 et 140). Peut-être Sallengre, ami de l'un et de l'autre les a-t-il mis en rapports avant sa mort prématurée en 1723, comme il l'envisageait dès 1720 (Lettre de Sallengre à Pierre Desmaizeaux de La Haye, le 2 février 1720 – Londres, British Library, Add. Mss.4287). Saint-Hyacinthe se trouve dans une situation assez délicate dans la querelle, alors à son point culminant, qui fait rage entre Prosper Marchand et Pierre Desmaizeaux à propos des éditions de Bayle.

[68] Londres, Royal Society, Journal Book of the R. S., Copy, XIII 1726-1731, p.237. Les dates sont données dans le calendrier julien.

dans les registres à certaines occasions qui le montrent agissant en Fellow de la Royal Society conscient de l'honneur qu'il a reçu et des obligations que celui-ci lui impose. Il communique des informations scientifiques,[69] soutient la candidature de nouveaux membres[70] ou autorise quelque étranger de mérite à assister à une séance.[71]

L'appartenance de Saint-Hyacinthe pendant plus de trois ans à la Royal Society le marquera, à travers une série de contacts, par deux attirances qu'elle éveille ou réveille en lui, celles du travail scientifique et de la franc-maçonnerie. Saint-Hyacinthe se trouve en effet alors dans un milieu où se coudoient les représentants de la recherche la plus authentiquement scientifique du temps et des esprits curieux, ouverts, intéressés, sans être aucunement spécialisés. Newton a disparu en 1727 de la scène qu'il avait longtemps dominée et où il occupait encore pendant les dernières années de sa vie une place prépondérante et respectée de tous, en dépit des somnolences dans lesquelles il avait parfois tendance à s'enliser au cours des séances. Il est remplacé à la présidence par sir Hans Sloane qui marquera profondément par sa longue administration cette institution ainsi que la société intellectuelle anglaise de son temps.

Saint-Hyacinthe est naturellement en rapports avec Sloane à qui il adressera plus tard des étrangers de marque, entre autres Scipion Maffei et son ami Séguier chargés d'une petite dissertation à prétentions scientifiques en hommage à la Société.[72] Il ne s'agit pas seulement, sans doute, de relations superficielles, mais Saint-Hyacinthe semble avoir pénétré dans le petit cercle intime et très actif intellectuellement du Président de la Société, comme en témoignent ses liens avec le secrétaire et bibliothécaire de Sloane, le jeune érudit, médecin et naturaliste zurichois, Jean Gaspar Scheuchzer[73] qui va mourir très prématurément chez Sloane à 27 ans en 1729. Scheuchzer a été un des trois parrains de Saint-Hyacinthe pour son entrée à la Royal Society.[74]

Saint-Hyacinthe semble avoir été, assez naturellement, en rapports plus étroits avec ceux des membres de la Société qui étaient d'origine française, huguenots réfugiés, et formaient un solide noyau à l'intérieur de la Société. Et d'abord avec l'inévitable Pierre Desmaizeaux, polygraphe, éditeur de Saint-Evremond et de Bayle entre autres, ami de Collins et probablement de Toland, à la plume lourde mais à la pensée tranquillement audacieuse ... Il a surtout joué à Londres un rôle exceptionnel d'intermédiaire dans la République des Lettres européenne. Saint-Hyacinthe a dû souvent aller le retrouver – et rencontrer ses amis – à ce

[69] Les 5 février 1729/1730 (p.419), 5 mars 1729/1730 (p.436), 14 mai 1730 (pp.477-80) et 11 mars 1730/1731 (p.580).

[70] Les 12 février 1729/1730 (p.422) et 4 juin 1730 (p.488).

[71] Le 13 novembre 1729 (p.369).

[72] Lettre de Saint-Hyacinthe à sir Hans Sloane, Paris 6 mai 1736 (British Library, Sloane Mss 4054 ff.229 à 231) et minute de lettre de Sloane à Saint-Hyacinthe (Londres) 30 juin 1736 (Londres, British Library, Sloane Mss.4068 f.294).

[73] Une lettre de Saint-Hyacinthe à Scheuchzer subsiste (Londres, British Library, Sloane Mss. 4067, f.128): de Londres s.d. (probablement 1728), demandant assez curieusement à Scheuchzer et à Sloane une consultation médicale par correspondance, pour un certain de Barry, parent de la femme de Saint-Hyacinthe.

[74] Londres, Royal Society, *Journal Book* ..., p.237.

Rainbow Coffee House[75] de St Martin's Lane qui, sous l'impulsion de Desmaizeaux a été un des centres d'échanges d'idées du Londres si fertile du début du dix-huitième siècle.

Desmaizeaux, comme Scheuchzer a contribué à faire élire Saint-Hyacinthe à la Royal Society, avec le parrain principal, celui qui était membre du Conseil, comme l'exigeaient les statuts pour une présentation: Paul Bussière. Ce chirurgien s'était d'abord installé à Copenhague lorsqu'il avait quitté la France à cause de sa religion. Fixé en Angleterre et naturalisé dès 1688, il y jouissait d'une flatteuse réputation. Passionné d'anatomie et de physiologie il fut un des premiers à professer ces sciences à Londres et publia sur ces sujets de nombreux travaux. Saint-Hyacinthe semble s'être attaché aussi assez particulièrement au physicien Abraham de Moivre[76] ami de Newton.

Dans cette atmosphère, Saint-Hyacinthe sent revivre ce goût vague, imprécis et souvent mal orienté, pour la Science qu'il a déjà et qui est général dans son siècle. Au contact de 'S-Gravesande il s'était, en Hollande, intéressé aux découvertes newtoniennes; il avait publié quelques courts articles scientifiques dans les *Mémoires littéraires* et avait eu l'intention de développer cette veine dans un essai sur les sciences, qu'il avait soumis à Fontenelle, destiné à être la pièce principale du tome suivant de ce recueil qui ne parut jamais. L'*Europe savante* avait témoigné de la constance de cette attirance par des articles d'ordre scientifique, presque technique ou artisanal, qui n'étaient pas sans préfigurer les préoccupations de l'Encyclopédie.

Dans le cadre de la Royal Society, ce goût de Saint-Hyacinthe pour tout ce qui est scientifique se développe, et ceci dans trois directions principales: une empreinte générale newtonienne, un intérêt grandissant pour les sciences naturelles et un début de sens de la rigueur scientifique. Newton n'est plus présent, mais la Royal Society est encore toute imprégnée de sa personnalité et de sa doctrine. La plupart des membres l'ont connu personnellement et parfois pendant de longues années, certains d'entre eux ont été ses amis, comme Hans Sloane ou Abraham de Moivre.[77] Si les théories newtoniennes ne sont pas un des centres de réflexion habituels de Saint-Hyacinthe c'est qu'elles s'exercent dans des domaines qui ne l'attirent pas particulièrement; mais il ne les met pas en question et elles constituent en quelque sorte une toile de fond pour sa pensée.

Désormais c'est surtout dans le domaine des sciences naturelles – un des thèmes du dix-huitième siècle[78] – que l'intérêt de Saint-Hyacinthe se développe. Avec un enthousiasme touchant par son zèle maladroit il fait hommage à la

[75] Un écho dans une lettre de mme de Saint-Hyacinthe à Desmaizeaux la montre, ainsi que son époux très au fait de ces relations de café: on envoie à Desmaizeaux une lettre 'dans laquelle il y avait une autre pour remettre à une personne que vous voyez tous les jours au café ...' personne que l'on se garde bien de nommer (British Library, Add. Mss.4284, f.145).

[76] Cf Lettres de Saint-Hyacinthe à P. Desmaizeaux – Londres, British Library, Add. Mss.4284, ff.142, 147, 149, 152, 153, 159.

[77] Sloane, Secrétaire de la Royal Society de 1695 à 1727, a travaillé étroitement avec Newton, président de 1703 à 1727. Abraham de Moivre a été un des plus intimes amis de Newton. Tous deux avaient coutume de passer la soirée ensemble au café.

[78] Cf. J. Roger, *Les Sciences de la vie dans la pensée française du XVIIIe siècle* (Paris 1971).

Société de travaux qui sont d'un caractère très différent de ses productions habituelles. Il est d'ailleurs conscient de ses limitations et fait souvent appel aux compétences d'amis pour qui il joue un rôle d'honnête intermédiaire. Il présente ainsi à deux reprises des études faites par le naturaliste suisse Garcin[79] sur une plante tropicale appelée Oxyoides et sur des animalcules marins.[80] En compensation, il proposera la candidature comme membre de la Société de Garcin lors d'un séjour en Angleterre de celui-ci qui sera dûment élu.[81] De son voyage hollandais de 1730, Saint-Hyacinthe rapporte un document: un morceau de pieu de digue fortement attaqué par des termites, qu'il offre à l'inspection de la Société. Sloane fait des remarques techniques et l'ensemble de l'assemblée vote des remerciements à Saint-Hyacinthe.[82] Celui-ci conservera, dans ce domaine des sciences naturelles, une curiosité latente et qui émergera même parfois sur le plan actif.

Il fait aussi preuve d'un intérêt scientifique sympathique, s'il est assez superficiel, dans le contexte de ses rapports avec un français de classe, de passage à Londres: Maupertuis. Les deux hommes se sont connus dans le cadre de la Royal Society où leurs carrières ont été parallèles car Maupertuis a été élu membre à la séance même où Saint-Hyacinthe était proposé pour le même honneur.[83] Maupertuis, déjà membre de l'Académie des sciences de Paris, était appuyé sur une brillante carrière scientifique. Le voyage anglais apporta cependant beaucoup à ses conceptions[84] et il se montra satisfait de la consécration européenne que lui apportait la Société Royale. Saint-Hyacinthe aidera plus tard Maupertuis, quand tous deux seront rentrés en France, pour réaliser la publication dans les *Transactions* de la Royal Society à laquelle Maupertuis attachait beaucoup d'importance, d'une dissertation qu'il avait offerte à la Société, sur la forme des planètes et l'anneau de Saturne – œuvre qui semble avoir été oubliée dans les recensements des travaux de Maupertuis.

Saint-Hyacinthe a donc participé de l'atmosphère scientifique de la Royal Society par un intérêt, un vernis léger de connaissances, par une culture d'inspiration newtonienne et, plus activement, par une aide modeste mais souvent efficace apportée à des hommes de science. De manière moins superficielle, il a affirmé dans ce milieu son sens déjà moderne de la solidité, de la précision dans la recherche et la démarche de la pensée. Il a mûri son intuition de l'esprit scientifique qui reste cependant, comme celle de son époque, encore hésitante et souvent maladroite. Ainsi se renforce sa préoccupation d'utiliser la méthode scientifique dans le cadre de sa recherche propre, celui de la philosophie

[79] Laurent Garcin, 1683-1751, d'une famille protestante du Dauphiné réfugiée en Suisse, voyageur et médecin par profession, botaniste et naturaliste par goût, un des rédacteurs du *Mercure suisse* de Louis Bourguet. (Cf. *Dictionnaire historique et biographique de la Suisse*, t.iii, Neuchâtel 1926.)

[80] Londres, Royal Society, *Journal book*, Copy, vol.xiii, 1726-1731, pp.417 (5 février 1729/30), 436 (5 mars 1729/30) et 477-480 (14 mai 1730).

[81] 4 juin 1730, p.488 et 22 octobre 1730, pp.499 et 500.

[82] 11 mars 1730/31, p.580.

[83] 27 juin 1728, p.237.

[84] Cf. L. Velluz, *Maupertuis* (Paris 1969) et P. Brunet, *Maupertuis*, Etude biographique, Thèse complémentaire pour le doctorat-ès-lettres (Paris 1929), p.13.

et de la morale. Les *Letters giving an account of several conversations* ... paraissent en 1731. On peut supposer que les courants de pensée issus des réunions de la Royal Society ou autour d'elle ont contribué à enrichir leur désir de rigueur.[85] Cette tendance va encore prendre de l'importance dans le développement ultérieur de la pensée de Saint-Hyacinthe.

Dans un domaine très différent Saint-Hyacinthe a pu recevoir un apport du milieu de la Royal Society, milieu très pénétré par la toute nouvelle – ou renouvelée – franc-maçonnerie. Désaguliers qui a contribué à la rétablir est alors dans sa période la plus active de participation à la Royal Society. Il a assisté à presque toutes les séances lors de la présence de Saint-Hyacinthe à la Société[86] et il faisait partie du groupe français que Saint-Hyacinthe fréquentait particulièrement. Plusieurs autres membres de la Société de l'époque sont connus comme francs-maçons.[87] Ce contexte suggère déjà la possibilité d'une initiation de Saint-Hyacinthe. Cette indication est renforcée par la préoccupation constante que celui-ci a toujours manifestée pour le thème d'une société fraternelle, et par ses tentatives dans ce domaine. Un autre élément vient encore y ajouter du poids: les rapports tout particuliers que Saint-Hyacinthe a entretenus dans ces mêmes années avec deux personnalités marquées par l'appartenance à la franc-maçonnerie, Montesquieu et Ramsay.

Les relations entre Montesquieu et Saint-Hyacinthe[88] se présentent, de façon assez irritante, comme une sorte de filigrane à peine lisible, car il en subsiste fort peu de témoignages, tous très limités mais dont chacun décèle un caractère d'intimité et de continuité très marqué. C'est dans le cadre de la Royal Society qu'intervient le premier d'entre eux, très significatif: Saint-Hyacinthe a été pour Montesquieu un des trois parrains exigés par le règlement pour l'élection à la Royal Society.[89] Nous savons d'autre part que les deux hommes fréquentaient les mêmes milieux,[90] qu'ils discutaient des sujets d'intérêt commun,[91] se commu-

[85] Maupertuis poursuivait, comme Saint-Hyacinthe qu'il a peut-être influencé, un effort pour introduire des méthodes scientifiques dans la réflexion morale, effort qui aboutira à l'*Essai de philosophie morale* publié de 1749 à 1751 (cf. communication de P. Naudin à la Journée Maupertuis de Créteil, *Actes de la Journée Maupertuis*, Paris 1975, pp.15-27).

[86] Le *Journal book* de la Royal Society mentionne pour la plupart de ces séances que M. Désaguliers y pratique des expériences.

[87] Cf. notamment R. Shackleton, *Montesquieu*, pp.139-40.

[88] Cf. notamment R. Shackleton, *Montesquieu*, pp.134-37, et E. Carayol, 'Des *Lettres persanes* oubliées', *RhlF* 65 (1965) et 'Le Démocrite français' in *Dix-huitième siècle* 2 (1970).

[89] Londres, Royal Society, *Journal book*, p.492, 12 février 1729/30, cité par R. Shackleton, *Montesquieu*, p.136.

[90] Lady Mary Hervey a reçu en 1733 par Montesquieu des nouvelles de Saint-Hyacinthe et elle en accuse réception dans des termes qui dénotent la familiarité des rapports des protagonistes: 'I'm glad poor Saint-Hyacinthe is easier in his circumstances. I wish he was entirely so, for I believe him to be a man of worth. But – between you and I – his wife is very silly proud woman', Goodwood, 18 août 1733 (Montesquieu, *Œuvres complètes*, iii.853). Saint-Hyacinthe , quand il ira à Paris, donnera son adresse chez Mellon, le correspondant de Montesquieu (Lettre de Saint-Hyacinthe à P. Desmaizeaux, Paris 30 avril 1732, Londres, British Library, Add. Mss 4 284 f.152). Saint-Hyacinthe , aussi bien que Montesquieu, est familier du salon de mme de Lambert.

[91] La pensée 716 (1.262) de Montesquieu porte témoignage de ces échanges. *Œuvres complètes*, ii.217.

niquaient leurs œuvres.[92] De tels rapports, où mme de Lambert, amie et protectrice de l'un comme de l'autre a très probablement joué un rôle de mise en contact, ont eu évidemment pour Saint-Hyacinthe une valeur d'ouverture et d'enrichissement. En ce qui concerne la franc-maçonnerie, ce rapprochement est suggestif...

C'est peut-être aussi par la Royal Society que Saint-Hyacinthe est entré, ou rentré, en rapports avec l'originale personnalité qu'était Andrew Ramsay[93] qui va se donner comme tâche – entre autres – d'implanter la franc-maçonnerie en France. Ramsay était en 1729 et 1730 en séjour dans l'Angleterre Hanovrienne. Il fut reçu membre de la Royal Society quand Saint-Hyacinthe en faisait activement partie[94] et une collaboration va s'établir entre les deux hommes pour l'accomplissement de ce qui est un des buts principaux du voyage de Ramsay, la 2e édition des *Voyages de Cyrus*.

Cette allégorie historique, politique, philosophique et religieuse, parue en 1727 avait eu un tel succès qu'une nouvelle édition se justifiait. Elle paraîtra à Londres en 1730 chez James Bettenham, le futur éditeur des *Letters giving an account* ... de 1731. Saint-Hyacinthe dans la situation financière déplorable que nous lui connaissons a dû être trop heureux d'accepter le rôle de correcteur d'épreuves, doublé certainement de celui de conseiller. 'L'ouvrage est fort augmenté' dit Ramsay, 'Plus d'actions à mon héros [...] J'ai dévellopé plusieurs dogmes de l'antiquité et plusieurs points de la théologie et de la mythologie [...] de sorte que, selon l'expression de Monsieur de Saint-Hyacinthe, le fameux autheur de *Mathanasius* qui est à Londres et qui a revu mes épreuves, la première édition de *Cyrus* n'était qu'une ébauche pour apprendre le jugement du public sur mon ouvrage.'[95] S'il est difficile d'apprécier l'apport personnel, assez minime probablement, que Saint-Hyacinthe a pu donner aux *Voyages de Cyrus*, on peut penser en sens inverse, qu'il a renforcé dans ce travail son goût du roman allégorique, véhicule commode de théories parfois audacieuses. Il se souviendra certainement de *Cyrus* quand il écrira, quelques années plus tard, le *Prince Titi*, auquel il pense peut-être déjà.

Sur un autre plan, les contacts proches avec la personnalité marquée qu'était Ramsay complètent le réseau des éléments touchant alors à la franc-maçonnerie autour de Saint-Hyacinthe. Il est lui-même très préparé à subir de telles influences, avec son attirance pour la forme de la société fraternelle, les expériences qu'il a déjà acquises dans ce domaine[96] et ses préoccupations, qui se

[92] Les *Letters giving an account* ... de Saint-Hyacinthe figurent dans la bibliothèque de La Brède 'ex dono scriptoris'. Cf. R. Shackleton, *Montesquieu*, p.134.

[93] Cf. A. Chérel, *Un aventurier religieux au dix-huitième siècle: André Michel Ramsay* (Paris 1926) et G. D. Henderson, *Chevalier Ramsay* (Londres 1952).

[94] Londres, Royal Society, *Journal book* pp.375, 385 et 388. Le 20 novembre 1729 Ramsay est proposé comme membre, le 11 décembre il est élu et le 18 décembre il est reçu officiellement.

[95] Lettre de Ramsay au marquis de Caumont, du 21 Novembre 1729. Londres, Wellcome Library, dossier Ramsay no 7. Lettre découverte par mlle Françoise Weil, qui l'a publiée: 'Ramsay et la Franc-Maçonnerie', *RhlF* 63 (1963), p.273.

[96] Après les fraternités de jeunesse à Troyes (cf. *Pièces échappées du feu*, pp.62, 114, 172) il y a eu les sociétés qui ont préparé les périodiques. La seule sur laquelle nous ayons des informations, celle du *Journal littéraire*, offre, dans la forme, des coïncidences assez

précisent à cette époque, de déisme constructif, social et moralisateur. Il n'y a certes pas d'indication positive que Saint-Hyacinthe ait adhéré à la franc-maçonnerie – une preuve reste d'ailleurs exceptionnelle dans ce domaine – mais il semble très probable qu'il est déjà initié lors du séjour anglais, ce que d'autres faits ultérieurs, à son retour en France, paraissent confirmer.

Dans le carrefour que constitue Londres à cette époque, Saint-Hyacinthe a rencontré quelques autres curieuses personnalités de ce milieu de Français, voyageurs ou réfugiés, parfois à la limite de l'aventurier. Il a dû ainsi renouer les relations qu'il avait déjà entretenues en Hollande avec le curieux et effervescent jésuite défroqué La Pillonière[97] qui l'a précédé en Angleterre. C'est aussi à Londres que Saint-Hyacinthe fait la connaissance du brillant mais instable François Bruys,[98] alors dans la phase protestante et anglaise de son existence agitée. Bruys éprouve pleinement le charme de Saint-Hyacinthe, dont il conservera, quand il aura quitté Londres pour la Hollande, un souvenir très vif. C'est quelqu'un de plus de solidité morale, et d'une autre envergure, que Saint-Hyacinthe revoit dans ces années en la personne du p. Le Courayer,[99] alors exilé à cause de l'audace de ses positions en faveur de l'union des églises et de la validité des ordinations anglicanes. Mais il a été accueilli par la hiérarchie anglaise et il est le protégé et l'ami du puissant archevêque de Canterbury, William Wake, son correspondant et son appui dans l'effort œcuménique. On aperçoit aussi près de Saint-Hyacinthe l'original personnage qu'était ce docteur Misaubin, installé à Londres après des études de médecine à Cahors, décrit par Fielding dans *Tom Jones*, dessiné par Watteau et traité alternativement de charlatan et d'homme de génie par ses contemporains.[100]

Les rapports entre réfugiés ne sont pas toujours amicaux. Saint-Hyacinthe semble s'être brouillé alors avec un huguenot qui fait partie du groupe de Desmaizeaux, Pierre Daudé, neveu d'un autre Pierre Daudé, originaire de l'Ardèche qui avait été pasteur ou proposant. Le jeune Daudé, lui, s'occupait surtout de littérature. Lors d'un voyage qu'il fit à Paris en 1734, Saint-Hyacinthe et lui, se rencontrant, refusèrent de se reconnaître.[101] Ce sont peut-être des

frappantes avec la franc-maçonnerie. Dans les années londoniennes une autre 'confrairie' naît autour de Saint-Hyacinthe et de P. Desmaizeaux. Cf. ci-dessous.

[97] Cf. ci-dessus Chapitre 3. L'insistance assez maladroite que met Saint-Hyacinthe à introduire dans les *Letters* ... de 1731, un long paragraphe, assez détaché du sujet, sur Hoadley, Evêque de Bangor puis de Salisbury, protecteur et patron de La Pillonière, rend vraisemblable ces rapports. Cf. *Letters* ..., pp.363-64.

[98] Cf. Lettres de François Bruys à P. Desmaizeaux, de La Haye, 6 février, 13 mars, 15 mai et 15 juillet 1731. Londres, British Library, Add. Mss.4281, ff.328 à 332.

[99] Cf. Lettre de Saint-Hyacinthe à P. Desmaizeaux, Paris 29 janvier 1732 (Londres, British Library, Add. Mss. 4284, ff.147-48); Lettre du p. Le Courayer à P. Desmaizeaux, Londres 18 janvier 1732 (4282, f.274); Lettre du p. Le Courayer à La Motte (Londres, [octobre] 1731). Paris, Bibliothèque de la Soc. d'Hist. du Protestantisme français, Mss 295, Fonds Read, f.106; Lettre de Saint-Hyacinthe à La Motte, Flessingue, 28 août 1744, f.67.

[100] Cf. 5e et 6e lettres de Saint-Hyacinthe à Desmaizeaux, Paris, 29 janvier et 9 avril 1732 (Londres, British Library, Add. Mss.4284, ff.147-51.

[101] Cf. Lettre de Daudé à Desmaizeaux – Paris 22 février (1734), Londres, British Library, Add. Mss.4283 f.578.

relations du même ordre que Saint-Hyacinthe a entretenues avec l'abbé Prévost, amené par sa carrière aventureuse sur les rivages anglais de la fin de 1728 à septembre 1730.[102] La seule indication qui les concerne tous deux à la fois figure dans une lettre de La Haye de 1731, de François Bruys devant qui Prévost, en public, laissait entendre le pire, non seulement sur la situation financière de Saint-Hyacinthe (ce qui avait de solides chances d'être vrai), mais aussi sur ses conséquences matérielles et morales.[103]

Un orage violent traverse d'autres rapports autrefois courtois, ceux de Saint-Hyacinthe et de Voltaire. Les séjours londoniens de Voltaire, de mai 1726 à novembre 1728[104] et de Saint-Hyacinthe, du début de 1728 à 1731 se recoupent. Les deux hommes ont, en Angleterre, des relations communes dans différents milieux, comme lady Mary Hervey, que Voltaire fait profession d'admirer ou Pierre Desmaizeaux (Best.D334). Or c'est dans cette période qu'un différend intervient qui va brouiller définitivement les deux hommes. Il est, à vrai dire, difficile d'en préciser le terrain et l'importance car les témoignages qui le concernent sont beaucoup plus tardifs et remontent à une époque où de nouvelles disputes sanglantes ont eu lieu et des mots irréparables ont été prononcés, et le passé a été certainement coloré par l'ire ultérieure.

Voltaire, ce grand nerveux, à qui une égratignure d'amour-propre fait perdre tout sang-froid et sens de la mesure écrasera en 1739 Saint-Hyacinthe d'accusations, qu'il fait remonter au séjour anglais, dont celles d'escroc ou de voleur sont parmi les plus tendres.[105] Saint-Hyacinthe de son côté ne sera pas plus aimable pour Voltaire dans des lettres de 1745, quand Voltaire aura cherché à lui enlever la paternité du *Chef d'œuvre d'un inconnu*.[106] Pour essayer de démêler ces positions affectives, le meilleur appui semble le témoignage – très mesuré sur cet épisode, comme sur l'ensemble des rapports entre Saint-Hyacinthe et Voltaire – de Lévesque de Burigny,[107] en bons termes avec l'un et l'autre, et, de plus, doué d'une grande pondération naturelle.

L'origine du différend aurait été une désapprobation publique de Saint-Hyacinthe envers Voltaire à Londres, dont celui-ci aurait été vivement blessé,

[102] Cf. Claire-Eliane Engel, *Le Véritable abbé Prévost* (Monaco 1957), 1ère partie, Chap. 3, et Jean Sgard, *Prévost romancier* (Paris 1968), pp.120-27.

[103] 'Il y a quelques jours que le Sr. Prévôt, autrement dit d'Exiles, disait en compagnie que Mr. votre ami St. H [*sic*] était non seulement réduit à la dernière misère, mais qu'il avait disparu de Londres. Je le rembarrai de la bonne sorte car je hais la calomnie et je ne pouvais supporter un homme qui s'en rend coupable, surtout envers les absents' (Lettre de F. Bruys à P. Desmaizeaux, La Haye, 15 juillet 1731, Londres, British Library, Add. Mss.4281, f.357).

[104] Cf. A. M. Rousseau, *L'Angleterre et Voltaire*, Studies on Voltaire 145 (Oxford 1976).

[105] Best.D1751, D1862, D1881, D1890, D1911, D1938, D1946 et D1948. Ceci se passe après le drame de la *Voltairomanie* où Saint-Hyacinthe a été impliqué.

[106] Best.D3119 et D3233.

[107] *Lettre de m. de Burigny, de l'Académie royale des inscriptions et belles-lettres, à m. l'abbé Mercier, abbé de St Léger de Soissons, ancien bibliothécaire de Ste Geneviève etc. ... sur les démêlés de m. de Voltaire avec m. de Saint-Hyacinthe* (Londres 1780).

causée par certaines actions indélicates non précisées.[108] Une telle censure correspondrait assez à l'attitude moralisante où Saint-Hyacinthe se complaît volontiers à cette époque ... Voltaire de son côté estimait avoir à se plaindre de Saint-Hyacinthe qui avait publié en 1728 une *Lettre critique sur la Henriade de m. de Voltaire.*[109] L'œuvre est assez anodine. Elle encense les éminents mérites de l'ouvrage qui 'n'est pas indigne du nom d'excellent' et dont 'les beautés sont impayables',[110] puis elle formule quelques critiques de détail concernant la grammaire, le style, la cohésion dans les images. Quelques méchancetés, habilement fourrées de compliments ont dû atteindre plus vivement Voltaire: allusions à l'aspect financier de l'opération (p.2), aux louanges que Voltaire s'était faites à lui-même (p.35), rappel de la *Pucelle* de Chapelain (p.2). Quoi qu'il en soit, dès le séjour anglais, les rapports des deux hommes sont devenus mauvais.

Relations anglaises de Saint-Hyacinthe, relations françaises qu'il a entretenues à Londres, toutes participent de l'atmosphère de recherche et de liberté intellectuelle londonienne que les continentaux viennent y chercher et que Saint-Hyacinthe a respirée avec l'enthousiasme et l'optimisme de sa nature toujours tournée vers l'avenir. Cependant il n'a pas, en même temps, perdu contact avec les milieux qu'il avait connus précédemment et il manifeste dans cette période son attachement à la France et à la Hollande.

Le souvenir de la France s'exprime officiellement dans l'hommage à mme de Lambert que constitue l'édition de Londres des *Réflexions nouvelles sur les femmes* dont Saint-Hyacinthe est responsable. Elle est donnée, fait exceptionnel, avec presque un aveu de l'auteur dont les scrupules et la modestie de rigueur ont été cependant amplement ménagés. On explique comment mme de Lambert a eu la main forcée par un manuscrit volé. La première édition, clandestine et extrêmement fautive, qui a suivi n'a pas pu être complètement supprimée, même par la procédure énergique d'un rachat massif des exemplaires. Si bien que mme de Lambert, devant se résigner à l'inévitable, exprime sa reconnaissance aux actuels éditeurs qui ont agi envers elle avec toute la délicatesse souhaitable et assurent la publication d'un texte correct. L'édition est précédée du texte d'une lettre de mme de Lambert elle-même à Saint-Hyacinthe, intermédiaire reconnu entre l'auteur et le libraire.[111] L'ouvrage déjà ancien, était certainement

[108] 'M. de Saint-Hyacinthe m'a dit et répété plusieurs fois que M. de Voltaire se conduisit très irrégulièrement en Angleterre; qu'il s'y fit beaucoup d'ennemis par des procédés qui ne s'accordaient pas avec les principes d'une morale exacte; il est même entré avec moi dans des détails que je ne rapporterai point parce qu'ils peuvent avoir été exagérés' (p.4). A. M. Rousseau, ayant rassemblé tous les éléments du dossier, fait état d'un malaise sérieux autour de Voltaire à la fin de son séjour, qui semble expliquer son départ précipité (pp.147-55).

[109] *Lettres critiques sur la Henriade de m. de Voltaire.* A Londres, imprimé chez Samuel Jallasson, in Prujean's Court, Old Bailey, pour J. Coderc, Libraire in Little Newport Street, à l'Enseigne de Pline. G. de Merville, Libraire à La Haye, 1728. En fait il n'y a qu'une lettre, la suite qui était annoncée ne parut pas. Il n'existe, semble-t-il, que deux exemplaires de cet ouvrage, tous deux à la Bibliothèque nationale à Paris. L'authenticité qui paraissait vraisemblable d'après les critères internes est avérée par le témoignage de Lévesque de Burigny. Cf. *Lettre ... à l'abbé Mercier*, p.5.

[110] *Lettres critiques sur la Henriade*, p.2.

[111] Certains exemplaires comportent une explication du libraire Coderc qui fait ressortir

connu de Saint-Hyacinthe qui ne semble pas avoir apporté grand-chose à cette édition, sinon sa caution. Mais, dans ce contact plus proche, il a dû retrouver l'atmosphère du salon de mme de Lambert avant d'y revenir un peu plus tard.

C'est aussi dans cette période anglaise que Saint-Hyacinthe se retourne vers le grand succès de sa jeunesse hollandaise, *Le Chef d'œuvre d'un inconnu*. Depuis sa parution, le succès du *Chef d'œuvre* s'est poursuivi, marqué par une série de réimpressions.[112] Pour le renouveler et le rajeunir, l'auteur, en liaison avec le libraire Pierre Husson, prépare une réédition augmentée, et ceci dans une atmosphère comparable à celle où l'œuvre est née. Une fois de plus, s'est recréé autour de Saint-Hyacinthe un de ces groupes amicaux qui participent à la genèse d'une œuvre par leurs critiques et leurs suggestions, et, plus encore, par le climat de chaleur amicale, d'échange vivant, d'excitation intellectuelle qu'ils suscitent. La 'confrairie' londonienne de 1730-31 répond à la 'société' de La Haye de 1712-14. Elle réunit notamment, Pierre Desmaizeaux, François Bruys, le libraire français Dunoyer dont la boutique est un des lieux de rencontre et d'échanges d'idées du Londres de l'époque,[113] Prévereau, un réfugié français qui travaille dans les bureaux de Whitehall et qui se prête à un rôle de boîte aux lettres bien commode pour ses amis littérateurs.[114]

C'est en 1732 seulement que paraîtra à La Haye la nouvelle édition du *Chef d'œuvre*, mais sa genèse est bien antérieure.[115] Le texte de cette édition, qualifiée de sixième, sera repris par les réimpressions futures.[116] Il comprend ce que

le dévouement de Saint-Hyacinthe pour mme de Lambert: 'Je fus assez heureux pour en trouver un autre exemplaire [de l'édition supprimée] dans un voyage que je fis l'année dernière à Paris. Mes premiers soins à mon retour en Angleterre furent de la faire imprimer. La dernière feuille était sous presse lorsque, trouvant Mr. de St Hyacinthe, je lui dis que je lui porterais le lendemain un petit Livre dont il serait bien content. Il voulut absolument sçavoir ce que c'était; il m'en pressa d'autant plus que je lui faisais mystère. Enfin je satisfis sa curiosité. Dès que je lui eus nommé le Livre, il en parût bien aise par rapport à soi et par rapport au Public, et fâché par la crainte que je n'eusse fait une chose désagréable à Mme la Marquise de Lambert. Je répondis à M. de St Hyacinthe que j'en serais au désespoir, mais je le priai de considérer que puisqu'on en avait fait une traduction, il fallait bien qu'il y en eût d'autres exemplaires que le mien, dont quelqu'un se servirait sans doute pour en donner une nouvelle édition: que cela étant, il était naturel de prévenir les autres. Il me semble que cette raison doit me servir d'excuse. C'est sur ce que m'avait dit Mr. de St Hyacinthe et sur une lettre qu'il me montra de Mme la Marquise de Lambert que je pris la résolution de faire cette Préface. Je priai Mr. de St Hyacinthe de trouver bon que j'y insérasse cette lettre.' Les éditions des *Réflexions sur les femmes* semblent avoir alors proliféré, en français et en traduction anglaise, à Londres, à Amsterdam et La Haye. Elles forment un ensemble complexe dans lequel bibliographes et catalogues de bibliothèque ne se retrouvent guère.

[112] Il y a eu au moins quatre éditions en 1714, une en 1716 et une en 1728.

[113] Cf. Lettres de F. Bruys à P. Desmaizeaux (Londres, British Library, Add. Mss.4281, ff.328 à 361 et en particulier f.332)

[114] Les mentions de Prévereau et de son aide foisonnent dans la correspondance de P. Desmaizeaux. Cf. notamment British Library, Add. Mss. 4284 ff.149-52, 161-62, etc. ...

[115] Le 26 septembre 1730, La Motte écrivait à P. Desmaizeaux d'Amsterdam: 'Le libraire du Chef d'œuvre m'accable de lettres pour continuer l'impression. Je voudrais pourtant que M. de Saint-Hyacinthe m'envoyat au moins quelques feuilles pour le faire attendre' (Londres, British Library, Add. Mss.4287, f.105).

[116] Editions de 1744, 1745, 1754 et 1758.

contenait l'édition de 1714 mais Saint-Hyacinthe y a ajouté plusieurs pièces qui gonflent – et alourdissent – assez considérablement l'ensemble, dont le genre supporte mal un tel volume.

Les principales additions consistent dans la traduction de la Préface de Cervantès pour *Don Quichotte* et en un texte inédit de Saint-Hyacinthe: *La Déification d'Aristarchus Masso* qui a été le thème des réflexions, des rires et des causeries du groupe londonien. La *Déification*, qui est matériellement, d'une ampleur à peu près égale à celle du *Chef d'œuvre* lui-même, est un curieux amalgame d'allégorie mythologique, de jugements littéraires, de satire et de souvenirs personnels concernant la République des Lettres contemporaine. Le thème en est une assemblée sur le Parnasse des Divinités et des grands hommes admis à ce séjour pour confier à un mortel illustre – dûment ridiculisé par antiphrase – Aristarchus Masso, le journaliste hollandais Masson, ennemi intime de Saint-Hyacinthe, l'office de juger les productions littéraires de l'époque. Leur nombre pléthorique et toujours croissant a en effet découragé Apollon précédemment chargé de ce travail!

L'impression dominante en lisant la *Déification*, qui est très loin de valoir le *Chef d'œuvre*, est celle de bizarrerie. C'est un surprenant palmarès que celui qui accorde, ou non, une place au Parnasse aux écrivains de tous les temps et qui en fixe l'importance, selon un barême astucieux et fort compliqué de taille du personnage, mobile selon les circonstances et les voisinages ... L'intérêt principal de ce texte est son universalisme car les jugements y transcendent toutes les cloisons de nationalité ou de culture et l'aspect le plus agréable est représenté par les souvenirs personnels que Saint-Hyacinthe intercale ici ou là, à propos de l'un ou de l'autre avec la simplicité gentille et l'absence totale de gêne qui le caractérisent de façon sympathique.

C'est d'ailleurs à cette veine d'anecdotes contemporaines qu'appartiennent les deux éléments que l'on retient dans la *Déification*. L'un consiste dans la mention du nom de l'auteur des *Lettres persanes*, la première probablement qui ait été imprimée, a remarqué R. Shackleton,[117] accompagnée de compliments très vifs mis, pour plus de valeur, dans la bouche du poète et philosophe persan Saadi lui-même[118] ... L'autre passage aura un retentissement particulier sur la vie de Saint-Hyacinthe: il concerne Voltaire et c'est une médisance fortement teintée de calomnie. En effet, au milieu de ragots critiques concernant des écrivains vivants comme Destouches ou Bentley l'éditeur anglais d'Horace, Saint-Hyacinthe intercale un récit, à peine transposé dans le schéma des faits, mais très diffamatoire dans son esprit et ses appréciations, de la bastonnade assénée à Voltaire par l'officier Beauregard; le premier n'était pas nommé, mais fort reconnaissable (pp.71-72):

Un officier français, nommé Beauregard, s'entretenait avec quelques personnes [...] Un poëte de la même Nation, portant le nez au vent comme un cheval houzard, vint effrontement se mêler de la conversation, et parlant à tort et à travers, s'abandonna à quelques saillies insultantes que l'officier désapprouva. Le poëte s'en mit peu en peine et continua. L'officier s'éloignant alors, alla dans un détour par où il savait que ce poëte devait passer [...] L'officier arrêtant le pôete par le bras: j'ai toujours ouï dire que les

[117] R. Shackleton, *Montesquieu*, pp.134-35.

[118] *Chef d'œuvre*, éd. Leschevin, ii.192-93 et 230-31.

impudens étaient lâches, lui dit-il, j'en veux faire l'épreuve [...] Telle qu'une catin pâlit et s'effraye aux éclats redoublés du tonnerre, tel le poëte pâlit au discours de l'officier, et la frayeur lui inspirant avec le repentir des sentimens d'humilité et de prudence:

> J'ai péché lui dit-il et je ne prétends pas
> Employer ma valeur à défendre mes fautes
> J'offre mon échine et mes côtes
>
> Au juste châtiment que prépare ton bras

Et le récit rajoute lourdement des descriptions de la lâcheté et de la peur de Voltaire: 'Le poëte n'ayant pas la hardiesse de se défendre, l'officier le chargea de quantité de coups de bâton, dans l'espérance que l'outrage et la douleur lui inspireraient du courage, puisqu'ils en inspirent aux plus lâches, mais la prudence du poëte redoubla à proportion des coups qu'il reçut' (p.73).

Ce passage que reprendra l'abbé Desfontaines dans la *Voltairomanie* sera en 1739 la cause de l'explosion de fureur de Voltaire contre Saint-Hyacinthe. Il est assez curieux de noter que Voltaire, à coup sûr, et apparemment la plupart de ses contemporains n'ont découvert le méfait de Saint-Hyacinthe qu'à partir de sa reprise par l'abbé Desfontaines. Pourtant un certain nombre d'exemplaires de l'édition de 1732 du *Chef d'œuvre* devaient circuler en France et ce type d'anecdotes n'est d'ordinaire que trop vite repéré et colporté. D'ailleurs mme Du Châtelet en 1739 s'inquiète plus de la présence du passage incriminé dans le *Chef d'œuvre* que dans la *Voltairomanie*: 'Vous savés que Matanasius est entre les mains de tout le monde' (Best.D1871). Voltaire n'aurait-il pas été reconnu? Cela paraît surprenant, mais c'est peut-être exact. Ne faudrait-il pas voir surtout ici – et cela ne semble pas aberrant au goût de notre temps – un témoignage de l'échec littéraire de la *Déification*? Les contemporains qui avaient dans les mains l'édition de 1732 lisaient certainement le *Chef d'œuvre*, ils ne parcouraient peut-être que rapidement la *Déification*.

Quand celle-ci paraît, Saint-Hyacinthe n'est plus en Angleterre. La situation n'y était plus tenable pour le malheureux, assiégé par les créanciers. Il lui faut trouver une issue et c'est dans un retour en France qu'il va la chercher. Un départ presque clandestin d'Angleterre, où il laisse sa famille terrée à une adresse que l'on cache avec soin[119] est une triste fin pour une période qui a connu des années heureuses, socialement respectables, et même brillantes. Il faut à Saint-Hyacinthe tout son optimisme naturel, sa jeunesse de caractère, pour retrouver un nouvel élan, sur un nouveau terrain. Il y sera aidé puissamment à la fois par les relations nouées en Angleterre et par la conscience qu'il a prise pendant ces années du développement de sa pensée et de son rôle, de son caractère et de sa dignité de 'philosophe'.

[119] Lettre de mme de Saint-Hyacinthe à P. Desmaizeaux – Londres ce mardy 21e décembre 1731: 'Voicy mon adresse [. .].] et je vous prie de n'en rien dire à âme vivante' (Londres, British Library, Add. Mss.4284, f.145).

7. La Décennie de plénitude: Paris 1731-1740

SAINT-Hyacinthe arrive à Paris au début de novembre 1731[1] dans le 'misérable équipage d'un vrai enfant d'Apollon brouillé avec la fortune'.[2] Il n'en est d'ailleurs pas troublé, se répand dans le monde, noue ou renoue d'innombrables relations. Très vite, il va prendre racine dans le milieu parisien,[3] s'y trouver à l'aise et c'est pour lui le début de sa période la plus brillante, celle où il aura l'impression d'accomplir son destin, jusqu'à ce qu'en 1740 un retour en Hollande, rendu définitif par un incident grave, mette brutalement fin à ces années d'apogée.

Une période brillante au dix-huitième siècle et pour un Saint-Hyacinthe cela signifie d'abord, et peut-être surtout, un éclat social, une réussite mondaine, et c'est le premier caractère de ces années parisiennes. Saint-Hyacinthe se sent un homme du monde et, comme Voltaire, ne met pas en question son utilité en tant que tel, bien au contraire. Cependant il se sait et se veut aussi autre chose qu'il ne définit sans doute pas encore sous le nom de philosophe – il utiliserait probablement le terme, qui tend à devenir désuet, de membre de la République des Lettres. Ses intérêts, son attitude, ses réalisations s'inscrivent tout à fait dans la ligne philosophique. Ces deux vocations étroitement liées de mondain et de philosophe vont caractériser la vie et l'activité de Saint-Hyacinthe pendant cette décennie de maturité, avec le cadre, l'éclairage et les servitudes qu'elles entraîneront.

Une vie mondaine, cela suppose d'abord une base matérielle de fortune. Celle-ci semble avoir à peu près existé pour ces dix années, sans qu'apparaisse nettement autre chose que la présence de protecteurs.[4] Il n'y aura, une fois les premiers mois passés, pas d'indice de difficultés financières particulières. Sans que ce soit la richesse,[5] on sent une certaine aisance.[6] Les signes en sont

[1] Cf. Lettre de Saint-Hyacinthe à P. Desmaizeaux, Paris ce 26 novembre 1731 (Londres, British Library, Add Mss 4284, f.142): 'depuis trois semaines que je suis à Paris'.

[2] Lettre d'Anfossi à Caumont du 16 décembre 1731 (Avignon, Bibliothèque Calvet, Mss 2277, f.259).

[3] *Nouvelles à la main*, 5 février 1732: 'M. de Hiacinthe, auteur très connu par ses ingénieux ouvrages qui a été jusqu'à présent en Hollande et en Angleterre est actuellement ici où l'on croit qu'il fera désormais sa résidence', (Archives départementales de la Sarthe, Dépôt des Archives municipales du Mans, Mss 9, Lettre no 20). Renseignement communiqué par mlle Françoise Weil.

[4] Peut-être Saint-Hyacinthe aura-t-il réussi à réaliser une partie de l'héritage en France de Jacques Le Cerf. On ne sait rien de l'aboutissement de ses démarches dans ce sens. Voltaire, dans un moment de violente colère qui affaiblit son témoignage, dira que Saint-Hyacinthe vit du jeu ('du profit du biribi', Best.D1881).

[5] La boutade à Milsonneau: 'Le Diable ne m'a pris pour Job que pour ma pauvreté et ma patience' semble, dans son contexte, plutôt une clause de style envers le puissant financier qu'une plainte. Lettre de Saint-Hyacinthe à Milsonneau, s.d., mais de cette période (Bibliothèque d'Orléans, Mss 1507).

[6] Lettre de lady Mary Hervey à Montesquieu: 'I'm glad poor St Hiacinthe is easier in his circumstances' (Goodwood, August 18th 1733, *Œuvres complètes de Montesquieu*, éd. Nagel, iii.953).

perceptibles dans la correspondance: sa famille l'a rejoint au printemps de 1732[7] et ils vont vivre assez confortablement: on aperçoit un fils dans une pension à Picpus,[8] quartier renommé pour ce genre d'établissement à cause de son bon et bel air, une ou des installations à la campagne près de Paris,[9] des tableaux.[10]

Cette vie plus brillante nous permet de mieux connaître les aspects extérieurs de la vie de Saint-Hyacinthe: il est désormais un personnage du 'tout-Paris' de l'époque, sa présence, ses faits et gestes sont plus souvent notés dans les journaux ou les correspondances: le nombre de minimes références sociales augmente de façon marquée pour cette époque et apporte un éclairage plus vif sur l'emploi du temps de Saint-Hyacinthe. Par contre, son activité de mondain dévore une bonne partie du temps du philosophe, aussi, en dix ans, a-t-il écrit relativement peu et la majeure partie de sa production se trouve être le reflet de contacts, de milieux fréquentés, la prolongation de sa vie de société. Certes elle est déjà par là utile et elle dépasse même ce stade par la manière originale et naturelle qu'a Saint-Hyacinthe de mélanger les genres et de trouver toujours le moyen de projeter sa personnalité. Il n'en reste pas moins qu'elle n'apporte pas autant d'éléments de connaissance sur la pensée et que le mondain – qui nous intéresse un peu moins que le philosophe – estompe alors celui-ci.

C'est dans ce cadre général, avec cette optique et ces réserves, qu'il faut regarder Saint-Hyacinthe évoluer pendant ces années, comme représentant d'un type social de son temps qu'il incarne, mais avec ses colorations particulières. Et pour commencer, nous allons à cette époque sinon le voir[11] au moins apercevoir sa silhouette. La seule indication physique que l'on possède sur lui après celle donnée par La Monnoye en 1714, remonte à cette époque: c'est Mathieu Marais qui la donne, d'un coup de patte définitif: 'sa figure n'est pas ravissante'.[12] Et c'est bien ainsi qu'il faut se représenter Saint-Hyacinthe qui devait être un nerveux, au tempérament maladif, sujet à ces crises d'asthme qui continuent à l'attaquer assez souvent et à l'immobiliser parfois pendant des mois.[13] Mais ces défauts physiques étaient rachetés par un très grand charme

[7] Lettre de Saint-Hyacinthe à P. Desmaizeaux, Paris ce 20 mai 1732 n.s.: 'The Goddess of Oxford Chapel [dernière adresse londonienne de la famille] is now come very safe in Paris' (Londres, British Library, Add. Mss. 4284, f.153).

[8] Lettre citée ci-dessus, de Saint-Hyacinthe à Milsonneau.

[9] Une 'maison de campagne qu'un de mes amis me done à un quart de lieue de Paris' (Lettre de Saint-Hyacinthe à P. Desmaizeaux, Paris, ce 1er avril 1736. (Londres, British Library, Add. Mss 4284, f.157). Deux adresses apparaissent ultérieurement dans la correspondance: 'A Belleville, le 2 mai 1739'. Lettre de Saint-Hyacinthe à Lévesque de Burigny (Best.D2001) et 'A une lieue de Paris, à la Planchette, chez Mr Net (?)', Lettre de Dortous de Mairan à Bourguet, 23 septembre 1740 (Neuchâtel, Bibliothèque publique, Mss 1275, ff.1 à 8).

[10] Lettre de Saint-Hyacinthe à Lévesque de Burigny, St Joris, 17 février 1743 (Besançon, Bibliothèque municipale, Mss 607, ff.33, 34).

[11] On n'a pu trouver trace d'aucun portrait de Saint-Hyacinthe.

[12] M. Marais, *Journal*, iv.372, 10 juin 1732.

[13] Cf. pour cette période, par exemple: 'M. de Saint-Hyacinthe [...] a été malade' (M. Marais, *Journal*, iv.356, 13 avril 1732). 'J'ai eu trois maladies qu'on a crues mortelles, il y a actuellement quatre mois que je suis sur le grabat' (Lettre de Saint-Hyacinthe à P. Desmaizeaux, Paris, ce 23 octobre 1737; Londres, British Library, Add Mss 4284, f.161). – J'ai eu 'deux maladies qu'on nome fluxions de poitrine qui ne m'ont accablé avec leurs

que nous avons de la peine à imaginer car il passe peu dans ses œuvres, sinon fugitivement dans ses petits écrits mondains, d'autre part assez insignifiants. Saint-Hyacinthe devait être un 'oral', plus capable de séduire l'interlocuteur ou tout un auditoire que de s'exprimer aisément par écrit. Aussi ce charme, c'est à travers son existence que nous le saisissons, dans les réactions indiquées ou devinées de ceux qui l'ont connu, des groupes – des 'confrairies' – que l'on rencontre autour de lui, des amis à l'attachement profond comme le fidèle Lévesque de Burigny, auquel le texte émouvant de Dacier rend hommage:

Une personne d'un rang élevé parlait un jour très mal de M. de St Hyacinthe dans un cercle nombreux. M. de Burigny qui était présent fit tous ses efforts pour défendre son ami, mais pressé de plus en plus et pénétré de douleur de ne pouvoir détruire les imputations dont on le chargeait: 'Monsieur, s'écria-t-il, en fondant en larmes, je vous demande grâce, vous me déchirez l'âme: M. de St Hyacinthe est un des hommes que j'ai le plus aimés, vous le peignez d'après la calomnie et je vous proteste sur mon honneur qu'il n'a jamais ressemblé au portrait que vous en faîtes.' [...] il avait alors plus de quatre-vingts ans et il y en avait au moins trente que St Hyacinthe n'était plus.[14]

C'est aussi ce charme qui explique son existence: son mariage et l'amour qu'il a su inspirer à cette 'Hollandaise belle et riche' et les reprises fulgurantes de cette vie en dents de scie. Plusieurs fois, alors qu'il paraissait définitivement écrasé par le sort, Saint-Hyacinthe a su séduire, persuader les gens qu'il fallait, leur en imposer et rétablir sa position. C'est exactement ce qui se passe en 1731-1732.

C'est donc ce Saint-Hyacinthe auquel il faut s'efforcer de rendre son épaisseur et sa chaleur humaines, sa vivacité d'esprit, sa force de séduction orale, son jaillissement de spontanéité charmante,[15] qui entre dans la vie parisienne, accompagné et soutenu par sa femme, sinon très intelligente, toujours belle,[16] et sachant très dignement et certainement avec plaisir, tenir sa place, accompagné aussi parfois, quand la décennie s'avance, de sa fille aînée qui commence à paraître dans le monde.[17]

suites que pendant dix mois' (Lettre à Milsonneau, Bibliothèque d'Orléans, Mss 1507). – 'L'astme, hideux, me gonfle la poitrine' (Poésie 'A Monsieur le Duc de V.' in *Variétés ou divers écrits par Mr D* S** H****, Amsterdam 1744).

[14] *Histoire de l'Académie des inscriptions et belles lettres*, t.xlvii (Paris 1809). Eloge de m. de Burigny par m. Dacier, p.363.

[15] Un témoignage sur cette rapidité naturelle de Saint-Hyacinthe se rencontre dans le journal de Collé qui évoque la lecture faite dans le salon de mme de Tencin par Saint-Hyacinthe d'une comédie de sa façon: 'après en avoir lu les trois premiers actes, il s'aperçut qu'un froid mortel avait gagné ses auditeurs, il s'arrêta court et dit: 'Je vois bien, Messieurs, que ma comédie vous ennuye; plusieurs de vous baillent, tout le monde paraît glacé; mon ouvrage ne vaut rien; je n'en achèverai pas la lecture et il ne verra jamais le jour." Après avoir prononcé cela du plus grand sang-froid, il remit tranquillement sa comédie dans sa poche et parla d'autre chose' (*Journal et mémoires* de Ch. Collé, Paris 1868, ii.187).

[16] L'affirmation de M. Marais est appuyée par le ton de badinage respectueux envers une femme habituée aux hommages dans les rapports de mme de Saint-Hyacinthe avec P. Desmaizeaux. Cf. notamment lettre de Saint-Hyacinthe à P. Desmaizeaux, Paris, 20 mai 1732 (Londres, British Library, Add. Mss 4284, f.153).

[17] Née au début de 1724, elle est alors d'un âge tout à fait convenable, selon les canons du temps, pour les obligations mondaines. Mme de Lambert, pourtant morte en 1733,

Dans cette société Saint-Hyacinthe va faire ce que font les autres mondains philosophes: il va se chercher des protecteurs et une place – faire sa cour – il va fréquenter les rendez-vous littéraires du temps, cafés et salons et il y rencontrera d'autres philosophes mondains avec lesquels il fraternisera ou rompra des lances, et ces activités définissent trois zones successives de vie sociale. L'œuvre, dans cette période, est assez largement subordonnée à la vie, dont elle se trouve être en partie le reflet.

Traditionnellement client des Orléans, Saint-Hyacinthe ne manque pas d'aller présenter ses devoirs au Palais-Royal. Le Régent, qui s'est intéressé à lui lors de son séjour précédent, est mort. Le nouveau duc d'Orléans est moins sensible à l'intelligence et à l'esprit, et plein de méfiance envers la philosophie! Il continuera cependant sa protection à la famille de Saint-Hyacinthe et lui apportera une aide au moins à deux reprises.[18] Les affinités semblent cependant trop faibles pour que le Palais-Royal représente alors un centre d'attraction pour notre mondain.

La dédicace de la main de Saint-Hyacinthe sur un exemplaire du *Recueil de divers écrits* de 1736, conservé à la Bibliothèque nationale, porte témoignage d'un contact, infiniment respectueux du côté de Saint-Hyacinthe, avec un autre très grand personnage, membre légitimé de la famille royale, le comte de Toulouse.[19]

L'Abbé Le Blanc s'est fait l'écho d'une tentative de Saint-Hyacinthe pour entrer dans la maison d'un autre prince de sang royal, le comte de Clermont. Il s'agissait de remplacer Moncrif, secrétaire du prince, qui venait d'être disgrâcié: 'Il y a cinquante personnes qui aboient après sa place: Marivaux, St Hiacinthe et l'Abbé de Monville [...] sont les trois plus ardents compétiteurs, je doute pourtant que l'un d'eux l'obtienne, il y a presque des raisons exclusives pour chacun.'[20]

La famille d'Antin, sans en faire partie, touche de près à la famille royale puisque le duc, qui vivra encore jusqu'en 1736, est le fils légitime de mme de

l'a connue (cf. Lettre de mme de Lambert à mme de Saint-Hyacinthe in *Recueil de pièces fugitives* ..., F. Bradshaw, Rotterdam 1743, p.239). En 1740, la duchesse d'Antin et les 'autres dames' qui interviendront dans sa vie avaient eu l'occasion d'entrer en rapports avec elle. Cf. Lettre de Saint-Hyacinthe à La Motte, l'Ecluse, ce 17 juin 1742 (Paris, Bibliothèque de la Société d'Histoire du Protestantisme français, Mss.295, Fonds Read, f.66).

[18] Lettre de Saint-Hyacinthe à Lévesque de Burigny, St Joris 17 février 1743: 'M. le duc d'Orléans se conduit à l'égard de Melle de Saint-Hyacinthe en payant une partie de sa pension à Port-Royal comme il l'a fait à mon égard en m'acheptant un tableau' (Besançon, Bibliothèque municipale, Mss 607, f.34).

[19] 'Ayant su que l'Histoire du Prince Titi n'avait pas déplu à Son Altesse Sérénissime Monseigneur le Comte de Toulouse, Elle est supliée de permettre que ce Recueil lui soit présenté de la part de son très respectueux, très humble et très obéissant Serviteur Saint-Hyacinthe' (Bibliothèque nationale, Rés Z 3160). La famille de Labrousse avec qui les rapports de Saint-Hyacinthe se développent encore dans cette période a pu jouer un rôle d'intermédiaire car M. d'Hautefort, beau-père de mme de Labrousse de Verteillac a été premier écuyer du Comte de Toulouse. Cf. A. Dujarric-Descombes, *Nicolas de Labrousse et M. M. Angélique de Labrousse, comte et comtesse de Verteillac* (Périgueux 1910), p.17.

[20] Lettre de l'abbé Le Blanc au pdt Bouhier, 3 janvier 1735 in Hélène Monod-Cassidy, *Un voyageur philosophe au dix-huitième siècle, l'abbé Bernard Le Blanc*, Harvard Studies in Comparative Literature (Cambridge, Mass. 1941), p.223.

Montespan et donc le demi-frère du comte de Toulouse et du duc Du Maine entre autres. Là aussi, il y aura des rapports avec Saint-Hyacinthe, à peu près inconnus mais que nous savons cependant assez proches par leur point d'émergence: la duchesse douairière d'Antin, en 1741, s'occupe personnellement de la fille aînée de Saint-Hyacinthe pour la convertir au catholicisme.[21]

Saint-Hyacinthe est aussi en rapports avec d'Aguesseau, 'Monsieur le Chancelier', personnalité marquante et respectée d'un demi-siècle, en dépit des éclipses de faveur où sa haute conscience, sa fidélité janséniste et son refus des compromissions l'ont entraîné à plusieurs reprises. Saint-Hyacinthe envoie ses œuvres à d'Aguesseau,[22] les lui soumet avant publication, surtout pour éviter la censure qui devient plus sévère vers la fin de la décennie, notamment pour les romans[23] et obtient parfois grâce à lui des 'billets' pour faire entrer en France des caisses de livres sans qu'elles soient ouvertes par la Chambre Syndicale.[24]

D'autres noms apparaissent, plus nettement éclairés de circonstances annexes, notamment celui de Chauvelin le Jeune, cousin du Garde des Sceaux et lui-même Intendant de Picardie et chargé en 1731 et 1732 de la librairie. Les rapports sont fréquents: Saint-Hyacinthe dîne chez Chauvelin[25] et semble s'occuper activement avec lui du développement de l'édition en France.[26] Approcherait-il de la 'place' qu'il a en vue? Hélas, Chauvelin, en avril 1732, rejoint son intendance et abandonne la librairie.[27] Quant à Chauvelin, Garde des Sceaux, il a été sollicité par l'intermédiaire du duc de Villeroi,[28] autre haute protection, en faveur de Saint-Hyacinthe, ce que celui-ci évoquera plus tard mélancoliquement: 'après avoir passé dernièrement dix ans à Paris où j'avais les promesses les plus positives d'être employé dans les affaires étrangères, on m'a manqué dans le tems même que le Garde des Sceaux venait de me faire assurer par feu M. le Duc de Villeroi qu'on n'avait différé à m'employer que pour me mieux placer

[21] Lettre de Saint-Hyacinthe à La Motte, A l'Ecluse ce 17 juin 1742 (Paris, Bibliothèque de la S.h.p.f., Mss 295, Fonds Read, f.66 b.)

[22] Lettre de Saint-Hyacinthe à Lévesque de Burigny, L'Ecluse ce 1er mai 1743 (Besançon, Bibliothèque municipale, Mss 607, ff.35-36).

[23] Lettre de Saint-Hyacinthe à P. Desmaizeaux, Paris 23 octobre 1737 (Londres, British Library, Add. Mss. 4284, ff.161-62). Cf. H. Mattauch, 'Sur la proscription des romans en 1737-38, in *RhlF* 68 (1968), pp.610-17.

[24] Lettre de Saint-Hyacinthe à Lévesque de Burigny, St Joris, 17 février 1743 (Besançon, Bibliothèque municipale, Mss 607, ff.33-34).

[25] Lettre d'Anfossi à Caumont, Versailles le 23 novembre 1731 (Avignon, Bibliothèque Calvet, Mss 2277, f.268).

[26] Cf. Lettres de Saint-Hyacinthe à P. Desmaizeaux, Paris 26 novembre 1731, 29 janvier 1732 et 9 avril 1732 (Londres, British Library, Add Mss 4284, ff.142, 147-48, 149-51).

[27] Lettre de Saint-Hyacinthe à P. Desmaizeaux, Paris 30 avril 1732, f.152.

[28] Le duc de Villeroi qui intervient ici pour protéger Saint-Hyacinthe est vraisemblablement le duc de V* auquel est adressé le petit poème de société, de cette époque certainement, mais publié ultérieurement dans les *Variétés* ..., pp.67-69:

> On dit de vous, il est un Grand Seigneur
> Et si pourtant, voyez, il vit tout comme
> S'il lui fallait qu'il fut un honnête homme.

... ce qui est assez moderne pour la première moitié du siècle.

mais que j'allais l'être'.[29] Saint-Hyacinthe n'a donc pas obtenu ce poste aux Affaires Etrangères, objet de tant d'ambitions et l'on n'aperçoit pas non plus d'autre 'emploi' fixe pour lui.

A côté de ces personnalités éminentes, il y en a d'autres moins connues dont la protection était cependant précieuse, comme m. de Rieux,[30] fils de Samuel Bernard, qui possède de beaux manuscrits, et ce Milsonneau, financier à l'admirable bibliothèque,[31] en rapports étroits avec la banque protestante[32] et avec les frères Pâris.[33] Saint-Hyacinthe a écrit à ce dernier dans cette période une lettre qui est un modèle adroit de la manière de 'faire sa cour': lettre écrite avec soin, faite pour pouvoir être lue à un cercle car c'est un hommage auquel le destinataire sera sensible dans son rôle de protecteur des gens de littérature, lettre d'excuses pour ne pas avoir depuis assez longtemps présenté ses devoirs, en glissant la petite phrase qui valorise à la fois l'auteur et le protecteur par une comparaison brillante: 'je dis au feu duc d'Orléans [le Régent] qui avait la bonté de trouver mauvais de ce que je ne mettais pas le pié au Palais-Royal, que je me bornais à l'aimer. Or contant de vous aimer j'aurais bien pu ne pas vous l'aler répéter', lettre qui se termine en demandant un service, pour quelqu'un d'autre d'ailleurs, lettre enfin écrite cependant sur un ton assez détaché, sans obséquiosité et avec un sens du respect et de la subordination qui s'est beaucoup allégé depuis le début du siècle. Le philosophe commence à percer ...

Ce philosophe, qui fréquente les demeures de ses protecteurs, va aussi se répandre dans d'autres lieux où il rencontrera ses semblables: les cafés littéraires et les salons. Nous savons que Saint-Hyacinthe favorise le 'Caffé Gradot' où il fait des lectures de certaines de ses œuvres[34] ou bien vient seulement passer quelques moments de causerie.[35] Mais, au dix-huitième siècle, il n'y a point de conversation ni de vie de société qui puisse se maintenir longtemps sans la présence active, la direction discrète, l'élément d'animation et de raffinement apporté par les femmes. Aussi le lieu de rencontre de prédilection reste-t-il le salon.

[29] Lettre de Saint-Hyacinthe à Lévesque de Burigny, 20 février (1742) Besançon, Bibliothèque municipale, Mss 607, f.30).

[30] Cf. Lettre de Saint-Hyacinthe à Lévesque de Burigny, Belleville ce 2 mai 1739 (Best. D2001).

[31] H. Martin, *Histoire de la Bibliothèque de l'Arsenal*, pp.179-89.

[32] Cf. H. Luthy, *La Banque protestante en France de la Révocation de l'Edit de Nantes à la Révolution* (Paris 1959-1961), ii.214 n.

[33] Cf. Lettre de Saint-Hyacinthe à Milsonneau, Paris, ce lendemain de la St-Pierre, s.d. (Bibliothèque d'Orléans, Mss 1507).

[34] Lettre d'Anfossi à Caumont du 16 décembre 1731: 'Themiseuil de St Hyacinthe dont je vous ai déjà parlé dans ma précédente a paru au Caffé de Gradot où il lut quelques fragments des augmentations qu'il a mises à son *Mathanasius*' (Avignon, Bibliothèque Calvet, Mss 2277, f.259).

[35] Lettre de Daudé à P. Desmaizeaux, à Paris le 27 de février (1734): 'Il y a trois semaines que je vis au Caffé de Gradot près du Pont-Neuf M. de St Hyacinthe.' Dans une lettre précédente, Daudé précise: 'J'ay vu souvent M. de Maupertuis au Caffé de Gradot près du Pont-Neuf, c'est où se rendent les débris du caffé de la veuve Laurent et d'ailleurs, gens de lettres, mathématiciens, philosophes, etc. ...' Paris le 22 décembre 1733 (Londres, British Library, Add. Mss 4283, ff.58 et 49).

Saint-Hyacinthe a fréquenté les grands salons de la première moitié du siècle. Collé nous l'a déjà montré faisant une lecture chez mme de Tencin. Il paraît infiniment probable qu'il se rendait aussi chez la duchesse Du Maine. Une Princesse des Abeilles qui pourrait bien être la duchesse Du Maine intervient dans une petite pièce de société qui se rapporte peut-être à cette époque.[36] D'autre part, Saint-Hyacinthe publiera en 1736 dans le *Recueil de divers écrits sur l'amour et l'amitié* une *Question sur la politesse*[37] de mme de Rochechouart, abbesse de Fontevrault, tante très respectée du duc Du Maine. Enfin, la fréquentation de ce salon est rendue extrêmement probable par les rapports qui existent à cette époque entre le salon de la duchesse Du Maine et celui de mme de Lambert dont Saint-Hyacinthe est un familier très proche.

En effet, à peine revenu à Paris, Saint-Hyacinthe s'est montré à nouveau assidu chez mme de Lambert et il le restera jusqu'aux derniers jours de la marquise en 1733. Saint-Hyacinthe donne son adresse chez mme de Lambert à P. Desmaizeaux et se pose en introducteur auprès de celui-ci des habitués du salon qui vont à Londres.[38] M. Marais, rapportant des bruits parisiens, présente Saint-Hyacinthe comme le candidat de mme de Lambert pour une élection à l'Académie.[39] Nous savons que Saint-Hyacinthe possédait le texte de différents écrits de mme de Lambert ou de membres de son entourage,[40] donnés par celle-ci, c'est l'explication officielle – volés dira Voltaire, mais dans le contexte d'une polémique si violente que l'on doit accueillir avec prudence les assertions des adversaires.[41] Enfin, remonte à cette période, le texte d'une lettre de mme de Lambert à mme de Saint-Hyacinthe, mais sans qu'une date précise puisse être indiquée, prouvant des rapports assez personnels pour que les liens de famille soient connus et les sentiments d'estime certains:

Vous n'êtes pas faite, Madame, pour demander une chose deux fois: c'est assez de sçavoir que vous la souhaitez, on est payé d'avance avec usure par le Plaisir de vous la donner. Je n'en connaîtrais point de plus grand sinon celui de vous prévenir; mais ce que vous voulez de moi est si peu de chose que je croyais que la Lecture que vous avés souffert qu'on vous en fit, devait vous suffire. Je vous envoye donc, *Madame*, ce petit écrit que je fis pour *Mme de Beuvron* lorsqu'elle était encore enfant dans la *Magdeleine du Tresnel*. Vous y verrez une Grand-Mère qui use de ses droits. J'espère qu'en exerçant les vôtres sur *Mademoiselle* votre Fille, elle y répondra si bien qu'elle se rendra digne de vous. Je ne puis faire un meilleur souhait pour elle, et qui marque mieux ce que pense de vous, et

[36] *Chapitres sommaires de la chronique du Chevalier de la Facelongue*, in *Variétés*, pp.281-92.

[37] *Question sur la politesse résolue par mme l'abbesse de F****, in *Recueil*... (Bruxelles, Paris 1736), pp.85-93.

[38] Cf. par exemple, Lettre de Saint-Hyacinthe à P. Desmaizeaux, Paris, 4 juin 1732 (Londres British Library, Add. Mss. 4284, ff.155-56) où Saint-Hyacinthe recommande du Silhouette.

[39] 17 décembre 1732: 'J'apprends que M. de St Hyacinthe veut se mettre sur les rangs pour l'Académie, mais je ne le crois pas catholique; il est même comme étranger et réfugié [*sic*]. Mme de Lambert ne réussira pas ce récipiendaire qui n'est pas bien propre à succéder à un évêque' (M. Marais, *Journal*, iv.454).

[40] Saint-Hyacinthe publiera dans les dernières années de sa vie plusieurs textes de mme de Lambert et de personnes de son intimité dans le *Recueil de pièces fugitives de différents auteurs sur des sujets intéressants* (Rotterdam 1743) et *Le Fantasque* (Amsterdam 1745).

[41] Best.D1881, D1911 et D1948.

ce que pense pour vous, *Madame*, votre très humble et très obéissante servante La Marquise de *Lambert*.[42]

Saint-Hyacinthe a dû retrouver avec joie chez mme de Lambert le milieu littéraire parisien tel qu'il a été sélectionné par elle, et un esprit particulier auquel il est très sensible, avec son héritage précieux, son sens moral et ses influences platoniciennes et fénéloniennes.

A côté de ces salons bien connus, Saint-Hyacinthe en fréquente d'autres, notamment ceux des dames de la famille de Labrousse qui l'ont déjà reçu lors de son premier séjour parisien. A son arrivée à Paris, il s'installe chez la Marquise de Labrousse d'Athis, rue Guillaume, île Notre Dame où Mathieu Marais veut aller le voir,[43] et où P. Desmaizeaux lui écrit.[44] Mademoiselle d'Athis continue à régner dans ce salon avec sa perfection coutumière, mais Saint-Hyacinthe s'entend assez mal avec certains membres de la famille.[45] Peut-être aussi l'atmosphère lui paraît-elle maintenant un peu plus terne par rapport à un autre salon dont il va devenir l'habitué, celui de la cousine de Suzanne d'Athis, mme de Labrousse de Verteillac. Aussi tout en conservant ses liens avec les dames d'Athis, Saint-Hyacinthe transfère-t-il désormais son intérêt principal vers ce nouveau salon.

Il avait probablement fait déjà la connaissance de Marie-Madeleine Angélique de Labrousse de Verteillac avant le mariage de celle-ci. Depuis, cette seule descendante de la branche aînée de cette famille de bonne noblesse militaire[46] avait épousé, en 1727, son cousin Thibaud de Labrousse qui avait alors repris le titre de comte de Verteillac, et qui sera Sénéchal du Périgord et Gouverneur de Dourdan. M. de Verteillac était un homme à l'esprit curieux et ouvert, qui avait fait partie depuis sa création du Club de l'Entresol dont les ordres de Fleury venaient justement d'interdire les réunions quand Saint-Hyacinthe est arrivé à Paris. Il s'y occupait, dit d'Argenson, des gouvernements mixtes: Suisse, Pologne, Moscovie.[47] Mme de Verteillac était, elle aussi, une personnalité affirmée, au sens moral élevé et profond, à l'intelligence solide et à la culture étendue.[48] Le groupe qu'attiraient ces époux a certainement été un des milieux

[42] *Recueil de pièces fugitives de différents auteurs*, p.239.

[43] 'L'hiver trop rude m'a empêché d'aller dans l'Ile chercher M. de St Hyacinthe ... que je verrai au premier rayon du soleil' (M. Marais, *Journal* ... iv.340, 7 février 1732).

[44] Lettres de Saint-Hyacinthe à P. Desmaizeaux, Paris 26 nov. 1731, 29 janvier et 9 avril 1732 (Londres, British Library, Add Mss 4.284, ff.142-44, 147-48 et 149-52).

[45] 'Je ne connais de défaut [à mlle d'Athis] que d'avoir pour oncle l'Abbé Tuffet' (Lettre de *Saint-Hyacinthe* à Lévesque de Burigny. A L'Ecluse, ce 1er mai 1743, Besançon, Bibliothèque municipale, Mss 607, ff.35-36).

[46] Son père, Nicolas de Labrousse, maréchal des camps et armées du roi, mort au combat dans les Flandres en 1693 avait mérité de la part de Louis XIV l'appréciation d'être 'le meilleur officier d'infanterie que j'aie eu depuis le Maréchal de Turenne'. Cf. A. Dujarric-Descombes, *Nicolas de Labrousse et Marie-Madeleine Angélique de Labrousse, comte et comtesse de Verteillac*, p.13.

[47] *Mémoires et journal inédits* du marquis d'Argenson (Paris 1857), i.94.

[48] Lévesque de Burigny, familier du salon de mme de Verteillac, a fait le portrait de cette femme très attachante dans une lettre au *Mercure*, après la mort de celle-ci (*Mercure de France*, janvier 1752, pp.94 à 101). Il souligne son 'fond de curiosité inépuisable', sa 'netteté d'esprit et sa profondeur', l'étendue et la précision de ses connaissances ('Il y

de vie et de recherche intellectuelles intéressants de la première moitié du dix-huitième siècle. Il est regrettable que la grande discrétion personnelle de mme de Verteillac[49] ait maintenu autour d'elle-même et de son salon une pénombre. Dans le silence presque complet des textes, quelques rares documents, des noms, de contacts entr'aperçus ont valeur de suggestion plus que de description.

Au premier rang des documents figure le testament de mme de Verteillac,[50] au ton de grande fermeté, qui permet de comparer l'état des remises en question des idées reçues, dans le domaine religieux et le domaine social, au contact d'un milieu de libre recherche, chez une femme intelligente, courageuse, lucide, volontaire et profondément consciencieuse.

> Saine de corps et d'esprit, m'estant recommandée à l'Estre Suprême,[51] j'ay fait mon testament [...] on dira cent messes pour moi dans chacune des paroisses de mes terres[52] [...] je désire être enterrée sans aucune cérémonie [...] Mon mary estant mon plus proche parent et le seul héritier mâle de mon nom, la plus considérable partie de mon bien estant en pays de droit écrit où j'en puis disposer librement, j'ai cru plus judicieux de ne faire qu'un héritier.

Quant à ses autres parents, quoique

> je les aye toujours aimés et estimés, ayant vécu avec eux en union et cordialité, sans discussion ni procès, j'ay pensé qu'aucun d'eux ne me saurait mauvais gré si je donnai cette marque d'amitié à mon dit mary, lequel en partagera ce qu'il jugera à propos avec mon fils. Sa tendresse pour lui m'est assez connue pour n'avoir pas lieu de craindre qu'il n'en use avec cet enfant en bon père [...] Je prie très expressément mon mary, en cas que mon fils vienne à mourir avant luy, de se remarier aussi tost et de choisir une personne dont la jeunesse et la naissance luy puisse donner une postérité bien noblement aparantée de gens d'honneur [...] je prie mon mary de marier notre fils jeune pour qu'il trouve dans la famille de sa femme l'appui et le conseil dont il aurait besoin s'il avait le malheur de rester orphelin. Je souhaite qu'il n'épouse qu'une personne de race noble et même de naissance distinguée, désapprouvant beaucoup les alliances basses que la soif des richesses a rendues si communes.

Et mme de Verteillac rassemble encore une fois autour d'elle dans ce testament ses amis les plus proches parmi ceux qui avaient fréquenté son salon: sa cousine Suzanne d'Athis, les fidèles Lévesque de Burigny et Lévesque de Champeaux

avait très peu de choses dont elle n'eut des idées très exactes') et sa vision morale ('elle regardait le monde entier comme une société de frères qui ne devaient être occupés qu'à se rendre service mutuellement et elle agissait en conséquence').

[49] Mme de Verteillac qui écrivait n'a jamais rien voulu laisser publier d'elle. Seule une lettre à Rémond de St Mard a paru dans les œuvres complètes de celui-ci. Elle fait ressortir des qualités de solidité et de précision d'esprit et de grande finesse d'expression (*Œuvres* de Rémond de St Mard, Amsterdam 1749, iii.1-11).

[50] Paris, Archives nationales, Minutier central des notaires, Etude LI** 997, Notaire Antoine Hachette, déposé le 11 décembre 1756, daté du 22 mars 1743.

[51] L'apparition dès 1743 de cette expression d'*Etre Suprême* est caractéristique de l'indépendance de pensée et de la sensibilité religieuse très marquée de déisme de mme de Verteillac.

[52] Le contenu religieux du document se limite à l'invocation à 'l'Estre Suprême' et à cette demande de messes. Cette deuxième indication semble d'ailleurs se rattacher plus à des exigences sociales que religieuses.

son frère,[53] mademoiselle de Saint-Hyacinthe, fille aînée de son ancien invité, seul membre de la famille qui vécut alors en France, le duc de Sully, etc. ...

Ces noms donnent déjà une certaine couleur au salon. D'autres la précisent ou la nuancent: ceux de Marivaux qui trouva chez mme de Verteillac la consolation 'd'un aussy honeste et aussy bon cœur' après la mort de mme de Tencin,[54] de Maupertuis, un des fidèles habitués du salon, qui y renforçait la tonalité scientifique et envoyait des nouvelles de Laponie[55] lors de l'expédition qu'il y fit en 1737 pour mesurer un arc de méridien, de la Fautrière,[56] autre membre de l'Entresol,[57] de Voltaire qui y fit, semble-t-il, des apparitions passagères,[58] de l'abbé Trublet,[59] du poète Desforges-Maillard,[60] de mademoiselle Lhéritier de Villaudon,[61] de Rémond de Saint Mard.[62] Maffei, cet 'européen' qui noua tant de liens dans son long séjour français fréquenta assidûment le salon de mme de Verteillac et lui dédicaça sa *Mérope*.[63] De tout ce groupe touffu et composite mais suggestif et d'esprit curieux, les plus proches des hôtes sont Lévesque de Burigny et Saint-Hyacinthe et sa famille qui semblent avoir habité de façon permanente chez les Verteillac[64] et l'on peut pressentir ce qu'un tel milieu a pu apporter à Saint-Hyacinthe d'incitation et d'ouverture.

Dans les salons, dans les cafés, chez ses protecteurs, Saint-Hyacinthe rencontrait d'autres mondains philosophes avec qui il échangeait des idées ou les nouvelles du jour. C'est un milieu complexe qu'il fréquente ainsi, où toutes sortes d'origines se mêlent – origines nationales, car Saint-Hyacinthe, très orienté

[53] Lévesque de Champeaux avait été comme m. de Verteillac, membre de l'Entresol. Cf. *Mémoires du marquis d'Argenson*, pp.89, 93 et 98. Le testament lègue à chacun des deux frères deux flambeaux d'argent 'en faible marque de mon amitié, en reconnaissance de celle qu'ils ont eue pour ma mère et pour moy'.

[54] Lettre de Marivaux à mme de Verteillac, Paris 17 décembre 1749, in *Isographie des hommes célèbres*, par Th. Delarue (Paris 1843), tome iii.

[55] Lettre de Maupertuis à mme de Verteillac, de Pellö (Suède), 6 avril 1737. In *Mélanges publiés par la Société des bibliophiles français*, vol. vi (Paris 1829).

[56] Périgueux, Archives départementales de la Dordogne, Dossier 2 E – 950 (11). Renferme une référence aux rapports des Verteillac avec M. de La Fautrière.

[57] *Mémoires du marquis d'Argenson*, pp.91 et 95.

[58] Cf. Jacquart, *L'Abbé Trublet, critique et moraliste* (Paris 1926), i.113.

[59] Les rapports de Saint-Hyacinthe et de l'abbé Trublet sont attestés par des lettres de Saint-Hyacinthe à Lévesque de Burigny de 1743 et 1745 (Besançon, Bibliothèque municipale, Mss 607, ff.33-34 et 45-46 et Bibliothèque d'Orléans, Mss 1507).

[60] Cf. Jacquart, *L'Abbé Trublet*, i.113.

[61] *Lettre* de Lévesque de Burigny au *Mercure*, p.96 et Dujarric-Descombes, p.18.

[62] Ch. Dujarric-Descombes, p.17; *Lettre* de Lévesque de Burigny au *Mercure*, p.98; P. Barrière, *La Vie intellectuelle en Périgord*, p.402.

[63] *Intermédiaire des chercheurs et des curieux*, avril 1951 et janvier 1954; Dujarric-Descombes, pp.17-18. *Lettre* de Lévesque de Burigny, p.98.

[64] L'adresse de Saint-Hyacinthe est donnée de façon constante, à partir de 1737 au moins, chez les Verteillac, de même que celle de Lévesque de Burigny pour toutes les lettres que nous connaissons (de 1739 à 1745). La manière dont les amis communs font transmettre leurs souvenirs laisse aussi supposer que Saint-Hyacinthe et Lévesque de Burigny habitent dans l'hôtel de Verteillac, comme m. d'Hautefort, beau-père de mme de Verteillac. En 1741, la famille de Saint-Hyacinthe demeurait sur la paroisse St Roch, ce qui correspond à l'adresse des Verteillac 'rue St-Honoré, près du Cul de sac de l'Orangerie' ou 'près St Roch'.

par ses années passées hors de France, rencontre les étrangers de passage à Paris et reste en rapports, notamment, avec l'Angleterre et la Hollande – et origines intellectuelles qui couvrent toute une gamme allant des simples amateurs éclairés à des hommes déjà spécialisés, les uns dans les sciences, les autres dans des recherches historiques ou politiques, d'autres enfin dans la 'philosophie' comme on l'entend au dix-huitième siècle.

Saint-Hyacinthe, par la vie cosmopolite qu'il a menée et par les rapports qu'il a conservés se trouve très naturellement jouer un rôle intéressant d'intermédiaire entre nations.[65] Au détour d'une lettre, on aperçoit dans son sillage des silhouettes d'étrangers: Italiens comme Maffei, que Saint-Hyacinthe a beaucoup rencontré chez mme de Verteillac[66] et qu'il adressera à Sloane[67] lorsque Maffei, accompagné de Séguier, reprend son périple européen – ou comme Algarotti, ce 'cavalier qui joint à beaucoup d'esprit un savoir peu commun', recommandé à Pierre Desmaizeaux pour son voyage anglais.[68] D'autres ne sont même pas nommés: simples échantillons des contacts internationaux fréquents en ce milieu du dix-huitième siècle, tels ces 'Seigneurs allemands'[69] qui vont en Angleterre après leur séjour parisien. Saint-Hyacinthe les confie, eux aussi, aux bons soins de Pierre Desmaizeaux pour le classique circuit du touriste lettré à Londres: il faut leur faire voir 'tout ce qui mérite d'être vu à Londres, une assemblée de la Société Royale, le cabinet de sir Hans Sloane et surtout les mettre au fait en dînant avec eux de mille petites anecdotes touchant l'Angleterre que j'ay dit à ces Messieurs que vous possédiez mieux que personne au monde'.

C'est aussi à cette époque que semblent remonter les premiers rapports de Saint-Hyacinthe avec ce Suisse curieux, originaire de St-Gall, mais fixé à Neuchâtel, Gaspard Cuenz.[70] Epris de science politique et de philosophie, audacieux et obscur, brûlant de jouer un rôle politique et y préludant par des activités d'informateur au service de la France, Cuenz correspond intrépidement avec toute l'Europe, de Montesquieu à Sloane, de Ramsay à Bouhier, de Crousaz à Charles Bonnet et Bodmer. Les rapports sont déjà assez étroits car Cuenz,

[65] Il se fait d'ailleurs envoyer régulièrement des livres de l'étranger, surtout d'Angleterre. Il a notamment reçu des paquets de livres venant de Calais les 9.2.1734, 23.12.1735 et 26.6.1736. Renseignements communiqués par mlle F. Weil (Paris, B.N., f. fr. no 21.906, Registre des Ballots de livres arrivés de l'étranger).

[66] Lettre de Saint-Hyacinthe à P. Desmaizeaux, Paris 1er avril 1736 (Londres, British Library, Add. Mss. 4284, ff.157-158).

[67] Lettre de Saint-Hyacinthe à Sloane, Paris, 6 mai 1736, et minute de réponse de Sloane à Saint-Hyacinthe, Londres, 30 juin 1736 (Londres, British Library, Sloane Mss. 4054, ff.229 à 231 et 4068, f.294).

[68] Lettre de Saint-Hyacinthe à P. Desmaizeaux, Paris le 1er avril 1736 (Réf. citée ci-dessus).

[69] Lettre de Saint-Hyacinthe à P. Desmaizeaux, Paris 26 juillet [1737]. Londres, British Library, Add. Mss. 4284, ff.159-60).

[70] 1676-1752. Auteur d'une *Dissertation sur la validité et la non-validité des pactes de l'état de nature*, et d'un *Essai philosophique concernant la nature des êtres spirituels*. Cf. notamment Archives de la Ville de St Gall, *Dictionnaire de biographie suisse* de Leu et *Revue suisse d'histoire* (1959), pp.157-78.

venant en séjour à Paris, descend chez Saint-Hyacinthe,[71] mais ils s'exprimeront sur le plan philosophique surtout plus tard, quand Saint-Hyacinthe sera retourné en Hollande.

A côté de ces étrangers, Saint-Hyacinthe rencontre naturellement beaucoup de Français qui oscillent entre les types du mondain et du philosophe, en participant cependant toujours de l'un et de l'autre. On devine autour de lui des mondains amateurs de belles-lettres et de philosophie, comme le chevalier d'Aydie[72] ou ce chevalier de Mouhy à la limite de l'aventurier (Best.D1865). D'autres amis de Saint-Hyacinthe ont des positions intellectuelles plus marquées, tantôt scientifiques, tantôt historiques ou politiques, parfois plus philosophiques au sens large.

L'intérêt pour les sciences que les contacts avec la Royal Society ont ranimé chez Saint-Hyacinthe se maintient par ses liens avec Réaumur dont il admire la vie de savant, bien qu'il ne le voie pas aussi souvent que l'un et l'autre le désireraient[73] – mais le rythme et les distances de Paris étaient déjà dévorants – et surtout avec Maupertuis. Saint-Hyacinthe qui a connu Maupertuis à Londres s'est occupé très activement en 1731 et 1732, par l'intermédiaire du fidèle et indispensable Desmaizeaux de presser la publication dans les *Transactions* de la Royal Society de la *Dissertation* astronomique que Maupertuis avait offert à la Société dans ce but. Les choses avaient été retardées par la quasi-illisibilité de certains passages de l'écriture si difficile de Maupertuis.[74] Une fois cette question réglée, les deux hommes continuent à se voir, notamment au Café Gradot que tous deux fréquentent et surtout chez mme de Verteillac. Ils éprouvent beaucoup d'estime l'un pour l'autre. Saint-Hyacinthe assure que Maupertuis 'mérite fort qu'on cherche à l'obliger car il n'y a point d'homme au monde plus obligeant que lui'. Et, ce qui ne gâte rien 'il est à Paris sur le meilleur pied qu'un homme puisse y être et il ne tiendrait qu'à lui d'y faire une haute fortune, s'il ne préférait ses plaisirs à sa fortune. C'est un homme généralement aimé et estimé'.[75] Et Maupertuis, lui, plaisante, du fond de la Laponie: 'Je n'attend plus de lettres de Monsieur de Saint-Hyacinthe: si j'avais écrit à un lapon, j'aurais plus tôt

[71] Cf. Lettre de Dortous de Mairan à Bourguet, St Port, 23 septembre 1740 (Neuchâtel, Bibliothèque publique, Mss 1275).

[72] Cf. Lettre de Voltaire à d'Argental (Best.D1874) et lettre de mme Du Châtelet à d'Argental (Best.D1871). Le contact a dû s'établir par le salon de mme de Lambert, le chevalier d'Aydie étant apparenté de près aux Sainte-Aulaire et visitant la marquise. On peut aussi remonter jusqu'au Temple que d'Aydie a fréquenté dans les dernières années de ce milieu.

[73] 'Je ne doute pas que Mr de Réaumur dans son cabinet de Paris et dans ses Jardins de Charenton, ne soit plus heureux qu'un Maréchal de France' (*Le Fantasque*, Amsterdam, du Sauzet, no 13, 16 août 1745, p.207). Et Réaumur, de son côté affirme: 'M. de St Hyachinte [*sic*] est de mes amis effectivement et je l'estime beaucoup; nous nous voyons néanmoins assez rarement car nos cartiers sont éloignés' (Lettre de Réaumur à Bourguet, Paris 22 nov. 1739, Neuchâtel, Bibliothèque publique, Papiers Bourguet, Mss 1278, ff.35-36).

[74] Cf. Lettres de St Hyacinthe à Pierre Desmaizeaux entre le 26 nov. 1731 et le 20 mai 1732 (Londres, British Library, Add. Mss 4284, ff.142 à 154).

[75] Lettre de Saint-Hyacinthe à Pierre Desmaizeaux du 20 mai 1732 (réf. citée ci-dessus).

reçu la réponse. Faites-lui en, je vous prie, Madame, mes reproches car je suis assez sot pour l'aimer malgré tous ses défauts.'[76]

Mais c'est encore dans ses rapports avec la Royal Society et son président Hans Sloane que va s'exprimer plus activement l'intérêt scientifique de Saint-Hyacinthe: le 6 mai 1736, il envoie à Sloane par l'intermédiaire de Maffei et de Séguier une longue lettre contenant deux séries 'd'observations curieuses', l'une qui lui a été communiquée par un ami concernant les mœurs des scorpions, et une autre, assez touchante par les tâtonnements et la maladresse de son examen pseudo-scientifique dont Saint-Hyacinthe lui-même est l'auteur. Elle se rapporte à une chienne dont le maître a perdu une jambe à la guerre; la chienne, quand le maître est au logis, a des chiots auxquels manquent les pattes de devant ...[77] Sloane en accuse réception et remercie dûment, mais en termes prudents:[78] 'J'ai communiqué à la Société Royale les observations sur les vipères [*sic*] et sur les portées d'une chienne. Aujourd'hui je vous en rends bien des remerciements, tant au nom de l'Assemblée qu'en mon particulier. De telles observations nous seront toujours également chères par rapport à elles-mêmes et par le zèle des Sciences qu'on fait voir en les communiquant.'[79]

Saint-Hyacinthe applique – et plus adroitement car il connaît sans doute mieux le terrain – le même zèle scientifique à des recherches d'ordre historique et politique et ceci dans le contexte d'un milieu assez cohérent. Une lettre de 1733 nous transmet l'écho d'un vaste projet:

Mr de St Hyacinthe, l'auteur du Mathanasius, s'est associé avec un de mes amis[80] pour donner au public diverses pièces très importantes pour l'histoire du 16e siècle qui n'ont jamais été publiées avec des observations qui doivent éclairer parfaitement l'histoire de ce temps-là. Ils ont recours encore à la bibliothèque du Roy, ils ont eu des correspondances

[76] Lettre de Maupertuis à mme de Verteillac, de Pellö (Suède) le 6 avril 1737 n.s. Publiée dans les *Mélanges de la Société des bibliophiles français*, vi.9.

[77] Trois exemplaires de cette lettre existent à Londres: l'original français et une traduction à la British Library (Sloane Mss 4054, ff.229 à 231 et 4433, ff.269 à 272) et une copie à la Royal Society (Letter Book, Vol.22, pp.361 ss.)

[78] Minute de lettre de Sloane à Saint-Hyacinthe, British Library, Sloane Mss. 4068, f.294, 30 juin 1736. Les observations ont été lues à la Royal Society dans la séance du 10 juin.

[79] La manière dont Saint-Hyacinthe a rassemblé ces observations permet d'apercevoir le fonctionnement des réseaux de communication de l'époque: c'est Baux, médecin à Nîmes, qui a étudié les scorpions; il a envoyé son rapport à Séguier, l'ami de Maffei, qui l'a diffusé autour de lui: cf. Lettre de Séguier à Baux, Paris ce 11 octobre 1734 (Bibliothéque Séguier, Nîmes, Mss 416, f.38): 'Mon cher amy, vous ne sçauriez croire combien la dernière lettre que vous m'avez écrit [*sic*] où vous m'avez fait le détail de l'accouchement du scorpion m'a fait plaisir, j'ai lu cette petite relation à plusieurs personnes, Mr de St Hyacinthe, autheur de Mathanasius m'en demande sur le champ une copie, je la lui donnai et j'espère d'en faire part à Mr de Réaumur à son retour de Poitou. Vous m'obligerez toujours très sensiblement de toutes les remarques que vous faites sur l'histoire Naturelle.'

Les remarques sur la chienne ont été faites chez un lieutenant-colonel du Régiment royal d'infanterie, probablement un ancien compagnon d'armes de Saint-Hyacinthe parvenu à ce grade ultime des officiers d'ancien régime à qui leur rang et leur fortune ne permettent pas de posséder un régiment.

[80] Il s'agit de Lévesque de Burigny.

en Italie, en Espagne et en Brabant pour recueillir tout ce qu'il y aura de curieux dans les registres de ces pays-là, et font faire aussi des perquisitions dans tous les Parlements du Royaume.[81]

Montesquieu s'intéressait à ces recherches ou à d'autres proches; les critères d'écriture qui aident à établir la chronologie de ses manuscrits semblent en effet dater de 1733 ou 1734 la rédaction de sa pensée 716 (Nagel)[82]

St Hyacinthe a trouvé dans les actes de dissolution du mariage de Louis XII avec la Reine Claude [*sic*] une requête par laquelle il était exposé que le mariage était nul parce qu'il n'avait pas couché nudus cum nuda mais avec une chemise. Je dis que c'est une marque que l'on couchait pour lors ainsi. Notre corruption augmente parmi nous la pudeur. La simplicité des premiers temps faisait que toute la famille et les filles non mariées couchaient avec leur père et mère dans le même lit.

Si l'on évoque les intérêts permanents de Saint-Hyacinthe pour l'histoire – et la politique dont l'histoire est une base – ainsi que les noms d'un certain nombre de personnalités qu'il fréquente alors, on est frappé par la convergence des intérêts et il semble qu'un milieu se dessine, fortement imprégné de l'atmosphère de l'Entresol. C'est un rapprochement troublant, autour de Saint-Hyacinthe et de Lévesque de Burigny dont les positions philosophiques s'appuient sur des recherches historiques extensives,[83] des noms de Montesquieu dont les rapports avec l'Entresol sont connus, de Verteillac, la Fautrière, Lévesque de Champeaux qui ont participé à ces réunions et sont restés ultérieurement en liaison, et de ceux du comte d'Autry[84] et de Ramsay, autres membres de cette société, dont

[81] Lettre de Thomassin de Mazaugues au marquis de Caumont, Aix, 10 juillet 1733 (Avignon, Bibliothèque Calvet, Mss 2372, f.150). La publication n'a certainement pas eu lieu alors. En 1742, Saint-Hyacinthe essayait de faire paraître, sans succès non plus semble-t-il, le résultat de ces recherches: 'un recueil prétieux de Lettres, Mémoires, Ordonances, Capitulations, Etats de troupes etc ... pour servir à l'histoire de France sous les règnes de François 1er, Henry II, Henry III, Charles neuf. Tout cela est copié sur des originaux, des lettres de ces princes, de la Reine Catherine, des conétables, des Secrétaires d'Etat, des généraux d'armée. On trouve aussi parmi ces papiers les instructions donées aux ambassadeurs, les lettres où ils rendent compte de leur négotiation. ce que la France fit alors à la Cour de Rome et ce qu'elle fit en Angleterre au sujet de la condamnation de la Reine d'Ecosse sous la Reine Elisabet. Il y a de plus une si belle suite de lettres du duc de Guise qu'on leur pourrait doner le titre de Mémoire. Deux accadémiciens de l'accadémie des Belles-Lettres à Paris ont voulu avec justesse faire imprimer tout cecy avec 2 vol. in 4° qu'ils ont donés sur l'Histoire de France mais come il se trouvait de certaines pièces qu'ils disaient qui empeschaient le privilège et qu'ainsi il falait les suprimer, je ne l'ai pas voulu' (Lettre de Saint-Hyacinthe à La Motte, A l'Ecluse ce 17 juin 1742, Paris, Bibliothèque de la Société d'Histoire du Protestantisme français, Mss 295, Fds Read, f.66 b.). Cf. aussi, autour de ce projet, les lettres de Burigny à Mazaugues, Paris 26 novembre 1734, Nîmes, Bibliothèque Séguier Mss.151 (f.47 etc.), lettre de Caumont à Mazaugues, Avignon, 25 février 1737, Mss.152, f.176.

[82] Montesquieu, *Œuvres complètes*, ii.217. C'est la Pensée 1262 de Barckhausen.

[83] Lévesque de Burigny travaille déjà dans cette période à sa monumentale *Histoire de Sicile*, qui paraîtra en 1745 et à laquelle mme de Verteillac semble s'être intéressée. Cf. lettre de Saint-Hyacinthe à Lévesque de Burigny, Belleville 2 mai 1739 (Best.D2001).

[84] Cf. Lettres de Saint-Hyacinthe à Lévesque de Burigny, l'Ecluse 1er mai 1743 (Besançon, Bibliothèque municipale, Mss 607, ff.35-36) et de Genecken près Bréda, 10 octobre 1745 (Bibliothèque d'Orléans, Mss 507).

les rapports avec Saint-Hyacinthe sont attestés.[85] Ces indications, trop elliptiques pour permettre une conclusion positive, sont cependant renforcées par le renouveau d'intérêt pour les problèmes politiques qu'exprime Saint-Hyacinthe dans le cadre d'un des romans qu'il va publier à cette époque, le *Prince Titi*.[86] Peut-on aller jusqu'à se demander si la pénombre qui voile le salon de mme de Verteillac ne serait pas due, autant qu'à la discrétion naturelle, à une prudente réserve d'habitués discutant librement entre eux de sujets que le cardinal Fleury-ils l'avaient déjà appris à leurs dépens – ne voulait pas voir évoquer?

Ces contacts avec des membres de l'Entresol, qu'ils aient eu lieu chez mme de Verteillac ou ailleurs, posent à nouveau, et cette fois pour le séjour parisien, le problème de l'appartenance à la franc-maçonnerie. Pas plus que pour la période anglaise on n'a ici de certitude, ou même d'élément probant, mais encore une fois une convergence de petites indications qui forment une probabilité assez forte. On sait que le milieu de l'Entresol était très pénétré de franc-maçonnerie. D'autres noms rencontrés autour de Saint-Hyacinthe à cette époque se rattachent aussi à cette obédience et elle peut expliquer certains contacts parfois surprenants: ceux avec la famille du duc d'Antin, Grand-Maître en 1737, avec le comte de Clermont qui sera Grand-Maître en 1743, avec le duc de Villeroi, Maître d'une loge. Les rapports, continués alors, avec Montesquieu dont on connaît l'initiation et avec Ramsay dont l'activité en faveur de la franc-maçonnerie est si notable rendent encore plus vraisemblable l'appartenance de Saint-Hyacinthe à l'ordre.

Dans les milieux qu'il fréquente, on parle peut-être de franc-maçonnerie, on parle d'histoire et de politique, on discute aussi de sujets philosophiques et nous retrouvons là un terrain plus solide, en rencontrant auprès de Saint-Hyacinthe, Helvétius,[87] tout jeune alors, et surtout le toujours présent et toujours fidèle Lévesque de Burigny dont le nom ne peut pas, dans cette période et cette perspective, être séparé de celui de Saint-Hyacinthe. Deux faits concentrent dans ce domaine l'attention sur leur pensée et leur action commune: une intervention dans la diffusion de manuscrits clandestins et la publication du pamphlet *Pensées secrettes et observations critiques attribuées à feu m. de St Hyacinte*.

Une curieuse lettre de Saint-Hyacinthe à P. Desmaizeaux du 23 octobre 1737, par l'intermédiaire d'un certain Du Bosch, montre Saint-Hyacinthe agissant pour la diffusion de manuscrits clandestins:

[85] Saint-Hyacinthe est resté en rapports avec Ramsay depuis la rencontre anglaise. Cf. Lettre de Saint-Hyacinthe à P. Desmaizeaux, Paris, 4 juin 1732 (Londres, British Library, Add. Mss.4284, ff.155-56 et Lettres de Saint-Hyacinthe à Lévesque de Burigny (20 février 1742) et Genecken près Bréda, 22 avril 1745, (Besançon, Bibliothèque municipale, Mss.607, ff.27-30 et 43-44). Leurs liens sont assez étroits pour que Saint-Hyacinthe sollicite en 1742 sur chacun des livres des *Recherches philosophiques* qui vont paraître l'avis de Ramsay dont il apprécie l'amitié mais discute certaines dispositions d'esprit: 'M. de Ramsay qui a vu jusqu'au 5e livre inclusivement et qui m'a écrit sur chaque livre une lettre critique ne m'a fait voir que la sincérité d'un honête home et d'un bon ami dans les avertissemens qu'il m'a donés sur les choses qu'il désaprouvait et la prévention d'un home qui déclame éloquemmant pour soutenir le feu de son imagination et des idées encore scholastiques' (f.30).

[86] *Histoire du Prince Titi AR* (Bruxelles, Paris 1736). Cf. ci-dessous.

[87] Cf. Lettres de Voltaire à Helvétius de mars 1739 (Best.D1938 et D1948).

M. du Bosch,[88] veut, Monsieur, que j'aye l'honneur de vous informer de deux MS que je voulais qu'il prit, qu'il vous priat de traduire, qu'il fit imprimer en anglais et ensuite en français.

L'un est l'ouvrage d'un homme qui pense bien et qu'on aurait pu publier en 5 ou 6 brochures. Son zèle pour la Relligion fait qu'il examine d'abord la faiblesse des arguments dont on se sert pour prouver la R. Chrét. ce qui lui paraît être très préjudiciable à une bonne cause. Il prétend qu'on ne s'est point assez attaché à prouver l'autenticité des évangiles. Il donne l'hist. des suppositions des ouvrages faits dans les premiers siècles. Il examine s'il y a eu des informations chez les juifs ou chez les payens de la vérité des miracles de J. C., ce qu'on en devrait conclure et si le plus grand nombre des apôtres est mort martyr, si l'aveu des mahométans prouve quelque chose. De l'empire que les chrétiens de toutes les sectes se sont attribués sur les démons. Que le christianisme ne fut d'abord embrassé que par le peuple, de l'autorité de cette acceptation qu'il doit son principal accroissement à la violence des empereurs chrétiens. Examen de l'argument tiré de la régularité de la conduite des 1ers chrét. Des malheurs arrivés à leurs persèquuteurs. Les homes sont-ils plus éclairés qu'ils n'étaient avant l'Evangile et plus parfaits. Réflexions sur l'Ancien et le Nouveau Testament. Comment peut-on concilier la réussite d'une Rel. révêlée avec l'ignorance et l'iniquité des homes. Réflex. sur l'argument qu'il faut prendre toujours le party le plus sûr. Tout cela est approfondi en home savant et en filosofe et offre aux docteurs une belle carrière et bien utile à parcourir.

L'autre Ms est une traduction d'un Ms portugais d'Orobio à quoi il est très important de répondre parce que ce Ms qui court parmi les juifs les conserve dans leur aveuglement à l'égard du Messie ce que la charité et le zèle pour le christianisme ne doit pas souffrir car ce docteur juif interprête d'une manière si séduisante le 53e chap. d'Isaïe qu'on n'y reconnaist plus l'histoire Evangélique qui y est pourtant plus claire que quelque profétie que ce puisse être. Mais tant que cette exposition d'Orobio ne sera pas confondue n'espérons guerre de voir les Juifs ouvrir les yeux à la lumière. C'est ce que le clergé aurait sans doute entrepris si ce Mss était connu et imprimé. Mais M. du Bosch a été incertain et il n'a vu que du risque où je voyais pour lui 4 ou 5 pièces à gagner car je lui aurais fait avoir ces 2 mss pour 800 F de France. Ce qui n'est pas la valeur d'un des deux. Le premier vient de bonne main. La traduction du 2e a été faite par un juif même.[89]

Il est évident que les manuscrits dont il s'agit là sont deux de ceux, bien connus, qui circulaient au dix-huitième siècle: l'*Examen critique des apologistes de la religion chrétienne* et la deuxième des trois parties de l'*Israël vengé* d'Orobio: *Explication du 53e chapitre du Prophête Isaïe*. Ceci pose le problème du rôle de Saint-Hyacinthe vis-à-vis de ces deux textes et, plus largement, dans les centres de fabrication et de dispersion des manuscrits philosophiques audacieux.

Pour délimiter les problèmes, on peut écarter aussitôt l'attribution à Saint-Hyacinthe d'un autre texte dont la responsabilité lui est parfois donnée: *Le Militaire philosophe*.[90] Le portrait-robot que R. Mortier, Fr. Deloffre et Ira O. Wade dessinent de l'auteur du *Militaire philosophe*[91] ne peut aucunement

[88] Il semble que ce soit quelqu'un se rattachant au milieu de la librairie en Angleterre.

[89] Londres, British Library, Add. Mss.4284, ff.161-162. La lettre est signée; Saint-Hyacinthe devait être sûr de son intermédiaire car les contemporains n'étaient probablement pas plus dupes que nous ne le sommes des belles protestations de fidélité à la religion et de désir de la défendre.

[90] R. Mortier qui a étudié en profondeur ce texte et l'a édité, élimine lui aussi cette attribution (*Difficultés sur la religion proposées au P. Malebranche, Texte intégral du militaire philosophe*, Bruxelles 1970).

[91] R. Mortier, pp.36-38; Fr. Deloffre, 'Robert Challe, père du déisme français', *RhlF* 79 (1979), pp.951-52; I. O. Wade, p.48.

s'appliquer à Saint-Hyacinthe qui n'a pas été officier de marine, qui n'a pas voyagé à Goa, Montréal, Québec et au Piémont et qui, surtout, né en 1684, n'a pas pu être présent au siège de Luxembourg dans cette même année ni avoir pris part aux dragonnades de la Révocation de l'Edit de Nantes l'année suivante ...

Le problème est plus sérieux en ce qui concerne l'*Examen critique des apologistes* dont un des manuscrits, celui qui est conservé à Aix-en-Provence, isolé il est vrai dans cette opinion, indique une attribution possible à Saint-Hyacinthe,[92] ce qui, rapproché de la lettre à Pierre Desmaizeaux, est assez troublant. Cependant, quand on considère le texte lui-même, il ne paraît pas possible qu'il ait pu être écrit par Saint-Hyacinthe, tant cette optique de critique historique et théologique de l'Ecriture est différente de sa manière de poser les problèmes religieux, en partant des impératifs philosophiques qui s'imposent avec évidence à sa raison. La ligne générale de l'œuvre, entièrement destructrice, paraît aussi éloignée des préoccupations dominantes de Saint-Hyacinthe, toujours très soucieux de déisme positif. Les critères internes sont donc opposés à cette attribution.

On se trouve alors devant un dilemme: Saint-Hyacinthe apporte une sollicitude toute personnelle, au point de prendre des risques dans une opération délicate de diffusion, à un texte qui a toutes les chances de ne pas être de lui ... La seule réponse satisfaisante est dans le nom de Lévesque de Burigny et dans les liens extrêmement étroits entre les deux hommes. La manière dont Saint-Hyacinthe est mêlé, de si près, à la circulation de l'*Examen des apologistes* doit certainement entraîner à reconsidérer la responsabilité de ce texte parfois donnée à Fréret[93] et à reprendre les arguments, déjà très forts, qui existaient pour une attribution à Lévesque de Burigny.[94] Il est d'ailleurs très possible, et même assez vraisemblable, que des collaborations partielles aient aidé Burigny – peut-être celle de Saint-Hyacinthe lui-même à qui certains détails peuvent être rapportés[95] – alors qu'il paraît impossible de lui donner la responsabilité d'ensemble de l'œuvre. Le travail de groupe autour de Lévesque de Burigny représente la solution la plus satisfaisante.[96]

[92] Mss Aix 816 'Cet ouvrage a été fait depuis 1733. Il est attribué à M. de St Hyacinthe qui, dit-on, l'a trouvé chez sa mère, femme de M. Bossuet de qui elle le tenait. M. de St Hyacinthe l'a mis en ordre. J'ai trouvé cette note sur la copie de M. [...] mort en 1754. [...] Cet ouvrage est encore attribué à M. Fréret. Il est de M. Fréret et réfuté par M. Berger'. Cité par Ira O. Wade, p.196.

[93] Aucun lien n'a pu être établi entre Fréret et Saint-Hyacinthe dans l'état actuel de la documentation.

[94] Opinion de Voltaire, ressemblances avec la *Théologie payenne* de Lévesque de Burigny, indication d'un membre de la famille que d'importants fragments du grand ouvrage sur la religion de Burigny, jamais publié, étaient passés dans l'*Examen des apologistes*. Cf. Ira O. Wade, p.201.

[95] Le chapitre 12e (Comment on peut concilier la nécessité d'une religion révélée avec l'ignorance de la plupart des hommes et leur peu de capacité, Paris, B.N., f. fr. 13212, pp.306 à 342) a des résonances qui évoquent parfois Saint-Hyacinthe. Peut-être est-ce aussi à lui qu'on devrait les indications, assez nombreuses, d'origine anglaise (pp.227-30 ou 342 p. ex.) et la curieuse référence (pp.107-109) à un exemple tiré du *Segraisiana* auquel Saint-Hyacinthe avait été mêlé de près. (Cf. ci-dessus Chapitre 4).

[96] Je rejoins ici les conclusions de A. Niderst dans sa communication sur l'*Examen critique des apologistes* à la Table Ronde sur le matérialisme du dix-huitième siècle et la littérature clandestine, à la Sorbonne les 6 et 7 juin 1980.

Les liens extrêmement étroits de Saint-Hyacinthe avec Lévesque de Burigny, dans l'optique de cette réflexion philosophique audacieuse qui leur était commune, et probablement dans un cadre collectif de propagande anti-chrétienne, figurent aussi en arrière-plan du problème posé par une œuvre mise sous le nom de Saint-Hyacinthe, les *Pensées secrettes et observations critiques*, qui a joué un rôle particulier dans le développement de la pensée puisqu'on y a retrouvé la source de l'*Addition aux pensées philosophiques* de Diderot.[97]

Deux questions se posent à propos de cet opuscule, une de datation et une autre, plus importante, mais en partie liée, d'attribution. Il n'a été repéré qu'un seul exemplaire de l'ouvrage, paru en 1769, donc vingt-trois ans après la mort de Saint-Hyacinthe, mais avec la date de première parution de 1735 indiquée dans le titre.[98] Barbier cite une édition en 1735, mais il ne semble pas prouvé qu'elle ait existé.[99] Le texte même de 1769 peut procéder d'un état antérieur, mais il ne peut pas être une simple réimpression d'une édition de 1735, car plusieurs références postérieures à cette date y interviennent.[100]

En ce qui concerne l'attribution, le nom imprimé sur la page de titre n'a évidemment pas de valeur probante.[101] Mais, quand on considère l'œuvre elle-même, la perplexité née de la chronologie s'accroît car on éprouve deux impressions, aussi caractérisées que contradictoires. D'une part les thèmes, les préoccupations, les arguments sont remarquablement semblables à ceux de Saint-Hyacinthe; on retrouve, surtout dans les premières pages, la texture et le mouvement de sa pensée: le cadre général de déisme positif, l'usage essentiel de la raison, qui est un acte religieux (p.1), le refus des 'principes intermédiaires' (p.2), l'importance de convenir de la 'valeur des termes dans les discussions' (p.2), le danger de 'supposer ce qui est en question' (p.4), la confiance en la raison humaine, 'émanation de la raison souveraine qui est Dieu' et notre seul guide (pp.4 et 5), le caractère d'évidence indispensable à la religion (p.8), le danger des 'préjugés d'éducation' (pp.12 et 55). Il n'est pas jusqu'à des références à Rochester (p.6), lecture de Saint-Hyacinthe, à l'*Examen de la religion chrétienne* (p.40), partie de l'*Examen critique des apologistes*, à Lévesque de Pouilly, auteur de la *Théorie des sentiments agréables* (p.49) que Saint-Hyacinthe a publiée en 1736 qui ne semblent pointer dans la même direction.

D'autre part, le style ne ressemble pas à celui de Saint-Hyacinthe: le rédacteur

[97] Cf. R. Mortier, 'A propos de la source de l'Addition aux *Pensées philosophiques* de Diderot', *RhlF* 67 (1967), pp.609-12.

[98] *Pensées secrettes et observations critiques attribuées à feu m. de Saint-Hyacinthe. 1735.* A Londres, 1769, 60 p. (Paris, B.N., Cote Z 24.404).

[99] Aucun exemplaire n'en a été repéré. Quérard se borne à l'édition de 1769, Cioranescu aussi.

[100] R. Mortier évoque après P. Vernière le rappel des *Pensées philosophiques* de Diderot lui-même, parues en 1746 (p.611). De plus, Lévesque de Pouilly est cité par la formule 'Feu M. de P. Auteur de la Théorie des Sentiments agréables', or il est mort en 1750. Il faut cependant remarquer que ces références interviennent dans des notes.

[101] Saint-Hyacinthe lui-même s'est vu attribuer plusieurs œuvres qu'il ne peut pas avoir écrites, comme *Le Militaire philosophe* (cf. ci-dessus). Et en 1768, un an avant l'édition des *Pensées secrettes* ... Voltaire ne venait-il pas d'utiliser son nom comme une couverture commode pour son *Dîner du comte de Boulainvilliers*. (Cf. Lettres de Voltaire de janvier et février 1768.)

des *Pensées secrettes* a le don qui manque si évidemment à Saint-Hyacinthe d'élucider sa pensée facilement, de l'exprimer sous une forme concise et resserrée, en y sacrifiant d'ailleurs, ce que Saint-Hyacinthe ne fait pas, des nuances et des liaisons dans la démarche intellectuelle. On dépasse même le simple domaine du style car on se sent en face d'une pensée plus assise, plus sûre d'elle-même et de ses conséquences, plus agressivement combative aussi envers le Christianisme qu'on ne la connaît chez Saint-Hyacinthe.[102] Tout est plus net, plus dur et plus violent. On a l'impression de passer du tâtonnement et de la chaleur de la recherche à l'exposition plus sèche de la propagande. Tout se passe comme si quelqu'un avait repris des notes de Saint-Hyacinthe, datant probablement des environs de 1735, les avait remises en forme, complétées, notamment dans une importante partie de critique scripturaire,[103] remodelées et réorientées dans un sens plus destructeur des positions chrétiennes.

L'explication la plus satisfaisante des problèmes de date et d'attribution se trouve encore dans le contexte du groupe de propagande déiste et anti-religieuse réuni autour de Burigny, groupe que l'on a cru déceler à l'occasion de l'*Examen critique des apologistes* et qui semble avoir eu des rapports avec Diderot.[104]

Les liens avec Lévesque de Burigny et son groupe ont déjà posé certaines questions se rattachant à l'œuvre. Celle-ci, dans cette période, est relativement peu importante en volume, car Saint-Hyacinthe est très occupé par sa vie sociale dont l'œuvre constitue assez largement le reflet. Même en laissant de côté l'édition, en 1735, des *Contes et joyeux devis* de Bonaventure Des Périers dont l'attribution à Saint-Hyacinthe ne s'explique guère[105] et une collaboration possible, mais douteuse, au *Pour et Contre*,[106] ce sont essentiellement des productions de 'mondain' que Saint-Hyacinthe élabore dans ces dix années: une comédie, des romans, un recueil qui est en partie l'émanation d'un salon. Cependant, par

[102] Il ne faut pas s'exagérer l'importance du décalage dû à la prudence entre la pensée réelle de Saint-Hyacinthe et son expression dans les livres ou les lettres. On vient de voir dans la lettre qui propose à Desmaizeaux de faire publier des manuscrits clandestins qu'il n'avait pas tellement d'inhibitions à ce sujet.

[103] *Pensées secrettes*, pp.16 ss. C'est un domaine qui n'était pas familier à Saint-Hyacinthe.

[104] Aucun contact personnel n'est avéré entre Diderot et Saint-Hyacinthe.

[105] *Les Contes ou les nouvelles récréations et joyeux devis* de Bonaventure Des Périers, nouvelle édition augmentée et corrigée avec des notes historiques et critiques par m. de La Monnoye, Amsterdam, Z. Chatelain, 1735. Il n'y a pas de preuve externe de l'attribution, due à Barbier. La Monnoye, seul nommé par l'éditeur est manifestement l'auteur des notes, qui se réfèrent à ses œuvres au possessif. On ne voit pas très bien quel rôle Saint-Hyacinthe aurait pu jouer. S'il y en a eu vraiment un, il a dû être minime. L'édition, la manière dont elle est traitée sont loin des préoccupations de Saint-Hyacinthe à cette époque où il avait d'ailleurs, semble-t-il, à peu près perdu contact avec le milieu de La Monnoye.

[106] Cf. J. Sgard, *Le Pour et Contre de Prévost* (Paris 1969), qui juge probable l'attribution à Saint-Hyacinthe de quelques nombres du *Pour et contre* (nombres 19, 28, 29, 31 et 32) qui diffèrent de façon assez marquée de leurs voisins. Il est difficile de se faire une opinion car les nombres en question sont loin d'être caractéristiques par rapport à Saint-Hyacinthe, dans un sens ou dans l'autre ... Cette absence de traits nettement propres à Saint-Hyacinthe, dont la personnalité apparaît d'ordinaire, inciterait plutôt à lui refuser ces nombres, à moins qu'il ne s'agisse d'articles isolés, très revus et banalisés par l'éditeur Didot.

rapport à des œuvres mondaines antérieures, elles laissent apparaître plus souvent les préoccupations sérieuses du philosophe et sont parfois même très révélatrices.

La pièce de théâtre n'est connue que par la lecture, racontée par Collé, qu'en a faite Saint-Hyacinthe dans le salon de mme de Tencin. Collé en possédait le manuscrit que lui avait donné Lévesque de Burigny.[107] Son titre était *L'Incertain* et elle était fort mauvaise de l'avis de Collé et des familiers de mme de Tencin. Ce manuscrit a dû disparaître avec les autres papiers de Collé dans l'incendie de la bibliothèque du Louvre. La perte ne semble pas considérable.

Plusieurs romans parus entre 1731 et 1740 ont été attribués à Saint-Hyacinthe: *Mélisthènes ou l'illustre Persan*, *Les Femmes militaires*, l'*Histoire du Prince Soly et de la Princesse Feslée*, *La Conformité des destinées et Axiamire, ou la Princesse infortunée* et l'*Histoire du Prince Titi*. *Mélisthènes ou l'illustre Persan*,[108] paru en 1732 avec un privilège daté de 1718, est une version nouvelle, plus étendue et plus chargée, de l'*Histoire de Mélisthène, roi de Perse* de 1723. On a vu au chapitre 4 qu'il ne semblait pas y avoir de raison particulière d'attribuer ces romans à Saint-Hyacinthe, sans que l'on puisse nier absolument qu'il ait été l'auteur, en tout cas, du *Mélisthène* de 1723. La portée de ces œuvrettes n'est d'ailleurs pas telle qu'une assurance sur ce point soit capitale.

Ces remarques s'appliquent aussi aux deux textes suivants qui ont été occasionnellement attribués à Saint-Hyacinthe, mais qu'il ne semble pas y avoir de motifs sérieux de lui conserver. *Les Femmes militaires*[109] sont d'un style concis, très différent de celui des autres œuvres de Saint-Hyacinthe et il n'y a aucune raison de les disputer au chevalier de St Jorry. Quant à l'*Histoire du Prince Soly, surnommé Prénany, et de la Princesse Feslée* (Paris 1739), la seule indication la rattachant à Saint-Hyacinthe est dans une lettre de Bimard de La Bastie à Séguier: 'On a soupçonné votre ami St Hiacynthe d'être l'auteur d'un petit roman intitulé le prince Soly et la princesse Fellée, la plaisanterie m'en a paru platte et d'un mauvais ton.'[110] Il n'apparaît pas à la lecture de raison ni de discuter farouchement ce jugement ni de réclamer cette œuvre pour Saint-Hyacinthe. Là encore, le style assez sec, resserré, ne ressemble pas du tout au sien.

On trouve un terrain plus solide pour les deux nouvelles qui ont paru en un

[107] Collé n'ose pas affirmer l'identité, cependant très vraisemblable, de la pièce lue par Saint-Hyacinthe avec le manuscrit de *L'Incertain*: 'J'ai entre les mains une comédie en manuscrit de *l'Incertain*; qui est je pense encore plus mauvaise que les deux autres [qui viennent d'être évoquées] quoiqu'elle soit de la main de l'auteur du *Chef d'œuvre d'un inconnu*, M. de Saint-Hyacinthe; c'est peut-être même cette comédie qu'il apporta chez Mme de Tencin.' Après avoir évoqué cette lecture et le peu de succès qu'elle eut, Collé poursuit: 'Je ne dirai point positivement que ce fut *l'Incertain*, qu'il lisait dans cette assemblée, mais je sais bien que c'était une comédie et M. de Burigny qui m'a fait présent du manuscrit de *l'Incertain* m'a dit qu'il croyait que M. de Saint-Hyacinthe n'avait jamais fait d'autre comédie que celle-là' (*Journal et mémoires* de Ch. Collé, Paris 1868, ii.187-88).

[108] *Mélisthènes ou l'illustre Persan*, par m. de P*** (Paris 1732).

[109] Amsterdam, la Compagnie, 1740. Ce roman est généralement attribué à Saint-Jorry.

[110] Lettre de Bimard de La Bastie à Séguier, à Vérone. Paris, ce 26 janvier 1740 (Nîmes, Bibliothèque Séguier, Mss 139, f.229).

même volume en 1736, la *Conformité des destinées et Axiamire, ou la Princesse infortunée, Nouvelles historiques* (Paris 1736). Le privilège d'édition a été accordé en même temps à ces deux petits romans et à d'autres textes dont nous savons, sur des critères certains, que Saint-Hyacinthe est responsable comme auteur ou comme coordinateur.[111] D'autre part la *Conformité des destinées* est un deuxième état, plus développé, d'une nouvelle qui avait paru dans les *Pièces échappées du feu* de 1717, l'*Histoire de Léonice et de Mendosa*,[112] ce qui rattache l'ensemble étroitement à Saint-Hyacinthe. Cette *Conformité*, qui a donc bien des chances d'être de lui, n'apporte pas grand-chose, ni à sa physionomie, ni à sa gloire. C'est une histoire très romanesque qui s'est compliquée en 1736 d'une nouvelle série d'aventures depuis son premier état et qui n'a d'autre mérite que quelques analyses de sentiments assez fines.

La deuxième nouvelle, *La Princesse infortunée*, n'est certainement pas de Saint-Hyacinthe lui-même, mais de quelqu'un de son groupe. La préface du volume indique de façon positive que les auteurs des deux pièces sont différents[113] et que la deuxième nouvelle est d'une dame, mlle de L***. C'est là que l'on peut se demander si mademoiselle de Labrousse d'Athis, protégée par un anonymat discret, ne serait pas responsable ...[114] Il est, de toutes façons, impossible de dépasser ce point d'interrogation. La littérature n'a d'ailleurs pas beaucoup perdu par la discrétion de mlle de L*** qui, quelle qu'elle soit, ne paraît avoir rien publié d'autre.

Avec l'*Histoire du Prince Titi*,[115] la situation change car c'est une œuvre attestée,[116] et un roman qui a une ambition plus élevée que les œuvres précédentes; il s'inscrit dans la tradition des contes de fées et utilise cette forme souple

[111] Privilège du 12 novembre 1735 donné pour 'l'*Histoire du Prince Titi*, la *Conformité des destinées, la Princesse infortunée, Traité de l'Amitié* par M. L., *Conversation sur la volupté, Traité de la politesse* par M. de F' signé de Sainson et du Syndic Martin. Les deux pièces se trouvent donc intercalées entre l'*Histoire du Prince Titi* qui est de Saint-Hyacinthe et les trois derniers textes qui font partie du *Recueil* de 1736, également attesté.

[112] *Histoire de Léonice et de Mendosa* par monsieur de S., in *Pièces échappées du feu*, pp.16-50.

[113] L'auteur de la deuxième nouvelle aurait cependant collaboré à la mise en forme de la première. *La Conformité des destinées*, Préface.

[114] L'histoire de cette princesse aussi incroyablement vertueuse que malheureuse pourrait se rattacher à la ligne de pensée de mlle d'Athis.

[115] *Histoire du Prince Titi AR*, Paris, Bruxelles 1736.

[116] Saint-Hyacinthe écrivait à P. Desmaizeaux le 23 octobre 1737: 'Je ne sçai pas ce que vos journaux m'attribuent car je ne les lis point mais je vous assure que je n'ay rien donné au public que le Recueil que vous avez vu et que trois parties du Prince Titi' (Londres, British Library, Add. Mss 4284, f.161). Ce fragment de lettre joue contre l'édition de 1735 des *Pensées secrettes* ... mais ne prouve probablement rien en ce qui concerne les nouvelles romanesques, à la fois parce que Saint-Hyacinthe ne se souciait sans doute pas d'avouer ce genre d'œuvres à un ami 'sérieux' comme Desmaizeaux et que la *Conformité des destinées* est une réédition, jointe à l'œuvre de quelqu'un d'autre, ce qui crée des alibis. Dans la suite de la lettre, Saint-Hyacinthe parle d'un autre Recueil qu'il a 'donné ... pour faire imprimer on me l'a tant châtré et je trouve tant de difficultés chez le Chancellier quoique je m'en sois expliqué avec lui-même que je suis résolu de ne plus rien faire paraître. Vous ne croiriez pas quelles misères chez les censeurs.' On n'a rien pu repérer qui corresponde à ce deuxième recueil alors en projet.

pour faire passer quelques remarques critiques. On y voit le vertueux Prince Titi, persécuté par ses parents le roi Guinguet et la reine Tripasse, réussir avec l'aide puissante de la fée Diamantine, à grand renfort de métamorphoses multiples, à épouser Bibi, la beauté qu'il aime, à faire la paix avec son puissant voisin le roi Forteserre et à régner paisiblement en faisant le bonheur de ses peuples. Guinguet est mort opportunément 'd'une apoplexie de sang' pour que Titi, fils parfait, n'ait rien à se reprocher.

Deux éléments donnent quelque poids à ce schéma passablement léger. D'abord des implications anglaises: le *Prince Titi* est, par certains aspects, une satire contre le roi d'Angleterre, George II, envers qui la rancune de Saint-Hyacinthe est tenace, et un pamphlet en faveur de son fils et héritier, le prince de Galles Frederick. Un ensemble de traits se rapporte en effet à la situation anglaise de l'époque: un roi et une reine, peu populaires et avares,[117] sont sur le trône. La reine Tripasse, comme Caroline en Angleterre, est par ailleurs une femme intelligente et cultivée (p.4), qui prend sur son époux un grand ascendant (p.5) au point de lui imposer les favoris politiques de son choix. L'opposition, de son côté, met son espérance dans le Prince Titi, abrégé de toutes les vertus, comme elle se regroupe en Angleterre autour du prince de Galles. Cette option politique correspond aux préférences de Saint-Hyacinthe qui ne perd pas une occasion de louer le prince de Galles aux dépens de son père[118] et qui, dans cette même année 1736, dédicacera à ce Prince le *Recueil de divers écrits*.[119]

Cet aspect de satire politique a bien été vu par les contemporains.[120] Mais l'Angleterre était naturellement plus sensible à de telles intentions et elle a fait un succès au *Prince Titi* dont deux traductions rivales ont paru dans l'année même de la publication.[121] L'auteur de l'une d'elles, James Ralph, curieux personnage, pamphlétaire politique, dans l'opposition à peu près par principe, a fait partie du milieu proche du prince de Galles[122] et c'est autour de lui que

[117] p.3. N'oublions pas la pension à la famille de Saint-Hyacinthe supprimée sous George II.

[118] Cf. *Déification d'Aristarchus Masso*. Ed. Leschevin du *Chef d'œuvre*, ii.195.

[119] L'Epître dédicatoire du *Recueil de divers écrits* (Paris, Bruxelles 1736) fait du prince un éloge du style 'despotisme éclairé' qui correspond tout à fait aux descriptions lyriques des vertus et des réalisations du Prince Titi.

[120] Un des exemplaires de l'*Histoire du Prince Titi* à la Bibliothèque nationale porte, d'une écriture ancienne, la mention manuscrite: 'On prétend que c'est une satyre contre le Roi d'Angleterre' (Cote Y 2 8819). Les ressemblances avec la vie politique du temps et les intentions critiques sont soulignées par le premier éditeur de lord Hervey, *Memoirs of the reign of George II from his accession to the death of Queen Caroline* ... edited by J. W. Croker (Londres 1848), i.LXI-LXIII.

[121] *The History of Prince Titi, a royal allegory*, translated by a Lady (Elizabeth Stanley) (Londres 1736) et *The Memoirs and history of Prince Titi*, done from the French by a Person of Quality (James Ralph) (Londres 1736). Les attributions sont données par le catalogue de la British Library et ont été empruntées à l'ouvrage de Ralph Strauss sur l'éditeur de la première traduction, Curll, *The Unspeakable Curll* (Londres 1927), p.300. La veine et le succès du Prince Titi furent encore exploités par Elizabeth Stanley dans deux suites, mises abusivement sous le nom de Saint-Hyacinthe (pp.301 et 304).

[122] James Ralph, 1705 (?)-1762. Cet Américain, né en Pennsylvanie, venu en Angleterre avec Franklin après des difficultés familiales, adversaire de Pope, Swift et Gay, collaborateur de Fielding, en rapports avec Garrick et Hogarth, eut une carrière aventureuse. Cf.

se noue un imbroglio qui lie plus étroitement le prince et le roman. En effet, on trouva dans les effets de Ralph à sa mort en 1762 des papiers hautement confidentiels et compromettants qui lui avaient été confiés par le prince de Galles et qui portaient le titre de *Histoire du Prince Titi*. Ce dossier ayant été brûlé par George III, fils du prince Frederick, auquel il fut remis, aucune certitude ne peut être acquise.[123] Il serait trop romanesque et invraisemblable de faire du roman publié en 1736 une œuvre du prince, avec Saint-Hyacinthe comme prête-nom.[124] On ne peut guère tirer de l'incident d'autres éléments que des rapports très probables de Saint-Hyacinthe avec le milieu de pamphlétaires qui entourait le prince et, peut-être, l'origine chez Saint-Hyacinthe de ce surnom de Prince Titi adopté pour lui-même par Frederick, grand lecteur de livres français.

D'autre part l'*Histoire du Prince Titi*, en plus de ses aspects féeriques et polémiques veut être un bréviaire de bon gouvernement dans l'optique philosophique.[125] Cette intention, déjà indiquée dans le premier volume, se développe dans le second et surtout dans le troisième. On trouve dans le courant du récit d'innombrables maximes morales sur les devoirs des princes et leur mise en œuvre par le vertueux Titi qui visite incognito son royaume pour se rendre compte par lui-même de l'état de son peuple, qui s'efforce de rendre la prospérité à son pays ruiné par la guerre, de gouverner en tout selon la raison et la justice.

A vrai dire tout cela ne nous paraît pas aller très loin. Limité par le genre même du roman qu'il a choisi, Saint-Hyacinthe ne peut pas développer ses théories à loisir. Il doit se contenter de les rappeler brièvement çà et là[126] et l'apport philosophique se borne la plupart du temps à des sentences moralisatrices vagues du style de: 'Rendons-nous respectables aux peuples sur qui nous devons régner' (ii.5) ou 'un Prince devrait rougir s'il avait moins de vertu que ceux à qui il commande' (iii.74) ou bien aux scrupules touchants de maladresse de Titi aux prises avec un paysan madré qui veut lui vendre sa terre plus cher qu'elle ne vaut (ii.313ss.).

Cependant ces signes avant-coureurs du despotisme éclairé ont eu un certain retentissement chez les contemporains. Dubuisson, qui n'est pas favorable à l'œuvre en général et avait vivement regretté le 'badinage'[127] du premier volume,

Dictionary of national biography.

[123] D'autant plus que les récits des personnages qui ont connu ces circonstances ne sont pas toujours concordants. Cf. H. Walpole, *A catalogue of the royal and noble authors of England, Scotland and Ireland* (Londres 1806) et l'article du *Dictionary of national biography* au nom de 'Ralph'. Le professeur Shipley de Ohio University étudie J. Ralph.

[124] En plus des invraisemblances de nature, inhérentes à une telle supposition, Ralph semble n'avoir été en rapports étroits avec le prince qu'à partir de 1748.

[125] Jacques Barchilon dans *Uses of the fairy-tale in the 18th century*, Studies on Voltaire 24 (Genève 1963) reconnaît dans le *Prince Titi* la présentation la plus lisible, parmi les contes de fées, du despotisme éclairé (p.124).

[126] On retrouve ainsi l'origine raisonnable du gouvernement 'il n'y aurait point de gouvernement à établir' (si tous les hommes obéissaient à leur raison) 'puisque l'établissement du gouvernement n'est que pour faire faire aux hommes déraisonnables ce que la raison veut qu'ils fassent' (iii.70).

[127] Lettre de Dubuisson au marquis de Caumont du 3 janvier 1736: 'Le Prince Titi m'a amusé mais j'ai été étonné que Mr. de Saint-Hyacinthe ait pu descendre à un pareil

note en décembre 1736: 'son conte de fées est un traité de morale et de politique. Il a peut-être le dessein d'être utile à l'enfance des princes. Si c'est là sa vue, et qu'elle réussisse, à la bonne heure; sinon on regrettera qu'il ait couvert ses perles de tant de fumier. Mr. de Saint-Hyacinthe est presque toujours au-dessous de lui-même pour se mettre au ton du Conte de Fées et cela le réduit à des expressions souvent basses et triviales; malgré cela, son troisième volume mérite d'être lu même des gens graves.'[128] Et le livre a eu un succès de librairie indubitable.[129]

Avec l'*Histoire du Prince Titi*, l'autre œuvre importante de cette période est le *Recueil de divers écrits sur l'amour et l'amitié, la politesse, la volupté, les sentimens agréables, l'esprit et le cœur*[130] qui peut être considéré en partie comme une émanation du salon de mme de Lambert. Cet ouvrage rassemble le *Traité de l'amitié* de mme de Lambert, une *Question sur la politesse* par mme de Rochechouart, abbesse de Fontevrault, *Agathon, dialogue sur la volupté* de Rémond, dit le Grec, aîné des trois frères Rémond, des *Réflexions sur les sentimens agréables et sur les plaisirs attachés à la vertu* de Lévesque de Pouilly et des *Réflexions sur l'esprit et le cœur* du marquis de Charost.[131] Pour chacun de ces textes, Saint-Hyacinthe, responsable du recueil, a écrit une introduction plus ou moins importante.[132] Sa personnalité constitue ainsi le lien de cet ensemble composite dont l'unité principale est le souci, commun à tous les auteurs, de la 'pensée morale' et l'importance qu'ils accordent au sentiment. Et ces contributions variées, de relations proches, dans un milieu où il s'est plu et qui lui a beaucoup apporté, constituent en quelque sorte des coups de projecteur qui font ressortir autant de facettes de sa philosophie.

Parmi ces différentes pièces, la *Question sur la politesse* est la plus extérieure aux préoccupations générales, la plus traditionnelle d'allure et de conception. C'est un texte court, d'un beau style, encore très 'grand siècle', qui donne une impression un peu démodée. La tâche que s'est fixée l'auteur est de définir la politesse par rapport à la civilité et à la flatterie.[133] C'est un petit exercice de

badinage' (Ed. Rouvel, 1882, p.162).

[128] Lettre du même au même du 1er décembre 1736, p.298.

[129] Après la première édition parue en 1736 (et, pour le premier volume, en 1735), à la fois à Paris et à Bruxelles, il y a eu au moins une deuxième édition la même année à Paris, une édition en 1752 à Paris encore, chez la veuve Pissot et une réédition en 1782 dans le *Cabinet des fées*. C'est d'ailleurs une des œuvres de Saint-Hyacinthe que l'on trouve le plus facilement en bibliothèque. Samuel Johnson visitant Paris en 1775 remarque le *Prince Titi* (qu'il tient en piètre estime) dans la bibliothèque de mme d'Argenson (Boswell's *Life of Johnson*, éd. Birbeck-Powell, Oxford 1934, ii.391).

[130] Paris, Bruxelles 1736. L'œuvre est attestée par la lettre à Pierre Desmaizeaux du 23 octobre 1737 déjà citée (Londres, British Library, Add. Mss. 4284, f.161) et par une autre lettre de Saint-Hyacinthe à La Motte, L'Ecluse 17 juin 1742 (Paris, Bibliothèque de la Société d'Histoire du Protestantisme Français, Mss 295, Fonds Read, f.66).

[131] Le catalogue de la Bibliothèque nationale, par une confusion assez peu explicable entre les auteurs des premiers textes, attribue à mme de Lambert la *Question sur la politesse* et à Saint-Hyacinthe le *Traité de l'amitié*. Barbier, qui est cité en référence, ne commet pas cette erreur.

[132] Sauf pour la *Question sur la politesse*.

[133] 'Pour découvrir l'origine de la politesse, il faudrait la sçavoir bien définir et ce n'est pas une chose aisée. On la confond presque toujours avec la civilité et la flaterie, dont la première est bonne, mais moins excellente et moins rare que la politesse; et la

psychologie affinée et de beau langage dans la tradition précieuse, qui n'est pas sans mérites. Plus pratiquement, ce texte inattaquable, d'une très grande dame, à l'autorité personnelle considérable et aux puissantes relations[134] a pu servir de garant à un recueil qui présentait d'autre part des audaces.

Un autre texte est aussi un peu plus éloigné des tendances principales du recueil: c'est la série des *Réflexions sur l'esprit et le cœur* du marquis de Charost.[135] On y trouve de réelles qualités de finesse et de bien-dire mais elles ne présentent pas, en général, une grande originalité. Leur apparence personnalisée a fait chercher les originaux de ce qui semble des portraits. C'est ce qui, selon certains, a fait le succès de ce Recueil[136] mais, selon Saint-Hyacinthe lui-même, a causé de sérieuses difficultés.[137]

Cependant, certaines des réflexions générales sur l'esprit et le cœur qui accompagnent les 'caractères' ont un intérêt plus marqué, par exemple la définition d''une sorte d'esprit qui s'élève à cette philosophie lumineuse qui donne de justes idées de Dieu et de la nature, qui présente un plan général digne de la Sagesse, de la Justice et de la Bonté infinies' (p.235) et qui est, sous un autre nom, la 'Raison' à laquelle Saint-Hyacinthe se réfère par excellence. Ce petit texte frappe aussi par sa réhabilitation du cœur, de l'instinct, du sentiment, comme instruments de jugement, ce qui préfigure des appréciations ultérieures:

> L'esprit est une faculté éclairée, il est guidé par la lumière. Le cœur est une faculté aveugle; c'est une espèce d'instinct qui le conduit. Il y a plusieurs opérations de l'esprit, celles de voir, de comparer, de juger. Il n'y a qu'une opération du cœur, c'est de sentir ... On peut admettre toutefois dans le cœur une espèce de jugement. Il juge le bon, le vrai, le délicat, mais il le juge par sentiment ... cet instinct qui guide le cœur est un guide infiniment plus sûr que les lumières qui éclairent l'esprit. Cela est prouvé par l'expérience. Le raisonnement se trompe souvent, le sentiment nous trompe rarement. Souvent nous voyons faux, presque toujours nous sentons juste.[138]

seconde mauvaise et insupportable lorsque cette même politesse ne lui prête pas ses agrémens ...' etc (*Recueil*, p.85).

[134] Mme de Rochechouart, sœur de mme de Montespan et tante du duc Du Maine, était une personnalité qui a marqué l'histoire de l'Abbaye de Fontevrault.

[135] Dans l'avant-propos, écrit sous forme de *lettre à l'Abbé T* ... (abbé Trublet? Abbé Tuffet, parent des dames d'Athis?) Saint-Hyacinthe présente l'auteur, jeune officier qui vient de mourir dans la guerre de Succession de Pologne. Il a écrit à l'âge de 22 ans ces réflexions morales sous une forme analogue à celle des *Caractères* de La Bruyère, sur les thèmes de l'esprit et du cœur. Le contact a pu s'établir par l'intermédiaire de mme de Verteillac, très liée avec le duc de Sully, parent des Charost. Le texte du marquis de Charost occupe les pp.234 à 293 du *Recueil*, soit à peu près un cinquième.

[136] 'Les portraits de M. le Marquis [...] ont fait la fortune de ce Recueil; on a cherché à les déchiffrer, on a cru y réussir, on a donné des Clefs; qui peut cependant s'assurer d'avoir rencontré juste et que l'auteur même ait eu d'autres veües que de se divertir par des peintures vagues et sans application' (Lettre d'Anfossi au marquis de Caumont, Paris 20e d'avril 1736, Avignon, Bibliothèque Calvet, Mss 2279, f.19).

[137] 'Le Mareschal de Noailles et le duc de Villars s'étant plaint de ce qu'ils avaient cru trouver leurs portraits dans les pensées détachées, le Cardinal voulût en arrêter le débit. Cela n'empêcha pas qu'il s'en fit deux éditions en quatre mois de tems'. Cf. Lettre de Saint-Hyacinthe à La Motte, L'Ecluse, 17 juin 1742, citée ci-dessus.

[138] *Recueil* ... pp.287-88. Noté et partiellement cité par R. Mauzi, *L'Idée du bonheur au dix-huitième siècle* (Paris 1960), p.648 n.

La contribution de mme de Lambert est d'un volume limité mais c'est par elle et sous son égide que l'ouvrage débute. On n'y trouve pas, non plus, une originalité marquée mais ses qualités habituelles de finesse d'analyse héritée de la préciosité, de raison équilibrée et de haute moralité, le tout nourri de culture à base antique renouvelée par l'influence de Fénelon.

Son analyse, solide et délicate, de l'amitié en étudie les conditions, la vie, les moyens de la porter à sa perfection et glisse même sur un terrain presque personnel: 'Ceux qui me connaissent savent que dans l'amitié, je me livre trop. Jamais mes sentiments ne m'avertissent de me défier de mes Amis. Ceux qui pensent d'une façon vulgaire me regardent comme une espèce de dupe; je ne m'en sauve qu'en voulant bien l'être [...] Ainsi la prudence dont j'ai ici rassemblé quelques maximes n'a pas encore passé dans mon cœur; mais l'usage, le monde et ma propre expérience ne m'ont que trop appris que dans l'amitié la mieux acquise et la plus méritée, il faut faire un fonds de constance pour pouvoir en supporter la perte.'[139]

Par cet apport de mme de Lambert elle-même, par la variété des contributions rappelant l'atmosphère d'un salon, le *Recueil* se présente comme une émanation posthume du sien alors définitivement fermé par le décès de la maîtresse de maison en 1733. Mais le *Recueil* est plus que cela, il est plus ouvert sur l'avenir, plus consciemment audacieux que le salon de mme de Lambert ne l'a été[140] et ceci surtout par les contributions de Rémond[141] et de Lévesque de Pouilly et par l'apport propre de Saint-Hyacinthe.

Leurs textes à tous trois sont des variations sur ce grand thème du dix-huitième siècle, le bonheur, thème que mme de Lambert a déjà effleuré à propos de l'apport de l'amitié à sa réalisation. Ils offrent une certaine continuité: l'*Agathon* de Rémond étudie la volupté, c'est-à-dire le bonheur, et les *Sentiments agréables* de Pouilly reprennent dans un ensemble plus large et plus systématique des idées analogues sur le même sujet. Saint-Hyacinthe s'exprime sur ce même problème du bonheur par la Lettre à *Madame la Duchesse de* ...(?) préface au texte de mme de Lambert et par la *Conversation sur la volupté*[142] qui introduit

[139] *Recueil*, pp.80-81. Mme de Lambert elle-même, pourtant plus marquée par l'esprit du dix-septième siècle que les autres auteurs du *Recueil*, donne ici à son 'cœur sensible' une certaine prééminence sur la raison. Cf. R. Mercier, *La Réhabilitation de la nature humaine 1700-1750*, (Villemonble 1960), p.379.

[140] Helen McNiven Hine qui insiste sur le modernisme (incontestable) du salon de mme de Lambert, reconnaît qu'elle reste cependant proche du règne de Louis XIV. Cf. 'Mme de Lambert, her sources and her circle: on the threshold of a new age', *Studies on Voltaire* 102 (1973), pp.189-90.

[141] Rémond, dit 'le Grec', frère de Rémond de Saint-Mard et de Rémond de Montmort, d'une famille champenoise que Saint-Hyacinthe a connue à Troyes et de la clientèle des Orléans. (Il avait été introducteur des ambassadeurs du duc d'Orléans, Régent, qui avait recommandé sa candidature à l'Académie française). C'était un amateur passionné de l'Antiquité et un grand partisan des 'anciens'.

[142] Ce sont les deux textes les plus longs de Saint-Hyacinthe dans le *Recueil* (quarante-six pages pour la *Lettre à mme la Duchesse de* ... et vingt cinq pages pour la *Conversation sur la volupté*). Avant les contributions de Lévesque de Pouilly et du marquis de Charost, il n'y a que quelques pages explicatives des circonstances de ces œuvres.

l'*Agathon*. L'optimisme et le refus de l'ascétisme d'origine chrétienne caractérisent cet ensemble très marqué d'idéalisme platonicien.

Agathon[143] s'applique au problème des plaisirs. Aspasie,[144] porte-parole de l'auteur, y distingue la débauche de la volupté à laquelle, seul dans la nature, l'homme peut avoir accès – parce que, 'participant de l'essence divine [...] il sçait seul goûter le plaisir par l'esprit et avec réflexion'.[145] 'C'est en effet la manière d'user des plaisirs qui fait toute la différence de la volupté et de la débauche' (p.130). Ceci se place dans le cadre d'une morale hédoniste: 'La nature a mis dans tout ce qui a vie un certain désir d'être heureux et cette inclination porte chaque animal à chercher le plaisir qui lui convient' (p.125). Chez l'homme, pourvu que 'cette inclination pour le plaisir' soit 'réglée par la philosophie' (p.130), elle 'adoucit la raison plutôt qu'elle ne l'affaiblit et conserve toute la dignité de la nature de l'homme' (p.131). On aboutit à une réunification de la nature humaine qui récuse le dualisme chrétien (pp.132-33):

La vérité n'est-elle pas en quelque sorte la volupté de l'entendement, la Poësie, la Peinture, la Musique ne sont-elles pas les plaisirs de l'imagination? Il en est de même des vins exquis, des mets délicieux et de tout ce qui peut flater les sens. Pourvu que la raison conserve son empire, tout est permis, et l'homme ne cessant point d'être homme, l'action est juste et louable, puisque le vice n'est que dans le dérèglement. C'est donc une folie que cette guerre naturelle qu'ils ont imaginée entre la raison et les passions, elle doit plutôt les régler que les combattre et moins travailler au dessein chimérique de les déraciner de nous-mêmes qu'à les assaisonner par le goût de l'esprit et le sentiment du cœur.

Saint-Hyacinthe, lui, dans ses deux textes, reprend ce même thème car l'introduction au *Traité de l'amitié* glisse rapidement vers l'amour, en s'autorisant de mme de Lambert elle-même qui 'avait de l'amour et de l'amitié ces belles idées qui les confondent' (p.4). Il précise les notions de l'*Agathon* en les infléchissant légèrement vers sa morale raisonnable de la perfection naturelle, un peu plus volontaire que ne l'est celle de Rémond: 'Le charme de la perfection est une volupté constante qui élève, qui purifie, qui ravit les âmes assez sensibles pour la connaître, mais toutes n'en sont pas capables' (p.106). Pour éprouver la volupté 'une âme doit s'être elle-même purifiée des passions qui ne regardent que le plaisir et s'être élevée elle-même jusqu'à un certain degré de perfection'.[146] Donc, 'c'est négliger ses intérêts que de négliger de perfectionner ses sentiments' (p.113). Il faut que l'âme ait une action volontaire pour être capable d'éprouver une volupté qui est 'd'autant plus parfaite que l'objet de son action est parfait' (p.115), car 'la volupté est un sentiment de perfection'[147] et l'objet aimé correspond à l'Idée au sens platonicien de divinité.[148]

[143] *Agathon* avait déjà paru dans le *Mercure* en septembre 1719 (pp.3-11).

[144] R. Mercier croit voir sous ce pseudonyme Ninon de Lenclos (*La Réhabilitation de la nature humaine 1700-1750* (Villemomble 1960), p.56.

[145] *Recueil*, pp.125-26. Cité partiellement par R. Mauzi *L'Idée de bonheur au dix-huitième siècle*, p.417.

[146] p.108. 'La vertu nécessaire à l'amour et à l'amitié doit être bonne, pure, éclairée' (p.41).

[147] p.117. Cité par R. Mauzi, p.418.

[148] *Recueil*, p.118. Les influences platoniciennes sont d'ailleurs sensibles dans l'ensemble du texte et Saint-Hyacinthe souligne, par ailleurs, la dette de mme de Lambert envers

Le texte de Lévesque de Pouilly, *Réflexions sur les sentiments agréables et sur le plaisir attaché à la vertu* est le plus important du *Recueil.*[149] Il se présente sous une forme beaucoup plus composée et systématique que les autres contributions. La lettre d'envoi à lord Bolingbroke précise le but de cet écrit: prouver comme l'a fait Platon dans la *République*, mais cette fois-ci par la 'méthode d'Epicure', que la vertu 'fait par elle-même le bonheur de ceux qui la possèdent, indépendamment de l'estime des hommes et du bonheur d'une autre vie' (p.138). Et 'que par l'institution de la Nature il y a un plaisir réel attaché à la vertu' (p.139). Ce texte capital des théories du bonheur philosophique au dix-huitième siècle n'a pas encore pris ici tout le développement qu'il aura après les révisions et remaniements que Lévesque de Pouilly lui fera subir[150] – ni la forme que lui donneront les rédacteurs de l'*Encyclopédie* en le pillant pour les articles 'Plaisir' et 'Passion'. Tel qu'il est en 1736 – très tôt dans le siècle – il a déjà atteint la majeure partie de ses conclusions.

Cet essai frappe d'abord par sa méthode, qui rejoint celle que Saint-Hyacinthe a essayé d'utiliser dans les *Letters* ... de 1731, méthode inspirée des sciences: Pouilly, scientifique lui-même,[151] considère que les lois 'qui règlent la distribution des sentiments [sont] de même genre que les Sciences physico-mathématiques [et] susceptibles d'une pareille certitude' pourvu que l'on porte attention à établir ces 'lois sur des observations incontestables et à n'exprimer [les] idées que par des mots dont tous [...] ont la même notion. La théorie des sentiments, en suivant la même route ne cédera point en certitude à la théorie des mouvements' (pp.141-42).

Quant au but, il est fixé, sans équivoque possible, dans un sens hédoniste: 'La philosophie morale [...] est l'art de se rendre aussi solidement heureux qu'il est possible'. Dans cette perspective, trois lois vont fixer les conditions de ce bonheur philosophique. La première loi pose qu''il y a un sentiment agréable attaché à l'exercice de nos facultés' (pp.145ss.) physiques ou morales: 'tout mouvement d'amour, d'amitié, de reconnaissance, de générosité, de bienveillance est un sentiment de plaisir' (p.149), aussi l'homme bienfaisant est toujours gai et l'homme malfaisant triste. La deuxième loi précise la portée de la première: 'tout objet qui est de nature à exercer nos facultés sans les fatiguer est revêtu d'agrément' (pp.151ss.).

Quant à la troisième loi, elle s'établit sur le terrain philosophique et veut prouver que les biens utiles ont de l'agrément dans la mesure où ils participent de la perfection (pp.172ss.). Cette perfection est définie comme 'la possession des facultés, soit naturelles, soit acquises, qui nous mettent à portée de nous procurer un solide bonheur, en conformité des intentions de notre Auteur gravées

Platon (pp.4, 8, 36-39).

[149] Il représente quatre-vingt-dix pages (pp.137-227), donc près du tiers de l'ensemble.

[150] La première édition complète est celle de 1747 à Genève, chez Barrillot et fils. L'œuvre a été étudiée en particulier par R. Mauzi, *L'Idée de bonheur au dix-huitième siècle*, pp.240-49.

[151] Son premier ouvrage fut une explication des *Principes de la philosophie naturelle* de Newton.

dans la nature de notre être'.[152] Et l'on arrive à une conception du bonheur, très caractéristique de son temps dans son optimisme (p.178):

> les passions et la raison forment en nous comme une République intérieure qui ne peut être parfaite qu'autant que les membres qui la composent sont fidèles à remplir les fonctions qui leur conviennent et à assortir leurs mouvements au bien public. Il n'appartient donc qu'à la raison de gouverner [... de] garantir malgré elles [les passions] des pièges et des préjudices où leurs penchants aveugles les portent, [de] leur procurer leurs biens particuliers par subordination au bien du tout dont elles sont une partie.

Une fois ces trois lois établies, un infléchissement fait passer sur le terrain métaphysique où l'on prouve l'existence de Dieu 'Auteur des sentiments agréables' (pp.180ss.). Ce dieu est une 'cause intelligente', mais aussi un 'Législateur bienfaisant' qui a 'libéralement attaché du plaisir' à tout ce qui favorise la conservation ou la perfection de nos Facultés (p.187). Les derniers chapitres exposent comment les plaisirs sont attachés à la vertu. L'homme est dans le meilleur des mondes possibles pour lui: il peut y trouver le bonheur par 'l'usage de ses facultés réglé par des jugements dont la vérité nous soit clairement connue' (p.198). Il voit ainsi qu'il faut donner la préférence aux plaisirs de l'esprit et du cœur qui durent et sont solides. Pouilly trouve là un biais pour rejoindre l'aspect social de la morale car rien n'est plus délicieux que d'exercer l'esprit par la connaissance et le cœur par la bienveillance, ce qui amène l'homme à devenir le bienfaiteur de ses semblables (pp.220ss.).

Par un 'mélange d'humanisme et d'empirisme'[153] une morale de la modération écarte les joies trop vives 'signes d'une maladie de l'âme' (pp.199-200) et apprend à 'renfermer ses désirs dans la sphère des besoins réels ... [car] dès que le cœur passe cette ligne marquée par la nature, il se perd dans un champ immense, il cherche en vain des bornes qui arrêtent et qui fixent la vivacité de ses mouvements' (p.201). L'optimisme de Lévesque de Pouilly va jusqu'à soutenir que la douleur elle-même, 'le seul [des maux réels] dont la vertu ne puisse nous garantir' (p.203) peut, en quelque sorte, être apprivoisée, avec un peu de courage en utilisant la 'recette sensée des fanatiques capables de se réjouir au milieu des douleurs en maîtrisant leur attention au point de la détourner du sentiment désagréable qui les frape et de la fixer sur le phantome de la perfection auquel ils se dévouent' (p.204). Enfin, la mort elle-même n'est pas un mal pour l'homme vertueux car elle le 'livre à une Intelligence bienfaisante dont il a toujours respecté les loix et ressenti les bontés' (p.227) et il a donc l'espérance d'y trouver un bonheur parfait, sinon très défini.

Cette 'expression d'une sorte de morale philosophique moyenne'[154] à laquelle Saint-Hyacinthe souscrit,[155] est ce qui a le plus frappé les lecteurs contemporains

[152] pp.176-177, cité par J. Ehrard, *L'Idée de nature en France dans la première moitié du dix-huitième siècle* (Paris 1963), ii.556.

[153] R. Mauzi, *L'Idée de bonheur au dix-huitième siècle*, p.247.

[154] R. Mauzi, *L'Idée de bonheur au dix-huitième siècle*, p.248.

[155] Il insisterait probablement surtout sur l'aspect de déisme positif et sur le motif d'action que constitue le désir, d'esprit religieux, de se conformer aux intentions du créateur.

dans un recueil qui a eu un succès assez marqué.[156] Les réactions immédiates ont été mitigées. Il y a eu une certaine réprobation du point de vue de la morale traditionnelle.[157] On a l'impression que la nouveauté de la présentation et du vocabulaire et cette démarche pseudo-scientifique ont surpris et empêché de discerner aussitôt ce que l'ouvrage apportait. C'est par exemple ce qui ressort du jugement d'Anfossi et de Caumont, tel que l'exprime le premier dans une lettre à son ami:

Votre jugement, Monsieur, sur le recueil de Mr de St Hyacinthe me paraît très judicieux et j'ose vous dire qu'il avait fait sur moi la même impression. Les différentes pièces qui le composent sont toutes plus ou moins dans le goût Métaphisique qui règne aujourd'hui. Ce qui appartient à Made de Lambert est ce qu'il y a de plus supportable. Pour la *Théorie des Sentiments agréables*, c'est un morceau unique en son espèce, il serait très propre à faire connaître à quels excès peut porter l'abus de la Géométrie. Vouloir calculer des *Sentiments*, prétendre donner un *Cours* de *Morale* fondé sur des *précisions algébriques*, ce sont assurément des idées tout à fait singulières; Mais quel Cahos! quelles obscurités! Reconnait-on dans ce verbiage l'ordre, la méthode des vrays Géomètres? Je suis persuadé que les Descartes, les ...(+), les Pascals auraient honte de ces écrits de leurs prétendus disciples.[158]

Qu'il scandalise, qu'il agace ou qu'il intéresse, le *Recueil* – et le *Recueil* signifie d'abord la *Théorie des sentiments agréables* – attire l'attention. C'est en 1736 le livre qu'il faut avoir lu. L'abbé Le Blanc en parle au président Bouhier: 'La *théorie des sentiments* de M. de Pouilly que Mr de Ste Hiacinthe nous a donnée fait ici beaucoup de bruit; l'avez-vous luë? Qu'en pensez-vous?'[159] et Voltaire qui, de sa retraite lorraine près de mme Du Châtelet se préoccupe de se faire envoyer par Berger 'les livres nouveaux dont vous croyez la lecture digne de la Déesse de Cirey' est au courant au début d'avril 1736 de l'intérêt suscité par le Recueil et prévient son correspondant qu'il l'a déjà commandé (Best.D1054).

Deux beaux succès de librairie en 1736, être un des auteurs en vue du moment, c'est une réussite pour Saint-Hyacinthe, un des éléments brillants d'une période favorable dont le philosophe et le mondain jouissent également. C'est vers la fin

[156] Saint-Hyacinthe dit à La Motte qu'il y en a eu deux éditions successives en quatre mois (Lettre de Saint-Hyacinthe à La Motte, L'Ecluse, ce 17 juin 1742, Paris, Bibliothèque de la Société d'Histoire du Protestantisme Français, Mss 295, Fonds Read, f.66). De plus, l'ouvrage avait paru en même temps à Paris et à Bruxelles. Barbier signale une édition sous un titre un peu différent: *Recueil de pièces diverses sur l'amour* etc. ... également de 1736. C'est d'ailleurs un ouvrage qui figure assez largement dans les bibliothèques (il y en a six exemplaires à la Bibliothèque nationale, 4 à l'Arsenal), donc qui a dû avoir une diffusion assez importante.

[157] C'est le point de vue de l'abbé Trublet qui visait surtout l'*Agathon* et la *Conversation sur la volupté* de Saint-Hyacinthe lui-même. Il exprime sur ce plan sa désapprobation dans le compte-rendu qu'il en fit pour le *Journal des savants* de mai 1736. Cf. Trublet, *Mémoires pour servir à l'histoire de la vie et des ouvrages de mm. de Fontenelle et de La Motte* (Amsterdam 1761), p.206.

[158] Lettre d'Anfossi à Caumont, Paris 20e d'avril 1736 (Avignon, Bibliothèque Calvet, Mss 2279, f.19). Renseignement communiqué par mlle Françoise Weil.

[159] Lettre de mai 1736, édition Monod-Cassidy, p.238. Et Bouhier, d'une autre génération, provincial et traditionnaliste, lui répond: 'J'aurais peine à vous le dire car je n'ai pas eu la force d'aller jusques au bout. Je ne sache rien de si insipide que ces nouveaux cours de morale métaphysique qui deviennent si fort à la mode' (Lettre du 21 mai 1736, *Mélanges publiés par la Société des bibliophiles français*, t.v, Paris 1827, p.24).

de cette période que l'horizon s'assombrit. En 1739, Saint-Hyacinthe va être mêlé à un incident au relent désagréable, le scandale de la *Voltairomanie*. Deux ans plus tard, en 1741, il se heurtera à des difficultés très graves qui résulteront des problèmes de conscience de sa fille aînée et obligeront la famille à quitter définitivement Paris.

En décembre 1738 paraît la *Voltairomanie*,[160] pamphlet violent, fourré d'attaques personnelles, dont l'abbé Desfontaines est responsable. Or, dans la *Voltairomanie*, Desfontaines reprenait textuellement, en se référant à l'œuvre et en nommant Saint-Hyacinthe comme auteur, le passage concernant la bastonnade de Voltaire par Beauregard[161] qui était inclus dans la *Déification d'Aristarchus Masso* parue en 1732. L'incident, cette fois rapporté nominativement à Voltaire,[162] se trouvait ainsi brusquement placé en pleine lumière devant le public. Voltaire, alors à Cirey, est bouleversé et plein d'une fureur compréhensible envers Desfontaines et secondairement Saint-Hyacinthe. Madame Du Chatelet et leurs amis s'empressent autour de lui, cherchant comment faire face. Le moyen qui leur apparaît serait d'accuser Desfontaines de faux. Pour cela il faudrait que Saint-Hyacinthe récuse la *Déification*; l'autorité de Desfontaines s'effondrant, il paraîtrait possible d'obtenir une condamnation comme faussaire qui laverait publiquement Voltaire.

C'est là l'argument de la tragi-comédie qui va se jouer dans les premiers mois de 1739: cela commence par un ballet-surprise de toutes les relations communes avec Saint-Hyacinthe que Voltaire et ses amis ont pu mobiliser pour tâcher d'obtenir de lui un désaveu de son œuvre, désaveu que Saint-Hyacinthe, de son côté, et de façon assez normale, est bien décidé à ne pas se laisser arracher.[163] Et l'on voit ainsi entrer en action les fidèles, Berger du côté de Voltaire, Lévesque de Burigny du côté de Saint-Hyacinthe, puis les relations plus lointaines, le chevalier de Mouhy, le chevalier d'Aydie, Rémond de St Mard, Lévesque de Pouilly, Helvétius sans que Saint-Hyacinthe accepte de faire autre chose que, sur le conseil de Burigny, d'écrire à Voltaire, puis à Burigny, pour être montrées à qui de droit, des lettres se désolidarisant de Desfontaines et désapprouvant le pamphlet de celui-ci.

La déclaration à Lévesque de Burigny est particulièrement révélatrice (Best. D2001):

Vous m'avez rendu justice, Monsieur, lorsque vous avés assuré que je n'étais en nulle liaison avec l'auteur de la Volteromanie quel qu'il soit. Et je vous proteste qu'encore à présant je n'ai point lu cette pièce en entier. J'y jetté simplement les yeux parce que l'on me dit que l'auteur m'y avait cité au sujet de M. de Voltaire, ce que je ne vis pas sans indignation. Je voudrais savoir de quel droit on cite le nom de M. de Voltaire et le mien

[160] *La Voltairomanie avec le préservatif et le factum du sieur Claude-François Jore*, A Londres 1739.

[161] *Voltairomanie*, pp.49-52.

[162] Dans la *Déification*, Beauregard est nommé, mais le nom de Voltaire n'est pas prononcé.

[163] Les deux textes qui permettent de suivre le mieux le déroulement de la querelle sont, d'une part la correspondance de Voltaire à cette époque (Best.D, vol.vi, janvier-septembre 1739) et la *Lettre de m. de Burigny ... à l'abbé Mercier ... sur les démêlés de m. de Voltaire avec m. de Saint-Hyacinthe*.

lorsque ni l'un ni l'autre ne se trouve dans l'ouvrage qu'on cite. On fait plus, et qu'en avés vous pensé, Monsieur? On y décide de mon intention. La déification dont on parle n'est qu'un ouvrage d'imagination, un tissu de fictions qu'on a liées ensemble pour en faire un récit suivi. On y a eu en vue de marquer en général les défauts où tombent des savans de divers genres et de diverses nations, on y a donc été obligé d'imaginer des choses qui quoi que rapportées comme des choses particulières ne doivent être regardées que comme des généralités aplicables à tous les savans qui peuvent tomber dans ces défauts [...] Quand je vis de quelle manière l'écrivain de la Volteromanie décidait de mon intention, je vous avoue, Monsieur, que je fus extrêmement surpris que celui qu'on en disait l'auteur pût ainsi manquer à tous les égards. Ma surprise égala mon indignation. [...]

J'ai apris que M. de Voltaire méprisait cette pièce au point de n'y pas répondre. Il fait à merveille ... M. de Voltaire a quelque chose de mieux à faire. Cultivant à présent les *musas severiores*, il aprend d'elles à s'élever dans ces régions tranquilles jusqu'où les vapeurs de la terre ne s'élèvent point.

On comprend que Voltaire n'ait pas été très satisfait à la lecture de ce texte savoureux! Saint-Hyacinthe se trouvait, à vrai dire, lui aussi, dans une situation embarrassante, gêné d'être impliqué dans un scandale de mauvais goût et en même temps assez ravi, certes, de voir Voltaire en difficultés[164] ... Mais quand Saint-Hyacinthe écrit la lettre à Lévesque de Burigny, le bruit fait autour de la *Voltairomanie* est en partie retombé, le calme revient. Saint-Hyacinthe reprend la routine de sa vie parisienne: il va avoir encore quelques mois de tranquillité avant les incidents plus graves qui l'attendent.

En juin 1740, Saint-Hyacinthe décide de faire un voyage à Bruges et en Zélande pour essayer de régler enfin les problèmes toujours pendants relatifs au partage définitif des héritages de mme de Marconnay et d'Elisabeth de Marconnay.

A l'Ecluse, Saint-Hyacinthe trouve en face de lui le délégué de son beau-frère Catuffe, Mathieu de Jonge, qui ne craint pas de prendre des mesures violentes comme des saisies de fermage.[165] Les choses une fois de plus traînent en longueur. Le séjour de Saint-Hyacinthe se prolonge pendant plusieurs mois sans que les discussions entre les deux hommes aboutissent. Saint-Hyacinthe, à bout de patience et qui estime avoir à se plaindre de Mathieu de Jonge,[166] finit par demander aux bourgmestres et échevins du Franc de l'Ecluse d'effectuer le partage par voie judiciaire. Une audience a lieu le 13 mai 1741 en présence des commissaires de la Cour du Franc et un accord intervient pour la liquidation des comptes.[167] La situation s'éclaircit donc: Saint-Hyacinthe va pouvoir envisager un retour à Paris quand il reçoit de sa famille de très mauvaises nouvelles.

[164] Saint-Hyacinthe avait-il été jusqu'à suggérer à Desfontaines le passage incriminé? Il n'y en a aucune preuve, et aucun lien entre les deux hommes n'a été décelé.

[165] Cf. requête de Saint-Hyacinthe: Middleburg, Rijksarchief in Zeeland, Archives de la Cour du Franc de l'Ecluse, 6 mai 1741, Registre des Requêtes 1740-1750, n° 140.

[166] Lettre de Saint-Hyacinthe à La Motte, L'Ecluse, ce 17 juin 1742 (Paris, Bibliothèque de la Société d'Histoire du Protestantisme Français, Mss 295, Fonds Read, f.66): ce 'receveur [...] qui est un des plus grands coquins que j'aye jamais vu fait force chicane sur les choses du monde les plus claires pour pescher aparenmant en eau trouble'.

[167] Cf. les attendus d'un jugement de la Cour des échevins du Franc de l'Ecluse rendu ultérieurement, le 3 mars 1742. Rôle des procès civils dits 'de la Chambre' 1731-1770, no 654. M. Scherft, Conservateur des Archives de l'Etat en Zélande, à Middleburg, a

Le drame familial qui s'est joué – car c'est un drame – concernait la fille aînée de Saint-Hyacinthe, Suzanne, Charlotte, Pauline, qui était née à Worcester en mars 1724 et qui avait donc, en ce milieu de 1741, 17 ans. Elle devait commencer à sortir dans le monde – et à prendre conscience d'un certain nombre de problèmes. Ce que Saint-Hyacinthe présente comme un complot se noue autour d'elle: trois ou quatre dames, dont la duchesse douairière d'Antin,[168] s'inquiétant de sentir cette famille hors de la foi catholique, avaient dû rencontrer chez cette jeune fille des échos que l'on avait soigneusement développés par des conversations sous couvert d'invitations à dîner.[169] Suzanne de Saint-Hyacinthe, qui ne devait pas avoir alors d'autre religion qu'un vague déisme[170] paraît avoir été profondément troublée et avait dû donner au moins un demi-accord pour un véritable enlèvement qui s'est réalisé le 6 août 1741 avec l'appui du curé de St Roch;[171] la duchesse d'Antin et deux autres dames viennent la chercher un jour que sa mère dînait dehors et l'emmènent au couvent des Nouvelles Catholiques[172] où une lettre de cachet[173] l'assignait à résidence.

C'est une affaire grave dans une période où les questions de religion sont traitées sérieusement. A peine prévenu, Saint-Hyacinthe, qui craint des suites, écrit à sa femme de le rejoindre 'promptement' avec ses deux autres enfants Anne-Marguerite et Charles et se rend compte qu'un retour en France lui est maintenant impossible. C'est de cette manière brutale et dramatique que le séjour parisien se termine. Cette rupture est aussi profonde que violente pour Saint-Hyacinthe. Celui-ci n'a plus désormais que quelques années devant lui,

débrouillé, avec compétence et une extrême obligeance l'écheveau compliqué de ces affaires.

[168] Lettre de Saint-Hyacinthe à La Motte, A l'Ecluse ce 17 juin 1742, (Paris, Bibliothèque de la Société d'Histoire du Protestantisme français, Mss 295, Fonds Read, f.66) et Lettre de Saint-Hyacinthe à Lévesque de Burigny, L'Ecluse, 20 juillet 1742 (Besançon, Bibliothèque municipale, Mss 607, f.31).

[169] Lettre de Saint-Hyacinthe à Lévesque de Burigny citée ci-dessus et lettre du même au même du 17 février 1743, f.34.

[170] 'A moins qu'on ne lui ait fait abjurer sa croyance d'un vrai Dieu, je ne vois pas ce qu'on a pu lui faire abjurer car sa mère ne l'avait point encore instalée dans la Relligion protestante' dira son père. Lettre de Saint-Hyacinthe à Burigny, du 20 juillet 1742 citée ci-dessus.

[171] St Roch était la paroisse de l'hôtel des Verteillac où habitait la famille Saint-Hyacinthe.

[172] Cf. Lettre de Saint-Hyacinthe à La Motte du 17 juin 1742 citée ci-dessus.

[173] Paris, Archives nationales, Série LL, Registre 1642 (Registre des entrées des nouvelles catholiques 1704-1792) f.160: 'Le 6 août 1741 est entrée volontairement et à la recommandation de M. le Curé de St Roch, Delle Suzanne Charlotte Pauline de Saint-Hyacinte agée de 16 ans, née à Oustercheer en Angleterre, fille de Messire Paul de Saint-Hyacinthe et de Dame Suzanne Marconnet, pour être instruitte des vérités de la foi, n'aïant exercé aucune Religion'.

La copie de cette lettre de cachet existe à l'Arsenal. Elle est datée du 10 août seulement, et enregistrée le même jour. 'De par le Roy, Chère et bien amée, nous vous mandons et ordonnons de retenir dans votre maison la D[elle] Hyacinthe et de l'y garder jusqu'à nouvel ordre de Notre part moyennant la pension que vous fera payer M. le Curé de St Roch. Si n'y faites faute. Car tel est notre plaisir. Donné à Versailles le 10 août 1741'. [Signé] Louis [et] Phelippeaux.

des années qui seront très différentes de celles de la période française qui a été brillante – et heureuse.

8. Les épreuves et la dernière méditation: 1741-1746

C'EST en Hollande, dans une atmosphère très sombre de graves soucis matériels et d'épreuves que vont se dérouler les cinq dernières années de Saint-Hyacinthe, années sur lesquelles on est mieux renseigné que sur d'autres moments de sa vie car, pour cette courte période, on dispose à la fois d'un certain nombre de documents d'archives et d'une quinzaine de lettres, adressées pour la plupart au fidèle Lévesque de Burigny auquel rien n'est dissimulé. De plus, Saint-Hyacinthe a beaucoup publié à cette époque, des œuvres d'intérêt très différent mais qui comprennent son testament spirituel, la grande œuvre à laquelle il travaille depuis le séjour anglais: les *Recherches philosophiques*. Aussi dans ces années, on voit se dérouler la vie de Saint-Hyacinthe sur trois plans, différents mais étroitement interdépendants: un plan extérieur de cadre d'existence et de lutte pour survivre et faire survivre sa famille au milieu des difficultés matérielles, un plan affectif de sensibilité atteinte par de lourdes épreuves et un plan intellectuel d'expression de sa pensée telle qu'elle se formule à la fin de sa vie et à l'issue de ses méditations.

La famille, rassemblée brusquement en Hollande, s'installe d'abord dans la métairie héritée de Jacques Le Cerf, au Polder de St-Joris[1] en Flandre zélandaise, à l'extrême sud-ouest des actuels Pays-Bas. Saint-Hyacinthe, lui, doit assez souvent séjourner dans la petite ville où se règlent ses affaires, L'Ecluse (ou Sluis), chef-lieu du minuscule territoire aux coutumes et droits particuliers: le Franc de l'Ecluse. En dépit de la profonde secousse éprouvée par suite de la défection de la fille aînée, quelques rêves de bonheur rural, déjà vaguement rousseauiste, ont coloré ce nouvel établissement: 'la campagne est charmante et on pourrait faire d'ici une vraie et belle solitude'.

Mais il faut très vite déchanter: les trop fameuses fièvres de Zélande s'abattent sur la famille:

> ma fille il est vrai s'y est toujours bien portée mais mon fils y a eu longtemps une fièvre qui l'a consumé et qui quoi qu'elle soit pour ainsi dire passée revient encore de tems à autre lui rendre visite. Ma fame l'a eu près de trois mois réduite dans un état que je ne veux pas vous représenter pour vous épargner un attendrissement inutile [...] pour moi je suis toujours d'une faiblesse et d'un abatement extrême avec la fièvre de deux jours l'un [...] depuis le mois d'octobre j'ai gardé la chambre ou le lit.[2]

La population leur est hostile: ces paysans voient sans plaisir des étrangers venir s'installer chez eux et ce sud catholique de la Zélande est profondément défiant envers cette famille sans religion définie. On met toute la mauvaise volonté possible à les servir. En conclusion, confesse Saint-Hyacinthe au cher Burigny:

[1] On peut se demander si ce nom de St Joris n'aurait pas été à l'origine de la confusion entre Saint-Hyacinthe et le chevalier de St Jorry comme auteur du roman *Les Femmes militaires*, cf. chap.7.

[2] Lettre de Saint-Hyacinthe à Lévesque de Burigny, 20 février (1742). Besançon, Bibliothèque municipale, Mss 607, f.27.

'je souffre beaucoup de mal, j'ai beaucoup de sujets d'inquiétude et je suis sans argent. Voilà, mon cher, le détail de mes affaires et de mon état' (même lettre).

Dans cette situation et de son installation zélandaise ou, plus tard, de celle qu'il fera en 1743 en Brabant près de Bréda, Saint-Hyacinthe, dès que sa santé lui en laisse la possibilité, lutte pour parer au plus urgent et s'efforce de subvenir à l'existence de sa famille. Trois voies lui apparaissent: tirer des ressources des fermes de l'héritage de Jacques Le Cerf, s'assurer la protection d'un souverain et enfin publier le plus possible en tirant partie de tout ce qu'il peut écrire ou qu'il possède venant de relations littéraires.

En ce qui concerne les propriétés, la déception est rapide. La situation est défavorable pour une exploitation directe. Par exception, l'irréaliste Saint-Hyacinthe lui-même, s'en rend compte:

moi malade, ma fame hors d'état d'agir, tout dépérit par la négligence des domestiques, ou tout est détruit et volé; étranger dans ce pays qui n'est peuplé que de catoliques qui me regardent comme un damné, ils me font payer les choses dont j'ai besoin le double de ce que je les payerais au marché [...] Pour être à la campagne il faut avoir une santé qui vous permette les soins nécessaires et de voir tout de ses propres yeux ou avoir des domestiques entendus et dans les intérêts de leurs maîtres, ce qui ne se trouve que très rarement partout et peut-être jamais icy. Mes affaires languissent come moi par l'état de ma santé, j'ay icy beaucoup de réparations à faire, le vent violent qui règne depuis deux mois vient encore de m'emporter la moitié de la couverture d'une belle grange.[3]

Entre-temps, cependant, le règlement définitif des héritages familiaux se poursuit et va enfin se terminer. Après l'accord passé le 13 mai 1741 par les deux parties – Saint-Hyacinthe d'une part, et Catuffe représenté par Mathieu de Jonge, de l'autre – en présence des Commissaires de la Cour du Franc, une décision de la Cour en date du 3 mars 1742 entérine cet accord et oblige les parties à l'exécuter.[4] Enfin, le 24 décembre 1742, le partage est fait: Saint-Hyacinthe reçoit définitivement des biens évalués à 1501 livres de Flandres, représentant la part de sa femme dans l'héritage d'Anne Le Cerf, plus la moitié de la part d'Elisabeth de Marconnay.[5]

Sur cette situation clarifiée, mais qui reste obérée par les lourds emprunts précédents,[6] Saint-Hyacinthe essaie de construire: il réussit à louer sa métairie à un 'bon fermier' qui doit 'payer régulièrement chaque année au 1er octobre'. Hélas, le sort s'acharne contre lui: dans le cours des opérations de la guerre de Succession d'Autriche, 'la crainte qu'on a eu des français a fait faire une inondation dans le pays où est ma métairie dont toutes les terres sont sous l'eau de la mer [...] J'y perds au moins quatre ans de revenus, car lors même qu'on

[3] Les traces d'un procès que Saint-Hyacinthe a soutenu en 1743 contre un paysan de la région, François de Miliano, portent témoignage des mauvais rapports existant entre ses voisins et lui (Middleburg, Rÿksarchief in Zeeland, Rôle des échevins du Franc de l'Ecluse, n° 638, Années 1727-1752). Le procès a duré du 26 avril au 12 juillet 1743.

[4] Middleburg, Rÿksarchief in Zeeland, Jugement de la Cour des Echevins du Franc du 3 mars 1742, Rôle des Procès civils dits 'de la Chambre' 1731-1770. N° 654.

[5] Acte de partage passé devant le notaire Pierre Corneille van Hougem le 24 décembre 1742. (Archives judiciaires de la Flandre Zélandaise, no 2087, Middleburg, Rÿksarchief in Zeeland).

[6] Cf. ci-dessus Chap. 6.

aura retiré les eaux, les terres imbibées de l'eau salée de la mer sont comptées pour rien pendant trois ans parce que pendant ce tems elles ne rapportent pas les frais du travail'.[7] Aucun espoir donc à avoir de ce côté.

Saint-Hyacinthe, membre d'une société hiérarchisée, a pour réaction naturelle de rechercher l'appui, fructueux espère-t-il, d'un souverain. Il pense d'abord au roi philosophe récemment monté sur le trône et qui cristallise déjà la curiosité et la sympathie de nombre d'intellectuels français: Frédéric II. Pour bien entamer les relations, Saint-Hyacinthe décide de dédicacer ses *Recherches philosophiques* qui sont près de paraître au roi de Prusse. Cela suppose toute une série de consultations, d'intrigues, de fils à tirer pour lesquels les amis de Saint-Hyacinthe sont mis à contribution, et surtout le dévoué Lévesque de Burigny. Saint-Hyacinthe rédige un projet d'épître dédicatoire, passablement emphatique.[8] On le soumet à Maupertuis, à Chambrier, ministre de Prusse à Paris, on fait intervenir Camille Jordan ... Le livre paraît enfin, dédié à Frédéric II. Aucun résultat! Saint-Hyacinthe est sûr que c'est par les mauvais offices de Voltaire,[9] alors en voyage à Berlin, que sa démarche a échoué et il est ulcéré.

Plus tard, en 1745, il aperçoit une autre possibilité auprès de l'Electeur palatin qui possède le marquisat de Bergen-op-Zoom, tout proche de Bréda où il vit alors. La triste situation de Saint-Hyacinthe a touché m. Adam, le conseiller qui administre ce territoire.[10] Il propose 'un vieux chateau de chasse qui est abandonné dans le Marquisat de Berg-op-Zoom,[11] qu'il mettra en état d'être habitable et à quoi il unira de quoi faire un très grand jardin. C'est un azyle mais il faudrait y avoir du pain et quelque laitage et de quoi se chauffer en hiver. Cet honête home veut écrire à l'Electeur pour me procurer une pension, quelle quelle soit je me trouverai trop heureux de ne pas voir mes enfans sans pain.'[12]

[7] Lettre de Saint-Hyacinthe à Burigny: A Geneken, près Bréda, ce 10 octobre 1745 (Orléans, Bibliothèque municipale, Mss 1507).

[8] Le projet est à la Bibliothèque municipale de Besançon, Mss 607, ff.28 et 29. Il est d'une flatterie appuyée qui choqua Maupertuis (la 'flatterie est pour la plupart trop grossière', Lettre de Maupertuis à Burigny, même coll. f.17). Burigny lui-même dira plus tard: 'les louanges n'y étaient pas distribuées avec assez de délicatesse' (*Lettre de m. de Burigny ... à m. l'abbé Mercier ...*, p.21). Saint-Hyacinthe en est conscient: 'Si vous trouvez cette épître trop forte, plaignez-moi d'être dans la nécessité de le faire, je crois cependant le fonds de ce que j'y dis' (Lettre de Saint-Hyacinthe à Lévesque de Burigny citée ci-dessus, f.27).

[9] C'est par l'intermédiaire d'un médecin de Rotterdam, J. Chr. de Bruas, relation commune à Voltaire et à Saint-Hyacinthe, que Voltaire aurait été prévenu. Bruas aurait espéré mettre Voltaire dans les intérêts de Saint-Hyacinthe. Cf. lettre de Saint-Hyacinthe à Lévesque de Burigny du 8 juillet 1744, citée in *Lettre de m. de Burigny ... à m. l'abbé Mercier*, p.22.

[10] Malgré une pauvreté qui confine à la misère, une atmosphère d'estime entoure Saint-Hyacinthe dans ces dernières années. Les listes d'impôts de Bréda lui confèrent l'appellation de 'Heer' réservée aux gens distingués par la naissance, la fonction ou le savoir (Listes d'impôts pour la commune de Genecken, 1745-1746, no 183, Archives communales de Bréda).

[11] C'est certainement le château de Wouw, le seul de ce genre dans le Marquisat. Renseignement donné par m. Slottmans, Archiviste de la ville de Bergen-op-Zoom.

[12] Lettre de Saint-Hyacinthe à Burigny. A Genecken près Bréda ce 11 octobre 1745

Mais m. Adam demande, assez naturellement, une démarche du côté français qui lui serve de caution envers l'Electeur: il faudrait une lettre de recommandation de m. de Séchelles, l'intendant de Flandres avec qui Adam a été en rapports à propos de territoires de l'Electeur reconquis par les Français sur les Autrichiens qui les avaient envahis. Et voilà naturellement Burigny mis à contribution: 'Cherchez donc quelles sont les personnes de Paris ou de la Cour qui ont le plus de crédit sur M. de Séchelles, faites plutost écrire conjointement plusieurs personnes qu'une s'il le faut. Prenez bien vos mesures sans rien dire et ne perdez pas un moment et obtenez-moi une belle lettre que vous m'enverrez et que je remettrai à M. Adam qui ne demande pas mieux que d'apuier si bien ce qu'il veut soliciter en ma faveur. Je ne vous dis plus rien, je conais votre amitié et votre zèle.' Là aussi il semble ne pas y avoir eu de résultat favorable.[13]

Parallèlement, Saint-Hyacinthe a cherché à gagner quelque argent en publiant le plus possible, de son cru ou en puisant dans les manuscrits 'de bonne main' dont il a 'deux cofres plains'.[14] Aussi les éditions se succèdent-elles dans ces années. Après les rééditions en 1740 des *Mémoires littéraires* sous le titre de *Matanasiana*[15] et en 1741 de la *Dissertation sur les chronogrammes*[16] sortent en 1743 les *Recherches philosophiques*,[17] le grand ouvrage de Saint-Hyacinthe. Pour s'en tenir au plan financier qui nous intéresse ici, c'était une entreprise d'importance, le nombre des exemplaires tirés étant très élevé.[18] Il est vrai que Saint-Hyacinthe semble n'avoir jamais perçu la totalité de ce qui lui était dû.[19] Cette même année 1743 voit une réédition du *Robinson Crusoë* dans la traduction que Saint-Hyacinthe en avait donnée avec Van Effen et la parution du *Recueil de pièces fugitives de différents auteurs*[20] que Barbier attribue à Lévesque de Burigny mais qui est de Saint-Hyacinthe comme le prouvent la comparaison de la table des matières avec la liste des œuvrettes qu'il proposait l'année précédente à La Motte pour

(Besançon, Bibliothèque municipale, Mss 607, f.45).

[13] On n'a aucun détail car cette lettre est la dernière connue de Saint-Hyacinthe. On sait seulement qu'à sa mort, quelques mois plus tard, en juin 1746, Saint-Hyacinthe n'était pas au château de Wouw, mais dans un faubourg de Bréda, Teteringen (Archives de la Commune de Bréda, Archives notariales, Notaire Cornelius Wierix, Registre no 980, f.125, Acte du 4 juillet 1746).

[14] Lettre de Saint-Hyacinthe à La Motte, A L'Ecluse ce 17 juin 1742 (Paris, Bibliothèque de la Société d'Histoire du Protestantisme français, Mss 295, Fonds Read, f.66).

[15] *Matanasiana ou Mémoires littéraires, historiques et critiques du Docteur Matanasius*, SDLRG, La Haye 1740.

[16] *Dissertation critique et analytique sur les chronogrammes publiée en 1718*. Nouvelle édition revue et corrigée par l'auteur, Bruxelles 1741.

[17] *Recherches philosophiques sur la nécessité de s'assurer par soi-même de la certitude de nos connaissances*, Rotterdam, La Haye, Londres 1743.

[18] Il existe aux Archives municipales de La Haye des traces d'une transaction concernant l'achat par Gosse à Johnson de tout ou partie (ce n'est pas précisé) de l'édition dont ce dernier était responsable. Or il s'agit de 1800 exemplaires, ce qui paraît un chiffre considérable, d'autant plus qu'il ne vise que l'édition hollandaise (Notaire Godefroy Trouillé, no 2771, Acte 108, 29 mai 1743).

[19] 'Je ne suis encore payé de mes recherches filosofiques qu'en partie et ne le serai peut-être pas du reste' dit-il en octobre 1745. Lettre à Lévesque de Burigny, Geneken près Bréda 10 octobre 1745 (Bibliothèque d'Orléans, Mss 1.507).

[20] *Recueil de pièces fugitives de différents auteurs sur des sujets intéressants* (Rotterdam 1743).

les faire publier[21] et une lettre à Lévesque de Burigny.[22] En 1744, réédition du *Chef d'œuvre*[23] et sortie d'un nouveau recueil: *Variétés ou divers écrits par m. D*S** H***.*[24] En 1745, encore une réédition du *Chef d'œuvre*[25] et enfin la dernière œuvre, les vingt numéros d'un périodique, *Le Fantasque*[26] où Saint-Hyacinthe a réuni de façon décousue des textes de diverses relations littéraires avec des morceaux de lui qui représentent le dernier état de sa pensée. Mais de ce côté-là aussi, les résultats financiers sont très inférieurs aux espérances: la guerre de Succession d'Autriche a eu un effet catastrophique sur l'état de l'édition en Hollande: 'la librairie est en déroute par la banqueroute de tous les libraires de La Haye et ceux d'Amsterdam se resentent et nomemant le pauvre du Sauzet. On ne trouve plus de libraire qui veuille imprimer et de ce côté là me voilà a néant.'[27]

C'est 1743 qui semble être un tournant dans la situation de Saint-Hyacinthe.[28] Jusque-là c'est une gêne, réelle certes, mais supportable où Saint-Hyacinthe peut envisager de recevoir un très vieil ami comme Lévesque de Burigny à qui il offre sous son 'toît rustique, une très bonne chambre, un meilleur lit, une table très mal servie, presque point de viande, peu même de poisson, œufs, laitages, légumes, deux plats à dîner, un à souper, point ou peu de vin, d'excellente bière, de mauvais café, de bon thé, du pain quelquefois pas trop bon et un hote bien misérable mais qui vous aime de tout son cœur'.[29] Après 1743, c'est pire que la pauvreté, c'est la misère: 'Si je n'avais que la pauvreté à éviter, je vous assure, mon très cher ami que loin de la fuir je la chérirais, j'en conais les douceurs par expérience [...] mais mon cher ami je me vois à la veille de tomber dans une indigeance de tout et réellement sans resources, cherchant même à avoir quelques jeunes gens à instruire et n'en pouvant avoir.'[30] Qui aurait songé à confier des enfants au presque moribond qu'était alors Saint-Hyacinthe?

Lutte infructueuse contre la misère, maladie presque continuelle forment

[21] Lettre de Saint-Hyacinthe à La Motte, A L'Ecluse ce 17 juin 1742 (Paris, Bibliothèque de la Société d'Histoire du Protestantisme français, Mss 295, Fonds Read, f.66).

[22] Lettre de Saint-Hyacinthe à Burigny, St Joris 15 août 1743 (Bibliothèque municipale de Laon, 19 CA 117).

[23] Qualifiée de 7e édition, La Haye, P. Husson.

[24] Amsterdam, Le Sieur, 1744. L'attribution à Saint-Hyacinthe résulte de la lettre à La Motte évoquée ci-dessus.

[25] Edition qualifiée de 8e, La Haye, P. Husson.

[26] Hebdomadaire paraissant le lundi, Amsterdam 1745. Il y a eu 20 numéros, du 24 mai au 4 octobre 1745.

[27] Lettre de Saint-Hyacinthe à Burigny, A Geneken près Bréda ce 10 octobre 1745 (Bibliothèque d'Orléans, Mss 1507). Ceci reprend des indications données précédemment au même correspondant les 16 mars et 28 août 1744 et 15 février 1745 (Besançon, Bibliothèque municipale, Mss 607, ff.37 à 42).

[28] C'est à partir de 1743 que cesse d'être payé par Saint-Hyacinthe l'intérêt de l'emprunt hypothécaire contracté auprès des frères Tak en 1726 (Middleburg, Rÿksarchief in Zeeland, Rôle des procès devant la Cour des Flandres à Middleburg, no 27, 1739-1758, f.122).

[29] Lettre de Saint-Hyacinthe à Lévesque de Burigny, A L'Ecluse ce 1er mai 1743, (Besançon, Bibliothèque municipale, Mss 607, f.35).

[30] Lettre du même au même, Geneken près Bréda ce 11 octobre 1745, même collection, f.45.

l'arrière-plan de la vie morale de Saint-Hyacinthe dans cette période où il subit une série d'épreuves qui permettent, grâce au miroir sincère des lettres à Lévesque de Burigny, de mesurer sa sensibilité et en même temps la profondeur de sa foi déiste.

La première épreuve, c'est la défection de sa fille aînée à Paris et sa conversion au catholicisme. La profondeur du bouleversement ressenti est patente. Presque dans chacune des lettres à Lévesque de Burigny, on voit reparaître ce souvenir de sa fille; il y a là une douleur toujours présente dont les composantes apparaissent: ressentiment, pitié, affection, inquiétude religieuse.

Il y a du ressentiment, il y a même de la colère contre cette fille qui a manqué de confiance envers ses parents, qui les a abandonnés (11 octobre 1745), d'autant que les conséquences de cet éclat sur toute la famille sont graves: elles mettraient Saint-Hyacinthe 'en butte à Paris à tous [ses] ennemis et à tous les esprits tortus, sans parler des risques à quoi [ses] deux autres enfants seraient exposés'. Enfin cela le prive du seul bonheur qu'il puisse envisager, celui de jouir de l'amitié de Burigny, le 'seul ami qui me reste de trois que j'ai eus dans ma vie'.[31]

Mais cette colère est surtout dirigée contre les responsables de cette 'trahison', de cette 'séduction funeste',[32] ces 'quatre misérables catins ou pires que catins' qui ont jeté sa fille dans ce 'précipice' et dont il veut se venger.[33] Il est donc en même temps plein de pitié pour cette 'pauvre fille', 'ce pauvre enfant' à qui on a fait 'tourner la tête' (même lettre). En dépit de son profond mécontentement envers cette fille à qui il refuse d'écrire,[34] on sent qu'il lui conserve son affection et il a beaucoup de dignité paternelle compréhensive quand il dit à Burigny: 'Si vous aviez l'occasion de voir cette pauvre fille ou de lui écrire en sûreté [... déchirure ...] dire qu'elle ne se fasse point religieuse et que si jamais elle peut [... déchirure ...] revenir à sa famille elle y sera toujours reçue à bras ouverts avec toute liberté de conscience qu'elle pourra souhaiter.[35]

Cependant c'est autant sur le plan religieux que sur celui de l'affection familiale que Saint-Hyacinthe, déiste fervent et homme de religion, souffre de la conversion de sa fille car il croit profondément que par là elle s'est éloignée de Dieu. Il est émouvant de l'entendre, quelques mois avant sa mort, dire à Lévesque de Burigny: 'je ne fais que gémir sur sa séduction, plaindre sa faiblesse et détester les misérables créatures qui seront comptables à Dieu de sa damnation et des maux que me cause leur perfidie. Je ne veux plus y songer que pour la ramener à moi, si c'était possible, ou plutôt à Dieu'.[36]

[31] Lettre de Saint-Hyacinthe à Burigny du 1er mai 1743, même collection, f.35, Des deux autres amis de Saint-Hyacinthe, il est probable que l'un a été l'abbé Chevalier de Morsan, l'ami de jeunesse à Troyes. Il n'a pas été possible d'identifier l'autre, ce qui montre bien les trous considérables de la documentation concernant Saint-Hyacinthe.

[32] Lettre à Burigny du 17 février 1743, même collection, f.34.

[33] Lettre à Burigny du 20 juillet 1742, même collection, f.31.

[34] 'Trouvés bon, mon très cher ami, que je ne réponde pas à la lettre de cette malheureuse'. Lettre à Burigny du 11 octobre 1745, même collection, f.46.

[35] Lettre à Burigny du 20 juillet 1742, même collection, f.32.

[36] Lettre à Lévesque de Burigny du 11 octobre 1745, même collection, f.46. Il est intéressant de voir resurgir ici le dogme chrétien de l'enfer que Saint-Hyacinthe a intégré à son déisme.

Déjà profondément touché dans son amour paternel, Saint-Hyacinthe va être atteint par une autre grande douleur: sa femme meurt à la Haye en octobre 1742[37] après avoir été à peu près constamment malade depuis son arrivée en Hollande. Cette fois, c'est le déchirement majeur: Saint-Hyacinthe et sa femme formaient certainement un couple très uni et la retraite hollandaise ainsi que cette vie coupée du reste du monde que la famille y menait avaient dû faire ressentir plus profondément à Saint-Hyacinthe sa dépendance affective envers son épouse. Sa réaction devant cette épreuve est à la fois extrêmement humaine et un témoignage de la sincérité de ses sentiments déistes. Il parle en croyant qui a transposé dans sa religion raisonnable des dogmes chrétiens et notamment celui de la rédemption par la douleur:

Il n'y a que la Raison et la Relligion qui puissent calmer ma douleur, le tems qui affaiblit les impressions de l'imagination en diminuera peut-être les transports mais la Relligion et la Raison qui la calment ne l'effacent jamais et au contraire elles la conserveront toujours. Le monde n'est plus pour moi qu'un triste désert où les belles choses qui peuvent s'y trouver aigrissent mes maux au lieu de me récreer. Je ne souhaite pas d'être délivré de tous les maux que je soufre qu'ils augment [*sic*] au contraire pourvu qu'ils servent à ma sanctification et que je trouve ainsi ma consolation dans mes peines. C'est la seule que je souhaite.

J'ai prévenu le conseil que vous me donez, mon cher ami et je m'occupe plus que jamais à l'étude je continue celle qui me parût toute ma vie la plus utile et la plus agréable quoi que j'en aye si mal profité. Je retravaille à présent mes recherches filosofiques[38] mais j'avoue que je suis si peu à moi que je ne sai si ce que je fais et [*sic*] bien et que j'ai besoin d'une contention violente dans les choses mêmes où l'évidence répend le plus de clarté.[39]

A l'occasion de ce profond choc émotionnel Saint-Hyacinthe, en conservant sa dignité dans la foi et dans la résignation, découvre avec une surprise un peu naïve que les sentiments n'obéissent pas aussi naturellement à la raison qu'il l'aurait cru:

La perte que j'ai faite est irréparable, mes regrets n'y servent de rien. Une fame au fonds quelque aimable qu'elle soit n'est qu'un assemblage de particules de matière comme toutes les autres et comme sont les plantes et les pierres. La mort est inévitable et son âme doit être regardée comme dégagée de sa prison. J'ai même lieu de croire que Dieu l'a purifiée par plus d'une année de souffrances et que n'a-t-elle pas soufert et que bon come il est il fait une compassation des maux qu'on soufre dans cette vie avec les égaremans qui nous rendent coupables de sorte que, dans ses soufrances mêmes, je trouve un sujet de consolation puisque je crois qu'elles l'ont rendue un objet de la miséricorde de Dieu. Quand elle aurait vescu 100 ans il aurait toujours falu mourir, si j'étais mort avant elle elle aurait été encore peut-être plus malheureuse. Si elle vivait cette vie ne serait pour elle qu'une amertume vu l'état où je suis. C'est un bonheur pour

[37] La Haye, Archives communales, Livre de compte de la Nieuwe Kerk. DTB 292: 'Le 17 octobre 1742 a été ensevelie dans le premier rang Suzanne de Marconnai, épouse de M. du Essaint, sans sonner les cloches à 4 heures de l'après-midi.' Le fait que le décès ait eu lieu à La Haye n'est pas très surprenant car dans une lettre du 20 juillet 1742 à Burigny (même collection, f.31) Saint-Hyacinthe envisageait un voyage à La Haye et se demandait si un 'changement de pays' pourrait faire du bien à sa femme.

[38] Il s'agit ici non pas des *Recherches philosophiques* parues en 1743 qui, à l'heure où Saint-Hyacinthe écrit, sont en cours d'impression, mais d'une suite qu'il préparait.

[39] Lettre à Lévesque de Burigny du 17 février 1743, même collection, f.33.

elle que d'avoir fait ce qu'elle n'aurait pu s'empescher de faire. Je me dis tout cela, mon cher ami, je crois que c'est tout ce que la Raison et la Relligion me peuvent dire de mieux, mais je ne suis pas le maître de mon imagination, soit que je veille, soit que je ne fasse que m'éveiller, elle me rappelle sans cesse la perte que j'ai faite. Tout ce que je vois, tout ce qu'on dit me rappelle ce que j'ai vu ou ce que j'ai ouï dire avec elle. Cette maison que j'habite et qui m'aurait été autrefois plus charmante que le plus beau palais m'est devenue insuportable. C'était sa chambre dis-je, c'était sa place, je me suis promené là avec elle et je sens à tout moment des palpitations de cœur. Rien ne me touche je deviens insensible à tout autre choses qu'à sa perte et aux circonstances où je me trouve.[40]

Une douleur réelle, très humainement éprouvée, rend sensible la faiblesse de l'optimisme moral du dix-huitième siècle.

Certes la vie affective de Saint-Hyacinthe ne se limitera pas à cet aspect de douleur pendant toutes ses dernières années. Son tempérament, naturellement ouvert sur l'avenir, lui permettra quelques reprises. Il a envisagé et réalisé une nouvelle installation dont il sentait la nécessité.[41] En 1744, il quitte St Joris avec ses deux enfants et 'une jeune veuve'[42] qui s'est jointe avec dévouement à la famille depuis son arrivée en Hollande et ils vont s'établir près de la petite ville de Bréda, au village de Genecken.[43] Saint-Hyacinthe a retrouvé une nuance d'enthousiasme pour le projet sans lendemain d'installation dans le 'Château de chasse' de l'Electeur palatin.

Il en retrouve plus encore pour un espoir qui est bien dans la ligne de sa pensée et de son action antérieures, la fondation d'une société d'amis vertueux: 'vous savez que cela a été mon but pendant toute ma vie quoique j'y aye toujours échoué'. Il a rédigé un projet d'établissement dont il est très fier:

Je croi y avoir trouvé le moyen d'y faire régner l'égalité que l'amitié exige sans empescher une sorte de subordination que le bon ordre demande; d'y conserver les Droits de l'ancienneté sans nuire à celle [*sic*] de la supériorité des talans, d'y établir une obéissance passive sans gêner la liberté, un pouvoir absolu qui ne peut que tourner à l'avantage de la société dont aucun particulier n'a rien à craindre, une sincérité parfaite dont personne ne peut être blessé, une égalité de biens sans priver personne du sien, mais sans avoir cependant plus qu'un autre et une confession de foi qui n'exclut que les athées et qui réunit tous les sectaires. Tout cela vous paraîtra autant de paradoxes.[44]

Saint-Hyacinthe ne doute pas d'avoir réussi dans ce qui est presque – sans qu'il s'en doute certes – la charte de fondation d'un de ces ordres religieux qu'il a en

[40] Lettre à Burigny du 1er mai 1743 (même collection, f.35).

[41] 'Si je reste dans la maison où je suis j'y périrai bientôt infailliblement de feblesse et de langeur' (même lettre, f.36).

[42] Mlle Faishope indiquent les listes d'impôt de Bréda (Bréda, Archives municipales, no 183, liste pour l'année 1745-46, Commune de Ginneken). Saint-Hyacinthe parle de cette jeune femme à Lévesque de Burigny: 'une jeune veuve qui s'est attachée à ma famille d'une manière si parfaite que quand je serais son propre père je ne pourrais attendre plus de complaisance, plus d'attention et plus de soin dans mes infirmités de la plus tendre fille du monde et qui a de même un soin particulier de mes enfants compose toute ma maison' (Lettre à Burigny du 15 février 1745, même collection, f.42). De quelque nature que soit cet attachement, il a contribué à adoucir les dernières années de Saint-Hyacinthe.

[43] Le 22 juillet 1745, il réside à Genecken. Il n'y était pas encore en juillet 1744, lors de la précédente liste d'impôt. Cf. référence ci-dessus.

[44] Lettre à Burigny du 1er mai 1743 (même collection, ff.35-36).

horreur! Il a même en vue un premier compagnon: 'Il y a trois ans que j'examine avec soin et que j'éprouve une persone que j'y crois propre, elle en examine actuellement les fondemants' et si elle les approuve, Saint-Hyacinthe se voit déjà commençant sa société ... dont on n'entendra plus parler!

Il apprécie qu'à Bréda on trouve 'très bonne compagnie',[45] il noue et renoue des amitiés, avec un M. de St Martin qui a fait un voyage en France où il a été reçu par les frères Lévesque,[46] avec La Motte, ami et correspondant fidèle de Pierre Desmaizeaux, à Amsterdam[47] et surtout avec Jean-Christian de Bruas,[48] médecin d'origine française, réfugié huguenot à Rotterdam, qui reçoit Voltaire quand celui-ci traverse la Hollande.[49]

Et enfin il trouve des joies dans les enfants qui restent près de lui et dont il parle à Lévesque de Burigny avec une complaisance toute paternelle: 'une fille qui est plutôt un ange qu'une fille et un fils qui me done assez de satisfaction pour en augurer très bien'.[50] Dans l'atmosphère créée par ces jeunes gens, il trouve dans son affliction des moments de détente: 'nous nous amusons dans les tems convenables avec douceur, simplicité et beaucoup de joie de leur part'.[51] Mais cette source de félicité est en même temps une cause d'inquiétude pour l'avenir:

> le ciel qui a été mon père sera celui de mon fils. Il a la main très belle et déjà quelques petites connaissances, est bien fait, d'une très bonne santé. Je ne lui conait aucun vice que d'aimer un peu trop à courir, je verrai ce que j'en pourrai faire. Mon inquiétude est plus grande pour ma fille dont les excelentes qualités mériteraient un heureux sort. Je ne lui conait aucun défaut et je ne sais en vérité aucune bone qualité qui lui manque.

Enfin Saint-Hyacinthe retrouvera de l'énergie pour sa dernière querelle avec Voltaire. Cette fois, c'est Voltaire l'agresseur: il insère dans les *Conseils à un journaliste* qui ont paru en novembre 1744[52] un paragraphe perfide visant à enlever à Saint-Hyacinthe le titre d'auteur du *Chef d'œuvre d'un inconnu*[53] puis il enchaîne sur une attaque directe de la *Déification d'Aristarchus Masso* et de son auteur: 'si on ajoute à cette plaisanterie [le *Chef d'œuvre*] une infâme brochure digne de la plus vile canaille, et faite sans doute par un des mauvais français qui vont dans les pays étrangers déshonorer les belles-lettres et leur patrie, faites sentir l'horreur et le ridicule de cet assemblage monstrueux.' Saint-Hyacinthe,

[45] Lettre de Saint-Hyacinthe à Burigny du 15 février 1745 (même collection f.42).

[46] Lettres de Saint-Hyacinthe à Burigny des 15 février et 22 avril 1745 (même collection, ff.42 et 44).

[47] Cf. deux lettres de Saint-Hyacinthe à La Motte, L'Ecluse ce 17 juin 1742 et Flessingue ce 28 août 1744 (Paris, Bibliothèque de la Société d'Histoire du Protestantisme français, Mss 295, Fonds Read, ff.66 et 67).

[48] Lettres de Saint-Hyacinthe à Burigny des 17 février et 1er mai 1743 et du 16 mars 1744 (Besançon, Bibliothèque municipale, Mss.607, ff.33 à 38).

[49] Lettre de Saint-Hyacinthe à Burigny du 8 juillet 1744 connue par sa publication partielle dans la *Lettre de m. de Burigny ... à m. l'abbé Mercier ...*, p.22.

[50] Lettre de Saint-Hyacinthe à Burigny, à Geneken près Bréda, ce 10 octobre 1745 (Bibliothèque d'Orléans, Mss 1507).

[51] Lettre de Saint-Hyacinthe à Burigny, Geneken près Bréda, 15 février 1745 (Besançon, Bibliothèque municipale, Mss 607, f.42).

[52] Dans le premier numéro de novembre du *Mercure*.

[53] Cf. ci-dessus chap. 3.

déjà violemment mécontent de l'échec tout récent de la tentative qu'il avait faite pour obtenir la protection du roi de Prusse, échec qu'il attribuait à Voltaire,[54] est décidé à se défendre. Il fait paraître dans la *Bibliothèque française*[55] une lettre ouverte à Voltaire, qui n'est certes pas une de ses œuvres majeures mais qui a un ton de conviction et garde dans la polémique de la dignité. Saint-Hyacinthe revendique d'abord, avec des raisons solides, la responsabilité du *Chef d'œuvre d'un inconnu*[56] puis passe avec un ton plus acide à un autre plan où il se défend des accusations personnelles de Voltaire et attaque celui-ci en le menaçant notamment de divulguer des papiers compromettants qu'il possède.

On peut se demander si la riposte de Saint-Hyacinthe à Voltaire ne s'est pas prolongée et s'il n'a pas fourni une partie des textes qui forment le *Voltariana*[57] qui devait paraître en 1748, après la mort de Saint-Hyacinthe. En effet cet ouvrage est placé sous le signe de Mathanasius (p.1), il comporte des textes de Saint-Hyacinthe qui avaient été publiés (pp.56 et 247) mais aussi un fragment d'une lettre dont il faut bien que communication ait été donnée.[58] Ces rapprochements avec Saint-Hyacinthe créent une probabilité qui est renforcée par certains détails comme la lettre de Voltaire à Olympe Du Noyer dont Saint-Hyacinthe était à même de posséder l'original par ses relations avec mme Du Noyer et son milieu (p.2). Enfin, la devise de la page de titre, point auquel les contemporains attachaient tant d'importance, ressemble à une signature car elle reprend, en l'inversant, celle que Saint-Hyacinthe a utilisée à plusieurs reprises, notamment

[54] C'est dans une lettre du 8 juillet 1744 que Saint-Hyacinthe annonce à Burigny qu'il a perdu tout espoir de ce côté et qu'il en attribue la faute à Voltaire 'J'ai reçu une lettre de M. Jordan; il m'avait écrit quand j'envoyai à Berlin l'exemplaire pour le Roi [...] qu'il l'avait fait tenir au Roi et que dès que le Roi serait de retour et qu'il saurait sa volonté il m'en informerait. Voltaire passa dans ce temps à Rotterdam, en allant en Prusse. M. de Bruas lui fit présent d'un exemplaire de mes *Recherches* croyant l'engager à me rendre de bons offices en Prusse. Voltaire tint de moi beaucoup de mauvais discours et je me doutai bien qu'il me nuirait de son mieux. En effet, j'ai été près d'un an sans recevoir de nouvelles de M. Jordan et pour m'assurer de la vérité de ce que je soupçonnais j'écrivis une lettre a M. Jordan ... J'ai reçu une lettre concertée où l'on ne me dit pas un mot du Roi ni du Poëte, où on parle assez bien de mon livre; d'ailleurs lettre polie, mais d'un froid poli en comparaison des autres. Ainsi mon très cher ami il n'y a rien à espérer de ce côté là.' Cette lettre de Saint-Hyacinthe n'est actuellement connue que par la longue citation qu'en donne Burigny dans sa *Lettre ... à m. l'abbé Mercier*, pp.22-24.

[55] Saint-Hyacinthe avait d'abord pensé ne pas répondre à Voltaire: 'Je ne croi pas que je me done la peine de faire voir son imposture'. Lettre à Burigny du 22 avril 1745 (Besançon, Bibliothèque municipale, Mss 607, f.43). Puis il revint sur sa décision: 'Come on m'a bien fait sentir que de ne pas répondre c'était m'avouer coupable de l'impudence de me reconnaître pour l'auteur d'un livre que je n'avais pas fait et mériter d'être traité ainsi qu'il le fait au sujet de la déification d'Arist. Masso pour être un de *ces mauvais français qui vont dans les pays étrangers déshonorer leur nation et les lettres* je lui ai répondu par une lettre qui se trouve imprimée dans le XL Vol. de la *Bibliothèque Française* part. 2e.' Lettre de Saint-Hyacinthe à Burigny, A Geneken près Bréda ce 10 octobre 1745 (Bibliothèque d'Orléans, Mss 1507). Le texte de la lettre à Voltaire figure dans Best. D3119.

[56] Cf. ci-dessus, chap. 3.

[57] *Voltariana ou éloges amphigouriques de Fr. Marie Arouet Sr de Voltaire* ... A Paris, 1748.

[58] *Extrait d'une lettre de feu M. de St Hyacinthe à un de ses amis écrite de Geneken près Bréda le 10 octobre 1745. Voltariana*, i.242ss. (Best.D3233).

pour sa dernière œuvre, le *Fantasque* en 1745. Alors que le Fantasque veut 'non fumum ex fulgore sed ex fumo dare lucem', le *Voltariana* caractérise l'œuvre de Voltaire comme 'ex fulgore fumus'. Il paraît vraisemblable que Saint-Hyacinthe avait, avant sa mort, confié des éléments pour un éventuel *Voltariana* à quelque relation littéraire qui les a ensuite réutilisés avec d'autres matériaux.

En dépit des moments d'action polémique, d'amitié ou de détente familiale, l'atmosphère générale de ces dernières années reste de lourde tristesse et d'inquiétude profonde. Les épreuves servent en quelque sorte de réactif au caractère de Saint-Hyacinthe et permettent de l'apprécier plus en profondeur. Son optimisme naturel et volontaire est certainement le trait qui semble le plus atteint chez lui; sa confiance dans les hommes est diminuée, il élève ses enfants dans une méfiance éloignée de son caractère habituel: 'Loin de chercher à voir quelqu'un nous sommes fâchés quand on vient nous voir. Ces trois jeunes personnes[59] sont aussi persuadées de la fausseté des homes que s'ils avaient mon expérience et mes réflexions.'[60]

Mais si l'on met à part ce durcissement, presque impossible à éviter, on est frappé de voir avec quelle réelle dignité, quelle constance philosophique Saint-Hyacinthe supporte une série de malheurs et d'anxiétés particulièrement douloureuse. Il est arrivé à un grand détachement des biens du monde:

> Oui, mon très cher ami, jouir de soi-même dans la tranquilité d'une vie éloignée de tout comerce, s'attacher à des connaissances qui vous apprenent la valeur des choses et qui vous élèvent vers celles qui sont les seules dignes d'une créature raisonable est une vie préférable dans l'indigence même et dans le sein de la langueur à celle où un home ne vit que pour des objets méprisables qui l'environent et qui le disipent.[61]

Et il envisage la mort avec beaucoup de fermeté et de simplicité: 'Mais quoi *debemus morti nos nostraque*. Nous y viendrons mon cher ami, et je vous assure que j'en regarderai le jour comme la délivrance d'une vie qui m'est infinimant cruelle, plut au ciel que mes pauvres enfans fussent placés, que j'eusse la seule joie à laquelle je puisse être sensible, vous embrasser et mourir.'[62]

Sa profonde amitié pour Burigny le fait s'inquiéter de sentir celui-ci encore plongé dans une vie mondaine et il se permet, de temps à autre, sous couvert de son très sincère désir de le revoir, de lui donner un conseil philosophique:

> Que je serais heureux de loger avec vous en même maison et quand vous n'auriez point envie de sortir d'y manger ensemble notre côtelette assaisonée de la cordialité d'une vraye amitié et d'une conversation dont l'objet ne serait pas le ridicule objet de faire assaut d'esprit et de savoir en soutenant avec adresse et avec opiniâtreté nos sentimans mais celui de perfectioner notre raison et nos conaisances, mais c'est un bien auquel je ne dois pas penser. Il y en a un autre que je souhaiterais encore plus mais que je n'espère guères d'avantage, c'est que réfléchissant bien sérieusement sur toutes les vanités de la vie, sur l'inutilité de tant de momens passés dans des occupations frivoles, sur la nécessité

[59] La 'jeune veuve' fait partie de la famille.

[60] Lettre de Saint-Hyacinthe à Burigny, Geneken, près Bréda, ce 15 février 1745 (Besançon, Bibliothèque municipale, Mss 607, f.42).

[61] Lettre de Saint-Hyacinthe à Burigny, Geneken près Bréda, 22 avril 1745 (même collection, f.43).

[62] Lettre de Saint-Hyacinthe à Burigny, A L'Ecluse ce 17 mai 1743 (même collection, f.35).

d'être ce que nous devons être et sur le vray bonheur de posséder son âme en paix en se fortifiant dans la vertu par le détachement des choses qui sont indignes de nous, vous vinsiez avec nous vivre dans une douce retraite où vous n'auriez rien à penser qu'à vos études et qu'à des dissipasions inocentes dans l'interval.[63]

Dans cette atmosphère d'épreuves, l'aspect religieux que Saint-Hyacinthe avait déjà donné à sa vie morale depuis le séjour anglais s'accentue. Le thème de la purification par la douleur fait désormais partie intégrante de sa religion raisonnable et il a la force d'âme de se l'appliquer à lui-même comme moyen de 'sanctification'.[64] Et il y a une véritable teinte de mysticisme dans la confiance en Dieu qu'il exprime dans une des toutes dernières lettres écrites avant sa mort:[65]

Que faire, Mon cher ami, regarder cet état comme un effet de la miséricorde de Dieu qui m'épure, avoir en ses bontés toute ma confiance et m'écrier *dirupisti vincula mea, tibi sacrificabo hostiam laudis*.[66] Si mon amour pour la vérité, mon trop de délicatesse pour les faussetés du comerce de la vie ont nuit à ma fortune, il faut avouer aussi que mes imprudences en sont la principale cause et que je mérite très bien d'être puni. Mais celui qui nous corrige ne veut pas nous perdre.

Enfin Saint-Hyacinthe réagit d'une façon digne d'un philosophe en poursuivant jusqu'à la fin de sa vie son travail de réflexion et de recherche. De cette activité subsistent essentiellement deux témoignages,[67] d'une importance très inégale, les *Recherches philosophiques* publiées en 1743, qui constituent l'aboutissement à cette date de la grande œuvre à laquelle Saint-Hyacinthe travaille depuis le séjour en Angleterre et le *Fantasque*, périodique à la vie très limitée où, à côté de textes d'autres auteurs, sont insérés des fragments de Saint-Hyacinthe lui-même, résultat de ses dernières réflexions, qui peuvent donner une idée de l'orientation et de l'état de celles-ci.

Les Recherches philosophiques sur la nécessité de s'assurer par soi-même de la vérité; sur la certitude de nos connaissances et sur la nature des êtres par un membre de la Société Royale de Londres – dont le titre est déjà tout un programme – ont paru en 1743 à la fois

[63] Lettre de Saint-Hyacinthe à Burigny, Geneken 15 février 1745, même collection, ff.41-42. Burigny, particulièrement frappé sans doute de ce passage, l'a coché en marge.

[64] Lettre de Saint-Hyacinthe à Burigny, St Joris, 17 février 1743, même collection, f.33.

[65] Saint-Hyacinthe a écrit à Levesque de Burigny en octobre 1745 deux lettres successives les 10 et 11 octobre, par suite d'un incident nouveau survenu après le départ de la première. Ce sont les deux dernières lettres que Burigny ait reçues de Saint-Hyacinthe. Cf. *Lettre de m. de Burigny ... à m. l'Abbé Mercier ...*, p.25. Le passage cité est extrait de la lettre du 10 octobre (Bibliothèque d'Orléans, Mss 1507).

[66] Il est très caractéristique de l'attitude morale de Saint-Hyacinthe à la fin de sa vie de s'exprimer par la voix du Psaume 115.

[67] Les œuvres publiées pendant le séjour en Hollande ont été nombreuses comme on l'a vu. Mais la majeure partie d'entre elles n'apporte rien de nouveau sur la pensée de Saint-Hyacinthe. Plusieurs sont de simples réimpressions d'œuvres dont on a déjà parlé lors de leur parution. D'autres sont des recueils à but alimentaire, qui réunissent à des textes d'autres personnalités des pièces de Saint-Hyacinthe lui-même écrites antérieurement et qui ont été évoquées à leur date chronologique.

à Londres et à La Haye[68] en un nombre important d'exemplaires.[69] L'impression a été longue dans la période difficile que traversait la librairie en Hollande: dès le 20 février 1742, Saint-Hyacinthe annonce à Burigny qu'il a mis la dernière main à cet ouvrage.[70] La Préface et l'Epître dédicatoire ont été remises à l'éditeur à la fin de 1742 et cependant, au début de mai 1743, l'ouvrage n'était pas encore sorti.[71] Il semble avoir été interdit en France.[72] Saint-Hyacinthe se livre à une série de démarches pour obtenir le droit d'y faire pénétrer au moins quelques exemplaires pour ses amis[73] et il se préoccupe avec un intérêt passionné de savoir ce qu'en ont pensé les uns et les autres, Burigny, Ramsay,[74] l'abbé Léonard,[75] Lévesque de Pouilly,[76] Rémond de Saint-Mard,[77] Dortous de Mairan.[78] Il se réjouit que des amis philosophes comme le Suisse Cuenz s'appuient sur ses *Recherches philosophiques* pour développer leur propre système.[79]

[68] Les deux éditions sont identiques. Le nom de Saint-Hyacinthe y apparaît en signature de l'Epître dédicatoire à Frédéric II.

[69] Il y avait au moins 1500 exemplaires pour la seule édition hollandaise. (La Haye, Archives municipales, Notaire Godefroy Trouillé no 2771, Acte 108, du 29 mai 1743). Les *Recherches* sont d'ailleurs un des ouvrages que l'on trouve assez facilement dans les bibliothèques sans qu'elles soient aussi fréquentes que le *Chef d'œuvre* ou même que le *Recueil* de 1736 ou l'*Histoire du Prince Titi*.

[70] Lettre de Saint-Hyacinthe à Burigny du 20 février (1742) (Besançon, Bibliothèque municipale, Mss 607, f.30).

[71] Lettres du même au même, du 17 février 1743 et du 1er mai (même collection, ff.33 et 36).

[72] Ramsay 'aurait eu le livre ainsi que quelques autres personnes si les occasions ne me manquaient pas ou si l'entrée n'en avait pas été défendue'. Lettre de Saint-Hyacinthe à Burigny du 22 avril 1745 (même collection, f.43).

[73] Cf. notamment lettre du même au même du 15 août 1744 (Laon, Bibliothèque municipale, 19 CA 117).

[74] Lettre du même au même, 20 février (1742) (Besançon, Bibliothèque municipale, Mss 607, f.30).

[75] 'Aparemmant que l'abé Léonard en est peu satisfait encouragez-le à en faire une bonne critique. C'est concourir avec moi à la découverte de la vérité et je vous assure m'obliger beaucoup'. Lettre du 28 août 1744 (même collection, f.39). Cf. aussi lettre du 20 février (1742) citée ci-dessus.

[76] 'Je me félicite extrêmement de ce que mes recherches n'ont pas déplu à M. de Pouilli. Je ne demande pas de meilleur juge, cependant come il y a toujours un *mais* vous me feriez un double plaisir de me marquer sur quoi a tombé le sien.' Lettre de Saint-Hyacinthe à Burigny du 15 février 1745, f.42.

[77] Lettre du même au même du 28 août 1744, même collection, f.39.

[78] Lettre de Saint-Hyacinthe à Dortous de Mairan du 15 mars 1744 (signalée in *Mélanges curieux et anecdotiques tirés d'une collection de lettres autographes et de documents historiques ayant appartenu à M. Fossé-Darcosse* publiés par Ch. Asselineau, Paris 1861, pp.418-19, no 1.010) et de Dortous de Mairan à Saint-Hyacinthe du 27 juillet 1744 (publiée dans *RhlF* 27 (1920), pp.452-53) ainsi que lettre de Saint-Hyacinthe à Burigny, A St Joris ce 28 août 1744 (Besançon, Bibliothèque municipale, Mss.607, f.39).

[79] Lettre de Cuenz à Bonnet du 15 août 1745 (Bibliothèque publique et universitaire de Genève, Mss Bonnet). (Cette collection contient également un *Extrait des lettres de l'auteur de l'essay philosophique à M. de St Hyacinthe dans lesquelles il développe entièrement son sistème sur la Nature de l'Etre Humain*). C'est aussi Cuenz qui a signalé à Saint-Hyacinthe 'l'extrait' assez critique des *Recherches philosophiques* paru dans la *Nouvelle bibliothèque* de La Haye. Saint-Hyacinthe adressera à Cuenz sa réponse à cet article sous forme de lettre

Cette œuvre, Saint-Hyacinthe l'a mûrie très longuement[80] et ne l'a jamais achevée car son expression parue en 1743 n'en est pas la fin et les lettres à Lévesque de Burigny témoignent de la poursuite de l'effort de recherche et de persuasion qui aurait dû s'exprimer dans un nouveau livre 'auquel je travaille présentement et dont le 1er vol. serait en état d'être mis sous presse si j'avais trouvé un libraire. J'ose vous assurer que vous y trouverez quatre théories différentes sur le Bonheur, la Vertu, la Perfection, la raison, le bien et le mal moral qui se prouvent si parfaitement l'une et l'autre que quand je ne me conduirais pas partout par des principes d'identité et d'évidence, cette seule conformité en prouverait la vérité.'[81] Et encore l'année suivante: 'Si j'ai deux ans d'un peu de tranquilité et de vie je donnerais quatre volumes où après avoir répondu tout ce que vous avez vu, je démontre, je crois, les principes et les règles de la morale et de la politique. Je serais fâché de ne pouvoir pas doner la dernière main à cet ouvrage où je démontre des choses aussi importantes à l'home que terribles à la plupart des homes et que consolentes aux gens de bien.'[82]

Ce que nous connaissons de cette grande œuvre se présente sous la forme d'un solide volume in 8° de plus de 500 pages compactes divisé en six livres et subdivisé en chapitres à l'intérieur desquels des paragraphes, des remarques, des observations, des questions et réponses hachent encore le texte. En dépit de tout cet appareil de coupures, l'impression générale est de lourdeur, de confusion et de prolixité. Ce défaut général de Saint-Hyacinthe, résultant en partie de son désir de tout dire, de sa réluctance à supprimer la moindre nuance ou idée adventice est encore renforcé dans cette dernière œuvre, la plus difficile à lire, par un parti-pris délibéré de sacrifier l'aspect artistique du livre au but de recherche et de persuasion. Cela justifie aux yeux de Saint-Hyacinthe la démarche lente, prudente, tâtonnante[83] – et assez lassante – qu'il a déjà utilisée dans une partie des *Lettres écrites de la campagne*: la vérité qui est à découvrir par l'usage de la raison dépasse très largement pour l'auteur le moyen qu'est le livre:

je ne suis pas contant qu'on trouve [dans les *Recherches philosophiques*] de très belles choses ainsi que vous l'a dit M. de Mairan. Je veux qu'on trouve vrai tout ce que j'y prétends

ouverte: *Lettre de mr de Saint-Hyacinthe à mr Cuenz sur l'Extrait des Recherches filosofiques qui se trouve dans le tome XV de la Nouvelle bibliothèque de La Haye*. Cette réfutation, qui n'est pas un des textes les plus heureux de Saint-Hyacinthe, a paru dans la *Bibliothèque française*, t.xl, 1ère partie, 1745, pp.136-66. Un autre écho, signe de l'intérêt suscité par l'ouvrage, est le long article, assez critique, publié dans la *Bibliothèque raisonnée*, janvier-février 1744, pp.3ss., article qu'a bien voulu me signaler m. J. S. Spink.

[80] Leschevin cite un *Prospectus* de 1728, qu'il n'a pas été possible de retrouver, annonçant dès cette date des *Recherches philosophiques* (pp.xlii et c).

[81] Lettre de Saint-Hyacinthe à Burigny, St Joris, 16 mars 1744 (Besançon, Bibliothèque municipale, Mss 607, f.37).

[82] Lettre de Saint-Hyacinthe à Burigny, Bréda, ce 15 février 1745 (même collection, f.42). La Préface et le dernier chapitre des *Recherches philosophiques* de 1743 annoncent d'ailleurs cette suite (*Recherches philosophiques*, Préface et p.514).

[83] 'Un aveugle timide ne va pas vite. Non seulement il sonde avec son bâton l'endroit où il doit mettre son pied, mais il sonde aussi les environs pour s'assurer d'autant mieux de la solidité et de la sûreté du terrain. On s'apercevra aisément que j'ai fait comme cet Aveugle.' Préface des *Recherches philosophiques*.

vrai ou qu'on me redresse fermement sur mes définitions, mes principes et mes corolaires. A ce prix qu'on les trouve mal écrites, mal disposées, qu'on y trouve de la diffusion sans se doner la peine d'entrer dans les raisons qui ont pu m'y engager, je suis contant.[84]

Cette œuvre massive au foisonnement touffu, qui veut convaincre, mener à la vérité, constitue, avec son corollaire du *Fantasque*, le véritable testament spirituel de Saint-Hyacinthe. Cet aspect personnel est souligné par sa rédaction à la première personne du singulier. Un homme s'adresse aux autres hommes pour leur transmettre un message. D'où un accent très particulier et par moments intense.

L'œuvre reprend certes beaucoup du système déjà élaboré, notamment dans les deux séries des *Lettres écrites de la campagne*. Mais ici s'affirme avec plus de poids une pensée originale, sinon par les concepts ou les références philosophiques qui sont souvent familiers à l'époque, mais par leur utilisation et leurs rapprochements, par la liberté de choix, presque de butinage dans les systèmes philosophiques antérieurs et surtout par le ton de conviction profonde, presque religieux, qui y prédomine. Au milieu de redites et de digressions innombrables, on peut y dégager une théorie de la connaissance, une métaphysique et une morale.

La théorie de la connaissance est peut-être le centre de l'œuvre, et certainement le point sur lequel Saint-Hyacinthe revient le plus fréquemment. Il réaffirme ici son ambition de réussir en philosophie une construction aussi solide que celle des sciences en utilisant la méthode de celles-ci: il va donc suivre une 'exacte logique [...] définir, établir [ses] principes sur les définitions et déduire les conséquences qui sont renfermées dans ces principes pour les faire servir elles-mêmes de principes à de nouvelles conséquences', en évitant hypothèses et thèses (p.11). Il bâtit ainsi une 'Syllogismique [...] l'instrument ou organe universel pour s'assurer de la vérité dans toutes les choses qui ne sont point historiques' (p.216). En appliquant cette méthode dans un esprit scientifique, c'est-à-dire 'sans m'embarasser des conséquences, sans m'inquiéter si ce qu'elle exigera que j'admette est contraire ou non à ce que je prends pour mes intérêts ou aux choses que je crois ou que je ne crois pas' (p.8), la vérité est atteinte avec l'aide du critère suprême qu'est l'évidence.

Et ici se produit un glissement, preuve de la dualité qui existe souvent dans les mots-clés du dix-huitième siècle, recouvrant des notions trop vastes: l'évidence, réalité scientifique obtenue par une méthode mathématique, donc conçue comme objective, se trouve en même temps et d'abord être un instinct inné à l'homme, don de la nature comme l'est l'instinct des animaux ou des enfants (pp.16-17); cette règle suprême pour 'juger de la vérité' est un *sentiment*: 'L'Evidence est le sentiment d'une chose qu'on sent si nécessairement telle que le contraire est impossible'[85] et c'est donc elle qui permet d'atteindre 'un degré de connaissance où il est impossible d'être dans 'l'erreur' (p.160).

Dans cette dernière étape de la pensée de Saint-Hyacinthe, ce sentiment d'évidence, qui en est un des éléments marquants, a évolué parallèlement au

[84] Lettre de Saint-Hyacinthe à Burigny, A Saint-Joris ce 28 août 1744 (Besançon, Bibliothèque municipale, Mss 607, f.39).

[85] p.162. Cf aussi 'le sentiment de la nécessité que cela soit, d'où résulte l'impossibilité du contraire, ce sentiment [...] qui m'en assure, m'empêche d'en douter, c'est l'évidence' (p.152).

mouvement général de sa réflexion, dans un sens de plus en plus religieux, voire même mystique, si bien que l'évidence en arrive parfois à être une sorte d'illumination globale où la prudente progression scientifique semble disparaître (p.121):

lors même qu'étant seul, je médite et ne réfléchis qu'avec moi-même, il m'arrive toujours premièrement [...] de sentir la chose avant que de me la désigner par son nom et de sentir vivement et rapidement des idées si vives, si lumineuses et une suite si étendue de conséquences que non seulement je ne pourrais pas bien en exprimer la justesse et la force dans une longue page d'écriture mais que je me trouve même embarassé à les exprimer simplement avec bien des peines et des attentions.

L'esprit de Saint-Hyacinthe en vient ainsi à se mouvoir dans un monde bipolaire d'évidences et d'impossibilités, éclairé par de fulgurantes intuitions dont le contenu rationnel semble avoir tendance à se restreindre puisque la foi elle-même peut y être englobée: 'La foi même qui n'est que la croyance indubitable des choses auxquelles la raison ne peut atteindre doit être fondée sur l'évidence, en ce sens que l'évidence doit nous forcer à les admettre quoique nous ne concevons pas comment elles sont' (p.48).

Saint-Hyacinthe ne doute pas de l'universalité de ce sentiment d'évidence dont il ne voit pas le risque de subjectivité et affirme que la méthode scientifique appuyée sur lui permettrait à tous les hommes qui rechercheraient ainsi la vérité d'arriver séparément aux mêmes conclusions, donnant un exemple de convergence semblable à celui que l'on a pu constater à certaines occasions dans le domaine des sciences (pp.204-207). Il considère donc qu'il a victorieusement réfuté le Pyrrhonisme, l'ennemi central, attaqué à presque toutes les pages des *Recherches philosophiques*.

Cette connaissance qui est donc à la portée de l'homme est interprétée de façon spiritualiste et anti-sensualiste puisque la règle d'or de l'évidence est un sentiment inné à l'homme. Saint-Hyacinthe fait appel, pour appuyer son argumentation, à l'exemple classique des aveugles-nés et des sourds qui ne peuvent avoir l'idée des couleurs et des sons mais qui jouissent des 'yeux de l'entendement' (pp.120-21). Il développe un raisonnement assez caractéristique de sa manière de procéder pour réfuter les théories

qui soutiennent que nous ne connaissons que par l'intermédiaire des sens:[86] [...] ce n'est pas par l'existence des choses possibles que je puis juger de la nécessité des idées, mais c'est au contraire par la nécessité des idées que je juge de ce que sont ou de que peuvent être les choses possibles [...] La plupart des choses qui existent ne peuvent donc être guères connues exactement qu'à certains égards déterminés par les idées nécessaires de ce qu'elles ne peuvent pas ne point être

et enfin: 'Il paraît que les objets extérieurs ni même les sens ne peuvent être les causes directes des idées que nous avons des objets corporels, mais que ces objets et les sens en soient les causes occasionnelles' (pp.279-84). D'ailleurs – exemple parfaitement probant – les 'démonstrations des mathématiciens' ne restent-elles pas vraies quelle que soit leur représentation matérielle?' (p.286).

Cette théorie de la connaissance est une partie intégrante de la construction

[86] p.270. Cela permet d'éliminer les causes d'erreur dues aux illusions des sens (pp.261-69).

métaphysique de Saint-Hyacinthe car c'est la connaissance de sa propre existence qui est la base de celle-ci. Saint-Hyacinthe a adopté comme point de départ le 'cogito', évident car son contraire est impossible (pp.151-52), et fait sur un ton d'effusion fréquent dans les *Recherches philosophiques* l'éloge de Descartes 'qui vient répandre un nouveau jour dans la philosophie, qui vient ouvrir les portes de la Vérité, montrer du moins la voie par laquelle on peut aller sûrement à elle' (p.211). De nombreuses définitions et une série de théorèmes sur les causes et les effets, le possible et le nécessaire (pp.294-328) permettent d'établir par touches successives l'existence d'un 'Etre unique, Infini, éternel, tout-Puissant, tout-intelligent, cause directe ou indirecte mais libre de tout ce qui est ou peut être, [...] appelé Dieu' (p.378).

Cette démonstration rationnelle achève une réfutation (pp.355-58) déjà abordée (pp.56-79) et à laquelle Saint-Hyacinthe tient tout particulièrement, celle du panthéisme, ou plutôt des panthéismes, car on en distingue quatre: spinozisme, naturalisme, stoïcisme et matérialisme. Les deux représentants du panthéisme auxquels Saint-Hyacinthe s'arrête surtout et dont il s'efforce de prouver l'erreur avec le plus de persistance sont Spinoza et Toland. Il les a étudiés avec un soin particulier: 'celui qui écrit ceci a pris la peine de lire trois fois les *Œuvres posthumes* et deux fois les autres ouvrages de Spinoza. Il a lu de plus le meilleur livre qu'on puisse lire pour faciliter l'intelligence des ouvrages de Spinoza. C'est un 8° qui a pour titre Specimen artis ratio-cinandi naturalis et artificialis, imprimé à Hambourg en 1684, ou, pour dire plus vrai que le titre c'est un livre imprimé à Amsterdam dont on dit qu'un nommé Viret est l'auteur' (p.58). Il n'y a cependant pas réfutation au sens propre. Saint-Hyacinthe se contente d'une part de certaines critiques et de tourner en ridicule le système (pp.58-62), d'autre part d'établir indépendamment sa propre démonstration de l'existence de Dieu et de conclure: 'par le principe précédent, fondé par toutes les démonstrations antécédentes, le système des Spinozistes [...] tombe' (p.355).

Quant à la doctrine de Toland, Saint-Hyacinthe la connaît bien aussi car il a réussi à se procurer des ouvrages aussi rares et dissimulés que les *Lettres à Séréna* (pp.357-58) et le *Panthéisticon* (p.72). Il a peut-être même eu des contacts avec cette mystérieuse secte panthéiste car il insiste beaucoup sur ses aspects de 'Société d'amis' de 'Rituel ou Liturgie philosophique pour entretenir l'union et la ferveur des Sectateurs dans un culte digne de leur divinité' (p.71). Les précisions données sur ces 'rendez-vous dans un Cabaret ou chacun paye son écot et où personne n'est reçu sans l'agrément des autres' (p.72) évoquent les rencontres autour de Pierre Desmaizeaux, biographe de Toland, dans certains cafés londoniens. Est-il possible d'imaginer une sorte d'initiation de Saint-Hyacinthe lors du séjour anglais?

En face de ces erreurs,[87] Saint-Hyacinthe, entraîné par la joie victorieuse du succès acquis, entonne ce qui est presque un paean de triomphe pour son Dieu, le Dieu des Déistes, qui est le dieu de Platon, de Socrate et, plus curieusement,

[87] Sont aussi repoussés, mais rapidement, en quelques phrases, le Manichéisme (pp.83ss.), le polythéisme (pp.87ss.), l'Epicurisme (pp.80ss. et 384-87) et l'Idéalisme absolu d'un Berkeley (pp.95-96).

mais d'une manière très significative de la sensibilité de Saint-Hyacinthe à cette époque, le Dieu de saint Augustin (pp.378-79):[88]

C'est là le véritable Dieu, le Dieu par excellence, auprès de qui tous les Dieux du Polythéisme ne sont que de vrais fantômes et le Dieu de tous les Panthéistes un pur Automate. Les Dieux du Paganisme *ont des yeux et ne voyent point, ils ont des oreilles et n'entendent rien.*[89] Le Dieu des Panthéistes fait des yeux et il ne voit pas, fait des oreilles et il n'entend pas, ou plutôt tout se fait et il ne fait rien et les parties ou modifications sont incomparablement plus parfaites que leur tout. Est-ce là ce qui mérite le nom de Dieu? Les Matérialistes, les Naturalistes et les Panthéistes l'ont profané en le donnant à l'Univers qui n'est qu'un effet de sa puissance. Est-ce là le Dieu que tout annonce et qu'on ne peut méconnaître que par un abus de sa volonté, en faisant ce que ferait un homme qui pour nier qu'il est jour fermerait les yeux à la lumière du soleil.

Ce Dieu une fois placé au centre de l'univers, Saint-Hyacinthe étudie la matière qu'il caractérise par la 'dureté' (p.481) par opposition au 'Vuide ou Espace' qui est 'pénétrable' (pp.238 et 438) et refuse à cette matière la faculté de penser, origine de sa construction, car la solidité de la matière est contradictoire avec la sensibilité, caractère essentiel de la pensée.[90] Aussi l'homme est-il composé du corps 'matériel et non sensible' et de l'âme, 'simple, exempte de tout assemblage et par conséquent de toute décomposition [...] sensible, volontaire et active, par conséquent libre, quoiqu'avec mesure et à certains égards [...] Cette partie qui est véritablement l'homme, à entendre par ce mot un Etre sensible et raisonnable n'est point détruite par la mort qui détruit le corps [...] il n'y a que l'union qui soit détruite' (p.54).

Ayant accepté la dualité de l'homme, Saint-Hyacinthe se trouve confronté au problème des moyens d'action de l'âme sur le corps et va dans sa solution se séparer de Descartes par la notion d'une 'substance spirituelle [...] simple, sensible et active, [qui a] une étendue propre à sa nature', différente de l'étendue matérielle,[91] car 'moi qui pense, je suis où je suis et je ne suis point nulle part'. Ici Saint-Hyacinthe se rend très bien compte du glissement vers le matérialisme qu'ouvre Descartes avec le problème de la localisation de l'âme: 'Je ne sais pas si Descartes n'a point donné lieu de douter d'une substance spirituelle, lors même qu'il faisait voir que lui qui pensait n'était point matière et que quand toute la matière serait détruite il ne laisserait pas que d'exister [...] Croit-il qu'une chose qui n'a point d'Etendue puisse résider quelque part?'[92] Saint-

[88] p.55. Pour st Augustin, Saint-Hyacinthe reconnaît qu'il joint à cette idée de Dieu 'd'autres idées que ne donne point la raison mais la foi chrétienne'.

[89] Encore un souvenir de l'Ecriture (Psaume 113).

[90] D'où refus, sur ce point, de Locke: p.486.

[91] pp.491ss. 'L'étendue d'un Etre consiste dans la réalité de sa 'substance [...] l'étendue spirituelle a pour propriétés essentielles la sensibilité et l'activité qui sont opposées à la solidité' (p.496). Sur ce thème de la nature de l'âme et de ses moyens d'action sur le corps porte la critique majeure de l'article de la *Bibliothèque raisonnée* cité ci-dessus.

[92] p.493. La réfutation de Descartes, pour lequel Saint-Hyacinthe redit cependant son admiration, se poursuit longuement (pp.493-502). Aram Vartanian (*Diderot and Descartes, a study of scientific naturalism in the enlightenment*, Princeton 1953) a souligné ces remarques de Saint-Hyacinthe, mais, interprétant la pensée de celui-ci à la lumière de rapprochements (avec Lévesque de Burigny, *Le Militaire philosophe*, le *Dîner du comte de Boulainvilliers*, les *Pensées secrettes*), il les a comprises dans un sens destructeur et tendant vers l'athéisme.

Hyacinthe développe cette notion d'Etendue, 'attribut inséparable de l'Etre à raison de ce qu'il est [...] Etendue *matérielle* si l'Etre est matériel, *spirituelle* si l'Etre est spirituel, *pénétrable* si c'est la substance spatieuse, *immense* si c'est la substance Divine' (p.502) qui lui permet de résoudre la 'difficulté' – dont il est conscient – 'tirée de la dépendance de l'âme et du corps' (p.508).

C'est par cette même conception d'une variété d'étendues possibles que Saint-Hyacinthe espère trouver une solution qui le satisfasse au problème qu'il pose d'une manière inattendue et touchante dans les dernières pages des *Recherches philosophiques*, celui de l'âme des bêtes.[93] Car c'est par un plaidoyer pour l'existence d'une âme des bêtes, tenue comme très probable sinon évidente, que se conclut l'expression de la construction métaphysique de Saint-Hyacinthe.[94] Ce thème du dix-huitième siècle se trouve donc ici, curieusement et à contre-courant, intégré dans un ensemble spiritualiste qui défend l'immortalité de l'âme. L'indépendance de pensée de Saint-Hyacinthe s'en trouve à nouveau soulignée.

Quant à sa morale, elle se rattache à la fois à la théorie de la connaissance et aux conceptions métaphysiques. Elle en est la base car le point de départ des *Recherches philosophiques* est franchement hédoniste: 'Je veux être heureux et ne le suis pas' (p.1). C'est pour 'avoir une idée du vrai bonheur et de ce qui peut me le procurer' (p.5) que sera faite l'enquête philosophique, une première satisfaction se trouvant déjà acquise par le plaisir inhérent à l'étude.[95] La recherche accomplie apporte, elle, le bonheur final: 'la sûreté de mon bonheur dépend de la certitude de mes lumières' (p.7).

Dans les *Recherches philosophiques*, cette morale est un thème auquel Saint-Hyacinthe revient à plusieurs reprises, mais de façon plutôt allusive, comme à une référence, sans y consacrer de longs développements. Par rapport aux œuvres précédentes, les deux séries des *Lettres écrites de la campagne* et le *Recueil* de 1736, les *Recherches* apportent surtout des précisions sur la liaison de la morale avec les autres aspects de la pensée. En effet, la morale se trouve ici, en quelque sorte, un doublet, une seconde face de la théorie de la connaissance, l'une et l'autre dépendant de Dieu placé comme clé de voûte au centre de la construction. Elles se rejoignent dans un but commun: le couple bonheur-vérité, indissolublement uni, et atteint par une méthode à base de raison qui s'appelle évidence pour la connaissance et vertu dans le domaine moral, car 'la vertu est le courage

Replacée dans le développement de la pensée de Saint-Hyacinthe connue par ses œuvres attestées et sa correspondance, cette conception ne peut pas être retenue.

[93] On retrouve ici le Saint-Hyacinthe qui élevait avec amour des oiseaux et en donnait des nouvelles à ses amis: 'Le Diable a fait mourir mes cailles, mes rossignols, mes moineaux, mes linotes, mes chardonerets, mes sansonets'. Lettre de Saint-Hyacinthe à Milsonneau, Paris ce lendemain de la Saint-Pierre (entre 1732 et 1739) (Bibliothèque d'Orléans, Mss 1507).

[94] pp.510-13. 'Je me borne à ceci parce que je le sai evidement, c'est que si les Bêtes *sentent*, elles ont une âme spirituelle puisqu'il est impossible que la sensibilité soit une propriété de la matière' (p.511) et: 'Qui osera nier que Dieu puisse créer des âmes de différents ordres [...] Si cela n'est pas démontré qui osera dire que cela n'est pas probable?' (p.512).

[95] p.14, ce qui est renforcé par l'exemple de Newton et celui d'Archimède, si heureux dans leur travail qu'ils en oubliaient tout le reste.

de pratiquer ce que la raison exige' (p.244). Elles sont toutes deux menacées par un danger qui est l'erreur, cause du remords moral.[96] Le bonheur, acquis autant par la recherche même de la vérité que par la pratique de la morale découverte ainsi, est défini comme 'un sentiment d'approbation de l'état où je sens que je suis [p.241] [...] de sorte que si, exempt d'erreur sur ce qui me convient j'agis comme je le dois pour y parvenir, je ne puis que m'approuver et par conséquent être heureux' (p.244). Sagesse, vertu et bonheur dans cette conception intellectualiste ne peuvent résulter que de la soumission des passions à la raison 'qui les dirige conformément aux règles que la vérité prescrit' (p.38).

Cet ensemble connaissance-morale est dominé par la raison, réalité ambiguë car elle est à la fois moyen et but, méthode et norme idéale à atteindre.[97] Cette dualité du concept est ici soulignée et explicitée par d'autres termes qui remplacent parfois celui-ci: la raison moyen est fréquemment la méthode mathématique et la raison normative débouche en Dieu dans lequel elle arrive presque à se confondre. C'est par ce Dieu, juge à qui rien ne peut être caché (p.251) 'rémunérateur du bien et du mal' (p.253) pour des âmes immortelles, qu'est garantie la morale. La vie, de manière très chrétienne, est donnée à l'homme pour que sa 'partie immortelle' puisse 'se préparer un bonheur infini par le bon usage qu'elle aura fait de ses facultés', c'est-à-dire 'la pratique de ce que la raison lui dicte' (p.54). Mais cette raison est réchauffée de l'intérieur car à la vérité qui est un attribut de Dieu on doit de 'l'amour' (p.37). Le rationalisme de Saint-Hyacinthe, dans cet aboutissement de sa construction, se montre, une fois de plus, très coloré par sa sensibilité religieuse.

Pour l'application pratique de ces théories morales, il faut se tourner vers l'autre œuvre significative de cette période, le *Fantasque*.[98] Comme dans d'autres recueils de Saint-Hyacinthe, on y trouve une marqueterie de pièces d'origines différentes. La majeure partie des vingt numéros de cet hebdomadaire éphémère consiste en textes écrits par des relations de Saint-Hyacinthe. Les plus remarquables d'entre eux sont huit *lettres persanes* de Montesquieu, authentifiées par la publication ultérieure de certaines dans l'édition de 1754 et la comparaison avec les papiers de l'auteur, ainsi qu'un texte qui est probablement une œuvre de jeunesse de Montesquieu, *Le Démocrite français*.[99] Leur présence dans le *Fantasque* porte un témoignage supplémentaire des liens de Saint-Hyacinthe avec Montesquieu.

L'apport personnel le plus significatif de Saint-Hyacinthe consiste en des conversations – genre favori – qui se poursuivent à travers plusieurs numéros[100]

[96] 'Les remords ne viennent que d'un défaut de connaissance, c'est à dire de l'erreur' (p.243).

[97] R. Mauzi a indiqué cet aspect qui l'a frappé dans les *Recherches philosophiques*. Cf. *L'Idée du bonheur au dix-huitième siècle*, p.521.

[98] L'attribution de ce périodique, à la carrière brève, à Saint-Hyacinthe résulte des lettres de cette période à Burigny, pleines de confidences sur ce projet et sa réalisation: lettres des 28 août 1742, 22 avril et 11 octobre 1745 (Besançon, Bibliothèque municipale, Mss 607, ff.39-40 et 43-46). Lettre du 10 octobre 1745 (Orléans, Bibliothèque municipale, Mss 1507) et lettre du 15 août 1743 (Laon, Bibliothèque municipale, 19.CA.117).

[99] Cf. E. Carayol, 'Des *lettres persanes* oubliées', *RhlF* 65 (1965), pp.15-26 et '*Le Démocrite français*, un texte oublié du jeune Montesquieu?', *Dix-huitième siècle* 2 (1970), pp.3-12.

[100] Nos iii, iv, viii, xii, xiii des 7 et 14 juin, 12 juillet, 9 et 16 août 1745.

où un M. d'Eis est le porte-parole de l'auteur. C'est là surtout que des problèmes de morale vont être évoqués. Le ton est différent de celui des *Recherches philosophiques* puisqu'il s'agit d'un périodique qui doit distraire, mais l'unité d'inspiration des deux textes est sensible, soulignée dans le *Fantasque* par des références occasionnelles à la théorie de la connaissance (p.51) à la volonté de Dieu qui s'exprime par la raison (pp.58ss.), etc ... Le terrain choisi est maintenant celui de la vie sociale où l'exigence de base, résultant de la volonté de Dieu, est un amour fraternel universel entre les hommes. L'influence de Fénelon se fait sentir et il est cité librement dans son propos célèbre: 'il aimait mieux tous les hommes que les seuls Européens, les Européens que les seuls Français, tous les Français que sa province, toute la province que sa ville, sa ville que toute sa famille, toute sa famille que lui-même' (p.40).

Cette exigence d''un amour de devoir et de raison' (p.47) a des conséquences égalitaires: 'les services sont faits pour les besoins, par conséquent les premiers services conviennent aux premiers besoins et les premiers besoins sont ceux qui sont les plus pressants' (p.43). Ce point de départ détonant met en cause la plupart des habitudes de société: la politique égoïste des états (pp.188-89), l'institution des mercenaires (p.223), les défauts de la justice (pp.164-68), la répartition de l'impôt (pp.170-72), la vénalité des charges (p.206), les droits exorbitants du clergé (pp.172-73), le célibat religieux (p.223), la noblesse héréditaire (pp.116-17). Sur ce dernier point, Saint-Hyacinthe se montre cependant très nuancé, avec cette conviction, au fond bien ancrée, à la Voltaire, de la nécessité des classes sociales à peu près telles qu'elles existent.[101]

Comme première étape de cette amélioration de la société, l'éducation traditionnelle doit être réformée pour que disparaissent les 'lunettes' déformantes dont elle dote les enfants (pp.209-16). Il faut apprendre à ceux-ci à n'avoir d'autre crainte que 'de mal faire', et à soumettre leur 'esprit à la raison seule'. C'est ainsi qu'ils prendront 'le courage de se conformer à ce que la raison exige' (p.217), et que, devenus hommes, ils sauront éviter les 'divertissements' des plaisirs du Monde, dangereux non pas en eux-mêmes mais par la dispersion qu'ils causent (pp.292ss.) par rapport à l'unique devoir de cultiver sa raison pour assurer son bonheur, cette 'étoffe si riche qu'elle n'[a] besoin ni de dorure ni de broderie' (p.302). Cette affirmation du bonheur, indépendant des circonstances de la vie, est émouvante chez Saint-Hyacinthe au milieu de tant d'épreuves et dans les derniers mois de son existence.

C'est le 22 juin 1746, dans sa dernière installation près de Bréda[102] que, se

[101] Après avoir distingué la 'noblesse naturelle [...] de vertu' de la 'noblesse civile', on précise que la 'noblesse civile, toute imaginaire qu'elle est, fait une impression qui adoucit les mœurs et qui les élève. La noblesse ne porte qu'à l'honnête et la roture ne porte qu'à l'utile' (no iv, 14 juin 1745, p.56). 'Quelles dispositions naturelles voulez-vous qu'aient de l'honnête des enfants dont le cerveau des pères et mères n'est occupé que d'idées mécaniques, de ventes, d'achapts, de gains, de moyens de s'enrichir où l'honneur n'entre pour rien et où l'honnête, inconnu, ne laisse d'objet que l'utile' (no viii, 12 juillet 1745, p.119). Mais, bien évidemment le fils vertueux du Savetier est plus vertueux que le fils vertueux du Duc et Pair! ... (p.121).

[102] Saint-Hyacinthe, ses enfants et la 'jeune veuve' ont d'abord vécu à Ginneken (orthographié aussi Genecken) un village près de Bréda, où leur présence est signalée en juillet 1745 par les listes d'impôts (Archives communales de Bréda, Listes d'Impôts,

sentant probablement très malade, il rédige son testament. Il meurt le 29 juin. Le testament lui-même a disparu des archives du notaire responsable. On aperçoit seulement, à l'occasion d'actes annexes, les pitoyables petites cérémonies qui ont accompagné ce décès: l'ouverture du testament à la requête des enfants, Anne-Marguerite et Charles de Saint-Hyacinthe, en présence de deux témoins de hasard, deux voisins probablement, dont un boucher. Saint-Hyacinthe, très préoccupé du sort de ses enfants avait nommé un tuteur, le médecin huguenot de Rotterdam, Jean-Christian de Bruas. C'est lui qui paiera les frais de sépulture 'comme œuvre de piété et pour faire honneur aux enfants', en faisant préciser sa volonté de n'être pas impliqué personnellement dans la succession du défunt,[103] qui ne devait consister qu'en dettes ...

Et depuis c'est le silence complet. On n'a aucune indication sur le lieu de sépulture, aucune idée du sort des deux enfants ainsi abandonnés à Bréda.[104] On sait cependant que le nom de Saint-Hyacinthe est encore porté en Hollande pendant quelques années, mais de plus en plus déformé, par le fils naturel qu'il a eu dans sa jeunesse. Celui-ci s'est marié en 1744,[105] a eu une fille en 1749,[106] est mort à 77 ans en 1797,[107] dans la misère lui aussi ...

A Paris vit cependant à travers le dix-huitième siècle la fille aînée de Saint-Hyacinthe, celle qui lui a causé de si graves préoccupations. Suzanne Charlotte Pauline était donc entrée aux Nouvelles Catholiques le 6 août 1741. L'année suivante, le 19 septembre 1742, la Supérieure des Nouvelles Catholiques demande sa libération car elle est maintenant 'instruite et bonne Catholique [et ...] n'a plus besoin du secours de Notre maison'. Après consultation du curé de St Roch, qui avait été un des éléments très actifs de l'enlèvement de 1741, et accord de 'M. le Promoteur [...] qui s'est chargé de la mettre dans un Couvent', le 'bon pour la liberté' a été donné par Fleury le 3 octobre 1742.[108] En fait, les amis de Saint-Hyacinthe n'avaient pas oublié sa fille, des protections avaient dû s'exercer car, dès avant l'ordre officiel de libération, avec le bon vouloir du promoteur et du curé de St Roch, Suzanne de Saint-Hyacinthe avait quitté le

pour la commune de Ginneken 1745-1746, no 183). En 1746, ils vivent dans un autre bourg proche de Bréda, Teteringen. C'est là qu'est mort Saint-Hyacinthe.

[103] Archives de la commune de Bréda, Archives notariales, Notaire Cornelius Wierix, Années 1745-1746, no 980, ff.124 et 125.

[104] Il n'y a pas de trace de leur présence dans les fondations charitables de Bréda et des environs destinées aux orphelins – pas de trace non plus d'eux auprès de Bruas à Rotterdam. Celui-ci quitte d'ailleurs cette ville en 1755, se marie à Clèves en 1761 et disparaît lui aussi.

[105] Paulus *Desaint Hiasint* épouse Geertruyd Lambertyn à la Hoogdkerk de La Haye le 3 mai 1744. (Archives communales de La Haye, Fichier des mariages, f.150).

[106] Baptême à l'Eglise Wallonne de La Haye le 18 mai 1749 de Janneton Guillaummette de *Sainti-a-Saint de Thémiseul* née le 15 mai (Archives communales de La Haye, Fichier des Baptêmes, no 310, f.75). On ne sait rien du sort de cette fille.

[107] Enterrement à La Haye le 8 mars 1797 de Paulus *Et Saint Hyasint et Themiseul.* La mention 'pro deo aangegeven' indique qu'il a été enterré gratuitement, n'ayant laissé ni héritage, ni parent capable de payer les frais (Archives communales de La Haye, Fichier des enterrements).

[108] Bibliothèque de l'Arsenal, Archives de la Bastille, Delle Saint-Hyacinthe, 1741, no 11.502, ff.31-37. Les transcriptions existent aux Archives nationales Série 01 Registre *85 et Registre *86. et Série LL Registre 1642, f.160.

20 août 1742 la maison des Nouvelles Catholiques et avait été 'remise à Mademoiselle d'Athis'.[109] Cette bienfaisante personne continuera d'ailleurs à se sentir responsable de la jeune fille car, par son testament, composé très largement de charités, elle lui laissera une 'rente de 400 livres au principal de 8000 livres'.[110]

Suzanne de Saint-Hyacinthe a peut-être eu moins de problèmes d'argent que son père: en effet, elle demande le 30 juillet 1746 son émancipation pour 'jouir des biens que [sa mère] lui a délaissés'.[111] Le fameux héritage d'Anne Le Cerf a dû être enfin débloqué pour sa partie française, puisque tombant maintenant dans des mains catholiques! Enfin la jeune fille a fait un mariage brillant, peut-être aidée par mme de Verteillac: elle a épousé en 1754[112] François Léon de Dreux-Nancré, d'une branche de la famille de Dreux parallèle à celle des Dreux-Brézé. Elle est morte à Paris le 24 février 1782.[113] Avec elle disparaît pour nous, en France comme elle le fait en Hollande, la trace familiale directe de Saint-Hyacinthe, qui s'est ironiquement prolongée dans ses éléments les plus extérieurs: le fils naturel et la fille révoltée.

De leur côté, les hommes qui ont connu Saint-Hyacinthe meurent aussi peu à peu. L'ami attaché et fidèle entre tous, Lévesque de Burigny, qu'une longévité assez exceptionnelle a prolongé à travers tout le dix-huitième siècle, meurt à 93 ans en 1785, après avoir trouvé encore une occasion, en 1780, de défendre son ami.[114] Saint-Hyacinthe est désormais seul devant la postérité ...

[109] 'La susditte Delle a été remise à mademoiselle d'Athis le 20 aoûst 1742 après avoir fait abjuration et s'êstre comportée d'une manière édifiante dans la Com[té]' (Archives nationales, Série LL, Registre 1642, f.160.

[110] Archives départementales de la Seine, Registre d'insinuations, DC[6] 232 f.81 – mme de Verteillac léguera de son côté à Suzanne de Saint-Hyacinthe 'une bague de 30 pistolles' (Archives nationales, Minutier des notaires, Notaire Antoine Hachette, Etude LI **997).

[111] 'Suzanne Saint-Hyacinthe nous a exposé qu'elle a présentement atteint l'âge de 22 ans, en plus s'estant toujours sagement comportée et gouvernée tant avant que depuis le décès de laditte defuncte mère, elle est capable de jouir des biens qu'elle lui a délaissés ce qu'elle ne peut faire sans le secours de nos lettres d'Emancipation qu'elle nous a très humblement fait supplier de lui accorder' (Archives nationales X 4 [B] 537). Cette émancipation a été donnée le 4 août 1746 (Archives départementales de la Seine, Lettres de Chancellerie, DC[6] 11 f.172 *v.*).

[112] Cf. La Chesnaye-Desbois, *Dictionnaire de la noblesse*, Article Dreux-Nancré.

[113] Chastellux, *Notes prises aux Archives de l'Etat-Civil de Paris, brûlées le 24 mai 1871* (Paris 1875), p.549. 'Saint-Hyacinthe de Belair, (Suzanne, Charlotte, Pauline de) morte le 24 février 1782 à 60 ans, veuve de François, Léon de Dreux, Marquis de Nancré (St Sulpice).'

Une tradition troyenne créée par le commentateur Grosley et reprise par Leschevin veut que Suzanne de Saint-Hyacinthe ait vécu quelques années, après sa rupture avec son père, au couvent de N. D. des Prés à Troyes avec une pension de Nouvelle Catholique sous le nom de Marconnay qu'elle aurait repris (Grosley, *Mémoires historiques et critiques*, in *Journal encyclopédique universel*, t.iii, 1ère partie, 1er avril 1780, p.127 et Leschevin, p.lxv). C'est évidemment possible, mais aucune confirmation n'a été trouvée et Grosley est sujet à caution.

[114] Il publie alors une mise au point des querelles de Saint-Hyacinthe avec Voltaire dans la *Lettre de m. de Burigny ... à m. l'abbé Mercier ... sur les démêlés de m. de Voltaire avec m. de Saint-Hyacinthe* (Londres [Paris] 1780).

Conclusion: Saint-Hyacinthe et Saint-Hyacinthe: l'image et l'homme

SAINT-Hyacinthe a été mal traité par la postérité. On ne peut pas reprocher à celle-ci de l'avoir oublié presque totalement: un tri est normal et Saint-Hyacinthe ne représente pas un des sommets incontestables qui doivent survivre dans la mémoire générale. Mais, dans la mesure où il est encore connu, il l'est par une image déformée. Le décalage – inévitable – entre l'homme et la représentation simplifiée que les générations suivantes se forment de lui a pris des proportions considérables: le Saint-Hyacinthe traditionnel est une caricature du réel.

Les raisons en apparaissent facilement: il n'y avait pas de famille dévouée ou de groupe de disciples enthousiastes pour créer après sa mort l'archétype favorable d'où procédera plus ou moins l'image de l'avenir; les circonstances du dernier départ de France, avec leur relent de scandale religieux, commandaient la prudence et se prêtaient mal à une telle opération; les séjours à l'étranger ont joué contre lui en creusant dans l'histoire de sa vie, pour les mémorialistes français, de larges zones d'ombre qui sollicitaient les interprétations tendancieuses; il y avait eu cette inexpiable querelle avec Voltaire et ce dernier, dont l'audience augmentait sans cesse, était resté maître du terrain après la disparition de Saint-Hyacinthe; d'autre part, quand vient le moment où seuls les documents peuvent être consultés, les appréciations risquent toujours l'injustice envers les 'oraux', ceux, comme Saint-Hyacinthe, dont le charme et l'influence passent mal par la plume, à moins que leur légende n'ait déjà été fixée de leur vivant; il n'est pas jusqu'au succès du *Chef d'œuvre d'un inconnu*, qui, seul survivant relatif du naufrage de l'œuvre, n'ait faussé les proportions en polarisant l'attention sur une réalisation de jeunesse.

Dans ces conditions, une série de malentendus s'est produite, créant de Saint-Hyacinthe une image traditionnelle à trois faces: aventurier à scandales, auteur du seul *Chef d'œuvre d'un inconnu* et libertin athée. Les scandales, on les trouve à foison dans cette image de la vie de Saint-Hyacinthe, étoilant une existence obscure qui laisse supposer bien d'autres éléments troubles. Fils de Bossuet, après une carrière militaire agitée, il enlève une religieuse, séduit une ambassadrice, entraîne dans une fugue lointaine l'héritière qu'il va réussir à épouser, tout cela sur un arrière-plan de sombres trafics dans la librairie, le jeu et autour de ses protecteurs.[1] Et ne voilà-t-il pas qu'il s'est permis, en liaison avec un libelliste taré, d'attaquer Voltaire dont, pour augmenter le contraste, la représentation avait, elle, tendance à tourner à l'hagiographie! En fait, quand on y regarde de plus près, on découvre que le véritable Saint-Hyacinthe est beaucoup plus respectable – et plus banal aussi – en dépit d'un certain nombre de faiblesses très humaines. Une bonne partie de l'attirance piquante que comportait cette image s'évapore au jour des faits! L'homme retrouve cependant

[1] 'Il a volé Madame de Lambert [...] il a été moine, soldat, libraire, marchand de café et vit aujourd'hui du profit du biribi' (Lettre de Voltaire à Berger, Best.D1881).

dans cet avatar une profondeur, une sincérité et même, à la fin de sa vie, une autorité morale incontestables.

Le retournement n'est certes pas aussi complet quand on compare l'auteur du *Chef d'œuvre d'un inconnu* à l'homme de lettres, arrivé au bout de sa carrière et appuyé sur un ensemble de réalisations, car il y avait beaucoup de germes dans le *Chef d'œuvre*. Mais depuis ce premier ouvrage, les conceptions se sont élargies, orientées, précisées, diversifiées. L'œuvre présente une grande variété de formes – essai, roman, nouvelle, dialogue, journalisme, poésie de circonstance, critique, synthèse – et ceci dans des domaines variés: littérature, érudition, morale, sciences, philosophie, religion, science politique. Homme d'un âge 'encyclopédique', Saint-Hyacinthe a été le 'philosophe' dans le sens du terme au dix-huitième siècle et a de beaucoup dépassé l'aimable jeu de ses débuts.

Le contraste le plus marqué se décèle quand on considère l'aboutissement dans le domaine de la recherche philosophique et religieuse, là où Saint-Hyacinthe est traditionnellement considéré comme ayant rejeté toute croyance pour aboutir à un athéisme à peu près intégral. Or, en restant constamment fidèle à son principe fondamental de libre examen de la raison, Saint-Hyacinthe s'est peu à peu, à partir d'une période de doute généralisé, reconstruit un ensemble métaphysique et moral dont la clef de voûte est Dieu, un Dieu central, essentiel, positif et qui, de plus, ne reste pas seulement conception intellectuelle mais se colore, s'enrichit de toute une valeur de sentiment vraiment religieux et presque même mystique: l'athée était un croyant.

Cette dernière opposition est la plus éclairante sur la personnalité de Saint-Hyacinthe car, en fait, il est passé par une phase de tentations d'athéisme très poussées avant d'en arriver aux certitudes de la fin de sa vie. C'est dans ce mouvement même vers une construction positive et d'esprit religieux, dans ce processus assez exceptionnel à son époque, qu'apparaît le mieux la valeur essentielle de Saint-Hyacinthe dans le cadre du développement intellectuel de son temps. Auteur secondaire par un certain défaut de puissance et une difficulté à faire passer son message, il mérite de retenir l'attention par une autonomie fondamentale.

Saint-Hyacinthe a participé profondément de toutes les tendances de son siècle et notamment de celle, si générale, de sape de l'édifice religieux hérité des générations précédentes. Son insistance sur le rôle de la raison et la méthode qui en est issue sont dans le sens de ce mouvement et y ont contribué, en elles-mêmes et par leur influence.[2] Mais quand cette même méthode et ses exigences personnelles l'amènent à retrouver ce qui est pour lui une véritable religion, Saint-Hyacinthe suit, le plus naturellement du monde, et parfois contre les opinions auxquelles il tient le plus,[3] cette espèce de compulsion interne vers sa vérité, indépendamment de tout élément extérieur et, en quelque sorte, à contre-courant de l'évolution de son temps.

Cette attitude de fidélité à soi-même et surtout la capacité de refus qu'elle

[2] Cf. notamment l'utilisation par Diderot des *Pensées secrettes et observations critiques*, ch.7.

[3] Celle de Burigny notamment, car il semble bien que ce soit lui l'ami qui ne croit plus à l'immortalité de l'âme et que Saint-Hyacinthe est si anxieux d'en persuader dans la très belle lettre du 6 septembre 1727 de Worcester, publiée dans les *Mélanges de la Société des bibliophiles français*.

implique ont dû lui être facilitées par les circonstances de son existence. Bien qu'il soit resté centré sur la France, ses longs séjours à l'étranger l'ont marqué par les apports positifs qu'il en a reçus et aussi par une utile leçon de relativité, chaque nouveau milieu le libérant de ce que les précédents pouvaient avoir de contraignant et d'appauvrissant. Il faut aussi reconnaître là une volonté d'origine scientifique consciente, un des aspects de l'autorité de la raison: 'J'ai dû ne m'embarasser ni de ce qu'on croyait, ni de ce qu'on ne croyait pas, je n'ai dû être ni du parti des Anciens ni de celui des Modernes. Je n'ai point dû chercher à me distinguer par du neuf. Je n'ai dû chercher qu'à m'éclairer par le vrai.'[4]

Mais ce refus des contraintes extérieures – où réside probablement une des causes des mécomptes de son existence – et des obédiences quelles qu'elles soient[5] résulte surtout chez lui, semble-t-il, d'une pente de son être, d'une réaction naturelle qui l'empêche d'apparaître autrement qu'il n'est. De la même manière spontanée dont les incidents de sa vie et les traits de son caractère apparaissent, inopinément parfois, au détour de ses œuvres, il continue à se révéler et à être lui-même dans sa construction philosophique. C'est dans cette originalité naturelle, dans cette sincérité profonde, que réside la valeur essentielle du témoignage de Saint-Hyacinthe: il a fait preuve dans son effort d'une grande honnêteté intellectuelle vis-à-vis de lui-même. Aussi, à la fin de sa vie et au seuil de ses *Recherches philosophiques*, il lui est permis de dire, très simplement – mais c'est sa grandeur – 'je n'ai été qu'un chercheur'.[6]

[4] *Recherches philosophiques*, Préface.

[5] Le cas de Descartes, cet 'esprit naturellement si philosophique' (*Recherches philosophiques*, p.499) dont Saint-Hyacinthe adopte le *cogito* mais refuse certaines positions, est très caractéristique.

[6] *Recherches philosophiques*, Préface.

Annexe: chronologie de la correspondance de Saint-Hyacinthe

SOIXANTE-trois lettres de ou à Saint-Hyacinthe (ou mme de Saint-Hyacinthe) ont été repérées, certaines publiées, mais la plupart inédites. Parmi des lettres isolées, trois séries ressortent, précieuses par leur continuité: sept lettres au libraire Le Vier de La Haye, seize lettres à ou de Pierre Desmaizeaux à Londres et surtout quatorze lettres à Lévesque de Burigny, tout spécialement révélatrices par leur climat d'intimité et de confiance.

(Les lettres *de* Saint-Hyacinthe sont indiquées par des caractères italiques. Les références sont données de façon sommaire, les précisions étant contenues dans la bibliographie.)

10 oct. 1711 Amsterdam Lettre de N. Petitpied à Thémiseul Paris, B.N.

11 nov. 1711 Amsterdam Lettre du P. Quesnel à Thémiseul Paris, B.N.

7 janv. 1712 s.l. (La Haye) *Lettre de Thémiseul* au P. Quesnel et à N. Petitpied Paris, B.N.

16 janv. 1712 Amsterdam Lettre du P. Quesnel à Thémiseul Paris, B.N.

19 janv. 1712 Amsterdam Lettre de N. Petitpied à Thémiseul Paris, B.N.

7 mai 1713 s.l. (La Haye) *Lettre de Thémiseul* au *Journal littéraire* Leyde B.U.

6 août 1713 s.l. (La Haye) *Lettre de Thémiseul* au nom du *Journal littéraire* à P. Marchand Leyde B.U.

18 août 1713 Amsterdam Lettre de N. Petitpied à Thémiseul Paris, B.N.

8 janv. 1714 s.l. (Amsterdam) Lettre de N. Petitpied à Thémiseul Paris, B. N. (en partie publiée dans le *Journal littéraire* nov-déc. 1713)

2 janv. 1715 Paris Lettre de La Monnoye à Saint-Hyacinthe Publiée in *Intermédiaire des Chercheurs et des Curieux* 10 août 1905.

s.d. (1716) s.l. (Paris) *1ère Lettre de St H.* à Le Vier Leyde B.U.

s.d. (1716) s.l. (Paris) *2e Lettre de St H.* à Le Vier Leyde B.U.

1er oct. (1716) s.l. (Paris) *3e Lettre de St H.* à Le Vier Leyde B.U.

ce 23 (oct. 1716) s.l. (Paris) *4e Lettre de St H.* à Le Vier Leyde B.U.

ce 3 déc. (1716) s.l. (Paris) *5e Lettre de St H.* à Le Vier Leyde B.U.

ce dernier avril (1717) s.l. (Paris) *6e Lettre de St H.* à Le Vier Leyde B.U.

ce 9 (?) juin (1717) Paris *7e Lettre de St H.* à Le Vier Leyde B.U.

6 juin v.s. (entre 1723 et 1727) Worcester *Lettre de St H.* à P. Marchand Leyde B.U.

12 avril 1727 Worcester *1ère Lettre de St H.* à P. Desmaizeaux Londres BL

28 mai (1727) Worcester *2e Lettre de St H.* à P. Desmaizeaux Londres BL

s.d. (1727 ou 28) Worcester *3e Lettre de St H.* à P. Desmaizeaux Londres BL

6 sept. 1727 Worcester *1ère Lettre de St H.* à Burigny Publiée par la Société des Bibliophiles français.

31 mars 1728 Londres *Lettre de St H.* à Titon du Tillet Publiée in *Parnasse Français* éd. de 1732.

29 juil. 1729 Paris Lettre de mme de Lambert à St H. Publiée in *Œuvres* de mme de Lambert.

s.d. (1728 ou 29) s.l. (Londres) *Lettre de St H.* à Scheuchzer Londres BL

26 nov. 1731 Paris *4e Lettre de St H.* à P. Desmaizeaux Londres BL

21 déc. 1731 Londres Lettre de mme de St H. à P. Desmaizeaux Londres BL

29 janv. 1732 Paris *5e Lettre de St H.* à P. Desmaizeaux Londres BL

3 avril (1732) (Londres) Lettre de mme de St H. à P. Desmaizeaux Londres BL

9 avril 1732 Paris *6e Lettre de St H.* à P. Desmaizeaux Londres BL

30 avril 1732 Paris *7e Lettre de St H.* à P. Desmaizeaux Londres BL

20 mai 1732 Paris *8e Lettre de St H.* à P. Desmaizeaux Londres BL

4 juin 1732 Paris *9e Lettre de St H.* à P. Desmaizeaux Londres BL

(16 juin 1732) (Paris) *10e Lettre de St H.* à P. Desmaizeaux (au revers d'une lettre de Maupertuis au même) Londres BL

19 juin 1732 Londres Minute de Lettre de P. Desmaizeaux à St H. Londres BL

s.d. (1732 ou 33) s.l. (Paris) Lettre de mme de Lambert à mme de St H. Publiée in *Œuvres* de mme de Lambert.

1er avril 1736 Paris *11e Lettre de St H.* à P. Desmaizeaux Londres BL

6 mai 1736 Paris *Lettre de St H.* à sir Hans Sloane Londres BL

30 juin 1736 (Londres) Minute de Lettre de sir Hans Sloane à St H. Londres BL

29 juil. (1737) Paris *12e Lettre de St H.* à P. Desmaizeaux Londres BL

23 oct. 1737 Paris *13e Lettre de St H.* à P. Desmaizeaux Londres BL

(30 juin) s.d. (entre 1732 et 39) Paris *Lettre de St H.* à Milsonneau Orléans B.M.

6 fév. 1739 Paris *Lettre de St H.* à Voltaire Publiée in *Correspondance* de Voltaire.

2 mai 1739 Paris *2e Lettre de St H.* à Burigny Publiée in *Correspondance* de Voltaire.

20 fév. (1742) (L'Ecluse) *3e Lettre de St H.* à Burigny Besançon B.M.

17 juin 1742 L'Ecluse *Lettre de St H.* à La Motte Paris, BSHPF Publiée in *Bull. SHPF*

20 juil. 1742 L'Ecluse *4e Lettre de St H.* à Burigny Besançon B.M.

17 fév. 1743 St Joris *5e Lettre de St H.* à Burigny Besançon B.M.

1er mai 1743 L'Ecluse *6e Lettre de St H.* à Burigny Besançon B.M.

15 août 1743 St Joris *7e Lettre de St H.* à Burigny Laon, B.M.

15 mars 1744 s.l. (St Joris) *Lettre de St H.* à Dortous de Mairan signalée par un catalogue d'autographes.

16 mars 1744 St Joris *8e Lettre de St H.* à Burigny Besançon B.M.

8 juil. 1744 *9e Lettre de St H.* à Burigny longue citation dans la *Lettre de M. de Burigny à M. l'Abbé Mercier ...*

27 juil. 1744 Paris Lettre de Dortous de Mairan à St H. publiée in *RhlF*

8 août 1744 St Joris Polder *Lettre de St H.* à Cuenz publiée in *Bibliothèque Française*, 1745.

28 août 1744 St Joris *10e Lettre de St H.* à Burigny Besançon B.M.

28 août 1744 Flessingue *Lettre de St H.* à La Motte Paris BSHPF Publiée in Bull. SHPF

15 févr. 1745 Geneken *11e Lettre de St H.* à Burigny Besançon B.M.

22 avril 1745 Geneken *12e Lettre de St H.* à Burigny Besançon B.M.

16 mai 1745 Geneken *Lettre de St H.* à Voltaire Publiée in *Bibliothèque Française* et reproduite in *Correspondance* de Voltaire.

10 oct. 1745 Geneken *Lettre de St H.* à ? Publiée in *Correspondance* de Voltaire

10 oct. 1745 Geneken *13e Lettre de St H.* à Burigny Orléans, B.M.

11 oct. 1745 Geneken *14e Lettre de St H.* à Burigny Besançon, B.M.

Bibliographie

i. Sources manuscrites

1. France

Paris: Bibliothèque nationale.

— 6 Lettres du p. Quesnel et de N. Petitpied à Saint-Hyacinthe: f. fr. 24.874, ff.63-75, 75-80, 164-68, 169-79 et 24.875, ff.342-347 et 361-363 (Copies).

— 1 Lettre de Saint-Hyacinthe au p. Quesnel et à N. Petitpied: f. fr. 24.874 encartée entre les ff.74 et 75.

— Mss Bouhier: f. fr. 25.542, ff.23 et 355 (Lettres de Bouhier à Marais); f. fr. 24.410, f.384 (Lettre de Bouhier à Cuenz).

— Saint-Hyacinthe reçoit des ballots de livres de l'étranger; f. fr. 21.903 – 1er octobre 1717; f. fr. 21.906 – 9 février 1734, 23 décembre 1735 et 26 juin 1736.

— La lettre fichée: 'Lettre de St Hyacinthe à Philippe' du 2 juin 1740, signée H.D.S. (N.a.f. 24.341, ff.49-50) n'est certainement pas de Saint-Hyacinthe et probablement de Du Sauzet. Cf. Voltaire *Correspondance*, éd. Besterman.

Bibliothèque de la Société d'Histoire du Protestantisme français:

— 2 Lettres de Saint-Hyacinthe à La Motte: Mss 295, Fds Read, ff.66 et 67. (Publiées dans le Bulletin de la Société d'Histoire du Protestantisme français, Tome 61 (1912) pp.62-65).

Bibliothèque de l'Arsenal – Archives de la Bastille.

— Dossier Delle Saint-Hyacinthe – 1741. 11.502.

Archives nationales.

Documents concernant la fille de Saint-Hyacinthe.

— Série LL Registre 1642 f.160.

— Série 01 Registre *85, Année 1741, f.501 du 10 août; Registre 86, Année 1742, ff.569 ss. du 3 oct.

— $X4^B$ 537. 30 juillet 1746.

Archives départementales de la Seine.

Renseignements concernant la fille de Saint-Hyacinthe:

— Fichier d'état civil – décès de la fille de Saint-Hyacinthe (Reconstitué grâce à Chastellux).

— $DC^6$11, f.172*v*. (émancipation de la fille de Saint-Hyacinthe).

Avignon: Bibliothèque Calvet.

— Lettres d'Anfossi à Caumont: Mss 2277 ff.259 et 268 et Mss 2279, f.19.

— Lettre de Thomassin de Mazaugues à Caumont: Mss 2372 f.150.

Besançon: Bibliothèque municipale.

— 9 Lettres de Saint-Hyacinthe à Lévesque de Burigny Mss. 607, ff.27 à 46.

Laon: Bibliothèque municipale.

— 1 Lettre de Saint-Hyacinthe à Levesque de Burigny 19 CA 117.

Nimes: Bibliothèque Séguier

— Lettre de Séguier à Baux, Mss 416, f.38.

— Lettre de Bimard de la Bastie à Séguier, Mss 139, f.229.

— Lettre de Caumont à Mazaugues, Mss 152, f.176.

— Lettre de Burigny à Mazaugues, Mss. 151, f.47.

Orléans: Bibliothèque municipale.

— 2 Lettres de Saint-Hyacinthe, l'une à Lévesque de Burigny, l'autre à Milsonneau, Mss 1507.

— Notice sur Saint-Hyacinthe in Catalogue des autheurs orléanais qui se sont distingués dans les sciences ou dans les arts, Mss 632, ff.166 ss.

Archives communales.

Acte de naissance de Saint-Hyacinthe. Etat-civil, Paroisse St Victor, Registre N° 1989, f.37.

Troyes: Archives municipales.

Décès de mme de Saint-Hyacinthe mère.

Registre de la Paroisse St Nizier du 3 juillet 1714 au 20 février 1716, f.9.

Bibliothèque municipale.

Registres du Collège de l'Oratoire à Troyes, t.ii: Années 1695-1696 à 1701-1702.

2. *Angleterre*

Londres: British Library.
— 12 Lettres de Saint-Hyacinthe à P. Desmaizeaux, +2 Lettres de mme de Saint-Hyacinthe au même, Add. Mss. 4.284, ff.138 à 166.
— 1 Lettre de Saint-Hyacinthe au même, au verso d'une lettre de Maupertuis, Add. Mss 4285, f.214.
— 1 Minute de lettre de P. Desmaizeaux à Saint-Hyacinthe, Add. Mss 4289, f.249.
— 1 Lettre de Saint-Hyacinthe à sir Hans Sloane, Sloane Mss 4054, ff.229 à 231 (sa traduction anglaise est classée: Add Mss 4433, ff.269 à 272).
— 1 Minute de lettre de sir Hans Sloane à Saint-Hyacinthe, Sloane Mss 4068, f.294.
— 1 Lettre de Saint-Hyacinthe à Scheuchzer, Sloane Mss 4067, f.128.

Royal Society.
— *Journal Book of the Royal Society*; Registre no xiii 1726-31 (Copy), pp.237, 248, 251, 369, 417, 422, 436, 447, 488, 580.; Registre no xv 1734–36 (Copy), p.354; Registre no xix, p.359.
— *Letter Book of the Royal Society*, vol.xxii, ff.361-67, Copie de la lettre de Saint-Hyacinthe à Sloane dont l'original est à la British Library (Sloane Mss 4054 ff.229-31).

Worcester: Worcestershire Record Office
— The Parish Book of St Helen's Church 4 janvier 1722 (vieux style).
— The Parish Register of St John in Bedwardine, 10 mars 1723 (vieux style).
— The Register of Worcester Cathedral, 12 janvier 1727 (vieux style).

3. *Pays-Bas*

Leyde: Bibliothèque universitaire.
— 3 Lettres de Saint-Hyacinthe à Prosper Marchand, Fonds Marchand 1 et 2.
— 7 Lettres de Saint-Hyacinthe à Le Vier. Fonds Marchand 2.
— Ensemble 'Varia' du Fonds Marchand 1, (Archives du *Journal littéraire* et de sa société).

Bibliothèque wallonne.
Fichiers.

La Haye: Archives du Royaume des Pays-Bas
Archives des Etats de la Province de Hollande; Requêtes d'émancipation de 1724, no 2121. 9 févr. 1724. et Registre des Actes d'émancipation no 2193, f.118*v*. (Emancipation d'Elisabeth de Marconnay).

Archives du Hof von Holland
no 5399. Papiers criminels de l'année 1722.
Dossier no 7 (Affaire Chateaumorand).

Archives communales
1°) Fichiers des Baptêmes, mariages et enterrements.
2°) *Archives notariales.*
— Notaire Jacob de Cœur:
no 1883, 27 août 1722
no 1884, 23 et 25 juin, 26 oct., 12 et 29 nov. 1723, 23 mars, 17 avril, 1er et 2 mai 1724, 6 et 13 juin 1726.
— Notaire Gÿsbert de Crester
no 695, f.17 (12 février 1718).
no 699. Acte 50 (6 juillet 1722).
— Notaire Samuel Favon le Jeune
no 2203. 28 janvier 1723.
— Notaire Johanes Kampenaer
no 2022. Actes no 30 et 34 (30 août et 15 oct. 1722).
— Notaire Godefroy Trouillé
no 2771. Acte 108 (29 mai 1743).
3° *Archives judiciaires*, Justice civile
Registre 185, ff.102*v*, 111, 116, 122*v*, 129*v*, 136*v*, 143, 147, 156*v*, 168*v*, 194*v*, 212*v*, (1726).
(Affaire Charlotte de Rogissard).
4° *Livre de comptes de la Nieuwe Kerk* DTB 292, 17 octobre 1742
(Enterrement de mme de Saint-Hyacinthe).

Bréda: Archives communales.
— *Listes d'impôts* 1745-1746: no 183 (Inscription de Saint-Hyacinthe).
— *Archives notariales*
Notaire Cornelius Wierix
no 980, ff.124 (2 juillet 1746) et 125 (4 juillet 1746) (formalités à la suite du décès de Saint-Hyacinthe).

Middleburg: Archives de l'Etat en Zélande.
— *Cadastre*: no 1538, f.35 (propriétés de Saint-Hyacinthe, venant de Jacques Le Cerf, dans le polder St Joris)
— *Archives judiciaires de la Flandre Zélandaise.*
Notaire Pierre-Corneille van Hougem
Acte du 24 décembre 1742, no 2087.

(Acte de partage entre Saint-Hyacinthe et J. Catuffe).
— *Archives du Franc de l'Ecluse.*
1) Registre des Transferts.
no 824, ff.137 et 138 (8 septembre 1740)
no 825, ff.245*v* et 246 (10 juillet 1750).
2) Rôle des Echevins du Franc.
no 638, les 26 avril, 31 mai, 11 et 20 juin, 5 et 12 juillet 1743.
3) Rôle des procès civils dits 'de la chambre' de la cour des Echevins du Franc.
no 654, 3 mars 1742.
4) Registre des actes d'hypothèques
no 841, f.115, 16 avril 1726.
5) Registre des Requêtes
no 140, 6 mai 1741.
— *Archives de la Cour des Flandres à Middleburg.*
Rôle des procès: no 27, f.122, 10 juillet 1749
Registre des décisions: no 115, ff.81*v* à 83, 8 et 17 décembre 1750.

ii. Œuvres de Saint-Hyacinthe

Le Chef d'œuvre d'un inconnu, poëme heureusement découvert et mis au jour avec des remarques savantes et recherchées par M. le Docteur Chrisostome Matanasius ... La Haye, la Compagnie, 1714.
Rééditions:
— 1716, La Haye, P. Husson (avec quelques pièces supplémentaires).
— 1728, La Haye, la Compagnie (reprend l'édition de 1714).
— 1732, La Haye, P. Husson (largement complétée, notamment par la *Déification d'Aristarchus Masso*). Cet ensemble de pièces est celui qui sera désormais reproduit dans les éditions ultérieures.
— 1744, La Haye, P. Husson.
— 1745, La Haye, P. Husson.
— 1752 (?), édition signalée par Leschevin et non repérée.
— 1754, Lausanne, mm. Bousquet.
— 1758, Londres et Lausanne.
— 1807, éd. Leschevin (dite 9° éd.), Paris, Imprimerie bibliographique.
— 1965, éd. Lebois, Avignon, Aubanel.

Lettre à mme Dacier sur son livre 'Des Causes de la corruption du goût'
Seconde lettre ...
s.l., 1715. (Un seul exemplaire a été repéré, à la Bibliothèque nationale à Paris).

Mémoires littéraires. Tome premier. SDLRG.
La Haye, C. Le Vier, 1716.
Réédition: sous le titre *Matanasiana ou Mémoires littéraires, historiques et critiques du Dr. Matanasius SDLRG.*
La Haye, Vve de Charles Le Vier, 1740.

Pièces échappées du feu.
à Plaisance, 1717.
Réédition: sous le titre *Recueil de pièces sérieuses, comiques et burlesques*. s.l., 1721.

Dissertation critique et analytique sur les chronogrammes, 1718.
(Aucun exemplaire de l'édition de 1718 n'a été repéré. Celle-ci est cependant attestée par des témoignages contemporains. Cf. Chapitre 4).
Réédition: Dissertation critique et analytique sur les chronogrammes publiée en 1718. Nouvelle édition revue et corrigée par l'auteur. Bruxelles, F. Foppens, 1741.

Historiettes galantes tant en prose qu'en vers. Tome premier.
La Haye, Rogissart, 1718.

Entretiens dans lesquels on traite des entreprises de l'Espagne, des Prétentions de M. le Chevalier de S. George et de la renonciation de Sa Majesté Catholique O.D.A. – La Haye, Rogissart, 1719.
Réédition: en 1733, Cologne. (Le seul exemplaire repéré de cette 2e édition est à la Bibliothèque Royale de La Haye).

Lettres écrites de la campagne O.D.A.
La Haye, Rogissart, 1721.
(Les deux seuls exemplaires repérés sont en Hollande, à la Bibliothèque Universitaire d'Amsterdam et aux Archives municipales de La Haye).
Réédition très élargie, en anglais, sous le titre: *Letters giving an account of Several Conversations upon important and entertaining Subjects, written originally in French by M. de Saint-Hyacinthe F.R.S.*
London, Bettenham, 1731. (Un exemplaire existe à la British Library).

Histoire de Mélisthène, roi de Perse, traduction fidèle du célèbre Zaliour-Alaik par feu M. de Saint-Hyacinthe, connu sous le nom de Matahnasius.
Paris, J. Musier, 1723. Est peut-être de Saint-Hyacinthe. Cf. Chap. 4.
La version plus compliquée: *Mélisthènes ou l'Illustre Persan, nouvelle par M. de P****
(Paris, Prault, 1732) dont une édition en 1718 (date du privilège) n'est pas attestée, semble encore moins vraisemblablement être de Saint-Hyacinthe. Cf. Chap. 4.

Lettres critiques sur la Henriade de M. de Voltaire.
Londres, J. P. Coderc; La Haye, G. de Merville, 1728.
(Un seul exemplaire repéré: Paris, Bibliothèque nationale).

La Conformité des destinées et Axiamire ou la Princesse infortunée, nouvelles historiques.
Paris, Vve Pissot; Bruxelles, F. Foppens; 1736.

Histoire du Prince Titi A.R.
Paris, Vve Pissot; Bruxelles, F. Foppens; 1736.
Rééditions: – en 1736. Paris, Vve Pissot.
— 1752, id.
— 1786, in: *Le Cabinet des Fées.*
Traductions anglaises:
— *The Memoirs and History of Prince Titi.* Done from the French by a Person of Quality; London, Dodd, 1736.
— *The History of Prince Titi, A Royal Allegory.* Translated by a Lady; London, Curll, 1736.

Recueil de divers écrits sur l'Amour et l'Amitié, la Politesse, la Volupté, les Sentimens agréables, l'Esprit et le cœur.
Paris, Vve Pissot; Bruxelles, F. Foppens; 1736.
Le titre: *Recueil de pièces diverses sur l'Amour*, etc ... est signalé par Barbier pour une éd. de Bruxelles (Foppens, 1736), mais aucun exemplaire n'en a été repéré.

Recherches philosophiques sur la nécessité de s'assurer par soi-même de la vérité, sur la certitude de nos connaissances et sur la nature des êtres, par un membre de la Société royale de Londres.
(La signature de Saint-Hyacinthe figure au bas de l'Epître dédicatoire).
Londres, J. Nourse; Rotterdam. La Haye, Johnson, 1743.

Variétés ou divers écrits par M. D S* H****
Amsterdam, Charles le Sieur, 1744.

Voltariana ou Eloges amphigouriques de Fr. Marie Arouet Sr de Voltaire ... Paris, 1748.
Collaboration très probable à l'élaboration de ce pamphlet.

Pensées secrettes et observations critiques attribuées à feu M. de Saint-Hyacinthe – 1735.
Londres, 1769.
(Saint-Hyacinthe est très probablement partiellement responsable de cet opuscule qui n'a vraisemblablement pas été édité en 1735. Cf. Chap. 7).

Collaboration à des périodiques

Journal littéraire, 1ère série. 1713-1722, La Haye, Johnson.
Saint-Hyacinthe a eu un rôle prépondérant lors de la fondation et des premiers mois du *Journal* (cf. Chap. 3).

L'Europe savante. La Haye, Rogissart, 1718-1720.
Saint-Hyacinthe en a été le principal responsable pour les premiers numéros.

Le Fantasque. Amsterdam, du Sauzet, 1745.
Saint-Hyacinthe en a été seul responsable.

Editions

Traité du poëme épique par le R. P. Le Bossu, chanoine régulier de Sainte Geneviève ... 6e éd.
La Haye, Scheurleer, 1714.

Segraisiana ou Mélange d'Histoire et de Littérature recueilli des entretiens de Monsieur de Segrais ...
Paris, Compagnie des Libraires associés, 1721.
Saint-Hyacinthe semble avoir joué un rôle dans l'édition de ce recueil.

Réflexions nouvelles sur les Femmes; par une Dame de la Cour de France (mme de Lambert).
Londres, Coderc, 1729.
ainsi que sa *traduction anglaise*:
New reflexions on the fair sex, written originally in French by the celebrated marchioness of Lambert ... translated into English by J. Lockman. London, Prevost, 1729.

Mémoires concernant la théologie et la morale [Th. Chubb et autres] Amsterdam, H. Uytwerf, 1732.

Il n'y a pas de preuve positive que Saint-Hyacinthe ait édité ce recueil que la tradition lui attribue. Cf. Chap. 6.

Les Contes ou les nouvelles récréations et joyeux devis de Bonaventure des Périers. Amsterdam, 1735.
Cette édition est notée pour mémoire, la responsabilité de Saint-Hyacinthe ne paraissant pas engagée. Cf. Chap. 7.

Recueil de pièces fugitives de différents auteurs sur des sujets intéressants. Rotterdam, F. Bradshaw, 1743.

Traduction

La Vie et les avantures de Robinson Crusoë de Daniel Defoe.
Amsterdam, L'Honoré et Chatelain, 1721.
Saint-Hyacinthe aurait traduit le début de cette œuvre.

Correspondance publiée

Lettre de Saint-Hyacinthe à Cuenz, St Joris Polder, 8 août 1744, publiée in *Bibliothèque française ou histoire littéraire de la France*, t.xl, 1ère partie, 1745, ff.136-66, sous le titre: *Lettre de Mr de Saint-Hyacinthe à Mr Cuenz sur l'Extrait des Recherches Filosofiques qui se trouve dans le Tome XV de la Nouvelle Bibliothèque de La Haye.*

Lettres de Saint-Hyacinthe à Lévesque de Burigny:
1) *Lettre de M. de Saint-Hyacinthe à M. de Burigny chez M. de Pouilly à Rheims*, Vorcester 6 septembre 1727, in *Mélanges publiés par la Société des Bibliophiles français*, vol.vi, Pièce 8, Paris 1829. (L'original était alors dans la collection privée de m. de Chateaugiron).
2) Belleville, 2 mai 1739, publiée in *Correspondance* de Voltaire, Best.D2001.
3) Longues citations de plusieurs lettres in: *Lettre de m. de Burigny de l'Académie royale des inscriptions et belles-lettres à m. l'abbé Mercier, abbé de St Léger de Soissons ... sur les démêlés de m. de Voltaire avec m. de Saint-Hyacinthe* ... Londres, Paris 1780:
— St Joris, 17 février 1743 (Original: Besançon. Coll. cit. ff.33-34)
— (s.l.) 8 juillet 1744.
— Geneken près Bréda, 22 avril 1745 (Original: Besançon, coll. cit., ff.43-44).
— Geneken près Bréda, 10 octobre 1745 (Original: Orléans, Mss cité).
— Geneken près Bréda, 11 octobre 1745 (Original: Besançon, Coll. cit., ff.45-46). (Lévesque de Burigny semble avoir interverti ces deux dernières lettres dans ses citations).

2 Lettres de Saint-Hyacinthe à La Motte.
Publiées par Ch. Bastide in: *Bulletin de la Société d'Histoire du Protestantisme français*, t.lxi (1912), ff.62-65. (Original: Paris, Bibliothèque de la Soc. d'Hist. du Prot. fr. Mss 295, Fonds Read, ff.66 et 67).

Lettre de Saint-Hyacinthe à Titon du Tillet, à Londres ce 31 mars 1728, in *Parnasse français*, éd. de 1732, ff.lvii-lxii.

2 Lettres de Saint-Hyacinthe à Voltaire, Paris, 6 février 1739 et Geneken, 16 mai 1745 (Best.D1859 et D3119).

Lettre de Saint-Hyacinthe à ?, Geneken près Bréda 10 octobre 1745, publiée in *Voltariana*, 1748 (Best.D3233).

Lettre de Dortous de Mairan à Saint-Hyacinthe, Paris 27 juillet 1744, publiée dans *RhlF* 27 (1920), p.452.

Lettre de mme de Lambert à Saint-Hyacinthe, A Paris ce 29 juillet 1929, publiée in *Réflexions nouvelles sur les femmes* de mme de Lambert, Londres, Coderc, 1729.

Lettre de mme de Lambert à mme de Saint-Hyacinthe, s.l.n.d. Publiée in *Recueil de pièces fugitives de différents auteurs sur des sujets intéressants*, Rotterdam 1743, et *Œuvres* de mme de Lambert.

Lettre de La Monnoye à Saint-Hyacinthe, Paris, 2 janvier 1715, publiée in *Intermédiaire des chercheurs et des curieux*, 41e année, 52e vol. 1905. no 206, 10 août 1905 (et 376, 10 septembre 1905 pour un erratum). L'original figurait dans le catalogue de la maison Charavay.

iii. Ouvrages imprimés

Atkinson, G., *Le Sentiment de la nature et le retour à la vie simple (1690-1740)*. Genève, Paris 1967

Bachaumont, *Mémoires secrets pour servir à l'histoire de la République des Lettres en France*. Londres, t.xxxiii, 1787, pp.179ss.

Baldensperger, F., *Intellectuels français hors de France, de Descartes à Voltaire, IX: Saint-Hyacinthe et Bayle*, in *Revue des cours et conférences*, 30 mars 1934, pp.329-35

Bastide, Ch., *Anglais et Français du dix-septième siècle*. Paris 1912

— 'L'acte de baptême de Saint-Hyacinthe', in *Bulletin de la Société d'Histoire du Protestantisme français*, t.lxi (1912), p.273

— Publication de deux lettres de Saint-Hyacinthe à La Motte, in *Bulletin de la S.H.P.F.* t.lxi (1912), pp.62-67

Beauquier, Ch., 'Un précurseur folkloriste: *Le Chef d'œuvre d'un inconnu*', in *Revue des traditions populaires* 28 (1913), pp.122-28

Belozubov, L., *L'Europe savante (1718-1720)*. Paris 1968

Bibliothèque ancienne et moderne, t.xv, Amsterdam 1721, Article IX, pp.455ss.

Bibliothèque raisonnée des ouvrages des savans de l'Europe. janvier-mars 1744, pp.3ss.

Bisschop, W., *Justus Van Effen geschetst in zijn leven en werken*. Utrecht 1859

Boissonade, J. F., *Critique littéraire sous le 1er Empire*. Paris 1863. Sur *Le Chef d'œuvre d'un inconnu*, ii.334-39

Bourdon, L., 'Une source méconnue du chevalier d'Oliveira: le Docteur Chrysostome Matanasius', *Revue de littérature comparée* 26 (1952), pp.457-65

[Camuzat], *Histoire critique des journaux* par M. C***. Amsterdam 1734. Sur les *Mémoires littéraires* et le *Chef d'œuvre d'un inconnu*, pp.152ss

Carayol, E., 'Des *lettres persanes* oubliées', in *RhlF* 65 (1965), pp.15-26

— '*Le Démocrite français*, un texte oublié du jeune Montesquieu?' *Dix-huitième siècle* 2 (1970), pp.3-12

Chardon-la-Rochette, 'Sur le *Chef d'œuvre d'un inconnu*', *Magasin encyclopédique*, 5e année (1799), iii.77-96

Collé, Ch., *Journal et mémoires*. Paris 1868. Sur Saint-Hyacinthe, ii.186-87

Cornez, R., 'Un précurseur des lumières: Thémiseul de Saint-Hyacinthe'. Mémoire de licence, dactylographié, de la Faculté des Lettres de l'Université Libre de Bruxelles. Année académique 1956-1957

Crocker, L. G., *An age of crisis. Man and world in 18th-century French thought*. Baltimore 1959

— *Nature and culture: ethical thought in the French enlightenment*. Baltimore 1963

— 'Saint-Hyacinthe et le nihilisme moral', *RhlF* 64 (1964), pp.462-66

Dacier, *Eloge de m. de Burigny*, in *Histoire de l'Académie royale des inscriptions et belles-lettres*, t.xlvii, Paris 1809

Deloffre, Fr., 'Robert Challe, père du déisme français', *RhlF* 79 (1979), pp.947-80

Egmont (earl of), *Diary of Viscount Percival, afterwards first Earl of Egmont*. Publié par la Historical Manuscripts Commission, Manuscripts of the Earl of Egmont. Vol.-lxiii, t.I, 1730-1733

Ehrard, J., *L'Idée de nature en France dans la première moitié du dix-huitième siècle*. Paris 1963

Genêt, J. V., *Une famille rémoise au dix-huitième siècle*, extrait des *Travaux de l'Académie de Reims* 66. Reims 1881

Georges, E., 'Thémiseul de Saint-Hyacinthe "fils de Bossuet"', *Mercure de France*, novembre 1920, pp.805-12

[Grosley, P.J.], 'Mémoires historiques et critiques', *Journal encyclopédique*. 1780. Sur Saint-Hyacinthe: t.iii, 1ère partie, 1er avril 1780, pp.124-28

Haag, E. et E., *La France protestante*. Paris 1859.

Haase, E., *Einführung in die Literatur des Refuge*. Berlin 1959

Haghe, Die, Année 1906, pp.181-82 (sur l'affaire Chateaumorand). La Haye

Histoire critique de la République des Lettres. Amsterdam, J. Desbordes.
t.xiii (1717), pp.66ss.
t.xiv (1717), pp.52ss.
t.xv (1718), pp.376ss.

Horsley, Phyllis M., 'Thémiseul de Saint-Hyacinthe, 1684-1746', *Comparative literature studies* 4 (1942), pp.6-13

Intermédiaire des Chercheurs et des Curieux. 1865, nos 677 et 757.

1866, nos 197, 209, 345 et 497.
1880, nos 102 et 158.
1888, no 265.
1891, nos 341 et 473.
1904, nos 390 et 505.
1905, nos 206 et 376.
1907, nos 26, 182, 242, 290, 356, 407, 465, 634, 742, 859, 966.
1908, no 639.

Jones, S.P., *A list of French prose fiction from 1700 to 1750*. New-York 1939

Journal des sçavans, lundi 14 juin 1717, no xxiv, pp.375-82 (sur le *Chef d'œuvre d'un inconnu*)

Journal historique sur les matières du tems. Paris, avril 1758, pp.298-99

La Monnoye, B. de, *Œuvres choisies*. La Haye 1770. t.ii, article LXXIII

— *Histoire de m. Bayle et de ses ouvrages par m. de La Monnoye*. Amsterdam 1716

Langlois, M., '*Pomponius*, satire sur la Régence (1721-1723) par Jacob Le Duchat', *Revue des études historiques* (1938), pp.129-45

Lapierre, Ch. F., 'Thémiseul de St Hyacinthe', in C. Brainne, J. Debarbouiller et Ch. F. Lapierre, *Les Hommes illustres de l'Orléanais*. Orléans 1852

Le Blanc, J. B., *Correspondance*, in Hélène Monod-Cassidy *Un voyageur philosophe au dix-huitième siècle: l'abbé Jean-Bernard Le Blanc*. Cambridge, Mass. 1941

Leschevin, P. X., *Notice sur la vie et les ouvrages de M. de Saint-Hyacinthe*, en tête de son édition du *Chef d'œuvre d'un inconnu*. Paris 1807

Lévesque de Burigny, J., *Vie de M. Bossuet, évêque de Meaux*. Bruxelles, Paris 1761, pp.93-102

— *Lettre à m. l'abbé Mercier, abbé de St Léger de Soissons ... sur les démêlés de m. de Voltaire avec m. de Saint-Hyacinthe*. Londres, Paris 1780

Marais, M., *Journal et mémoires*, éd. Lescure. Paris 1863

Marchand, P., *Dictionnaire historique*. La Haye 1758-1759. Article: *s'Gravesande*

Mauzi, R., *L'Idée du bonheur au 18e siécle*. Paris 1960

Mercier, R., *La Réhabilitation de la nature humaine (1700-1750)*. Villemomble 1960

Mercure de France. Octobre 1722, pp.93-94

Montesquieu, *Œuvres complètes*. Paris 1950-1955, t.ii, p.217; t.iii, pp.952-53.

Mornet, D., 'Les enseignements des bibliothèques privées (1700-1750)', *RhlF* 17 (1910), pp.449-96

Mortier, R., 'A propos de la source de l'*Addition aux Pensées philosophiques* de Diderot', *RhlF* 67 (1967), pp.609-12

— texte intégral du *Militaire philosophe*. Bruxelles 1970

— 'La remise en question du christianisme au dix-huitième siècle', *Revue de l'Université de Bruxelles* (1971), pp.415-45

Niderst, A., 'L'examen critique des apologistes de la religion chrétienne, les frères Lévesque et leur groupe'. Contribution à la Table Ronde sur le Matérialisme du dix-huitième siècle et la littérature clandestine, Paris, Université de Paris I, 6 et 7 juin 1980

Nouvelles littéraires, contenant ce qui se passe de plus considérable dans la République des Lettres. La Haye, t.iv, 1716, 1ère partie, pp.205ss. (sur les *Mémoires littéraires*)

Rousseau, A. M., *L'Angleterre et Voltaire*, Studies on Voltaire 145-47. Oxford 1976

[Sabatier de Castres, A.], *Tableau philosophique de l'Esprit de M. de Voltaire*. Genève 1771. Chapitre 5, pp.122ss.

Schmittlein, R., *L'Aspect politique du différend Bossuet-Fénelon*. Bade 1954. Sur le mariage de Bossuet, pp.272ss.

Sgard, J., *Prévost romancier*. Paris 1968

— *Le 'Pour et Contre' de Prévost*. Paris 1969

Shackleton, R., *Montesquieu, a critical biography*. London 1961

Spink, J. S., 'La diffusion des idées matérialistes et anti-religieuses au début du dix-huitième siècle: le *Theophrastus Redivivus*', *RhlF* 44 (1937), pp.248-55

— *La Libre pensée française de Gassendi à Voltaire*. Paris 1966

Staal-Delaunay, mme, *Mémoires*. Paris 1846

Tans, J. A. G., *Pasquier Quesnel et les Pays-Bas*. Groningue, Paris 1960

Teppe, J., 'Le *Chef d'œuvre* d'un inconnu', *Vie et langage* (1964), pp.648-52

Trublet, N.-C.-J., *Mémoires pour servir à l'histoire de la vie et des ouvrages de mm. de Fontenelle et de La Motte*. Amsterdam 1761

Varloot, J., '*L'Europe savante* comme reflet de la Régence', in *La Régence*, Colloque du Centre aixois d'études et de recherches sur le dix-huitième siècle, février 1968. Paris 1970. pp.131-41

Vartanian, A., *Diderot and Descartes: a study*

of scientific naturalism in the enlightenment. Princeton 1953

Vernière. P., *Spinoza et la pensée française avant la révolution.* Paris 1954

Voltaire, F. M. A. de, *Correspondence and related documents*, definitive edition by Theodore Besterman, the Complete Works of Voltaire 85-135. Genève, Banbury, Oxford 1968-1977

Wade, I. O., *The Clandestine organization and diffusion of philosophic ideas in France from 1700 to 1750.* Princeton 1938

Weil, F., 'Ramsay et la franc-maçonnerie', *RhlF* 63 (1963), pp.272-78

Index

Sont recensés les noms de personnes (dix-huitième siècle ou antérieurs) et les titres des œuvres de Saint-Hyacinthe.